Sozialrecht für Dummies

Schummelseite

ZUM VERFAHRENSRECHT

Schlagwort	Norm	Erklärung
Anhörung	§ 24 SGB X	verschickt die Behörde, wenn sie eine Aufhebung/Rücknahme/Erstattung plant und Gelegenheit zur Stellungnahme gibt
Bekanntgabe	§ 37 SGB X	regelt den Zeitpunkt, wann ein Empfänger Kenntnis von einem Bescheid hat; üblicherweise am vierten Tag nach Aufgabe bei der Post, es sei denn, die Post kam später
Klagefrist	§ 87 SGG	einen Monat ab Bekanntgabe des Widerspruchsbescheids
Überprüfungsantrag	§ 44 SGB X	dient der Überprüfung bestandskräftiger Bescheide, falls sich nachträglich ein Fehler der Behörde zeigt
Verwaltungsakt	§ 31 SGB X	juristische Umschreibung für »Bescheid«
Widerspruch	§ 84 SGG	legt jemand ein, der mit dem Bescheid der Behörde nicht einverstanden ist
Widerspruchsfrist	§ 84 SGG	einen Monat ab Bekanntgabe; wenn Frist versäumt wurde, siehe Wiedereinsetzung
Wiedereinsetzung in den vorigen Stand bei Versäumung Widerspruchsfrist	§ 27 SGB X	wenn schuldlos die Widerspruchsfrist nicht eingehalten wurde, ist die Wiedereinsetzung binnen zwei Wochen nach Wegfall der Verhinderung zu beantragen, zu begründen und die versäumte Handlung vorzunehmen
Wiedereinsetzung in vorigen Stand wegen Versäumung Klagefrist	§ 67 SGG	wenn jemand an der Einhaltung der Klagefrist unverschuldet gehindert war, ist der Antrag auf Wiedereinsetzung in den vorigen Stand binnen eines Monats nach Wegfall der Verhinderung zu stellen, zu begründen und die versäumte Handlung vorzunehmen

Sozialrecht für Dummies

Schummelseite

HÄUFIGE SOZIALLEISTUNGEN KURZ ERKLÄRT

Schlagwort	Norm	Erklärung
Arbeitslosengeld	§ 136 ff. SGB III	wird bei Arbeitslosigkeit gezahlt. die Dauer richtet sich gewöhnlich nach der Dauer der vorherigen sozialversicherungspflichtigen Arbeitsverhältnisse und dem Alter der arbeitslosen Person – zwischen einem halben Jahr und zwei Jahren
Arbeitslosengeld Höhe	§ 149 SGB III	wenn ein Kind vorhanden ist, regelmäßig 67 Prozent; sonst 60 Prozent des Nettoverdienstes
Bürgergeld	§§ 20 ff. SGB II	bei Vorliegen der Voraussetzungen Anspruch auf Regelbedarf, Unterkunftskosten, etwaige Mehrbedarfe etc.
Krankengeld	§§ 44 SGB V	kann längstens für 78 Wochen gewährt werden, wobei die ersten sechs Wochen vom Arbeitgeber als Entgeltfortzahlung im Krankheitsfall gewährt wird
Krankengeld Höhe	§ 47 SGB V	gewöhnlich 70 Prozent des regelmäßigen Arbeitsentgelts
Sozialhilfe nach dem 3. und 4. Kapitel des SGB XII	§§ 27 ff. und §§ 41 ff. SGB XII	wenn hilfebedürftig, dann Anspruch auf Regelbedarf, Unterkunftskosten, etwaige Mehrbedarfe etc.
Übergangsgeld	§ 21 SGB VI i.V.m. § 66 SGB IX	hier wird's kompliziert – einfach in Ruhe nachlesen
Verletztengeld	§§ 45 SGB VII	ab dem Tag der ärztlich festgestellten Arbeitsunfähigkeit bis spätestens 78 Wochen, jedoch nicht vor Ende einer stationären Behandlung
Verletztengeld Höhe	§ 47 SGB VII	regelmäßig 80 Prozent des Regelentgelts

Sozialrecht für Dummies

Bianca Geiß

Sozialrecht

für dummies®

WILEY

WILEY-VCH GmbH

Sozialrecht für Dummies

Bibliografische Information der Deutschen Nationalbibliothek

Die Deutsche Nationalbibliothek verzeichnet diese Publikation in der Deutschen Nationalbibliografie; detaillierte bibliografische Daten sind im Internet über `http://dnb.d-nb.de` abrufbar.

1. Auflage 2025

Coverillustration: © Romolo Tavani - stock.adobe.com
Korrektur: Frauke Wilkens, München
Fachkorrektur: Christoph König, Halberstadt
Externes Lektorat: Katharina Hemschemeier, Berlin
Satz: Straive, Chennai, India
Druck und Bindung:

Print ISBN: 978-3-527-72135-1
ePub ISBN: 978-3-527-84471-5

Über die Autorin

Bianca Geiß ist Rechtsanwältin und Fachanwältin für Sozialrecht mit den Tätigkeitsschwerpunkten Sozialrecht und Familienrecht in Berlin. Daneben hält sie seit über zehn Jahren regelmäßig Vorträge und Seminare zu einer Vielzahl von praxisrelevanten Themen im Sozialrecht, sei es für Sozialarbeiter*innen oder behördliche Mitarbeitende. Weiterhin berät und schult sie Mitarbeitende von Sozialberatungen und EUTBs. Sie verfügt über eine umfangreiche Praxiserfahrung und besucht selbst zahlreiche Fortbildungen.

Das Wichtigste für sie aber ist: Sozialrecht macht ihr noch immer Spaß, ebenso die Wissensvermittlung!

Danksagung

Der erste Dank gehört jeder Leserin und jedem Leser dieses Buches. Es freut mich nämlich ungemein, dass das ja doch eher trockene Thema Sozialrecht Sie nicht vom Kauf abgehalten hat! Wenn Sie das Buch dann auch noch weiterempfehlen, wäre es ein Ritterschlag für mich – oder muss ich von Ritterinnenschlag sprechen?

Unter all denjenigen, die mich mit Rat und Tat, aber auch mit mentaler Unterstützung und Verständnis bei der Erstellung des Buches begleitet haben, gilt mein größtes Dankeschön allen voran Frau Susanne Katharina Hemschemeier, Frau Esther Neuendorf, dem ganzen Verlagsteam und dem Fachkorrektor, Herrn Rechtsanwalt Christoph König. Aus einer Vision ist dank ihrer Unterstützung und konstruktiver Kritik – vor allem am Juristendeutsch! – ein Buch geworden! Einmal bis zum Mond und zurück!

Auf einen Blick

Inhaltsverzeichnis

Einführung

Für jeden von uns ist es sinnvoll, wenigstens einmal im Leben einen Erste-Hilfe-Kurs besucht zu haben, der uns auf medizinische Notfälle im Familien- oder Alltagsleben vorbereitet. In solchen Situationen ist schnelle praktische Hilfe gefragt, und im Notfall müssen Sie ja auch kein Arzt sein, um lebenswichtige Tipps für den richtigen Umgang mit einem Akutpatienten geben zu können. Aber ebenso sollte es eigentlich auch Kurse geben, die uns Grundkenntnisse im Sozialrecht vermitteln. Wir alle kommen früher oder später mit dem Sozialrecht in Kontakt, entweder aus ausbildungsbedingten und beruflichen oder noch viel mehr aus persönlichen (eventuell unfallbedingten!) und familiären Gründen, wenn etwa die Eltern oder Schwiegereltern plötzlich nicht mehr allein klarkommen. So müsste es – in Anlehnung an die eingängige Werbung für bestimmte Tiefkühlprodukte –heißen: »Sozialrecht ist für alle da!«

Sie haben dieses Buch gekauft, also gibt es für Sie bestimmte Gründe, warum Sie sich Grundwissen über das Sozialrecht aneignen wollen. Und genau hierbei soll Ihnen das Buch helfen. Das Sozialrecht hat so seine Tücken, und gerichtliche Entscheidungen sind nicht immer sofort einleuchtend, wie Sie anhand der zahlreichen Beispiele sehen werden. Aber ich hoffe, dass ich zu Ihrer Aufklärung in dieser Hinsicht beitragen kann.

Es wäre vermessen von mir zu behaupten, dieses Buch bereite Sie komplett auf das geschriebene und gelebte Sozialrecht vor, denn dazu ist dieses Rechtsgebiet einfach viel zu umfangreich. Allein die gängigsten Gesetzessammlungen umfassen fast 1.500 Seiten – und das mit ständig steigender Tendenz von Jahr zu Jahr. Es kann und wird daher nicht mein Anspruch sein, Ihnen mit diesem Buch das gesamte Sozialrecht einschließlich der vielfältigen, permanent aktualisierten Ausnahmen aufgrund der Rechtsprechung näherzubringen. Mit dem Schreiben des Buches habe ich aber die Idee verbunden, bei Ihnen Lust und Spaß, gepaart mit Sachkunde, im Sozialrecht hervorzurufen. Das ist schon ein sehr großes Ziel, verbinden doch viele Menschen das Sozialrecht eher mit einem öden Thema, mit dem man sich zu gegebener Zeit – meistens doch eher im Alter – befasst. Aber Sozialrecht kann und soll auch Freude machen, vor allem in der tagtäglichen Beratungspraxis und im behördlichen Miteinander auf Augenhöhe.

Über dieses Buch

Was erwartet Sie hier konkret? Wir fliegen sozusagen einmal durch das gesamte Sozialrecht mit all den Sozialgesetzbüchern und Verfahrensregeln. Da es sich um ein Grundlagenbuch handelt, mache ich immer wieder Stopps bei praxisrelevanten Themen. Das Buch kann und wird also nicht den Anspruch auf komplette Vollständigkeit haben, es soll Ihnen vielmehr einen ersten Überblick über Sozialleistungen und deren Querverbindungen vermitteln. Wie hat es schon der Bundesgerichtshof in seiner Entscheidung vom 2.8.2018 (Aktenzeichen III ZR 466/16) so schön auf den Punkt gebracht: Das soziale Leistungssystem wird immer komplizierter, und dies liegt gerade »*in der Verzahnung seiner Sicherungsformen bei den verschiedenen versicherten Risiken, aber auch in der Verknüpfung mit anderen Sicherungssystemen*«. Nun, einmal abgesehen von der sehr juristischen Ausdrucksweise, ist Ihnen eines jetzt bestimmt klar: Die Messlatte liegt schon echt hoch. Es geht aber auch deutlich weniger juristisch, um Sachverhalte zu erklären! Mein Anliegen ist es, Ihnen zunächst einen kurzen allgemeinen Überblick über das nationale und internationale Sozialrecht zu geben, um dann in das allgemeine Verfahrensrecht – Stichwort: »Was macht die Behörde da überhaupt?« – einzusteigen. Danach klären wir in Teil III, ob die Sozialgesetze wirklich für »alle« da sind oder nur für bestimmte Versichertengruppen gelten.

Ab Teil IV tauchen wir tiefer in die konkreten Leistungen der Sozialversicherung ein; unterteilt in beitragsfinanzierte (wie das Krankenversicherungsrecht) und nichtbeitragsfinanzierte Sozialgesetzbücher (wie das Bürgergeld). Gerne können Sie systematisch alle Kapitel lesen oder sich nur auf die Kapitel stürzen, die Sie besonders spannend finden oder die Sie für Ausbildung und Arbeit benötigen. Mögen Sie eher formales (Sozial-)Recht, werden Sie insbesondere im Verfahrensrecht (Teil II) fündig. Sind Sie eher der oder die Praktiker/-in, hoffe ich sehr, Sie mit meinen lebendigen Beispielen aus der Praxis überzeugen zu können, die auch zum Schmunzeln einladen sollen. Schauen Sie gerne mal in das Kapitel 11 rein.

Was das Buch kann (oder nicht kann)

Sie bekommen hier einen aktuellen Einblick in das Thema »Sozialrecht«. Was bietet das Buch nicht? Es kann keinen Anspruch auf Vollständigkeit und letztlich 100-prozentige Richtigkeit haben – dafür gibt es zu viele Ausnahmen der Ausnahme und aktuelle Änderungen. Das Buch enthält auch definitiv keine Anleitung für einen Sozialleistungsbetrug und ersetzt insbesondere auch keine umfassende anwaltliche Beratung. Es geht vielmehr um ein allgemeines Verständnis für das Sozialrecht: Welche Leistungen gibt es eigentlich? Wo muss ich was beantragen? Wie sieht es eigentlich aus, wenn das Krankengeld endet, aber noch immer Arbeitsunfähigkeit ärztlich attestiert wurde? Es soll sozusagen das kleine Einmaleins des Sozialrechts und damit der Vermittlung von allgemeinem, praxisrelevantem Wissen sein.

Wenn Sie also gerne

- ✔ sozialrechtliche Grundlagen und Zusammenhänge verstehen,
- ✔ einen allgemeinen Überblick über das Sozialrecht erhalten und
- ✔ dabei gerne durch Beispiele und Praxisfälle unterhalten werden wollen,

dann haben Sie das richtige Buch in der Hand. Viel Spaß bei der Lektüre!

Konventionen in diesem Buch

Das Buch soll Ihnen leicht und verständlich das Sozialrecht näherbringen. Ich kann es Ihnen allerdings nicht ganz ersparen, Sie in die Welt der sperrigen Fachbegriffe im Sozialrecht einzuführen. Der Rechtsbehelf im Sozialrecht heißt nun mal »Widerspruch« und nicht »Einspruch« oder »Veto«, um nur ein Beispiel zu geben. Die Fachbegriffe werden in den Rechtsnormen verwendet, und dann ist die konkrete Definition gefragt, sodass ich schnell beim »Juristendeutsch« lande, um präzise zu formulieren. Aus diesem Grunde habe ich mich auch weitestgehend an die jeweiligen Gesetzestexte gehalten. Das hat für Sie den Vorteil, dass Sie nichts auswendig lernen müssen, Hauptsache, Sie wissen, in welchem Paragrafen Sie welche Erläuterung finden. Das ist meine Devise, die sich wie ein roter Faden durch das Buch zieht.

Nachdem Sie nun die Zielsetzung dieses Buches kennen, ist Ihnen auch klar, dass es sich nicht um eine wissenschaftliche Abhandlung über das Sozialrecht handelt. Es ist vielmehr eine Lern- und Verständnisunterstützung, was durchaus einen Anspruch auf eine Praxisrelevanz hat. Vieles kann nur auf das Wesentliche konzentriert dargestellt werden. Es ist mir wichtig, Ihnen Zusammenhänge, Hintergründe und Verbindungen der einzelnen Sozialgesetze zu erläutern, auf die im Text dann auch explizit verwiesen wird.

Törichte Annahmen über die Leser

Annahmen über Sie, den Leser, die Leserin? Nein, die habe ich nicht. Sie halten das Buch in der Hand, also haben Sie Interesse am Sozialrecht. Das ist toll, und vielleicht teilen Sie nach der Lektüre gleichfalls meine Begeisterung für das Sozialrecht. Es kann zahlreiche Gründe geben, weshalb Sie sich gerade für dieses Buch entschieden haben:

- ✔ Sie haben ein Studium der Sozialen Arbeit oder der Rechtswissenschaft begonnen.
- ✔ Sie benötigen Informationen für die tagtägliche berufliche Praxis in der Sozialberatung, für eine Sozialbehörde oder auch als Betreuer in einer sozialen Einrichtung.
- ✔ Sie sind Anwalt und möchten sich gern aktuell über das Sozialrecht informieren.
- ✔ Sie interessieren sich einfach nur für dieses Thema, weil Sie sich aufgrund einer privaten und/oder familiären Betroffenheit mit der komplizierten Welt des Sozialrechts auskennen wollen, um für Familienangehörige die richtigen Entscheidungen treffen und Anträge stellen zu können.

Egal zu welcher Zielgruppe für dieses Buch Sie gehören und welche Motivation Sie haben, gilt: Sie wollen die Grundlagen des deutschen Sozialrechts und das Handeln der Sozialbehörden verstehen. Außerdem sind Sie bereit, Zeit zu investieren, um in das immer komplizierter werdende Sozialrecht einzutauchen. Sie möchten auch gerne gleichberechtigt auf Augenhöhe von den Mitarbeitenden der Sozialbehörden wahrgenommen werden und brauchen dafür vielleicht noch das ein oder andere treffende Schlagwort zur richtigen Zeit, um dem Gegenüber Kenntnisse vom Sozialrecht signalisieren zu können.

Wie Sie dieses Buch lesen können

Um Ihnen das Lernen zu erleichtern, sind Fachbegriffe *kursiv* hervorgehoben, die Sie dann auch über das Stichwortverzeichnis nachschlagen können. Wichtige Begriffe, die Sie in einem bestimmten Zusammenhang nicht übersehen sollten, sind **fett** gedruckt, und immer da, wo es wichtig und sinnvoll erscheint, erhalten Sie eine konkrete Definition eines Begriffs.

Das Buch besteht aus sechs Teilen, die Sie unabhängig voneinander lesen können und die in sich verständlich sind. Sollten Sie über keinerlei Grundkenntnisse im Sozialrecht verfügen, fangen Sie am besten einfach bei Teil I an und arbeiten sich langsam voran. Insbesondere in den Teilen IV und V stelle ich Ihnen die vielfältigen Leistungen der beitrags- und nicht-beitragsfinanzierten Sozialgesetzbücher in einzelnen Kapiteln vor, die jeweils in sich abgeschlossen sind. Falls Sie das alles schon kennen sollten, amüsiert Sie vielleicht Teil VI mit etwas schrägen Rechtsfällen, die im Sozialrecht so aufkommen können.

Was Sie nicht lesen müssen

Sollten Sie keinerlei Wissen zum europäischen Sozialrecht benötigen, müssen Sie die Abhandlungen hierüber in Kapitel 2 nicht unbedingt beim ersten Durcharbeiten lesen. Dennoch sind diese Informationen durchaus interessant und prägen häufig auch die nationale Sozialrechtsprechung, weshalb ich die Lektüre empfehle. Wenn Sie sich im Sozialrecht schon jetzt sehr gut auskennen, müssen Sie auch vielleicht nicht alle Definitionen und Beispiele lesen, die dem Leser mit weniger detailliertem Einblick in das Thema das Verständnis erleichtern sollen.

Was erwartet Sie in diesem Buch?

Ziemlich viele Gesetze, Verordnungen und mehr, so viel ist sicher. Das klingt erst einmal trocken, aber eines ist auch klar: Nach der Lektüre werden Sie sich in diesem Dschungel der mehr oder weniger einleuchtenden Entscheidungen der Sozialgerichte deutlich besser auskennen und auch wissen, an welchen Stellen Sie welche Leistungen beantragen können und welche »Fallstricke« es dabei geben kann.

Für eine kurze Übersicht stelle ich Ihnen nun die Themen der sechs Teile dieses Buches kurz vor:

Teil I: Einführung in das Sozialrecht und die juristische Denkweise

Sie kennen den Spruch aus dem Sport oder der Musik: »Wir müssen uns erst mal warm machen«, das »Vorspiel« sozusagen, und das gibt es auch hier. Sie lernen daher in diesem ersten Teil zunächst die großen und kleinen Rechtsquellen des Sozialrechts wie die UN-BRK, das Grundgesetz, die Sozialgesetzbücher oder die Weisung kennen. Und dann blicken wir über den Tellerrand hinaus und betrachten das internationale Sozialrecht mit seinen Einflüssen auch auf unser nationales Sozialrecht.

Teil II: Ohne Verfahrensrecht geht nichts im Sozialrecht

Wir steigern uns jetzt thematisch und erhöhen langsam die Spannung: Es folgt zuerst ein Ausflug in das SGB I mit seinen vielen wichtigen allgemeinen Verfahrensregeln, die die Grundlage für die gesamten Sozialgesetzbücher sind. Zudem erfahren Sie Wichtiges über die Zuständigkeit der einzelnen Behörden und vor allem über dem Ablauf eines Verwaltungsverfahrens im Sozialrecht. Was macht die Behörde da eigentlich? Finden Sie es heraus. Zuletzt erfahren Sie jede Menge über die Sozialgerichtsbarkeit, falls eine Klage unumgänglich ist.

Teil III: Der Zugang zur gesetzlichen Sozialversicherung

In diesem Teil wird erläutert, wer welche Leistungen für sich beanspruchen kann, wer also zum versicherten Personenkreis zählt und wie es sich mit der Beitragszahlung verhält. Zudem erfahren Sie, ob eine Familienversicherung auch für erwachsene Kinder oberhalb der typischen Altersgrenze in Betracht kommen kann.

Teil IV: Die fünf Säulen der Sozialversicherung

Hier kommen wir so langsam zu den thematischen Höhepunkten, denn wir tauchen in die Welt der beitragsfinanzierten Sozialgesetzbücher wie dem SGB III, V und mehr ein. In jedem einzelnen Kapitel widmen wir uns einem entsprechenden Sozialgesetzbuch. Woran Sie beitragsfinanziertes Sozialrecht erkennen? Schauen Sie mal auf Ihren Gehaltszettel ... dann werden Sie verstehen, warum auch Sie das interessieren sollte!

Teil V: Alles rund um die nichtbeitragsfinanzierten SGBs

Und weiter tauchen wir in Teil V in die Welt der nichtbeitragsfinanzierten Sozialgesetzbücher ein, wie etwa das Bürgergeld (SGB II) oder die Sozialhilfe (SGB XII). Und wir nehmen uns Zeit für das SGB IX, das Sozialgesetzbuch, wenn es um Reha und Teilhabe für Menschen mit einer Behinderung geht. Schon einmal etwas von Eingliederungshilfe gehört? Näheres dazu finden Sie übrigens in Kapitel 16.

Teil VI: Der Top-Ten-Teil

Ich führe die Tradition der *... für Dummies*-Bücher sehr gerne weiter. In Teil VI schließen wir unseren Rundgang durch das Sozialrecht mit der ein oder anderen lustigen, aber auch ernsten Entscheidung und einer kleinen Aufstellung interessanter und hilfreicher Seiten aus dem Internet ab. Hier gäbe es so viel mehr zu berichten, Lustiges wie Nützliches, aber das obliegt nun Ihnen, ob Sie noch mehr wissen wollen – das Internet bietet auf jeden Fall beides.

Symbole, die in diesem Buch verwendet werden

Wie in jedem *... für Dummies*-Buch versuche ich Ihnen auch hier, mit bestimmten Symbolen einen Punkt besonders ans Herz zu legen. Die Symbole helfen Ihnen bei der Orientierung im Buch und verweisen auf Wichtiges, wie etwa Definitionen, oder auf Tipps,

Beispiele, Anekdoten; oder ich erinnere an etwas schon Gelerntes. Hier eine Übersicht über die Symbole, die in diesem Buch verwendet werden:

Hinter diesem Symbol folgt eine wichtige Definition, die das Sozialrecht vorgibt. Nicht immer stimmen diese Definitionen mit dem überein, was Sie im Alltag unter einem bestimmten Begriff verstehen mögen, aber im Sinne des Gesetzes (i.S.G) wird eben so manches anders definiert.

Hier gebe ich Ihnen Tipps oder Hinweise, wie Sie einen Sachverhalt besser verstehen oder sich leichter merken können.

Mit diesem Symbol warne ich vor Fehlern oder Trugschlüssen, wie sie immer wieder schnell in der Praxis vorkommen können.

Mit diesem Symbol möchte ich Ihre Aufmerksamkeit auf wichtige Informationen oder Sachverhalte lenken, die Sie sich merken sollten.

Dieses Buch lebt von mal fiktiven, mal echten Beispielen, die Ihnen zeigen sollen, wie komplex alltägliche Fälle im Sozialrecht aussehen können – und die Sie auch zum Nachdenken anregen sollen, wie denn Ihre eigene Lösung für das Problem aussehen könnte.

Hier finden Sie kleine Hinweise auf Informationen, die Sie in vorherigen Kapiteln noch einmal nachlesen können.

Das Sozialrecht an sich mag ja trocken klingen, ist es aber in der Praxis keineswegs! Hier finden Sie Interessantes, Lustiges oder auch nur Erwähnenswertes zum Thema.

Wie es weitergeht

Genug der Vorrede. Ich hoffe, Sie sind gespannt auf das Sozialrecht, und jetzt lasse ich Sie einfach mal auf das Buch los. Für alle diejenigen Leserinnen und Leser, die sich gern genauer informieren möchten, gebe ich im Text die passenden Rechtsquellen an, unter denen sie weitere Informationen finden können. Viel Spaß beim Lesen und Anwenden!

Teil I

Einführung in das Sozialrecht und die juristische Denkweise

IN DIESEM TEIL ...

beschäftigen wir uns erst einmal damit, welche Grundgedanken zur Existenzsicherung sich hinter dem Sozialrecht verbergen, welche Leistungen das Sozialrecht abdeckt und welche nicht.

lernen Sie die Rechtsquellen kennen, auf denen das Sozialrecht beruht.

werden Sie in die Welt der Satzungen und Weisungen eingeführt.

Dazu kommt ein Blick über die Landesgrenzen hinaus auf das Internationale Sozialrecht, denn das ist für alle Bürger, die in einem anderen EU-Land arbeiten, extrem wichtig.

IN DIESEM KAPITEL

Die Aufgaben des Sozialrechts

Rechtsquellen im Überblick

Das Grundgesetz und mehr

Kapitel 1
Der Begriff des Sozialrechts

Was fällt Ihnen spontan zum Thema Sozialrecht ein? Ich vermute mal, das sind vor allem Schlagwörter wie »soziale Gerechtigkeit«, »das ist doch nur etwas für Erwerbslose, Erkrankte und Ältere«, »Existenzsicherung«; oder vielleicht denken Sie auch, wenn Sie und Ihre Eltern noch jung und gesund sind, vielleicht in der Richtung »... das interessiert mich überhaupt noch nicht, darum kümmere ich mich erst, wenn ich später mal Rente haben möchte«. So ähnlich wird das Sozialrecht vermutlich von den meisten Menschen gesehen, aber dabei ist Sozialrecht tatsächlich viel mehr und betrifft uns alle, egal wie gesundheitlich fit wir sind, wie groß oder klein der Geldbeutel oder letztlich der Bildungsstand ist.

Zum Gelingen eines gerechten sozialen Miteinanders werden allerdings verbindliche Regeln benötigt, denn nichts ist schlimmer als eine Ungleichbehandlung durch willkürlich handelnde Ämter. Das klingt zunächst einleuchtend, aber um allen Menschen in allen möglichen Lebenssituationen gerecht zu werden, braucht es schon jede Menge Regularien, die ich in diesem Kapitel erst einmal erläutern muss, bevor wir uns mit den Details beschäftigen können. In der heutigen, von beruflicher Mobilität, Ein- und Auswanderung geprägten Zeit reicht aber »nur« die Kenntnis einheimischer Sozialgesetze nicht aus, sodass wir in Kapitel 2 auch einen Blick über den Tellerrand in das Internationale Sozialrecht werfen müssen, weil es das Verständnis und die Anwendung einheimischen Sozialrechts verändert.

Die Aufgaben des Sozialrechts

Beginnen wir gleich einmal mit einer Definition: Was ist nun eigentlich das Sozialrecht; was umfasst es und was nicht?

Sozialrecht ist die Gesamtheit aller Rechtsnormen des öffentlichen Rechts, die der sozialen Absicherung, Gerechtigkeit und Sicherheit dienen, insbesondere im Falle von Arbeitslosigkeit, Krankheit, Pflegebedürftigkeit, Behinderung und Erwerbslosigkeit.

Das Sozialrecht gestaltet Sozialleistungen zur Verwirklichung sozialer Gerechtigkeit und sozialer Sicherheit einschließlich sozialer und erzieherischer Hilfen (§ 1 SGB I) für alle Bürger. Ja, das klingt erst einmal fürchterlich juristisch (wie bei den meisten Definitionen im Rechtswesen), aber dahinter verbergen sich die fundamentalen *Aufgaben des Sozialrechts*:

- ✔ jedem ein menschenwürdiges Dasein zu sichern
- ✔ gleiche Voraussetzungen für die freie Entfaltung der Persönlichkeit, insbesondere auch für junge Menschen zu schaffen
- ✔ die Familie zu schützen und zu fördern
- ✔ den Erwerb des Lebensunterhalts durch eine frei gewählte Tätigkeit zu ermöglichen
- ✔ besondere Belastungen des Lebens, auch durch Hilfe zur Selbsthilfe, abzuwenden oder auszugleichen

Falls Sie nun annehmen sollten, Sie könnten sich mit dem Bürgergeld ein »chilliges« Leben ohne Berufstätigkeit ermöglichen, liegen Sie jedoch völlig falsch: Sozialrechtliche Hilfen wie etwa das Bürgergeld sollen keinen Luxus finanzieren, sondern lediglich ein **menschenwürdiges** Dasein in Höhe des Existenzminimums gewährleisten. Ihre Träume, ein eigenes Haus und den großen BMW anzuschaffen oder Urlaub in der Karibik zu machen, werden Sie mit dem Bürgergeld jedenfalls nicht realisieren können.

Vereinfacht dargestellt besteht das Sozialrecht aus:

- ✔ dem Recht der gesetzlichen Sozialversicherung
- ✔ dem Recht der Rehabilitation und Teilhabe für behinderte Menschen
- ✔ der sozialen Unterstützung von Familien, Eltern und Kindern
- ✔ dem Sozialhilferecht
- ✔ dem Recht der Sozialen Entschädigung

Mit dem Sozialrecht und seinen Leistungen kommt jede(r) in Berührung, wenn sie/er Sozialhilfe in Anspruch nimmt, Sozialversicherungsbeiträge zahlt oder eine Behinderung anerkennen lassen möchte.

BEISPIEL

Wenn Sie erwerbstätig sind, kennen Sie sicherlich den ernüchternden Blick auf Ihre monatliche Gehaltsabrechnung: Das vereinbarte Bruttogehalt klingt ja noch ganz gut, aber das Nettogehalt nach Abzügen wie den Sozialversicherungsbeiträgen fällt doch um einiges geringer aus. Da fragen Sie sich bestimmt, warum da so wenig übrig bleibt und was mit den Abzügen geschieht!

Der Abzug der *Sozialversicherungsbeiträge* erfolgt unabhängig davon, ob Sie jemals Leistungen der gesetzlichen Sozialversicherung wie etwa die Kranken- oder Arbeitslosenversicherung in Anspruch genommen haben! Selbst wenn Sie nie in Ihrem Leben krank oder arbeitslos werden, müssen Sie bei einem sozialversicherungspflichtigen Erwerbseinkommen diese Beiträge entrichten.

In Deutschland gilt das *Solidaritätsprinzip*, wonach sich Mitglieder einer bestimmten Solidargemeinschaft (wie der gesetzlichen Krankenversicherung) gegenseitig Hilfe und Unterstützung gewähren. Mit anderen Worten: »Die Gesunden helfen den Kranken«, und genau das zeichnet ja auch eine Solidargemeinschaft aus.

Welche Rechtsquellen im Sozialrecht wichtig sind

Ja, nun wird es leider wieder ziemlich juristisch! Zunächst einmal ist es ja schön, dass es *Rechtsquellen* gibt, aber angesichts der zahlreichen Lebenssachverhalte und Sonderfälle im Sozialrecht wundert es nicht, dass Sie es mit einer ganzen Reihe von regulierenden Paragrafen zu tun haben werden, denn anders würde es auch nicht funktionieren. Stellen Sie sich nur einmal vor, es gäbe einfach keine gesetzlichen Regeln und jede(r) Mitarbeitende einer Behörde könnte über Anträge aller Art willkürlich entscheiden – damit wäre eine Flut von Klagen der Benachteiligten vorprogrammiert.

Rechtsquellen regeln verbindlich das Zusammenleben, und das erfolgt in Gesetzen, Rechtsverordnungen, Satzungen und Ähnlichem. Auch das Sozialrecht kommt nicht ohne Rechtsquellen aus. Die wichtigsten sind – neben dem Grundgesetz – die *Sozialgesetzbücher* I bis XIV. Die Sozialgesetzbücher behandeln folgende Themen:

- ✔ **Verfahrensvorschriften** (SGB I, IV, X, SGG)
- ✔ **Bürgergeld, Grundsicherung für Arbeitssuchende** (SGB II)
- ✔ **Arbeitsförderungsrecht** (SGB III)
- ✔ **gesetzliche Krankenversicherung** (SGB V)
- ✔ **gesetzliche Rentenversicherung** (SGB VI)
- ✔ **gesetzliche Unfallversicherung** (SGB VII)
- ✔ **Kinder- und Jugendhilfe** (SGB VIII)
- ✔ **Rehabilitation und Teilhabe von Menschen mit Behinderung** (SGB IX)
- ✔ **gesetzliche Pflegeversicherun**g (SGB XI)
- ✔ **Sozialhilfe** (SGB XII)
- ✔ **Soziale Entschädigung** (SGB XIV)

Sozialrecht ist gelebtes Leben, und das bedeutet, dass sozialrechtliche Regelungen immer wieder an Veränderungen der Lebenssituation angepasst werden. Wer hätte bis im Jahr 2005 gedacht, dass es einmal eine Grundsicherung für Arbeitssuchende geben wird? Die damals stark angespannte Arbeitsmarktlage machte die Einführung des SGB II (vormals *Hartz IV*, heute »*Bürgergeld*« genannt) notwendig. Im Sozialrecht ist eben eine ständige Anpassung an die jeweiligen Lebenssituationen erforderlich, und daher sollten Sie auch immer wieder aktuell im Internet nachforschen, was für Ihre persönliche Situation gerade rechtsgültig ist.

Das Grundgesetz als wichtigste Rechtsquelle

Die wichtigste Rechtsquelle ist natürlich das *Grundgesetz*, das auch im Sozialrecht Anwendung findet. Es enthält in Artikel 20 Absatz 1, 28 Absatz 1 GG insbesondere das *Sozialstaatsprinzip* und stellt somit einen verfassungsrechtlichen Auftrag dar. Dieses Prinzip lässt sich vereinfacht wie folgt erklären:

- ✔ Es dient der Sicherung des soziokulturellen Existenzminimums bei Hilfebedürftigkeit durch ein einklagbares Recht auf Hilfe durch den Staat, zum Beispiel durch die Gewährung von Bürgergeld oder Sozialhilfe.
- ✔ Es ermöglicht die Mitgliedschaft in einer gesetzlichen oder privaten Krankenversicherung, Pflegeversicherung, Rentenversicherung, Arbeitslosenversicherung und Unfallversicherung.
- ✔ Es stellt eine staatliche Daseinsvorsorge dar.
- ✔ Es schützt die Familie.
- ✔ Es dient der Herstellung von sozialer Gerechtigkeit durch Chancengleichheit und Vermeidung von Ungleichbehandlung.

Aber auch der Artikel 1 des Grundgesetzes wird im Sozialrecht benötigt: Er beinhaltet den Auftrag an den Staat, die *Würde des Menschen* zu schützen. Das bedeutet, dass der Staat Gesetze und Vorschriften zu erlassen hat, die ein menschenwürdiges Leben aller ermöglichen.

BEISPIEL

Jonas hat erhebliche Mietschulden und schon vor geraumer Zeit die Kündigung seiner Wohnung erhalten. Nun ist auch ein Räumungsurteil ergangen, sodass ihm Obdachlosigkeit im Falle der Wohnungsräumung droht. Was kann Jonas tun, um die Wohnungslosigkeit abzuwenden?

Lösung: Jonas hat bei Hilfebedürftigkeit gegenüber seinem zuständigen Jobcenter einen Anspruch auf – darlehensweise – Übernahme der Mietschulden zur Vermeidung der Obdachlosigkeit, denn ein Leben auf der Straße ist nicht menschenwürdig.

Zudem ist der *allgemeine Gleichheitssatz* aus Artikel 3 Absatz 1 GG im Sozialrecht zu beachten. Auch wenn es floskelhaft klingt, aber: Alle Menschen sind vor dem Gesetz gleich. Mit diesem Grundsatz ist es dem Staat untersagt, jemanden zu bevorzugen oder zu benachteiligen, indem »*wesentlich Ungleiches gleich oder wesentlich Gleiches ungleich*« behandelt wird. Wenn hier von »Staat« die Rede ist, sind damit alle Vertreter des Staates gemeint, also die Exekutive (die vollziehende oder ausübende Gewalt), die Judikative (die rechtsprechende Gewalt) und die Legislative (die gesetzgebende Gewalt). Sie sind sozusagen der verlängerte Arm des Staates und müssen in ihrem Handeln auch den allgemeinen Gleichheitssatz beachten.

Die praktischen Anwendungen reichen von dem *Gebot der Gleichbehandlung* über *Chancengleichheit* und Teilhaberechten bis hin zu *Benachteiligungsverboten*.

Mitarbeiterin Corinna X. eines Jobcenters bewilligt das Bürgergeld bevorzugt bei weiblichen Antragstellenden, weil sie findet, dass gerade Frauen es besonders nötig haben und Männer eh überall Vorteile haben. Gegenüber männlichen Antragstellern vertritt sie die Auffassung, diese können schließlich arbeiten gehen und selbst für ihren Lebensunterhalt sorgen. Kann Frau X. das so machen?

Lösung: Natürlich kann sie das nicht machen! Jede Ungleichbehandlung aufgrund des Geschlechts ist nicht hinnehmbar und sachlich nicht gerechtfertigt: Auch männliche Antragsteller haben bei Vorliegen der Voraussetzungen den gleichen Anspruch auf die Bewilligung von Bürgergeld wie Frauen.

Auf das *Gleichbehandlungsgebot* gemäß Artikel 3 Absatz 1 GG können Sie sich berufen, wenn Sozialleistungen an bestimmte Personengruppen bewilligt werden, anderen hingegen nicht, ohne dass es hierfür einen sachlichen Grund gibt. Der allgemeine Gleichheitssatz gebietet es nämlich, alle Menschen vor dem Gesetz gleich zu behandeln.

Gesetze, Verordnungen, Satzungen und mehr

Die wesentlichen Regelungen im Sozialrecht finden Sie in den Sozialgesetzbüchern I bis XIV sowie in weiteren Gesetzen, so zum Beispiel im *Elterngeldgesetz* oder im *Künstlersozialversicherungsgesetz*. Daneben kommen im Sozialrecht häufig auch

- ✔ **Verordnungen,**
- ✔ **Satzungen,**
- ✔ **Ausführungsvorschriften,**
- ✔ **Richtlinien,**
- ✔ **Weisungen**

zur Anwendung. Ihre Besonderheit besteht darin, dass es sich um *untergesetzliche Normen* handelt. Sie dienen dazu, die von einer Sozialleistungsbehörde vorzunehmenden Handlungen – ähnlich einer Betriebsanleitung – festzulegen (»Wenn …, dann …«) und Lebenssachverhalte einheitlich zu behandeln, damit keine Ungleichbehandlung passiert.

Das klingt wieder einmal ziemlich juristisch, oder? Ja, aber in einem Satz lassen sich nicht alle Sonderfälle erklären. Wenn Sie sich jetzt fragen, welche *Verordnungen* es im Sozialrecht konkret gibt, schauen Sie sich gerne einmal die Kraftfahrzeughilfe-Verordnung an. Sie regelt die Voraussetzungen für die Antragstellung und den Leistungsumfang schwerbehinderter Menschen unter anderem zur Beschaffung eines Kraftfahrzeugs, und es sind nicht gerade wenige Besonderheiten, auf die hier eingegangen wird. Das ist nur eines von vielen möglichen Beispielen, aber damit bekommen Sie eine ungefähre Vorstellung, wie komplex Sachverhalte in Verordnungen geregelt sein können.

Die Satzungen im Sozialrecht und ihre Bedeutung

Sie kennen bislang *Satzungen* nur aus Vereinen? Dann sollten Sie sich unbedingt einmal die Satzung Ihrer Krankenkasse durchlesen und diese mit den Satzungen anderer

Krankenkassen (derzeit sind es fast 100) vergleichen. Sie werden jedenfalls erhebliche Unterschiede hinsichtlich der Leistungen entdecken. Wenn Sie als Mitglied eine besondere Therapie wie zum Beispiel eine osteopathische Therapie oder eine Kinderwunschbehandlung bezahlt haben wollen, können Sie sich auf die satzungsmäßigen Leistungen Ihrer Krankenkasse berufen, selbst wenn andere Krankenkassen diese Leistungen in ihrer Satzung nicht anbieten.

Das unterschiedliche Angebot der Krankenkassen im Hinblick auf Behandlungsangebote mag auf den ersten Blick nach Ungleichbehandlung aussehen, ist es aber nicht. Auch Krankenkassen müssen wirtschaftlich arbeiten und können ihren Mitgliedern nicht alle Leistungen zur Verfügung stellen – schließlich haben Sie ja die Wahl, welche Behandlungen für Sie besonders wichtig sind und welche Krankenkasse für Sie daher am besten geeignet ist. Die Satzung ermöglicht es Ihrer Krankenkasse, alle ihre Mitglieder gleich zu behandeln und allen die gleichen Behandlungen zu gewährleisten. Falls Sie kein Mitglied in diesem »Club« sein sollten, können Sie bestimmte Leistungen nicht einfordern (auch wenn das Ihre Nachbarn mit einer anderen Krankenkasse vielleicht können), denn diese Ungleichbehandlung gegenüber Nichtmitgliedern ist hinzunehmen. Aus diesem Grunde finden häufig Krankenkassenwechsel statt, weil sich Versicherte gewöhnlich die Krankenkasse mit dem besseren Leistungskatalog, der zu ihrer gesundheitlichen Situation passt, aussuchen. Und das kann sich im Laufe des Lebens durchaus ändern!

Die Weisung

Fachliche Weisungen können als Arbeitsanweisung an Mitarbeitende innerhalb einer Behörde umschrieben werden. Sie sind an diese internen *Weisungen* regelmäßig gebunden, und das gilt selbst dann, wenn etwa die behördliche Weisungslage der Rechtsprechung des Bundessozialgerichts widerspricht. So stellte das Bundessozialgericht (BSG) schon im Jahr 2021 (Entscheidung vom 28.1.2021, Aktenzeichen B 8 SO 9/19R) fest, dass Persönliche Budgets nicht immer zu befristen sind. Dennoch erlassen Mitarbeitende Bescheide mit einer Befristung. Das darin verankerte Dilemma lässt sich häufig nur durch die Inanspruchnahme der Sozialgerichte lösen: Rechtskräftige Entscheidungen des Gerichts müssen dann nämlich von den behördlichen Mitarbeitern umgesetzt werden, auch wenn es ihrer Weisungslage widerspricht.

Die Ausführungsvorschrift

Solche Vorschriften sollen aus der Sicht einer Behörde die Anwendung von Gesetzen und die Auslegung von Rechtsnormen erleichtern und erklären. Hierzu ein typisches Beispiel für eine *Ausführungsvorschrift*:

BEISPIEL

Das Bürgergeld beinhaltet auch Kosten der Unterkunft und Heizung (abgekürzt mit *KdU*), sofern diese Aufwendungen angemessen sind (§ 22 SGB II). Die *Angemessenheit* ist jedoch ein ziemlich vager Rechtsbegriff, denn bei den Unterkunftskosten kommt es darauf an, wo Sie leben. Das Mietniveau in München, Berlin oder Stuttgart ist nun einmal ein anderes als das in Schleswig-Holstein oder in Wilhelmshaven. Hier kommen Ausführungsvorschriften (wie die »AV-Wohnen« für Berlin) oder *KdU-Richtlinien* ins Spiel: Diese legen fest, welcher Mietpreis angemessen und daher vom Jobcenter zu übernehmen ist, was der Vermeidung von Ungleichbehandlung innerhalb einer bestimmten Stadt oder Landkreises dient.

IN DIESEM KAPITEL

UN-Behindertenrechtskonvention

Freizügigkeitsgesetz

Fürsorgeabkommen

Bilaterale Abkommen

Kapitel 2
Ein Blick über die Grenzen: Das Internationale Sozialrecht

Wie ich in Kapitel 1 angemerkt habe, funktioniert einheimisches Sozialrecht nicht losgelöst von *Internationalem Sozialrecht*. Jetzt werden Sie vielleicht innerlich abwinken und denken »Wann werde ich wohl jemals mit internationalem Sozialrecht in Berührung kommen?« Nun, es kommt tagtäglich innerhalb der Europäischen Union zur Anwendung, etwa wenn der französische Koch seine Gerichte in deutschen Küchen kreiert oder der deutsche Handwerker einen Job in Österreich angenommen hat. Ob und unter welchen Bedingungen insbesondere Bürger aus EU-Mitgliedsstaaten Zugang zu den Sozial(hilfe)systemen in Deutschland haben (vor allem, wenn sie mittellos sind), klären wir nun in diesem Kapitel.

Das nationale Sozialrecht funktioniert nicht ohne Beachtung des internationalen Sozialrechts, denn nach dem *Freizügigkeitsgesetz der Europäischen Union* (*FreizügG/EU*) hat jeder Unionsbürger grundsätzlich das Recht, sich in der EU frei zu bewegen. Hierzu gehört auch das Recht, in ein anderes Mitgliedsland einzureisen und sich dort aufzuhalten. Darauf baut auch das *Europäische Fürsorgeabkommen* (*EFA*) auf. Das EFA beinhaltet Regelungen über Fürsorgeleistungen von Staatsangehörigen, die sich rechtmäßig im Gebiet eines anderen Unterzeichnerstaates (unter anderem Frankreich, Spanien, Italien, Portugal, Estland) aufhalten. Deutschland hat sich hierin verpflichtet, in gleicher Weise und unter den gleichen Bedingungen wie den eigenen Staatsangehörigen Fürsorgeleistungen zu gewähren.

Das internationale Sozialrecht gliedert sich im Wesentlichen in:

- ✔ **überstaatliches Recht** wie
  - die Behindertenrechtskonvention der Vereinten Nationen (UN-BRK) und
  - die Grundwerte gemäß Artikel 2 des Vertrags über die Europäische Union.

- ✔ **zwischenstaatliches Recht**, das Abkommen Deutschlands mit anderen Staaten über die soziale Sicherheit umfasst.

Der Brexit – kein Gewinn für die Wirtschaft!

Welche erheblichen Auswirkungen es neben dem Handelsrecht auch im Sozial- und Arbeitsrecht gibt, hat gerade der »*Brexit*« gezeigt, als das Vereinigte Königreich Ende 2020 aus der Europäischen Union ausgetreten ist. Durch den »Brexit« endete im Königreich die viel beschworene *Arbeitnehmerfreizügigkeit* für die EU-Mitgliedsstaaten, denn auf einmal brauchen Sie ein Visum für eine längere Berufstätigkeit im Vereinigten Königreich. Die Folge: Personalnotstand in Great Britain! Deutsche Studierende benötigen übrigens nun ein Studentenvisum, wenn sie sich länger als sechs Monate im Vereinigten Königreich aufhalten möchten.

Die Behindertenrechtskonvention der Vereinten Nationen

Der *UN-Behindertenrechtskonvention* (*UN-BRK*) kommt im nationalen Sozialrecht eine besondere Bedeutung zu. Bereits 2009 verpflichtete sich Deutschland mit der Ratifizierung des Übereinkommens, das Recht von Menschen mit Behinderung im Sinne der UN-BRK weiterzuentwickeln. Eine solche Entwicklung stellt das im Jahr 2016 verabschiedete *Bundesteilhabegesetz* (*BTHG*) als Änderungsgesetz des SGB IX dar. Das Änderungsgesetz hat unter anderem für Menschen mit einer Behinderung zur Folge, dass in Anlehnung an die UN-BRK

- ✔ der **Behinderungsbegriff** neu definiert,
- ✔ die Leistungen zur Teilhabe am Arbeitsleben unter anderem durch die Einführung eines **Budgets für Arbeit** verbessert,
- ✔ die **Eingliederungshilfe** aus dem SGB XII herausgelöst und in das SGB IX überführt wurde mit der Folge einer spürbaren Erweiterung des leistungsberechtigten Personenkreises durch Verbesserungen hinsichtlich der Berücksichtigung von Einkommen und Vermögens sowie
- ✔ das **Wunsch- und Wahlrecht** gestärkt wurde.

Die Konvention konkretisiert die Rechte von Menschen mit Behinderungen, allen voran das Recht auf Selbstbestimmung, Autonomie und Teilhabe für ein gleichberechtigtes Miteinander von Menschen mit und ohne Handicap. Allen gemeinsam ist das Recht auf

- ✔ Zugang zu Bildung,
- ✔ Zugang zur Arbeitswelt,
- ✔ Teilhabe am sozialen Leben.

Gerade beim Zugang zur Arbeitswelt hinkte Deutschland seit der Ratifizierung der UN-BRK im Jahr 2009 erheblich hinterher. So verfügten wir über einen kaum vorhandenen inklusiven Arbeitsmarkt. Für Menschen mit einer Behinderung ist es auch wichtig, selbst zu entscheiden, wo, wie und mit wem sie leben möchten. Klappt es mit der behördlichen Umsetzung nicht, können sie sich auf Artikel 19 der UN-BRK berufen. »Das sollte doch eigentlich eine Selbstverständlichkeit sein«, werden Sie nun vielleicht denken, doch in der Vergangenheit wurden Menschen mit Behinderung meistens in stationären Einrichtungen untergebracht. Aber hat nicht jede(r) ein Recht darauf, ihre/seine Wohnform selbst zu bestimmen? Dieses Recht besteht nunmehr auch für Menschen mit Handicap und kann unter dem Stichwort »Wunsch- und Wahlrecht« geltend gemacht werden.

Warum Sie diese Konvention kennen sollten, liegt übrigens auf der Hand: Sobald deren Regelungen im nationalen Recht nicht beachtet werden, können sich im Sozialrecht Menschen mit Behinderung auf die UN-BRK berufen, vor allem, wenn sich hieraus eine Diskriminierung ergibt.

Das Bundessozialgericht hat bereits im Jahr 2012 in einer Entscheidung festgestellt, dass das *Diskriminierungsverbot* nach der UN-BRK im deutschen Sozialrecht unmittelbar anwendbar ist und dem verfassungsrechtlichen *Benachteiligungsverbot* behinderter Menschen entspricht (Entscheidung vom 6.3.2012, Aktenzeichen B 1 KR 10/11R).

Wie die UN-BRK auch auf das nationale Sozial- und letztlich auch das Arbeitsrecht in der praktischen Anwendung durchgreift, können Sie übrigens an einer Entscheidung des Europäischen Gerichtshofs (EuGH) vom 18.12.2014 (Aktenzeichen C 354/13) sehen:

BEISPIEL

Der EuGH musste klären, ob *Adipositas* (Übergewicht) eine Behinderung darstellt und ob am Arbeitsplatz hierauf zur Vermeidung von Diskriminierung zu achten ist. Geklagt hatte ein dänischer Arbeitnehmer mit Hilfe einer Gewerkschaft, der seine Entlassung auf sein starkes Übergewicht zurückführte und sich dadurch diskriminiert fühlte.

Der EuGH bestätigte letztlich mit Verweis auf die UN-BRK, dass Adipositas eine Behinderung darstellen kann. Begründet wurde dies damit, dass sich Funktionsstörungen nicht ausschließlich nach medizinischen, sondern auch nach soziologischen und pädagogischen Maßstäben beurteilen und damit eine Beeinträchtigung der Teilhabe darstellen können. So sind auch Reaktionen des (Arbeits-)Umfelds als Barriere zu betrachten, ebenso wie eine gesellschaftliche Isolation. Derartige Barrieren hemmen nun einmal die gleichberechtigte Teilhabe von Menschen mit Behinderung. Zudem kann Übergewicht weitere, als Behinderung anerkannte Erkrankungen wie Bluthochdruck oder Diabetes mellitus zur Folge haben. Es würde ja auch ansonsten nicht so recht Sinn machen, wenn die Folgeerkrankungen im Allgemeinen als Behinderung anerkannt sind, die Ursache hierfür jedoch nicht!

Die Grundwerte und das Freizügigkeitsgesetz der EU

Wir haben zwar in Europa derzeit keine EU-einheitliche Verfassung, da ein entsprechender Vertrag aus dem Jahr 2004 nicht von allen Mitgliedsstaaten ratifiziert wurde. Damit können sich einzelne Bürger bei europäischen Bezügen wie einer Ungleichbehandlung nicht auf ein einheitliches europäisches Verfassungsrecht berufen. Hier kommen aber die *Grundwerte der Europäischen Union* zum Einsatz, die in Artikel 2 des *Vertrags über die Europäische Union* (*EUV*) festgelegt sind. Typische, für das Sozialrecht relevante Grundwerte kennen Sie vermutlich aus dem Grundgesetz:

- **Menschenwürde**
- **Freiheit**
- **Gleichheit**

Auf diese Grundwerte kann sich jeder Unionsbürger eines Mitgliedsstaates berufen. Die Grundwerte beeinflussen daher auch unser deutsches Sozialrecht und sind relevant für einen Anspruch auf Sozialleistungen. Jetzt werden Sie überlegen, bei welcher Gelegenheit Sie sich auf die Grundwerte der EU berufen können? Vor allem immer dann, wenn Sie in einem EU-Mitgliedsland den Eindruck haben, Sie werden als Deutscher anders behandelt als der dortige Inländer. Daraus folgt, dass sich umgekehrt auch jeder EU-Bürger in Deutschland auf die Grundwerte berufen kann, kurzum: eine schöne »Win-win-Situation«.

Darauf baut auch das *Freizügigkeitsgesetz der Europäischen Union* (*FreizügG/EU*) auf, also das Recht, sich innerhalb der EU frei zu bewegen. Sie können in jedes beliebige Mitgliedsland einreisen und sich dort aufhalten, zumindest für die ersten drei Monate. Wenn Sie dort längerfristig leben möchten, kommt es auf den Anlass des Aufenthalts an. Es reicht dann leider nicht aus zu sagen, dass Sie Sizilien oder die deutsche Nordseeküste traumhaft schön finden, sondern Sie müssen sich schon auf die in § 2 FreizügG/EU genannten Aufenthaltsgründe berufen, wie

- Berufsausübung oder -ausbildung,
- Ausübung einer selbständigen Tätigkeit,
- die Suche nach Arbeit.

Das gilt übrigens auch für die nahen Familienangehörigen wie Kinder, Ehegatten und Lebenspartner, wenn sie ebenfalls in Deutschland leben möchten (§§ 3, 3a FreizügG/EU).

Die entscheidende Frage ist dann, ob hier lebende EU-Bürger auch *Sozialhilfeleistungen* erhalten können? Für die Antwort ist nach der Dauer des Aufenthalts zu unterscheiden: Hat jemand seit mindestens fünf Jahren seinen *gewöhnlichen Aufenthalt* in Deutschland, steht dem Bürgergeld bei unterstellter Hilfebedürftigkeit nichts im Wege (§ 7 Absatz 1 SGB II), denn es kann nach so langer Zeit von einem *gefestigten Aufenthalt* ausgegangen werden (BSG, Urteil vom 20.9.2023, Aktenzeichen B 4 AS 8/22 R). Damit besteht kein Unterschied zwischen In- und Ausländern beim Zugang zu Sozialhilfeleistungen.

Für alle Unionsbürger, die längerfristig in Deutschland leben wollen, empfiehlt es sich, von Anfang an alle Nachweise aufzubewahren, die den Beginn und die Dauer ihres tatsächlichen Aufenthalts in Deutschland belegen, so etwa Meldebescheinigungen, Mietverträge, Stromabrechnungen, Kontoauszüge oder Schulzeugnisse.

Nun bleibt ja nicht jeder so lange hier – was aber gilt bei einem Aufenthalt von weniger als fünf Jahren in Deutschland? Dazu ein Beispiel:

BEISPIEL

Der Franzose Jean-Luc hat bereits zwei Jahre in München als Koch gearbeitet sowie unter anderem Beiträge zur Arbeitslosenversicherung gezahlt, aber nun hat ihm sein Arbeitgeber gekündigt. Jean-Luc überlegt, ob er wie seine deutschen Kollegen Arbeitslosengeld bei der Agentur für Arbeit beantragen kann.

Lösung: Ja, das kann er, denn bei dem Arbeitslosengeld nach dem SGB III handelt es sich um eine *beitragsfinanzierte Leistung*: Jean-Luc hat in das deutsche Sozialversicherungssystem mindestens zwölf Monate eingezahlt, also kann er auch Arbeitslosengeld beziehen.

Anders ist es hingegen beim *Bürgergeld* als *steuerfinanzierte Leistung*. Der Grund liegt in dem Umstand, dass die sozialen Sicherungssysteme der EU-Mitgliedsstaaten nicht über Gebühr belastet werden sollen. Im SGB II, der Grundsicherung für Arbeitssuchende, findet sich daher seit einigen Jahren ein Leistungsausschluss für Ausländer, die sich weniger als fünf Jahre in Deutschland aufhalten (§ 7 Absatz 1 SGB II).

Jetzt wenden Sie vielleicht Folgendes ein: Wenn aber alle Menschen vor dem Gesetz gleich sind, können dann überhaupt bestimmte Personen von Sozialhilfeleistungen ausgeschlossen sein, obwohl auch sie dringend auf Bürgergeld angewiesen sind? Verletzt das nicht die Grundwerte der europäischen Union, wonach die Menschenwürde eines jeden zu achten ist und alle gleich zu behandeln sind? Richtig!

Stellen Sie sich zwei Personen aus Ihrem Freundes- oder Bekanntenkreis vor; beide sind tolle, Ihnen liebe Menschen. Giovanni ist Italiener, Luisa ihre beste Freundin aus Schultagen in Berlin; beide haben kein Einkommen und benötigen eine Grundsicherung vom Staat wie Essen und Unterkunft. Können Sie den beiden nachvollziehbar erklären, warum Luisa Sozialhilfeleistungen nach deutschem Recht erhält, Giovanni jedoch wegen seiner Herkunft nicht? Entspricht das tatsächlich den europäischen und deutschen Grundwerten? Wohl nicht.

Aber leider gibt es keine einfache Lösung: Einerseits möchte der Staat aus seiner Sicht keine Anreize für eine »Einwanderung in die deutschen Sozialhilfesysteme« schaffen, denn sowohl Bürgergeld als auch Sozialhilfe muss zunächst einmal von allen Steuerpflichtigen durch die Entrichtung von Steuern erwirtschaftet werden. Wenn Sozialhilfesysteme funktionieren sollen, braucht es immer ein ausgewogenes Verhältnis zwischen Steuereinzahlenden und Leistungsbeziehenden, sonst ist der Staat irgendwann »pleite«. Aber mit den europäischen und nationalen Grundsätzen verträgt es sich andererseits auch nicht, wenn der Zugang zu Sozialhilfeleistungen an die Herkunft einer Person geknüpft ist, denn das benachteiligt EU-Bürger. Hier kommt das Europäische Fürsorgeabkommen – kurz EFA – ins Spiel.

Das Europäische Fürsorgeabkommen (EFA)

Das *Europäische Fürsorgeabkommen* (*EFA*) beinhaltet Regelungen über Fürsorgeleistungen von Staatsangehörigen, die sich rechtmäßig im Gebiet eines anderen Unterzeichnerstaates aufhalten. Im Jahr 2024 sind es 18 Staaten des Europarats, neben Deutschland unter anderem Frankreich, Spanien, Italien, Portugal und Estland, die dem Europäischen Fürsorgeabkommen angehören. Den Bürgern dieser Unterzeichnerstaaten sind »in gleicher Weise und unter den gleichen Bedingungen wie den eigenen Staatsangehörigen Fürsorgeleistungen zu gewähren«.

Jetzt werden Sie sich vielleicht fragen, warum das EFA wichtig ist – nun, es wird immer dann im Sozialrecht relevant, wenn jemand aus diesen Unterzeichnerstaaten mittellos und auf finanzielle Unterstützung vom Staat angewiesen ist. Doch kommt nun das große Aber: Im Jahr 2015 hat das Bundessozialgericht entschieden, dass für diesen Personenkreis kein *Bürgergeldanspruch* besteht (Entscheidung vom 3.12.2015, Aktenzeichen B 4 AS 43/15R) und für ihn insoweit das EFA nicht gilt, weil Deutschland seinerzeit einen »Vorbehalt« hinsichtlich des EFA-Abkommens erklärt hat. Der Vorbehalt bewirkt, dass kein Anspruch auf Bürgergeld nach dem SGB II für den ausgewählten Personenkreis der Staaten des Europarats besteht. Aber wie sieht es mit *Sozialhilfe* nach dem SGB XII aus? Hierauf besteht mittels eines juristischen Kniffs ein Anspruch: Da sich der Vorbehalt nur auf das SGB II bezieht, betrifft er nicht auch gleichzeitig das SGB XII – das Teufelchen steckt im Detail! Smart, nicht wahr?!

Da es Deutschland unterlassen hat, auch das SGB XII in den Vorbehalt gegen das EFA-Abkommen einzubeziehen, können im Einzelfall finanzielle Hilfen nach dem SGB XII gerechtfertigt sein, so zum Beispiel einmalige Überbrückungsleistungen für höchstens einen Monat, um essenzielle Grundbedürfnisse wie Essen, Unterkunft, Körperpflege und medizinische Versorgung abzudecken.

Beachtenswert ist zudem die nachfolgende Entscheidung hinsichtlich eines Bürgergeldanspruchs einer Familie aus einem EU-Mitgliedsland, der allein über den Schulbesuch des Kindes abgeleitet wurde, und Sie merken schon an diesem Fall: Ab und zu brauchen wir die Rechtsprechung, um Einzelfälle verbindlich zu klären.

EUGH, Urteil vom 6.10.2020, Rechtssache C-181/19:

Auch wenn ein Elternteil mittlerweile nicht mehr die Arbeitnehmereigenschaft innehat, weil er bereits länger als sechs Monate arbeitslos oder die Arbeit nicht »unfreiwillig« aufgegeben hat, kann für EU-Bürger ein Anspruch auf Sozialleistungen bestehen, sofern ein oder mehrere Kinder vorhanden sind und diese eine Schule besuchen. Das Aufenthaltsrecht des Kindes für die Dauer der Schulausbildung führt dann zum rechtmäßigen Aufenthalt der Eltern in Deutschland mit der Folge, dass Sozialhilfeleistungen zu gewähren sind.

Bilaterale Abkommen

Mit zahlreichen Ländern außerhalb der europäischen Mitgliedsstaaten schließt Deutschland zudem auch gerne *bilaterale Sozialversicherungsabkommen* ab, die die Vertragspartnerländer zu Sozialleistungen verpflichten. Dadurch sollen Nachteile ausgeglichen werden, die etwa durch eine Berufstätigkeit in unterschiedlichen Sozialversicherungssystemen entstehen. Das bedeutet, dass zum Beispiel einmal erworbene Rentenanwartschaften nicht dadurch verloren gehen sollen, wenn der Job nicht in Deutschland erbracht wurde. Oder umgekehrt gilt das auch, wenn jemand aus Deutschland in einem anderen Staat arbeitet und in dessen Sozialsysteme einzahlt. Die meisten Abkommen gelten übrigens unabhängig von der konkreten Staatsangehörigkeit, sodass es genügt, im jeweiligen Abkommensstaat gearbeitet zu haben. In einer Zeit, in der globales Arbeiten keine Seltenheit und gerade für junge Menschen beliebt ist, ist es doch angenehm zu wissen, dass die Auslandstätigkeit auch Einfluss auf die spätere Rente haben wird.

BEISPIEL

Um mal ein ungewöhnliches Beispiel für ein Abkommen zu erwähnen: Deutschland pflegt seit hundert Jahren Handelsbeziehungen mit Uruguay, und beide haben im Jahr 2013 ein *Abkommen für Soziale Sicherheit* für Arbeitnehmer geschlossen, die im jeweils anderen Land berufstätig sind. Derzeit gilt dieses Abkommen nur für die Rentenversicherung und soll letztlich den Erwerb von Rentenansprüchen erleichtern, indem unter anderem die rentenrechtlichen Wartezeiten in beiden Ländern zusammengerechnet werden. Rentenrechtlich macht es also keinen Unterschied, ob ein Arbeitnehmer im jeweils anderen Land arbeitet.

BEISPIEL

Zum Abschluss noch ein Beispiel, wie national schnell auf eine besondere internationale Weltlage reagiert werden kann: Ukrainische Kriegsgeflüchtete haben seit Juni 2022 regelmäßig einen Zugang in das sowie in den deutschen Ausbildungs- und Arbeitsmarkt, und das, obwohl die Ukraine im Jahr 2022 noch kein EU-Mitgliedsland war. Möglich macht dies eine entsprechende Gesetzesverabschiedung im Bundestag.

Teil II
Ohne Verfahrensrecht geht nichts im Sozialrecht

IN DIESEM TEIL ...

erkläre ich, warum es auch für Sie wichtig ist, allgemeine Leistungsgrundsätze zu kennen, die Sie auf zahlreiche Sozialgesetzbücher anwenden können (wie die Mitwirkungspflichten).

stelle ich Ihnen die zahlreichen Sozialleistungsträger vor und erkläre, welche Leistungen Sie hier beantragen können – und auch, was Körperschaften, Anstalten und Behörden unterscheidet.

erhalten Sie Kenntnisse vom Ablauf eines Sozialverwaltungsverfahrens, damit Sie Fehler der Behörde erkennen und angemessen reagieren zu können (denn die passieren gar nicht so selten).

Immer wieder ein Klassiker im Sozialverwaltungsverfahren: Ist es ein Verwaltungsakt oder doch nur ein einfaches Schreiben? Oder gar ein öffentlich-rechtlicher Vertrag? Hier zeige ich Ihnen vor allem, welche Möglichkeiten es gibt, gegen Bescheide vorzugehen, und welche Fristen Sie dabei einhalten müssen. Und ich zeige Rettungsmöglichkeiten auf, falls mal eine Frist für einen Widerspruch versäumt wurde.

Abschließend lernen Sie die Sozialgerichtsbarkeit kennen – falls eine Klage oder ein gerichtliches Eilverfahren unumgänglich ist.

IN DIESEM KAPITEL

Anspruchs- und Ermessensnorm

Vorschuss, Verzinsung, Verjährung, Verzicht

Auf- und Verrechnung

Mitwirkungspflichten

Kapitel 3
Allgemeine Leistungsgrundsätze nach dem SGB I

Mit diesem Kapitel geht es ab in die Tiefen des Sozialrechts für Sie! Selbst wenn wir sehr viele Sozialgesetzbücher haben, bedarf es verbindlicher Regelungen, die im Idealfall für alle weiteren Sozialgesetzbücher (SGB II bis XIV, ohne SGB IV und X) gelten. Hier hilft vor allem das SGB I weiter. Eigentlich kann ich allen Studierenden nur raten (Lust hin oder her …), an einem regnerischen Wochenende einmal in Ruhe das SGB I zu lesen. Es ist erstaunlich, was dort alles unter der Überschrift »Allgemeiner Teil« geregelt ist und sich auf die anderen Sozialgesetzbücher auswirkt. Mit anderen Worten: Um alle weiteren Sozialgesetzbücher verstehen und durchdringen zu können, bedarf es der *allgemeinen Leistungsgrundsätze,* die sich in erster Linie aus den §§ 38 bis 59 des SGB I ergeben. Wichtige allgemeine Leistungsgrundsätze, um die es in diesem Kapitel geht, sind vor allem:

- der Unterschied zwischen **Anspruchs- und Ermessensleistungen**
- Regelungen zu **Vorschüssen und vorläufigen Leistungen**
- **Verzinsung** von Geldleistungen
- **Verjährung und Verzicht** von Sozialleistungen
- **Aufrechnung und Verrechnung**

Die Kenntnis dieser allgemeinen Grundsätze erleichtert Ihnen das Verständnis von behördlichem Handeln erheblich und verschafft Ihnen einen guten ersten Überblick darüber, wie Sozialbehörden wie die Deutsche Rentenversicherung oder das Jobcenter/Sozialamt letztlich zu ihren Entscheidungen kommen und was sie dabei zu beachten haben. Einige dieser Leistungsgrundsätze werden wir uns im Folgenden noch genauer ansehen. Am Ende des Kapitels erfahren Sie auch, warum es wichtig ist, die Mitwirkungspflichten ernst zu nehmen.

Der Rechtsanspruch – Wunschtraum mit Realitätscheck!

Es wäre doch fantastisch, wenn wir im Sozialrecht auf alle Leistungen einen Anspruch hätten! Sie stellen einfach einen Antrag auf eine bestimmte Leistung, idealerweise eine Geldleistung, und bekommen diese auch sofort zugesprochen.

Aber so einfach funktioniert Sozialrecht leider nicht. Nicht auf jede begehrte Leistung besteht ein Rechtsanspruch, denn viele Normen sind als Ermessensleistungen verfasst, auf die ich gleich noch näher eingehe. Insofern rudert der Gesetzgeber in § 38 SGB I mächtig zurück, denn da heißt es: »Auf Sozialleistungen besteht ein Anspruch, soweit nicht … die Leistungsträger ermächtigt sind, bei der Entscheidung über die Leistung nach ihrem Ermessen zu handeln.« Tja, schade eigentlich, aber genau da liegt das Problem. Ein *Rechtsanspruch* auf eine Leistung ergibt sich erst bei Vorliegen von tatbestandlichen Voraussetzungen. Andernfalls würde es die finanziellen Möglichkeiten des Staates schlicht sprengen, wenn jedem Antrag – ohne Wenn und Aber – stattgegeben werden müsste.

Rechtsnormen, die einen Anspruch auf eine Leistung formulieren, bestehen immer aus den jeweiligen *tatbestandlichen Voraussetzungen* und einer dazugehörigen Rechtsfolge, im Sinne von: »Wenn XY vorliegt, dann folgt daraus die Rechtsfolge Z«, also beispielsweise die Bewilligung eines Mehrbedarfs.

Sozialbehörden müssen daher bei einem Rechtsanspruch prüfen, ob die tatbestandlichen Voraussetzungen der Norm vorliegen, und wenn ja, ist die Leistung **zwingend** zu bewilligen.

Diese Vorgehensweise nennt sich »*gebundene Entscheidung*«. Die Behörde hat also keine Wahl, ob sie bewilligen möchte oder nicht. Dazu ein Beispiel:

BEISPIEL

Alma bezieht Bürgergeld und ist in der dreizehnten Woche schwanger. Das SGB II sieht für Alma einen Anspruch auf *Mehrbedarf für Schwangere* nach der zwölften Schwangerschaftswoche vor (§ 21 Absatz 2 SGB II). Alma muss nur noch den Mehrbedarf beantragen, ihre Schwangerschaft nachweisen, und das Jobcenter bewilligt ihr zwingend diesen Mehrbedarf für Schwangere, da sie einen Rechtsanspruch hierauf hat. Übrigens hat Alma auch einen Anspruch auf »Erstausstattung für Bekleidung und Erstausstattung bei Schwangerschaft und Geburt« (§ 24 Absatz 3 Nr. 2 SGB II).

Der künftige Vater Malte wendet nun ein, er sei ja auch »mit-schwanger«, er habe vor lauter Freude über die Schwangerschaft schon sieben Kilogramm zugenommen und brauche jetzt viel mehr Essen. Gilt das auch als Mehrbedarf?

Lösung: Schwangerenmehrbedarf? Nein, das funktioniert hier nicht, denn Malte ist ja nicht selbst schwanger und sein Antrag wird dementsprechend abgewiesen.

Mit einem einfachen Trick können Sie quasi auf den ersten Blick erkennen, ob ein bestimmter Paragraf eine Anspruchsnorm ist. Der Gesetzgeber bedient sich bei einer Anspruchsnorm folgender Formulierungen:

- ✔ »**... werden ausgeführt**« (§ 29 Absatz 1 SGB IX)
- ✔ »**... werden erbracht**« (§ 24 Absatz 3 SGB II)
- ✔ »**... haben Anspruch auf Arbeitslosengeld**« (§ 136 Absatz 1 SGB III)

Also achten Sie einfach mal auf den konkreten Wortlaut, und mit ein wenig Übung werden Sie schnell die Anspruchs- von einer Ermessensnorm unterscheiden können, die ich nun im Folgenden genauer erläutern werde.

Wenn Behörden ein Wörtchen mitreden: Die Ermessensleistung

Das Gegenteil von einer gebundenen Entscheidung (dem Rechtsanspruch) ist die Leistung, die im *Ermessen* der Behörde liegt. Hierbei hat die Behörde »ihr Ermessen entsprechend dem Zweck der Ermächtigung auszuüben und die gesetzlichen Grenzen des Ermessens einzuhalten« (§ 39 SGB I). Jetzt fragen Sie sich sicherlich, was das konkret bedeutet. Zu Recht übrigens, denn ganz so einfach ist das nicht. Das Ermessen kann zunächst als Befugnis der Behörde übersetzt werden, bei der Verwirklichung eines gesetzlichen Tatbestands zwischen verschiedenen gleichermaßen rechtmäßigen Rechtsfolgen zu wählen. Da viele Normen im Sozialrecht Ermessensleistungen sind, lohnt sich daher ein vertiefender Blick zur besseren Rechtsanwendung und für das Verständnis von Sozialrecht.

Ermessen bedeutet, dass eine Behörde einen gewissen Entscheidungsspielraum hat: Sie kann also im Sinne des Antrags entscheiden, sie muss es aber nicht! Im Gegensatz dazu hat die Behörde bei einer Anspruchsnorm keinen Spielraum: Bei Vorliegen der Voraussetzungen muss sie dem Antrag stattgeben und Leistungen bewilligen.

Warum ist es wichtig, dass Sie bei einer Sozialrechtsnorm gleich erkennen, ob Sie es mit einer Anspruchs- oder einer Ermessensnorm zu tun haben? Es erleichtert alles Folgende und erklärt das behördliche Handeln. Je nachdem, worum es sich handelt, werden bei einer Behörde unterschiedliche Begründungszwänge im Falle einer Leistungsablehnung ausgelöst. Bei der Ablehnung von Ermessensleistungen muss die Behörde ihre Entscheidung ausführlich begründen (dazu gleich noch mehr). Aber sehen wir uns erst einmal an, was die Behörde bei ihrer Ermessensausübung konkret beachten muss und welche Fehler sich einschleichen können.

Die Ermessensausübung

Zunächst einmal muss der Behörde überhaupt ein Ermessen für ihre Entscheidung zustehen, damit sie es ausüben kann. Das hört sich leichter an, als es ist. Ein wichtiger Hinweis auf eine *Ermessensnorm* sind die Wörter »kann« oder »können« im Gesetzestext:

- ✔ »Entfällt die Hilfebedürftigkeit … während einer Maßnahme zur Eingliederung, **kann** sie weiter gefördert werden …« (§ 16g Absatz 1 SGB II)
- ✔ »… Arbeitslose **können** aus dem Vermittlungsbudget … gefördert werden« (§ 44 Absatz 1 SGB III)

Wenn der Behörde in einer Norm bei Vorliegen der Tatbestandsvoraussetzungen ein Ermessen eingeräumt wird, ist zu unterscheiden zwischen:

- ✔ einem *Entschließungsermessen:* Hier hat die Behörde die Entscheidungsfreiheit, **ob** sie überhaupt tätig wird.
- ✔ einem *Auswahlermessen:* Die Behörde entscheidet, **wie** sie tätig wird.

Bei der Ermessensausübung geht es also um das »Ob« und das »Wie« des behördlichen Handelns.

BEISPIEL

Ein gutes Beispiel für eine »Ob und Wie-Entscheidung« ist § 16 Absatz 1 Satz 2 SGB II hinsichtlich der Leistungen zur Eingliederung: Die dort genannten *Eingliederungsleistungen* sind als Ermessensleistungen ausgestaltet (»Sie kann … erbringen«). Dabei unterscheidet die Norm konkret zwischen dem Entschließungsermessen (»ob«) und dem Auswahlermessen (»wie«, also welche Eingliederungsleistung und welcher Leistungsumfang).

Sobald geklärt ist, dass der Behörde ein Ermessen zusteht, hat sie bei einer *Leistungsablehnung* deutlich mehr Arbeit: Sie muss den Sachverhalt richtig und vollständig prüfen und eine Einzelfallentscheidung im Sinne einer Abwägung »was spricht für und was gegen eine Bewilligung« vornehmen und begründen. Hier treten die meisten Fehler auf, wenn nämlich die Behörde ihr Ermessen nicht oder nicht ordnungsgemäß ausübt. Aus dieser Begründung muss dann auch ersichtlich sein, welche Aspekte die Behörde bei ihrer Entscheidung berücksichtigt und gegeneinander im Rahmen einer Einzelfallentscheidung abgewogen hat.

Typische Ermessensfehler

Oft begründet die Behörde ihre Ablehnung nur floskelhaft mit »fiskalischen Gründen«. Wahrscheinlich ist das immer richtig, oder kennen Sie eine Sozialleistung, die nichts kostet? Mit dieser Ablehnungsbegründung macht es sich die Behörde jedoch zu leicht: Das stellt im Ergebnis keine ordnungsgemäße Ermessensausübung dar.

Wenn einer Behörde *Ermessensfehler* unterlaufen sind, können Sie dies im Widerspruchs- beziehungsweise Klageverfahren beanstanden! Es besteht nämlich ein Anspruch auf eine ermessensfehlerfreie Entscheidung.

Folgende Fehler treten häufig bei einer behördlichen Ermessensentscheidung auf:

- *Ermessensnichtgebrauch:* Damit ist gemeint, dass die Behörde das ihr zustehende Ermessen gar nicht ausübt, weil sie zum Beispiel keine Ahnung hatte, dass sie es mit einer Ermessensnorm zu tun hat (»Mein Name ist Hase – ich weiß von nichts«).
- *Ermessensfehlgebrauch:* In einem solchen Fall ist die getroffene Entscheidung nicht vom Zweck der Vorschrift gedeckt. Der Fehler ergibt sich daraus, wie die Behörde zu ihrer Entscheidung gekommen ist.

BEISPIEL

Balduin hat eine Weiterbildung als Leistung zur Teilhabe am Arbeitsleben beantragt, die abgelehnt wurde. Der Behörde ist bekannt, dass der Antragsteller in der Vergangenheit häufig die Sportvereine und seine Partnerinnen gewechselt hat. Die Behörde vermutet nun, dass er auch bei einer Weiterbildung nicht besonders lange dabeibleiben wird. Ist die Ablehnung von Balduins Antrag korrekt?

Lösung: Nein, denn hier wurden sachfremde Erwägungen herangezogen! Ein häufiger Wechsel von Sportvereinen oder des Lebenspartners hat nichts in einer Ermessenserwägung im Zusammenhang mit einer Weiterbildung zu suchen. Beide Aspekte sind sachfremd, da sie nicht in einem unmittelbaren Zusammenhang mit der Leistung stehen.

- *Ermessensüberschreitung:* Hier schießt die Behörde über das Ziel hinaus und ordnet eine Rechtsfolge an, die nicht mehr vom Rahmen ihres Ermessens gedeckt ist (»Sie ist hyperaktiv, da sie mehr macht, als sie sollte«).
- *Ermessensunterschreitung:* Die Behörde weiß zwar um ihr Ermessen, ist sich aber nicht über das gesamte Ausmaß der ihr zustehenden Möglichkeiten im Klaren (»Sie faulenzt bestimmt, da sie weniger macht, als sie sollte«).

Zusammenfassend können Sie sich also merken, dass Entscheidungen fehlerhaft (rechtswidrig!) sind, wenn der Behörde Ermessensfehler unterlaufen sind. Hierauf kann sich die antragstellende Person im Falle einer Ablehnung berufen und eine ordnungsgemäße (richtige) Ermessensentscheidung einfordern.

Für das Verständnis und für die richtige Anwendung von Sozialnormen müssen Sie eine Anspruchsnorm von einer Ermessensnorm unterscheiden können. Dieses Wissen ist ein wichtiger Baustein für die Ausgestaltung eines Antrags auf Sozialleistungen beziehungsweise für die rechtliche Überprüfung einer (fehlerhaften) behördlichen Entscheidung. Bei einer Ermessensnorm empfiehlt sich immer ein ausführlicher Antrag, der alle Gesichtspunkte erkennen lässt, die für die beantragte Leistung sprechen.

Zuletzt noch ein »Schmankerl«, falls Sie von rechtlichen Ermessen und den zahlreichen Varianten noch nicht genug haben sollten: Es gibt tatsächlich auch noch die *Ermessensreduzierung auf Null* (solche Begrifflichkeiten können sich nur Juristen ausdenken)! In diesem Fall hat die Behörde in der konkreten Situation gar keine andere Wahl als die Leistung zu bewilligen, denn alles andere wäre falsch. Eine solche Ermessensschrumpfung auf Null stellt in der Praxis einen seltenen Ausnahmefall dar. So kann bei einer behördlichen

Rücknahme eines Bescheids nach § 45 SGB X bei Bösgläubigkeit des Leistungsbeziehenden im Sinne eines betrügerischen Verhaltens eine solche Ermessensreduzierung in Betracht kommen (BSG, Urteil vom 11.4.2002, Aktenzeichen B 3 P 8/01R). Dann muss die Behörde ohne Wenn und Aber die vorherige Bewilligung zurücknehmen.

Vorschüsse und vorläufige Leistungen

Ein ziemlich alter und oft passender (Lebens-)Grundsatz besagt: »Schnelles Geld ist gutes Geld«, und das gilt auch im Sozialrecht. Oder sind Sie etwa der Meinung, dass ein Antragsteller tatsächlich sechs Monate und länger auf die Bewilligung einer Geldleistung warten sollte, wenn er diese dringend benötigt? Geht das nicht auch schneller? Doch, das geht, und hier helfen Ihnen die Regelungen über Vorschüsse (§ 42 SGB I) und vorläufige Leistungen (§ 43 SGB I) weiter.

Wenn das Geld nicht reicht

Wenn Sie bereits berufstätig sind oder waren, kennen Sie vielleicht die Möglichkeit der Auszahlung von *Vorschüssen* aus dem Arbeitsrecht: Es ist erst Anfang des Monats, aber Sie sind schon knapp bei Kasse, weil eine unerwartete Autoreparatur das Haushaltsbudget gesprengt hat – wie sollen Sie bloß in diesem Monat über die Runden kommen? Eine Frage nach einem Vorschuss beim Arbeitgeber schadet ja bekanntlich nicht.

Zum Glück kennt auch das Sozialrecht die Möglichkeit der Auszahlung von Vorschüssen. Wenn Sie dem Grunde nach einen Anspruch auf eine bestimmte Geldleistungen haben, jedoch zur Feststellung der genauen Höhe voraussichtlich eine längere Zeit erforderlich ist, kann die zuständige Behörde einen Vorschuss auszahlen. Die Höhe bestimmt allerdings die Behörde – Achtung, aufgepasst! – »nach pflichtgemäßem Ermessen« (§ 42 Absatz 1 SGB I). Sie merken: das Ermessen verfolgt uns auch hier.

BEISPIEL

Lizzy hat im Februar Bürgergeld beim Jobcenter beantragt, über das im April noch immer nicht entschieden wurde. Ihr Vermieter macht wegen der ausstehenden Mieten massiv Druck und droht sogar die Kündigung des Mietverhältnisses an. Lizzy wendet sich daher umgehend an das Jobcenter und beantragt unter Vorlage der Mahnung des Vermieters die Auszahlung eines Vorschusses.

Der Vorschuss setzt voraus, dass ein *Anspruch auf die begehrte Sozialleistung* besteht. Er muss ausdrücklich bei der zuständigen Behörde beantragt werden. Hierfür ist keine besondere Form einzuhalten, aber es ist ratsam, in dem Antrag auch den Grund für die Vorschusszahlung anzugeben und nachzuweisen. Ein derartiger Antrag ist besonders bei Geldleistungen wie Bürgergeld oder Arbeitslosengeld empfehlenswert.

Wundern Sie sich nicht, wenn der Vorschuss geringer ausfällt als die eigentlich beantragte Leistung. Das ist in Ordnung, denn am Anfang des Monats verlangen Sie von Ihrer Chefin ja auch nicht gleich den gesamten Lohn als Vorschuss. Die restliche Auszahlung erfolgt einfach zu einem späteren Zeitpunkt mit der eigentlichen Leistungsbewilligung. Der Vorschussantrag kann übrigens auch gemeinsam mit dem Hauptantrag (wie zum Beispiel dem Bürgergeld-Antrag) gestellt werden, wenn etwa Mietrückstände in der Vergangenheit aufgelaufen sind. Beachtenswert ist zudem, dass ein von der Behörde ausgezahlter Vorschuss auf die zu bewilligende Leistung angerechnet wird – wie beim Gehaltsvorschuss, da bekommen Sie ja auch nicht das Gehalt doppelt ausgezahlt.

BEISPIEL

Lizzy hat nun vom Jobcenter einen Vorschuss über 1.000 Euro erhalten, um zwei Monatsmieten an ihren Vermieter zahlen zu können. Im Juni bewilligt ihr das Jobcenter rückwirkend auf den Antragsmonat Bürgergeld unter Abzug bereits gezahlter 1.000 Euro.

Die Möglichkeit der *Vorschussgewährung* soll der Beschleunigung von Verwaltungshandeln dienen, insbesondere bei dringend benötigten existenzsichernden Leistungen.

Vorläufige Leistungen

Eine andere Möglichkeit, schnell zu einer Geldleistung zu gelangen, ist die Gewährung von *vorläufigen Leistungen* nach § 43 SGB I. Wenn Sie vorläufige Leistungen beantragen, dient das auf jeden Fall der Beschleunigung der Leistungsbewilligung.

Vereinzelt können in den besonderen Sozialgesetzbüchern ähnliche Regelungen bestehen, so zum Beispiel in § 41a SGB II für das Bürgergeld. Die vorläufige Bewilligung wird in diesem Fall seitens des Jobcenters oft damit begründet, dass für die (endgültige) Feststellung des Leistungsanspruchs noch einige Zeit benötigt wird, weil schwankendes Einkommen besteht.

Die Behörde kann vorläufig Leistungen gewähren, wenn zwar ein Anspruch auf eine Sozialleistung besteht, aber einfach noch Zeit für die (endgültige) Bewilligung benötigt wird. Das ist beispielsweise auch dann der Fall, wenn zwischen mehreren Behörden streitig ist, wer zur Zahlung verpflichtet ist. In diesem Fall kann die Behörde, bei dem der Antrag zuerst eingegangen ist, vorläufig Leistungen erbringen, insbesondere wenn der Berechtigte einen entsprechenden Antrag stellt.

Dieser konkrete Anwendungsfall ist vielen Behördenmitarbeitenden häufig unbekannt. Bei einem Streit, welche Behörde zuständig ist, verweisen sie daher gerne – fehlerhaft! – auf die erneute Antragstellung bei einer anderen Behörde. Es lohnt sich daher oft, im Antrag auf vorläufige Leistungen den genauen Wortlaut von § 43 SGB I anzugeben, also nochmals zum direkten »Nachlesen« für die behördlichen Mitarbeitenden.

Die weiteren Gesetzbücher (zum Beispiel das Arbeitsförderungsrecht nach dem SGB III) können daneben weitere Anwendungsfälle für eine zunächst nur vorläufige Leistungsbewilligung regeln, wenn zum Beispiel

- die Frage der **Vereinbarkeit einer Norm** nach dem SGB III mit höherrangigem Recht Gegenstand eines Verfahrens bei dem Bundesverfassungsgericht oder dem Gerichtshof der Europäischen Gemeinschaften ist (§ 328 Absatz 1 Satz 1 Nr. 1 SGB III),

- eine **entscheidungserhebliche Rechtsfrage** von grundsätzlicher Bedeutung Gegenstand eines Verfahrens beim Bundessozialgericht ist (§ 328 Absatz 1 Satz 1 Nr. 2 SGB III) oder

- zur **Feststellung der Voraussetzungen des Anspruchs** voraussichtlich einige Zeit erforderlich ist, davon auszugehen ist, dass ein Anspruch mit hinreichender Wahrscheinlichkeit vorliegen und die antragstellende Person die verzögerte endgültige Entscheidung nicht zu vertreten hat (§ 328 Absatz 1 Satz 1 Nr. 3 SGB III).

Die Verzinsung

Wer freut sich nicht, wenn es Zinsen auf eine Geldleistung gibt? Ja, auch im Sozialrecht kann es Zinsen geben, was allerdings kaum jemand weiß ... und zwar deutlich mehr als für ein Sparbuch, es sei denn, Sie sind ein Fan von ETFs und Co.

Wenn ein Anspruch auf eine Geldleistung besteht, diese aber verspätet ausgezahlt wird, besteht ein Anspruch auf Verzinsung in Höhe von vier Prozentpunkten (§ 44 SGB I). Die Zinsen gibt es ab Eintritt der Fälligkeit bis zum Ablaufs des Kalendermonats vor der Zahlung. Auch die Verzinsung soll der Beschleunigung der Leistungsbewilligung dienen.

Das klingt ja erst einmal gut, aber schwierig ist es zu bestimmen, wann überhaupt eine Geldleistung im Sozialrecht fällig ist und ein Verzug zu verzinsen ist! Dazu nur zwei typische Punkte, in denen eine Verzinsung infrage kommt:

- **Krankengeld**

  Das Krankengeld wird mit Beginn der stationären Rehabilitation fällig oder dem Tag der ärztlichen Feststellung der Arbeitsunfähigkeit (§ 46 Absatz 1 Nr. 1, 2 SGB V).

- **Altersrente**

  Altersrenten als laufende Geldleistungen werden am Ende des Monats fällig (§ 118 Absatz 1 Satz 1 SGB VI).

Die Verzinsung betrifft nur Geldleistungen, wobei eine Verzinsung frühestens mit Ablauf von sechs Monaten nach Eingang des Leistungsantrags bei der Behörde begehrt werden kann. Ein wenig Bearbeitungszeit ist der Behörde daher zu geben.

Zum besseren Verständnis ein Beispiel dazu:

BEISPIEL

Harald stellt am 2.1. einen vollständigen Rentenantrag bei seinem Rententräger für die Zeit ab 1.3., über den erst mit Bescheid vom 17.11. entschieden wird. Die Rentenleistung ist daher mit Ablauf von sechs Monaten ab dem 1.8. bis zum 17.11. zu verzinsen. Mit anderen Worten: Für den Zeitraum Februar bis Juli gibt es keine Zinsen.

Warum Zinsen verschenken? Wenn über einen Antrag auf Leistungen nach Ablauf von sechs Monaten noch nicht entschieden wurde oder Fehler der Behörde langwierig in einem Widerspruchs- oder Klageverfahren geklärt werden müssen, können Sie einfach einen Verzinsungsantrag bei der Behörde stellen.

Die Verjährung von Ansprüchen

Aus dem Zivilrecht kennen Sie vielleicht die *Verjährung*: Kumpel Marvin schuldet Ihnen seit fünf Jahren einen kleineren Geldbetrag und vertröstet Sie immer wieder. Gerade als Sie sich entschließen, ihm die Freundschaft zu kündigen, um die Forderung gerichtlich einzuklagen, beruft er sich auf Verjährung Ihnen gegenüber und Sie denken nur noch: »... dann habe ich wohl Pech gehabt.«

Verjährung bedeutet, dass nach Ablauf eines bestimmten Zeitraums ein Anspruch auf eine Leistung nicht mehr gerichtlich durchgesetzt werden kann, obwohl er durchaus (noch) besteht. Der andere, der die Leistung erbringen soll, kann sich dann auf Verjährung berufen.

Gibt es Derartiges auch im Sozialrecht, sodass eine behördliche Erstattungsforderung nicht mehr zurückgezahlt werden muss, weil sie inzwischen verjährt ist? Ja, auch das Sozialrecht kennt die Möglichkeit der Verjährung!

Unterschieden wird einerseits zwischen einer Verjährung von Ansprüchen auf eine Sozialleistung (§ 45 Absatz 1 SGB I) und andererseits von Erstattungsforderungen (§ 50 Absatz 4 SGB X). Darüber hinaus finden Sie in den weiteren Sozialgesetzbüchern noch einige spezielle Regelungen.

Im Sozialrecht *verjähren Ansprüche* grundsätzlich in vier Jahren nach Ablauf des Jahres, in dem der Anspruch entstanden ist. Eine Verlängerung ist möglich, zum Beispiel durch die Einlegung eines Widerspruchs (§ 45 Absatz 3 SGB I). Man spricht dann von einer *Hemmung*, das heißt von einem Stillstand des Weiterlaufens der Verjährungsfrist.

Bei einem Antrag auf Sozialleistungen spielt die Verjährung gewöhnlich keine Rolle, denn durch Antrag oder Widerspruch wird ja die Verjährungsfrist gehemmt, sodass sich eine Behörde regelmäßig nicht auf Verjährung berufen wird, weil zum Beispiel ein Klageverfahren mehrere Jahre läuft.

Im Sozialrecht kommt die Frage nach der Verjährung oftmals dann auf, wenn eine Behörde eine viele Jahre zurückliegende Erstattungsforderung ausgeglichen haben möchte. Hier hilft Ihnen § 50 Absatz 4 SGB X weiter:

- ✔ Danach verjährt ein Erstattungsanspruch in vier Jahren nach Ablauf des Kalenderjahres, in dem der Verwaltungsakt – gemeint ist der Bescheid – unanfechtbar geworden ist.
- ✔ Das bedeutet: Schafft es die Behörde nicht, innerhalb von vier Jahren ab bestandskräftigem Verwaltungsakt die Erstattungsforderung von dem Bürger beizutreiben, kann dieser sich anschließend auf Verjährung berufen. Das gilt übrigens auch für die

Erstattung von Bürgergeld, wie das Bundessozialgericht in seiner Entscheidung am 4.3.2021 festgestellt hat (Aktenzeichen B 11 AL 5/20 R).

Verjährung stellt eine *Einrede* dar, auf die sich der Schuldner einer Geldleistung ausdrücklich berufen muss. Das bedeutet im Sozialrecht, dass die Behörde nicht verpflichtet ist, von sich aus eine mögliche Verjährung zu prüfen.

Hinsichtlich des Beginns einer Verjährung benötigen Sie das Bürgerliche Gesetzbuch, genauer gesagt § 199 BGB: Danach beginnt die Verjährungsfrist mit dem Schluss des Jahres, in dem der Anspruch entstanden ist und der Schuldner hiervon Kenntnis hatte.

Lizzy hat in ihrem Bürgergeldantrag nicht angegeben, dass sie einen Minijob hat. Das Jobcenter bemerkt dies nach einigen Monaten und fordert Lizzy zur Rückerstattung von Bürgergeld auf, da ihr aufgrund des Einkommens viel weniger Bürgergeld zusteht als bewilligt. Nach sechs Jahren erhält Lizzy eine Mahnung vom Jobcenter. Da mehr als vier Jahre vergangen sind, kann sie sich erfolgreich auf Verjährung gegenüber dem Jobcenter berufen.

Also: Ohne Kenntnisse aus dem Zivilrecht kommt auch das Sozialrecht manchmal nicht aus!

Verzichtserklärung – nicht alles, was sein kann, muss auch sein!

Niemand muss Sozialleistungen beziehen, die er/sie nicht mehr haben möchte. Aus diesem Grund sieht das Gesetz vor, dass auf Sozialleistungen durch schriftliche Erklärung gegenüber der Behörde verzichtet werden kann (§ 46 SGB I). Und das ist ja auch gut so, denn bereits mit einem Antrag auf Leistungen sind ja fast immer auch gewisse Pflichten verbunden.

Julius findet, dass ihn das Jobcenter einfach nervt, weil er immer wieder Unterlagen nachreichen und Bewerbungen für Stellen schreiben soll, die ihn nicht besonders interessieren. Er möchte lieber in Ruhe den Jobmarkt sondieren und beschließt daher, erst einmal von seinem Ersparten zu leben. Gegenüber dem Jobcenter erklärt er ab dem kommenden Monat schriftlich den *Verzicht* auf das Bürgergeld.

Ausnahmen bestehen dann, wenn durch den Verzicht eine andere Person oder eine andere Behörde belastet oder Rechtsvorschriften umgangen werden. Was damit gemeint ist, erklärt das folgende Beispiel:

Julius hat mittlerweile einen gut bezahlten Job gefunden, erkrankt jedoch und bezieht Krankengeld von seiner Krankenkasse. Aufgrund der Schwere seiner Erkrankung geht die Krankenkasse davon aus, dass Julius längerfristig nicht mehr arbeiten wird, und fordert ihn auf, Erwerbsminderungsrente bei seinem Rententräger zu beantragen. Dies möchte Julius nicht, da er sich mit 35 Jahren zu jung für eine solche Rente hält. Vielmehr möchte er gerne den *Verzicht auf Krankengeld* erklären, in der Hoffnung, dass er dann nicht zur Beantragung der Rente verpflichtet ist. Leider geht das jetzt nicht mehr; Julius kann nicht mehr frei über seinen Krankengeldanspruch entscheiden (*eingeschränktes Dispositionsrecht*). Warum ist das so?

Lösung: Die Krankenkasse hat ein berechtigtes Interesse daran, dass Julius schnell in den Bezug von *Erwerbsminderungsrente* wechselt, damit die Krankenkasse nicht den vollen zeitlichen Rahmen des Bezugs von Krankengeld ausschöpfen muss. Ein Verzicht auf das Krankengeld könnte Julius jetzt allenfalls nur noch mit Zustimmung der Krankenkasse erklären.

Aufrechnung und Verrechnung

Was würden Sie machen, wenn Kumpel Marvin (notorisch knapp bei Kasse!) Ihnen schon lange 1.000 Euro schuldet, aber Sie ihm auch 500 Euro, weil er Ihnen neulich eine neue Waschmaschine besorgt hat? Würden Sie ihm dann die 500 Euro gleich geben und darauf vertrauen, dass Sie irgendwann 1.000 Euro von ihm erhalten? Wohl kaum, dann da gibt es ja eine viel elegantere Lösung: Das Zauberwort heißt »Aufrechnung«. Was im Zivilrecht funktioniert, gibt es auch im Sozialrecht.

Aufrechnung

Die *Aufrechnung* ist eine Möglichkeit, dass die Behörde schnell zu ihrem Geld kommt, so zum Beispiel aus einer Überzahlung. Die Aufrechnung klappt aber nur dann, wenn der Leistungsbeziehende seinerseits gegenüber der Behörde einen Anspruch auf Auszahlung einer Geldleistung hat. Es stehen sich also zwei Geldleistungen gegenüber, die auch fällig und einredefrei sind.

Der Vorteil einer Aufrechnung für die Behörde liegt auf der Hand: Warum mühsam die Forderung über eine Vollstreckung beitreiben, wenn man den Rückforderungsbetrag einfach von dem an Leistungsbeziehende auszuzahlenden Betrag abziehen kann? Alles, was die Behörde jetzt noch tun muss, ist die Aufrechnung gegenüber dem Leistungsbeziehenden zu erklären (§ 51 SGB I). In den weiteren Sozialgesetzbüchern können zudem gesonderte Regelungen zur Höhe des aufzurechnenden Betrags bestehen, so beispielsweise in § 43 SGB II bezüglich der Aufrechnung des Jobcenters mit dem Bürgergeld.

Verrechnung

Neben der Aufrechnung besteht auch die Möglichkeit der *Verrechnung*. In diesem Fall wird eine Behörde ermächtigt, für eine andere Behörde gegenüber dem Leistungsbeziehenden Sozialleistungen einzubehalten.

BEISPIEL

Jessica hat gegenüber der Agentur für Arbeit einen Anspruch auf Auszahlung von Arbeitslosengeld. Sie hatte zuvor zu viel Krankengeld bezogen, welches die Krankenkasse gerne zurückerstattet haben möchte. Anstatt sich direkt an Jessica hinsichtlich der Erstattung zu wenden, kann die Krankenkasse auch die Agentur für Arbeit zum *Einbehalt des Arbeitslosengeldes* bis zur Höhe des zu viel erhaltenen Krankengeldes ermächtigen. Die Agentur für Arbeit zahlt in diesem Fall den mit dem Alg verrechneten Erstattungsbetrag an die Krankenkasse aus. Jessica muss aufgrund dieser Verrechnung nichts mehr an die Krankenkasse erstatten. Eine Win-win-Situation, denn die Behörde spart sich mit beiden Varianten zeit- und geldintensive Vollstreckungen.

Die Mitwirkungspflichten nach §§ 60 ff. SGB I

Wenn ich erst am Ende des Kapitels zu den *Mitwirkungspflichten* der Antragsteller und Leistungsbeziehenden komme, liegt das gewiss nicht daran, dass die Vorschriften nicht wichtig wären, sondern dass diese erst in den §§ 60 ff. SGB I geregelt sind. So ist derjenige, der Sozialleistungen beantragt oder erhält, zur Mitwirkung verpflichtet. Die Mitwirkung kann dabei vielfältig sein. Als Faustformel gilt, dass immer alle Tatsachen anzugeben sind, die für die Leistung erheblich sind. Ebenso sind Änderungen in den Verhältnisses umgehend der Behörde mitzuteilen, wenn es für die Leistung erheblich ist, um nur einige Mitwirkungspflichten zu nennen. Ich vergleiche das immer mit einem Kochrezept: Zum Gelingen eines tollen Essens gehört es, vorher die Kenntnis von allen wichtigen Zutaten zu haben – so verhält es sich auch mit den Mitwirkungspflichten. Oder würden Sie gerne permanent mit säumigen Freunden telefonieren, damit diese Ihnen nun endlich mal das komplette Rezept mitteilen anstatt nur vereinzelte Zutaten? Kommt jemand erst peu à peu seiner Mitwirkung nach, kann die Behörde gar nicht anders, als mit der Bewilligung zu warten, sodass sich Bearbeitungszeiten verzögern. Aber Mitwirkung ist nicht gleich Mitwirkung, wie die beiden Beispiele zeigen:

Benjamin bezieht Bürgergeld und zieht nun mit seinem jahrelangen Freund zusammen, der Einnahmen aus einer selbständigen Tätigkeit hat. Da sich der Zusammenzug auf die Höhe des Bürgergeldes auswirkt – als Bedarfsgemeinschaft im Sinne von § 7 SGB II spielt auch das Einkommen des Freundes eine wichtige Rolle – ist Benjamin zur Mitteilung über den Einzug seines Freundes an das Jobcenter (Veränderungsmitteilung) und zur Vorlage eines Nachweises über das Einkommen seines Freundes verpflichtet. Das Jobcenter wird dann den Leistungsanspruch neu berechnen.

Variante: Celine erhält von der Agentur für Arbeit seit ein paar Monaten Arbeitslosengeld (Alg) und endlich zieht ihr Freund in ihre Wohnung ein. Für den Bezug von Alg nach dem SGB III spielt es keine Rolle, ob und mit wem Celine zusammenlebt. Sie hat daher gegenüber der Agentur für Arbeit keine Mitwirkungspflichten.

Aus den §§ 61 ff. SGB I kann sich für den erwähnten Personenkreis auch eine Verpflichtung zum persönlichen Erscheinen, zur Teilnahme an Untersuchungen, wie Begutachtungen, aber auch zur Teilnahme an Heilbehandlungen (medizinische Rehabilitation) oder zur Teilhabe am Arbeitsleben ergeben. Kommt jemand seiner Mitwirkung nicht nach, ergibt sich daraus eine bestimmte Rechtsfolge, die in § 66 Absatz 1 und 2 SGB I geregelt ist:

Die Behörde kann die Leistung bis zur Nachholung der Mitwirkung ganz oder teilweise versagen oder entziehen, vorausgesetzt, der Leistungsberechtigte ist zuvor schriftlich über die Folgen seiner fehlenden Mitwirkung hingewiesen worden und hat nicht innerhalb einer ihm von der Behörde gesetzten Frist mitgewirkt.

Eine Schwierigkeit kann hierbei die Abgrenzung zwischen *Versagung* und *Entziehung* bereiten, daher folgende Erklärung:

Eine Versagung kommt immer dann in Betracht, wenn eine Leistung erst noch bewilligt werden muss. Das Gegenteil ist demnach die Entziehung: Hier wurde die Leistung bereits bewilligt, aber wird nun wieder entzogen. So kommt eine Geldleistung nicht mehr zur Auszahlung, denn warum soll eine Behörde weiter leisten, wenn sie auf die Mitwirkung des Leistungsberechtigten angewiesen ist.

Für die Versagung oder Entziehung versendet die Behörde einen Bescheid und es lohnt sich durchaus, diesen Bescheid dahingehend zu prüfen, ob es sich wirklich um eine echte Mitwirkungspflicht handelt (denken Sie an unser obiges Beispiel). Wenn nicht, Widerspruch einlegen!

Ist jemand wirklich nicht seiner Mitwirkung nachgekommen, ist ihm im Falle eines Versagungs- oder Entziehungsbescheids die umgehende Nachholung *der versäumten Mitwirkungshandlung* zu empfehlen, damit es mit der zeitnahen Anspruchsbearbeitung oder Auszahlung schnell weitergeht.

Zum Abschluss ein Klassiker hinsichtlich der *Mitwirkungspflichten:*

BEISPIEL

Christian ist vor Kurzem vom Krankengeld in den Bezug von Arbeitslosengeld gewechselt, da er schon seit geraumer Zeit erkrankt ist. Die Agentur für Arbeit hat ihn deshalb auch schon begutachtet. Ahnungslos öffnet er heute seine Post vom Amt und ist entsetzt, dass ihn die Agentur für Arbeit auffordert, eine medizinische Rehabilitation zu beantragen. Muss er dem wirklich nachkommen? Eigentlich hält er nichts von Kureinrichtungen, obwohl er einem kleinen Kurschatten gegenüber nicht abgeneigt wäre. Was denken Sie?

Hier ist die konkrete Mitwirkung in § 145 Absatz 2 SGB III geregelt. So muss die Agentur für Arbeit im Falle einer Leistungsminderung Christian auffordern, zum Beispiel einen Antrag auf Leistungen der medizinischen Rehabilitation zu stellen. Kommt Christian dem nicht nach, ruht sein Arbeitslosengeld von dem Tag seines Unterlassens an bis zur Nachholung seiner Mitwirkung. Wenn er partout stationäre Reha-Einrichtungen nicht mag, könnte er im Rahmen seines Wunsch- und Wahlrechts (§ 8 SGB IX) auch eine ambulante Reha in Betracht ziehen – dann klappt's aber vielleicht auch nicht mit dem »Kurschatten«.

Sie sehen also: Mitwirkungspflichten können sich nicht nur aus §§ 60 ff. SGB I ergeben, sondern finden sich auch in den Leistungsgesetzen wieder.

IN DIESEM KAPITEL

Welche Behörde wofür zuständig ist

Weiterleitung bei Unzuständigkeit

Kapitel 4
Anträge bei der richtigen Behörde stellen

Vielleicht werden Sie jetzt denken: »Verfahrensrecht ist doch eh nur für Mitarbeitende in den Behörden wichtig!« Und gleich danach folgt meistens ein zweiter Gedanke: »Warum sollte ich mich überhaupt im Verfahrensrecht auskennen müssen?« Klar, Behördenmitarbeiter sollten auf jeden Fall fit in allen Belangen des Verfahrensrechts sein. Aber warum auch Sie? Die Antwort ist banal: Weil ohne Kenntnisse im Verfahrensrecht nichts läuft.

Das *Verfahrensrecht* hilft, das behördliche Handeln nach gewissen rechtlichen Regeln verbindlich festzulegen, um Behördenwillkür und Behördenwirrwarr zu vermeiden. Mit der nötigen Kenntnis lässt sich übrigens leicht der sprichwörtliche »Finger in die Wunde legen«, wenn Behörden das Verfahrensrecht nicht richtig anwenden. Vielleicht treffen Sie auch auf einen Freund oder eine Freundin, die Sie fragen, worin sich ein »behördliches Schreiben« von einem »Bescheid« unterscheidet, was eine »Anhörung« sein soll oder ob »öffentlich-rechtliche Verträge«, die mit einer Behörde geschlossen werden können, eigentlich kündbar sind. Mit diesen Themen werden wir uns in Kapitel 5 noch eingehend beschäftigen.

Lassen Sie uns zunächst mit der Frage beginnen, welche Behörden es überhaupt für welche Sozialleistungen gibt, denn damit ist schon die erste Verfahrenshürde genommen: dass der Antrag bei der richtigen Behörde eingegangen ist.

Welche Behörde für welche Leistungen zuständig ist

Wenn es um Behörden geht, verwendet das Sozialrecht, allen voran § 12 Satz 1 SGB I, gerne den Begriff *Leistungsträger*. Diese Formulierung kennen Sie vermutlich eher aus dem Sport und der Politik, um besonders herausragende Persönlichkeiten hervorzuheben. Was hat das mit dem Sozialrecht zu tun? Leider wird im Sozialrecht eine sperrige Sprache verwendet, die weit entfernt ist von der normalen Umgangssprache und oft für Verwirrung sorgt. Was übrigens mit ein Grund dafür sein könnte, dass sich viele Menschen nur äußerst ungern mit diesem Thema befassen …

Uroma Elsbeth erzählt häufig von früher; mal mehr, mal auch weniger Interessantes. Gerne verwendet sie dabei die Formulierung, man sei früher doch »zum Amt stempeln gegangen«. Alles klar, werden Sie denken – Elsbeth wird wohl in einer Postfiliale gearbeitet haben. Nein, ganz falsch! Diese Redewendung war früher eine gebräuchliche Bezeichnung für »arbeitslos sein«, sich »arbeitslos melden« oder »Stütze beziehen wegen Arbeitslosigkeit«.

Der Begriff stammt aus der Zeit, als die Arbeitslosenhilfe noch *Stempelgeld* hieß, weil man dazu ab den 1920er-Jahren den Bedarf auf einer Stempelkarte beim Arbeitsamt bestätigen lassen musste, um sein Unterstützungsgeld zu bekommen.

Aber wo würden Sie Elsbeth – wenn sie noch nicht Altersrentnerin wäre – heute eigentlich hinschicken, wenn sie arbeitslos werden würde? Schauen wir uns die konkreten Zuständigkeiten in den nächsten Abschnitten etwas genauer an. Bevor wir das tun, klären wir aber zunächst die Frage, was ein Leistungsträger ist.

Umgangssprachlich lässt sich der Begriff *Leistungsträger* ganz einfach mit »Behörde« oder salopper mit »Amt« übersetzen.

Wer es juristischer mag, der kann in Anlehnung an § 12 Satz 1 SGB I die Leistungsträger einteilen in:

- **Körperschaften**
- **Anstalten**
- **Behörden**

Was diese unterscheidet, werden wir uns nun einmal genauer ansehen!

Die Körperschaft des öffentlichen Rechts

Das Wort *Körperschaft* erinnert Sie vielleicht eher an die »Körperwelten-Ausstellung« des Gunther von Hagens, falls Sie jemals die Gelegenheit hatten, sich seine Plastinate anzusehen. Oder denken Sie hierbei tatsächlich spontan an Ihre Krankenkasse? Nun, eine Körperschaft oder besser eine »Körperschaft des öffentlichen Rechts« ist ein rechtsfähiger Verband, der mitgliedschaftlich organisiert ist und staatliche Aufgaben mit hoheitlichen Mitteln unter staatlicher Aufsicht wahrnimmt. Körperschaften sind juristische Personen mit allgemeiner Rechtsfähigkeit, was bedeutet, dass diese klagen und verklagt werden können. Da das Wesen einer Körperschaft die mitgliedschaftliche Struktur ist, fallen unter die typischen Körperschaften Sozialversicherungsträger wie:

- Krankenkasse
- Pflegekasse

- ✔ Berufsgenossenschaft
- ✔ Rentenversicherungsträger

Alle Beitragszahler sind Mitglieder dieser Körperschaft. Umgangssprachlich reden wir aber auch heute bestimmt nicht davon, dass wir »zu unserer Körperschaft gehen«, wenn der Termin bei der Krankenkasse ansteht.

Die Aufgaben einer Körperschaft werden ihr übrigens durch Gesetz oder Satzung zugewiesen. Dass eine Krankenkasse eine *Satzung* hat, können Sie in Teil I dieses Buches unter dem Stichwort »Gesetze und mehr« nachlesen.

Die Anstalt des öffentlichen Rechts

Neben der Körperschaft gibt es noch die Anstalt im öffentlichen Recht. Wenn Sie jetzt erstmals das Wort *Anstalt* hören, haben Sie vielleicht gerade Assoziationen mit ... ja, was eigentlich? Im erfreulichsten Sinne mit der politischen Kabarettsendung im ZDF »Die Anstalt« (sehen Sie es mir nach, diese Serie lief 2024 und prangerte gesellschaftliche und politische Missstände an), oder aber Sie denken an eine Einrichtung für psychisch erkrankte Menschen. Weit gefehlt in diesem Kontext!

Im Sozialrecht ist eine *Anstalt* eine Einrichtung der öffentlichen Verwaltung, die dauerhaft öffentliche Aufgaben erfüllen. Anstalten sind rechtlich selbständig.

Aber worin unterscheidet sich eine Anstalt von einer Körperschaft wie der Krankenkasse, denn beide erfüllen ja öffentliche Aufgaben? Der Unterschied liegt im Nutzerkreis: Eine Körperschaft des öffentlichen Rechts hat *Mitglieder*, eine Anstalt des öffentlichen Rechts hat *Nutzer*.

Ein häufiger Irrglaube ist übrigens, dass die *Bundesagentur für Arbeit* (BA) rechtlich eine Anstalt ist – das ist sie nicht mehr. Es heißt daher auch nicht mehr »Arbeitsamt«. Aber fragen Sie mal Ihre Eltern, wo sie Unterstützung bei der Arbeitssuche bekommen, und diese werden garantiert noch immer das Arbeitsamt nennen, selbst wenn das schon lange nicht mehr die offizielle Behördenbezeichnung ist.

Die Bundesagentur für Arbeit wurde ursprünglich 1927 als »Reichsanstalt für Arbeitsvermittlung und Arbeitslosenversicherung« gegründet und führte ab dem Jahr 1952 den Namen »Bundesanstalt für Arbeitsvermittlung und Arbeitslosenversicherung«. Im Jahr 2004 trat eine Dienstleistungsorientierung der Arbeitsverwaltung in den Fokus, und es folgte die Umbenennung in die *Bundesagentur für Arbeit* als Körperschaft des öffentlichen Rechts.

Die Behörde

Kommen wir nun nach Körperschaft und Anstalt zum Begriff der »klassischen« *Behörde*, mit dem die meisten Menschen vermutlich spontan sehr viel mehr anfangen können als mit einer Körperschaft oder Anstalt. Was damit konkret gemeint ist, ergibt sich aus § 1 Absatz 2 SGB X:

Behörde im Sinne dieses Gesetzbuches ist jede Stelle, die Aufgaben der öffentlichen Verwaltung wahrnimmt, also zum Beispiel das Sozialamt.

Eine gute Darstellung, welche einzelnen Sozialleistungen es bei welcher Behörde gibt, finden Sie in den §§ 18 ff. des SGB I, falls Sie das gern genauer nachlesen möchten. Sehen wir uns nun im Folgenden eine kurze Übersicht der zuständigen Behörden mit ihren Sozialleistungen etwas genauer an!

Lernen Sie nicht das gesamte Sozialrecht auswendig – manchmal genügt es lediglich zu wissen, wo ungefähr etwas im Sozialgesetzbuch steht, und lesen Sie bei Bedarf genau nach.

Das Amt zur Ausbildungsförderung (§ 18 SGB I)

Bei diesem Amt können nach dem Recht der *Ausbildungsförderung* Zuschüsse und Darlehen für den Lebensunterhalt und die Ausbildung beantragt werden. Kommt Ihnen bekannt vor? Stimmt, hier kann *Berufsausbildungsförderung* (umgangssprachlich *BAföG*) beantragt werden! So kann es zum Beispiel Ausbildungsförderung geben für den Besuch von Höheren Fachschulen, Akademien und Hochschulen, aber auch für den Besuch an Abendgymnasien. Schüler*innen, die einen berufsqualifizierenden oder einen weiterführenden Schulabschluss anstreben, erhalten sogar *BAföG* als Zuschuss, das heißt, diese Ausbildungsförderung muss nicht zurückgezahlt werden. Für alle anderen gilt üblicherweise: Die Hälfte der Ausbildungsförderung gibt es als *Zuschuss*, die andere Hälfte als *Darlehen*. Irgendwann nach Ende der Ausbildung kommt dann die »berühmte« Post vom Bundesverwaltungsamt in Köln mit einer Aufforderung zur Rückzahlung des Darlehens. Schön, wenn sich dann Uroma Elsbeth darum kümmert!

Wussten Sie, dass es auch *Nachlässe* bei der Rückzahlung des Darlehensanteils am BAföG gibt? So etwa, wenn Sie zu einem bestimmten prozentualen Anteil der besten Prüfungsabsolvent*innen gehören – Glückwunsch! –, wenn Sie die Ausbildung eher als die vorgesehene Ausbildungsdauer erfolgreich absolvieren oder wenn Sie finanziell in der Lage sind, die Darlehensschuld ganz oder teilweise in einer Summe zurückzahlen zu können.

Die Bundesagentur für Arbeit / Agentur für Arbeit (§ 19 SGB I)

Die *Bundesagentur für Arbeit* stellt folgende Leistungen nach dem SGB III bereit:

- ✔ **Berufsberatung und Arbeitsmarktberatung**
- ✔ **Ausbildungsvermittlung und Arbeitsvermittlung**
- ✔ **Leistungen**
  - zur Aktivierung und beruflichen Eingliederung
  - zur Berufswahl und Berufsausbildung
  - zur beruflichen Weiterbildung

- zur Aufnahme einer Erwerbstätigkeit, etwa zum Verbleib in Beschäftigung oder der Teilhabe von Menschen mit Behinderung am Arbeitsleben
- Arbeitslosengeld, Teilarbeitslosengeld, Arbeitslosengeld bei Weiterbildung und Insolvenzgeld

Maximilian steht kurz vor dem Ende seines Studiums der Sozialen Arbeit und weiß nicht so recht, wie es für ihn danach weitergehen soll. Seine Schwester Anne hat ein ähnliches Problem. Sie ist derzeit noch Schülerin und findet es langweilig, wie alle anderen in ihrer Klasse einen ähnlichen Beruf wie den der Eltern zu ergreifen. »Da muss es doch noch so viel mehr interessante Berufe geben«, denkt Anne. Beide können sich von der *Berufsberatung* der Bundesagentur für Arbeit kostenlos und ohne vorherige Einzahlung in die Arbeitslosenversicherung beraten und bei ihrer Suche nach einem passenden Job oder Ausbildung/Studium von der Agentur für Arbeit helfen lassen.

Näheres zu den Leistungen der Arbeitsförderung erfahren Sie in Kapitel 8.

Die Grundsicherung für Arbeitssuchende (§ 19a SGB I)

Die Zuständigkeit ist nach dem Gesetzeswortlaut in § 19a Absatz 2 SGB I leider etwas verwirrend; danach sollen die Agenturen für Arbeit und die sonstigen Dienststellen der Bundesagentur für Arbeit sowie die kreisfreien Städte und Kreise, soweit durch Landesrecht nicht andere Träger bestimmt sind, zuständig sein. Alles klar, werden Sie denken, aber gibt es nicht das Jobcenter? Mit dem Begriff *Jobcenter* werden die »gemeinsamen Einrichtungen« der Bundesagentur für Arbeit und eines kommunalen Trägers (beispielsweise einer Stadt) bezeichnet.

Hintergrund ist, dass der Bund haushaltstechnisch zwischen der Grundsicherung, der beruflichen Weiterbildung und der Wiedereingliederung in den Arbeitsmarkt einerseits unterscheidet und diese Ausgaben der Bundesagentur für Arbeit zuweist. Andererseits übernimmt der jeweils kommunale Träger die Unterkunftskosten einschließlich der Betriebskosten. Wie bei Aschenputtel und der Schüssel mit den Linsen: »die einen ins Kröpfchen und die anderen ins Töpfchen«. Die Ausgaben des Jobcenters für Bürgergeldleistungen werden also zwischen Bund und Land getrennt.

Leistungen der Jobcenter nach dem SGB II sind:

✔ **Leistungen zur Eingliederung in Arbeit**

✔ **Leistungen zur Sicherung des Lebensunterhalts**

Näheres dazu erfahren Sie in Kapitel 13.

Die gesetzliche Krankenversicherung (§ 21 SGB I)

Zuständig für Leistungen nach dem SGB V sind die Orts-, Betriebs- und Innungskrankenkassen, die Sozialversicherung für Landwirtschaft, Forsten und Gartenbau als landwirtschaftliche Krankenkasse, die Deutsche Rentenversicherung Knappschaft Bahn-See und die Ersatzkassen.

Es besteht übrigens Krankenkassenwahlrecht und das bedeutet, jede(r) gesetzlich Versicherte kann seine Krankenkasse frei wählen (einige Beispiele sind in Tabelle 4.1 genannt).

Art der Krankenkasse	Beispiel
Ortskrankenkasse	AOKs aus Berlin, Brandenburg, Schleswig-Holstein, Westfalen-Lippe
Betriebskrankenkasse	Audi BKK
	Bahn-BKK
Innungskrankenkasse	IKK Südwest
	IKK Brandenburg und Berlin
	BIG direkt gesund
Ersatzkasse	Techniker Krankenkasse (TK)
	DAK Gesundheit
	KKH Kaufmännische Krankenkasse

Tabelle 4.1: Eine kleine Auswahl der fast 100 Krankenkassen in Deutschland

Nach dem Recht der gesetzlichen Krankenversicherung können folgende *Leistungen* in Anspruch genommen werden:

✔ **zur Förderung der Gesundheit, zur Verhütung und zur Früherkennung von Krankheiten**

✔ bei Krankheit **Krankenbehandlung**, insbesondere:

- ärztliche und zahnärztliche Behandlung
- Versorgung mit Arznei-, Verband-, Heil- und Hilfsmitteln
- häusliche Krankenpflege und Haushaltshilfe
- Krankenhausbehandlung
- medizinische und ergänzende Leistungen zur Rehabilitation
- Betriebshilfe für Landwirte
- Krankengeld

✔ bei **Schwangerschaft und Mutterschaft** ärztliche Betreuung, Hebammenhilfe, stationäre Entbindung, häusliche Pflege, Haushaltshilfe, Betriebshilfe für Landwirte, Mutterschaftsgeld

✔ **Hilfe zur Familienplanung** und Leistungen bei durch Krankheit erforderlicher Sterilisation und bei nicht rechtswidrigem Schwangerschaftsabbruch

Was machen eigentlich Landwirte, wenn sie stationär im Krankenhaus behandelt werden oder etwa zur Reha müssen? Sagen sie ihrem Vieh: »So, ich bin dann mal für drei Wochen weg, versorgt euch doch jetzt mal selbst«? Das geht natürlich nicht! Dafür gibt es die *Betriebshilfe für Landwirte*, jedenfalls dann, wenn sie ihr Vieh für die landwirtschaftliche Nutzung/Bodenbewirtschaftung benötigen. Ebenso wenn die Landwirtin wegen Schwangerschaft keine körperlich anstrengenden und teilweise gefährlichen Arbeiten, wie den lebenden Verkauf oder die Ablieferung eigener Tiere, mehr verrichten kann. Für diese Zeit springen sogenannte Betriebshelfer ein.

Aber Achtung: Diese Art der Unterstützung gilt nicht für die Fortführung eines *Hofladens* – hier muss die Ersatzkraft dann doch aus der eigenen Tasche finanziert werden.

Näheres zur gesetzlichen Krankenversicherung erfahren Sie in Kapitel 9.

Die gesetzliche Pflegeversicherung (§ 21a SGB I)

Für die Leistungen der Pflegeversicherung nach dem SGB XI sind die bei den Krankenkassen errichteten Pflegekassen zuständig. Folgende Leistungen können in Anspruch genommen werden:

- ✔ **Leistungen bei häuslicher Pflege**
  - Pflegesachleistung
  - Pflegegeld für selbst beschaffte Pflegehilfen
  - häusliche Pflege bei Verhinderung der Pflegeperson
  - Pflegehilfsmittel und technische Hilfen
- ✔ **teilstationäre Pflege und Kurzzeitpflege**
- ✔ **Leistungen für Pflegepersonen**, insbesondere
  - soziale Sicherung und
  - Pflegekurse
- ✔ **vollstationäre Pflege**

Näheres zur gesetzlichen Pflegeversicherung erfahren Sie in Kapitel 12.

Die gesetzliche Unfallversicherung (§ 22 SGB I)

Zuständig für Leistungen der *gesetzlichen Unfallversicherung* nach dem SGB VII sind typischerweise die Berufsgenossenschaften und die Unfallkassen. Folgende Leistungen können in Anspruch genommen werden:

- ✔ Maßnahmen zur Verhütung von Arbeitsunfällen, Berufskrankheiten und arbeitsbedingten Gesundheitsgefahren und zur Ersten Hilfe sowie Maßnahmen zur Früherkennung von Berufskrankheiten und arbeitsbedingten Gesundheitsgefahren

- ✔ Heilbehandlung, Leistungen zur Teilhabe am Arbeitsleben und andere Leistungen zur Erhaltung, Besserung und Wiederherstellung der Erwerbsfähigkeit sowie zur Erleichterung der Verletzungsfolgen einschließlich wirtschaftlicher Hilfen
- ✔ Renten wegen Minderung der Erwerbsfähigkeit und Renten an Hinterbliebene, Sterbegeld oder Beihilfen
- ✔ Rentenabfindungen
- ✔ Haushaltshilfe
- ✔ Betriebshilfe für Landwirte

Wenn Sie unsicher sein sollten, welcher konkreter Unfallversicherungsträger zuständig sein soll, hilft Ihnen die kostenlose Infohotline unter der Rufnummer (0800 6050404) weiter.

Näheres zur gesetzlichen Unfallversicherung erfahren Sie in Kapitel 11.

Die gesetzliche Rentenversicherung einschließlich der Alterssicherung der Landwirte (§ 23 SGB I)

Zuständig für die Leistungen der *gesetzlichen Rentenversicherung* sind die Rentenversicherungen der Regionalträger (beispielsweise Braunschweig-Hannover, Bayern Süd, Rheinland), des Bundes oder der Knappschaft-Bahn-See sowie für die Alterssicherung der Landwirte die Sozialversicherung für Landwirtschaft, Forsten und Gartenbau.

Die *Knappschaft* ist in der heutigen Zeit eine sehr ungewöhnliche Bezeichnung. Die ersten Quellen über eine Knappschaft im Sinne einer Bruderschaft im Bergbau im Gebiet um Goslar gehen auf das 13. Jahrhundert zurück und betrafen die erste Hinterbliebenenversorgung. Mittlerweile kann die Knappschaft Bahn-See auf eine 750 Jahre alte Geschichte zurückblicken. Sie unterhält eigene Krankenhäuser und Reha-Kliniken und ist heute vor allem für Arbeitnehmende aus den Berufszweigen der Seeschifffahrt, der Deutschen Bahn und des Bergbaus zuständig.

Leistungen der gesetzlichen Rentenversicherung – ohne die Alterssicherung für Landwirte – sind:

- ✔ Leistungen zur Prävention, zur medizinischen Rehabilitation, zur Teilhabe am Arbeitsleben, zur Nachsorge sowie sonstige Leistungen zur Teilhabe einschließlich wirtschaftlicher Hilfen
- ✔ Renten wegen Alters, wegen verminderter Erwerbsfähigkeit und wegen Todes sowie Knappschaftsausgleichsleistung
- ✔ Witwen- und Witwerrentenabfindungen sowie Beitragserstattungen
- ✔ Zuschüsse zu den Aufwendungen für die Krankenversicherung
- ✔ Leistungen für Kindererziehung

BEISPIEL

Uroma Elsbeth hat im Altersheim den feschen Karl-Heinz kennen- und lieben gelernt. Beide träumen davon, nochmals vor den Traualtar mit ihren über 90 Jahren treten zu wollen. Aber was ist dann mit ihrer jeweiligen *Witwen-/Witwenrentenversorgung*? Ist die dann futsch? Nein, denn für den Fall der Wiederheirat können beide eine Abfindung in Höhe des 24-Fachen ihrer monatlichen Hinterbliebenenrente erhalten – das reicht bestimmt für eine nette Kreuzfahrt …

Zur gesetzlichen Rentenversicherung finden Sie weitere Informationen in Kapitel 10.

Leistungen der Sozialen Entschädigung (§ 24 SGB I)

Hier wird es jetzt kompliziert: Für die *Leistungen der Sozialen Entschädigung* sind die nach Bundes- oder Landesrecht bestimmten Träger der Sozialen Entschädigung – meistens die Versorgungsämter – zuständig. Bei der Durchführung der Krankenbehandlung wirken allerdings die Krankenkassen und bei der Durchführung der Hilfsmittelversorgung die Träger der Unfallversicherung mit. Unter anderem können hier folgende Leistungen beansprucht werden:

- ✔ Leistungen des Fallmanagements und Leistungen in einer Traumaambulanz als »Schnelle Hilfen«
- ✔ Krankenbehandlung
- ✔ Leistungen zur Teilhabe, bei Pflegebedürftigkeit oder bei Blindheit
- ✔ Entschädigungszahlungen, Berufsschadensausgleich
- ✔ besondere Leistungen im Einzelfall, aber auch Leistungen bei Überführung und Bestattung
- ✔ Ausgleich in Härtefällen
- ✔ Leistungen bei Wohnsitz oder gewöhnlichem Aufenthalt im Ausland

Das neue, im Sozialgesetzbuch XIV geregelte *Soziale Entschädigungsrecht* finden Sie genauer in Kapitel 17 erläutert.

Die Kinder- und Jugendhilfe (§ 27 SGB I)

Zuständig für die Leistungen der *Kinder- und Jugendhilfe* sind die Träger der öffentlichen Jugendhilfe, also die Jugendämter der Kreise und kreisfreien Städte. Folgendes kann in Anspruch genommen werden:

- ✔ Angebote der Jugendarbeit, der Jugendsozialarbeit und des erzieherischen Jugendschutzes
- ✔ Angebote zur Förderung der Erziehung in der Familie
- ✔ Angebote zur Förderungen von Kindern in Tageseinrichtungen und in Tagespflege
- ✔ Hilfen zur Erziehung, Eingliederungshilfe für seelisch behinderte Kinder und Jugendliche sowie Hilfe für junge Volljährige

Das Sozialgesetzbuch VIII lernen Sie noch näher in Kapitel 15 kennen.

Die Sozialhilfe (§ 28 SGB I)

Zuständig für die *Sozialhilfe* sind die Kreise und kreisfreien Städte, die überörtlichen Träger der Sozialhilfe und, für besondere Aufgaben, die Gesundheitsämter. Üblicherweise heißt die zuständige Behörde *Sozialamt* oder *Amt für Soziales.* Auch das SGB XII schauen wir uns in Kapitel 14 noch genauer an, aber hier erst mal ein kurzer Überblick, welche Leistungen grundsätzlich in Anspruch genommen werden können:

- ✔ Hilfe zum Lebensunterhalt
- ✔ Grundsicherung im Alter und bei Erwerbsminderung
- ✔ Hilfen zur Gesundheit
- ✔ Hilfe zur Pflege
- ✔ Hilfe zur Überwindung besonderer sozialer Schwierigkeiten

Leistungen der Eingliederungshilfe (§ 28a SGB I)

Zuständig für Leistungen der *Eingliederungshilfe* nach dem SGB IX sind die durch Landesrecht bestimmten Behörden, üblicherweise *Träger der Eingliederungshilfe* genannt. Die konkreten Bezeichnungen variieren von Bundesland zu Bundesland, wie die Beispiele in Tabelle 4.2 zeigen.

Beispiel	Träger der Eingliederungshilfe
Hamburg	Fachamt Eingliederungshilfe
Berlin	Teilhabefachdienste der Ämter für Soziales Berlin
Sachsen-Anhalt	Sozialagentur Sachsen-Anhalt
Sachsen	Kommunaler Sozialverband Sachsen (KSV)
NRW	Landschaftsverbände Rheinland (LVR) oder Westfalen-Lippe (LWL)

Tabelle 4.2: Beispiele für Träger der Eingliederungshilfe

Folgende Leistungen zur Eingliederungshilfe können Sie hier in Anspruch nehmen, und zwar Leistungen zur

- ✔ medizinischen Rehabilitation,
- ✔ Teilhabe am Arbeitsleben,
- ✔ Teilhabe an Bildung,
- ✔ Sozialen Teilhabe.

Auch mit der Eingliederungshilfe werden wir uns in Kapitel 16 noch näher beschäftigen.

Die Rehabilitation und Teilhabe behinderter Menschen (§ 29 SGB I)

Hier haben wir eine Besonderheit: Alle vorgenannten Behörden, sei es die Deutsche Rentenversicherung, die Bundesagentur für Arbeit, die Berufsgenossenschaft oder die Krankenkasse, können auch gleichzeitig als zuständige Behörde für Leistungen zur Rehabilitation und Teilhabe behinderter Menschen in Betracht kommen. Neben dem Sozialgesetzbuch IX haben nämlich auch die betreffenden Sozialgesetzbücher entsprechende Leistungen in ihrem Portfolio. Konkret können unter anderem folgende Leistungen im SGB IX in Anspruch genommen werden:

✔ **Leistungen zur medizinischen Rehabilitation**

- Frühförderung behinderter und von Behinderung bedrohter Kinder
- ärztliche und zahnärztliche Behandlung
- Arznei- und Verbandmittel sowie Heilmittel einschließlich physikalischer, Sprach- und Beschäftigungstherapie
- Körperersatzstücke, orthopädische und andere Hilfsmittel
- Belastungserprobung und Arbeitstherapie

✔ **Leistungen zur Teilhabe am Arbeitsleben**

- Hilfen zum Erhalten oder Erlangen eines Arbeitsplatzes
- Berufsvorbereitung, berufliche Anpassung, Ausbildung und Weiterbildung
- sonstige Hilfen zur Förderung der Teilhabe am Arbeitsleben

✔ **Leistungen zur Teilhabe an Bildung**

- Hilfen zur Schulbildung, insbesondere im Rahmen der allgemeinen Schulpflicht und zum Besuch weiterführender Schulen einschließlich der Vorbereitung hierzu
- Hilfen zur schulischen Berufsausbildung, zur Hochschulbildung und zur schulischen beruflichen Weiterbildung

✔ **Leistungen zur Sozialen Teilhabe**

- Leistungen für Wohnraum
- Assistenzleistungen
- heilpädagogische Leistungen
- Leistungen zur Betreuung in einer Pflegefamilie
- Leistungen zum Erwerb und Erhalt praktischer Kenntnisse und Fähigkeiten

   - Leistungen zur Förderung der Verständigung
   - Leistungen zur Mobilität
   - Hilfsmittel

✔ **unterhaltssichernde und andere ergänzende Leistungen**

   - Krankengeld, Versorgungskrankengeld, Verletztengeld, Übergangsgeld, Ausbildungsgeld oder Unterhaltsbeihilfe
   - Beiträge zur gesetzlichen Kranken-, Unfall-, Renten- und Pflegeversicherung sowie zur Bundesagentur für Arbeit
   - Reisekosten
   - Haushalts- oder Betriebshilfe und Kinderbetreuungskosten
   - Rehabilitationssport und Funktionstraining

✔ **besondere Leistungen und sonstige Hilfe zur Teilhabe schwerbehinderter Menschen** am Leben in der Gesellschaft, insbesondere am Arbeitsleben

Falls Sie aufmerksam die einzelnen Leistungen und die jeweils zuständigen Träger (Behörden) gelesen haben, ist Ihnen vielleicht aufgefallen, dass es einzelne Leistungen wie die Haushaltshilfe gibt, die bei mehreren Behörden geltend gemacht werden können.

Harald ist nach einem anerkannten Wegeunfall frisch an der rechten Schulter operiert, nur leider kann er seinen rechten Arm für ein Weilchen nicht bewegen. Wie also soll er sich versorgen, erst recht, nachdem ihn vor Kurzem seine langjährige Freundin verlassen hat, die sich sonst immer um alles gekümmert hat? Sein schlauer Nachbar Gerd rät ihm, eine Haushaltshilfe beim Amt zu beantragen. Aber wohin wendet er sich nun? An seine Krankenkasse oder an die Berufsgenossenschaft seines Arbeitgebers?

Damit kommen wir zur eigentlichen Schwierigkeit im Sozialrecht: Es ist nicht nur wichtig zu wissen, welche Sozialleistung bei welcher Behörde beantragt werden kann, sondern Sie müssen auch wissen, was eine Behörde macht, wenn sie sich selbst für unzuständig und vielmehr eine andere Behörde für verantwortlich hält (beispielsweise weil es ein und dieselbe Hilfe bei mehreren Trägern gibt). Wenden wir uns daher einem wichtigen Punkt zu, der *Weiterleitung bei Unzuständigkeit.*

Die Weiterleitung bei Unzuständigkeit

Das Thema *Unzuständigkeit* kommt in der Praxis sehr häufig vor, wird aber von Behörden oft falsch gemacht. Es wird nämlich nicht weitergeleitet, sondern einfach ein Antrag auf Sozialleistungen mit der Begründung abgelehnt, die Behörde sei »nicht zuständig«. »Dann stelle ich halt den Antrag nochmals neu bei einer anderen Behörde«, werden Sie jetzt vielleicht denken. Klar, das geht immer. Aber was ist mit der Zeit zwischen ursprünglichem und neuem Antrag? Gibt es für diese Zeit auch Sozialleistungen? Dazu mal wieder ein Beispiel aus der Praxis:

BEISPIEL

Moritz bezieht Krankengeld und wundert sich, dass er mit diesem Einkommen kaum seine Miete bezahlen kann. Auf Rat seines Nachbarn Horst beantragt Moritz im Januar beim Sozialamt Grundsicherungsleistungen. Anfang Juni erhält Moritz eine Ablehnung des Sozialamts mit der Begründung, man sei schließlich nicht zuständig für ihn, da er noch erwerbsfähig ist. Auf anwaltlichen Rat hin beantragt Moritz sodann umgehend Bürgergeld beim Jobcenter, das ihm auch rückwirkend ab dem 1. Juni bewilligt wird. Aber was ist mit dem Zeitraum zwischen Januar und Juni?

Lösung: Das Sozialamt hätte einfach den Antrag von Moritz mit Verweis auf § 16 Absatz 2 SGB I an das Jobcenter weiterleiten müssen. Im Falle einer Weiterleitung des Antrags durch das Sozialamt hätte Moritz vom Jobcenter also nicht erst ab Juni, sondern bereits ab Januar Bürgergeld erhalten.

Was das Sozialamt im Beispielsfall übersehen hat, ist, dass hier eine *Weiterleitung wegen Unzuständigkeit* das richtige behördliche Handeln gewesen wäre. Es ist immer wieder erstaunlich, wie sparsam Behörden mit der Weiterleitung umgehen. Das verwundert, denn es gibt im Sozialrecht zwei zentrale Vorschriften zum Thema Weiterleitung wegen Unzuständigkeit. Die Kenntnis hilft, um insbesondere finanzielle Nachteile für die antragstellende Person zu vermeiden. Die erste relevante Norm ist § 16 Absatz 2 im SGB I. Die Vorschrift ist banal einfach: Geht ein Antrag bei einer unzuständigen Behörde ein, ist diese verpflichtet, den Antrag unverzüglich an die zuständige weiterzuleiten.

Die Weiterleitung hat nämlich zur Folge, dass der Antrag als in dem Moment gestellt gilt, als der Antrag bei der – unzuständigen – Behörde eingegangen ist.

Sie sollten also darauf achten, entsprechende Anträge auf Sozialleistungen gleich mit einem *Hinweis auf eine Weiterleitung* zu versehen, falls sich die Behörde nicht für zuständig halten sollte. Das erspart dem Antragsteller dann hoffentlich einen Ablehnungsbescheid wegen Unzuständigkeit.

Die zweite wichtige Vorschrift findet sich in § 14 SGB IX und wird nur dann angewendet, wenn *Teilhabeleistungen bei einem Reha-Träger* wie beispielsweise der Rentenversicherung oder Krankenkasse beantragt werden. Anders als § 16 SGB I sieht diese Weiterleitungsvorschrift aber eine genaue zeitliche Vorgabe für die Weiterleitung vor, nämlich zwei Wochen. Wird diese nicht eingehalten, bleibt der Träger, bei dem der Antrag zuerst eingegangen ist, dennoch der zuständige Ansprechpartner. Was, denken Sie, machen jetzt die Reha-Träger? Leiten sie rechtzeitig weiter oder nicht? Natürlich leiten sie rechtzeitig weiter, denn dann müssen sie ja den Antrag gar nicht bearbeiten und es werden Kosten für die Leistungserbringung im Zweifel gespart. Die Behörde muss lediglich ab Antragseingang die Zweiwochenfrist für die Weiterleitung einhalten.

Im *Reha- und Teilhaberecht* muss eine Weiterleitung ausschließlich nach § 14 Absatz 2 SGB IX innerhalb von zwei Wochen ab Antragseingang erfolgen, wenn sich der Reha-Träger für unzuständig hält.

Der (zweite) Reha-Träger, bei dem der weitergeleitete Antrag eingegangen ist, muss nun seinerseits den Antrag bearbeiten, ob er will oder nicht. Einzige Ausnahme: Er selbst leitet jetzt nochmals den Antrag im sogenannten Einvernehmen an einen weiteren – nunmehr dritten – Reha-Träger weiter. So geregelt in § 14 Absatz 3 SGB IX. Hierfür hat sich der Begriff *Turboklärung* durchgesetzt. Es bleibt allerdings offen, was daran »schnell wie ein Wirbelwind« sein soll, wenn erst ein Einverständnis zwischen zwei Reha-Trägern über die Weiterleitung an einen dritten Träger herbeigeführt werden muss!

Ein Teilhabeantrag kann nicht mit einem Verweis auf die eigene Unzuständigkeit an den ersten Reha-Träger zurückgegeben werden. Das sieht das Gesetz nicht vor!

Was ist das Besondere an der Weiterleitungsvorschrift nach § 14 SGB IX? Diese Vorschrift führt dazu, dass bei Nichteinhaltung der Weiterleitungsfrist von zwei Wochen der *erstangegangene Träger* über den Antrag entscheiden muss, auch wenn sein eigenes Sozialgesetz keine Regelungen für die beantragte Leistung vorsieht.

BEISPIEL

Sonja benötigt für ihren Schulbesuch eine Gebärdensprachdolmetscherin. Sie geht versehentlich davon aus, dass es sich hierbei um ein Hilfsmittel nach dem SGB V handeln müsste und beantragt bei ihrer Krankenkasse die Bewilligung dieser Leistung. Die Krankenkasse leitet den Antrag nicht innerhalb von zwei Wochen an den Träger der Eingliederungshilfe weiter und muss daher nun über den Antrag von Sonja entscheiden. Hierbei hat die Krankenkasse nicht nur zu prüfen, ob die Leistung nach dem SGB V, sondern auch nach anderen Sozialgesetzbüchern – insbesondere dem SGB IX – zu bewilligen ist.

Zusammenfassend ist anzumerken, dass eine Weiterleitung von Anträgen immer dann erforderlich ist, wenn sich eine Behörde für nicht zuständig hält. Wünschenswert ist es in diesem Fall – und zumindest auch in § 14 Absatz 3 SGB IX so vorgesehen –, dass die antragstellende Person über die Weiterleitung informiert wird. Andernfalls wundern Sie sich nämlich, wenn Post von einer anderen Behörde eingeht, bei der Sie gar keinen Antrag gestellt haben. Da § 14 SGB IX im Reha- und Teilhaberecht eine zentrale Norm ist, komme ich hierauf nochmals gesondert in Kapitel 16 zurück.

IN DIESEM KAPITEL

Öffentlich-rechtlicher Vertrag

Verwaltungsakt und Widerspruch

Wiedereinsetzung oder Überprüfungsantrag

Kapitel 5
Das Sozialverwaltungsverfahren

In diesem Kapitel dreht sich alles rund um das *Sozialverwaltungsverfahren*, also den ganzen Weg von der Antragstellung bis hin zur Bekanntmachung einer behördlichen Entscheidung. Nicht immer treffen die Entscheidungen auf Zustimmung bei der antragstellenden Person, und daher es ist wichtig zu wissen, wie und vor allem innerhalb welcher Frist diese dagegen rechtlich vorgehen kann. Aber auch im Sozialrecht ist nichts absolut in Stein gemeißelt; es gibt durchaus »Rettungsanker«, falls mal doch eine Frist versäumt oder ein Fehler der Behörde erst später bemerkt wird. Gut also, wenn Sie diese Rettungsanker kennen! Zudem erfahren Sie in diesem Kapitel, welche Möglichkeiten eine Behörde hat, wenn sie Bescheide wieder aufheben und vielleicht den ein oder anderen Euro zurückhaben möchte.

Aber fangen wir vorn an: Ohne einen Antrag gibt es (meistens) kein Sozialverwaltungsverfahren. Stark vereinfacht gesagt könnten Sie den idealen Ablauf eines Verwaltungsverfahrens im Sozialrecht so beschreiben:

Antrag → Prüfung → Entscheidung

Aber wenn es ganz so einfach laufen würde, bräuchten wir das SGB X mit seinen zahlreichen Regelungen zum Sozialverwaltungsverfahren nicht! Etwas komplizierter hört es sich schon in § 8 SGB X an, der das *Sozialverwaltungsverfahren* wie folgt beschreibt:

Das *Sozialverwaltungsverfahren* ist eine nach außen wirkende Tätigkeit der Behörde, die auf die Prüfung der Voraussetzungen, die Vorbereitung und den Erlass eines Verwaltungsaktes oder den Abschluss eines öffentlich-rechtlichen Vertrages gerichtet ist.

Sie sehen also, nicht immer steht am Ende eine behördliche Entscheidung, denn auch ein Vertragsabschluss ist möglich. Also wird dieses Kapitel doch etwas länger ausfallen müssen, als es zunächst den Anschein hatte. Kommen wir also gleich zur ersten »Klippe«: Schon der

Weg von der Behörde zum Antragsteller hat seine Tücken. Selbst wenn behördliche Mitarbeiter noch so viele Bände von Papier vollschreiben oder in der elektronischen Akte abspeichern, aber die antragstellende Person keine Post von der Behörde erhält, hat sie schlicht keine Kenntnis von einer getroffenen Entscheidung. Die Tätigkeit der Behörde muss also **nach außen** gerichtet sein, das heißt, der Betroffene muss die Entscheidung auch erfahren. Innerhalb eines Verfahrens muss es zudem fair, transparent und nachvollziehbar zugehen (eine Sozialbehörde ist ja schließlich kein Geheimdienst)! Was das in der Praxis bedeutet, sehen wir uns nun etwas genauer an.

Am Anfang steht immer der Antrag!

Gewöhnlich beginnt das Verfahren mit einem *Antrag* durch die antragstellende Person. Aber kann eigentlich eine zuständige Behörde die *Entgegennahme eines Antrages* verweigern, weil sie den Antrag für unzulässig oder unbegründet hält? Ganz klar **Nein**, die Entgegennahme darf die Behörde nach § 20 Absatz 3 SGB X nicht verweigern, selbst wenn diese sich nicht zuständig fühlt.

Falls sich die Behörde für nicht zuständig hält, muss sie nach § 16 SGB I unverzüglich oder im Falle einer Teilhabe-/Rehaleistung den Antrag binnen zwei Wochen nach § 14 SGB IX an die ihrer Auffassung nach zuständige Behörde weiterleiten.

Geht das nicht auch formlos?

Ja, das geht – ein Antrag kann jederzeit formlos gestellt werden; es bedarf keiner besonderen Form. Ein weißes Blatt Papier genügt und schon kann es mit dem Niederschreiben des Antrages losgehen. Möchte die Behörde dann ein bestimmtes Antragsformular ausgefüllt haben – das könnte zum Beispiel ein Sozialhilfeantrag sein –, fordert sie die antragstellende Person im Rahmen der Mitwirkungspflichten nach §§ 60 ff. SGB I hierzu auf.

Anträge und der gesamte Schriftverkehr müssen in Deutsch verfasst sein, weil das nun einmal die Amtssprache in Deutschland ist (§ 19 SGB X). Gerade ausländische Antragsteller stellt diese Tatsache mitunter vor kommunikative Barrieren, da sie sich um eine Übersetzung – meist auf ihre eigenen Kosten – bemühen müssen, und das gilt auch für die von ihnen einzureichenden Unterlagen. Menschen mit Hör- oder Sprachbehinderungen haben übrigens das Recht, auf Kosten der Behörde mit Kommunikationshilfen wie beispielsweise einem Gebärdensprachdolmetscher zu kommunizieren. Näheres zur Erstattung der Kosten für diese Hilfen regelt die *Kommunikationshilfeverordnung.*

Geschäftsfähigkeit oder Vollmacht des Antragstellers

Bei der Antragstellung spielt es auch eine Rolle, ob die antragstellende Person *geschäftsfähig* ist, also bereits das 18. Lebensjahr erreicht hat oder eventuell von Dritten (wie sorgeberechtigte(r) Eltern/Elternteil oder amtliche Betreuer) vertreten wird. Dann können diese im Namen der nicht geschäftsfähigen Person den Antrag stellen. Aber auch für geschäftsfähige

Personen besteht die Möglichkeit, sich durch Dritte wie zum Beispiel Anwälte, Freunde oder auch Sozialarbeiter im Sozialverwaltungsverfahren vertreten zu lassen. Das Gesetz sieht ausdrücklich eine *Bevollmächtigung* in § 13 Absatz 1 SGB X vor. Die Bevollmächtigung wird einfach durch Vorlage einer Vollmacht nachgewiesen, sonst könnte ja jeder behaupten, eine andere Person zu vertreten, und für diese Anträge stellen. Möchte sich die Person nicht mehr vertreten lassen, reicht eine Mitteilung an die Behörde, dass die Vollmacht nicht mehr gilt.

Der *Widerruf einer Vollmacht* sollte der Behörde unbedingt mit einem Zugangsnachweis (zum Beispiel per Einschreiben oder Ähnliches) übermittelt werden, damit ein klarer Nachweis darüber besteht, ab wann die Behörde sich nicht mehr an den Vertreter wenden durfte. Das ist wichtig, falls es beispielsweise danach noch Zustellungen an den Vertreter gibt, von denen die antragstellende Person möglicherweise gar nicht mehr informiert wurde.

Im Verwaltungsverfahren kommt es vor, dass die antragstellende Person zu Gesprächen in die Behörde eingeladen wird, beispielsweise im Rahmen des Gesamtplanverfahrens in der Eingliederungshilfe. Eine oft gestellte Frage ist hierbei: Darf der Antragsteller eine *Vertrauensperson* zu dem Gespräch mitnehmen? Na klar! Das sieht § 13 Absatz 4 SGB X ausdrücklich vor. Keiner muss sich allein zu Besprechungen oder Verhandlungen in einer Behörde einfinden. Die Vertrauensperson, auch *Beistand* genannt, darf sich auch äußern, und dies ist auch von den behördlichen Mitarbeitern zu berücksichtigen, es sei denn, der Antragsteller widerspricht der Äußerung umgehend.

Die Tätigkeit von Amts wegen

Neben einem Antrag durch die antragstellende Person oder ihren Bevollmächtigten kann auch die Behörde selbst *von Amts wegen* tätig werden, vergleiche § 18 SGB X. Das ist aber in der Praxis selten, weil in den meisten Fällen der Behörde der konkrete Leistungsbedarf einer Person nicht bekannt ist. Dazu ein Beispiel:

Max hat eine Räumungsklage erhalten, weil er wegen Mietrückständen die Kündigung von seinem Vermieter erhalten hat. Wenige Tage später erhält er Post von seinem Sozialamt, das zur Abwendung von Obdachlosigkeit Hilfe und Unterstützung anbietet. Dies resultiert aus § 36 Absatz 3 SGB XII beziehungsweise § 22 Absatz 9 SGB II, weil das zuständige Zivilgericht umgehend den zuständigen Sozialhilfeträger über die Räumungsklage wegen Mietschulden informiert. Falls er sich meldet, würde es hier eine Ermittlung von Amts wegen geben.

Wenn ein Antrag bei einer zuständigen Sozialbehörde eingegangen ist, kommt ein großer Vorteil des Sozialrechts zum Tragen: Die Behörde **muss** nach der gesetzlichen Vorgabe in § 20 SGB X den Sachverhalt von Amts wegen ermitteln. Dahinter verbirgt sich der *Amtsermittlungs- oder Untersuchungsgrundsatz.*

Der Grundsatz bedeutet, dass die Behörde Art und Umfang ihrer behördlichen Tätigkeit selbst bestimmt und – das mag verwundern – nicht an das Vorbringen oder Beweisanträge der antragstellenden Person gebunden ist.

Diese Vorschrift ist Fluch und Segen zugleich: Oft kennen Bürger gar nicht die konkreten Voraussetzungen für ihre beantragte Sozialleistung, oder sie schreiben ihren Antrag aus (verständlicher) Unwissenheit »am Thema vorbei«. Dann wäre es natürlich schade, wenn ein Antrag nur deshalb abgelehnt wird, weil im Antrag nicht die richtigen Schlagwörter ersichtlich waren. Segensreich ist also, wenn die Behörde selbst ermitteln muss, ob und unter welchen Voraussetzungen ein Antrag positiv zu bewilligen ist: Sie fordert entsprechende Unterlagen ab, die sie benötigt. Das ist allerdings auch der »Fluch« (für die Behörde jedenfalls …), denn hier muss manchmal eine Behörde sehr intensiv und zeitaufwendig tätig werden, um über einen Antrag entscheiden zu können, weil etwa noch Auskünfte von anderen Behörden oder Dritten einzuholen sind. So fordert die Behörde etwa in medizinischen Belangen – so beim Grad der Behinderung oder der Erwerbsminderungsrente – regelmäßig von den behandelnden Ärzten schriftlich die aktuellen Befundberichte ab.

Wenn die Behörde am Ende ihrer Ermittlungen und Prüfung des Antrages angekommen ist, muss sie eine Entscheidung treffen: Wird der Antrag nun abgelehnt oder bewilligt? Und, wie möchte sie das Verfahren abschließen, durch einen Vertrag oder einen Bescheid?

Lassen Sie uns daher nun einen kleinen Ausflug zum öffentlichen Vertrag machen, bevor wir uns dann ausgiebig dem Bescheid mit allem Drum und Dran, wie den unterschiedlichen Arten von Bescheiden und dem Widerspruch widmen.

Der öffentlich-rechtliche Vertrag

Der *öffentlich-rechtliche Vertrag* ist neben dem Bescheiderlass eine weitere – wenn auch eher seltene – Handlungsform der Behörde (vergleiche § 8 SGB X). Eine nähere Erläuterung findet sich in § 53 Absatz 1 SGB X:

Ein Rechtsverhältnis auf dem Gebiet des öffentlichen Rechts kann durch Vertrag begründet, geändert oder aufgehoben werden (*öffentlich-rechtlicher Vertrag*), soweit Rechtsvorschriften nicht entgegenstehen. Insbesondere kann die Behörde, anstatt einen Verwaltungsakt zu erlassen, einen öffentlich-rechtlichen Vertrag mit demjenigen schließen, an den sie sonst den Verwaltungsakt richten würde.

Es kann also auch mit der Behörde ein Vertrag über die Gewährung einer Sozialleistung geschlossen werden.

Wie alle Verträge kommt auch ein öffentlich-rechtlicher Vertrag durch zwei übereinstimmende Willenserklärungen, also Angebot und Annahme, zustande. Anders als im Zivilrecht gelten dann allerdings nicht die Regelungen des Bürgerlichen Gesetzbuches (BGB) wie beispielsweise Gewährleistungsrechte, sondern allein die Regelungen der §§ 53 ff. SGB X. Ein weiterer Unterschied zum Zivilrecht besteht auch hinsichtlich der Form des öffentlich-rechtlichen Vertrages: Dieser muss zwingend **schriftlich** geschlossen werden (§ 56 SGB X). Ein lediglich mündlich geschlossener Vertrag wie etwa in einem netten Gespräch mit den Behördenmitarbeitenden entfaltet daher keine Wirkung.

BEISPIEL

Ein typisches Beispiel für einen öffentlich-rechtlichen Vertrag im Sozialrecht ist die *Eingliederungsvereinbarung* nach § 37 Absatz 2 SGB III, mit der sich Leistungsbeziehende und die Agentur für Arbeit gegenseitig zu Leistungen verpflichten, beispielsweise eine bestimmte Anzahl von Bewerbungen gegen Erstattung der Bewerbungskosten vorzunehmen.

Bis zum Jahr 2023 bestand auch für das Jobcenter die Möglichkeit, Eingliederungsvereinbarungen nach § 15 SGB II alte Fassung abzuschließen. Mit der Einführung des *Bürgergeldes* hat sich der Gesetzgeber nunmehr für den Abschluss eines *Kooperationsplanes* nach § 15 Absatz 2 SGB II entschlossen, der jedoch keinen öffentlich-rechtlichen Vertrag mehr darstellen soll. Als Begründung wird angegeben, dass der Kooperationsplan – so jedenfalls nach derzeitiger Auffassung – rechtlich unverbindlich sein soll.

Aber was macht das Wesen eines öffentlich-rechtlichen Vertrages aus? Ganz einfach: Wie in jedem anderen Vertragsverhältnis auch sollten sich beide Vertragspartner auf Augenhöhe begegnen. Es darf also kein Unter-/Überordnungsverhältnis seitens des Antragstellers und der Behörde geben. Weiterhin muss der Inhalt verhandelbar sein. Daran fehlt es, wenn die Behörde den Inhalt des Vertrages einseitig vorgibt und nicht zur Disposition stellt.

Es gibt zwei Arten von öffentlich-rechtlichen Verträgen im Sozialrecht:

- ✔ *Vergleichsvertrag* nach § 54 SGB X: Hierdurch wird eine bestehende Ungewissheit über einen Sachverhalt oder eine Rechtslage durch gegenseitiges Nachgeben beseitigt. Es handelt sich um den Abschluss eines »klassischen« Vergleichs.
- ✔ *Austauschvertrag* nach § 55 SGB X: Mit diesem Vertrag verpflichtet sich der Leistungsbeziehende gegenüber der Behörde zu einer Gegenleistung, beispielsweise zu einer bestimmten Anzahl von Bewerbungen, der Teilnahme an einer Begutachtung oder an einer Weiterbildung. Hierbei ist darauf zu achten, dass die Gegenleistung den Umständen nach angemessen ist.

Verträge sind von beiden Seiten zunächst einmal einzuhalten, aber manchmal können sich nach Vertragsschluss die Umstände des Einzelfalls ändern. In diesem Fall soll vorrangig eine Anpassung des Vertrages nach § 59 Absatz 1 SGB X angestrebt werden. Gelingt das nicht und ist gar das Festhalten an einem Vertrag nicht zuzumuten, bleibt nur die *Kündigung* des Vertrages durch eine Vertragspartei.

Auch die *Kündigung* eines öffentlich-rechtlichen Vertrages bedarf der Schriftform und sollte begründet werden (§ 59 Absatz 2 SGB X).

Derzeit (Stand 2024) ist noch umstritten, ob die bei einem Persönlichen Budget in § 29 Absatz 4 SGB IX erwähnte *Zielvereinbarung* einen öffentlich-rechtlichen Vertrag darstellt. Hierfür spricht der Verweis auf die Kündigungsmöglichkeit einer Zielvereinbarung im Gesetz. Das Bundessozialgericht hat allerdings diese Frage bislang noch nicht eindeutig beantwortet. Näheres bleibt also abzuwarten.

Nachdem wir einen kleinen Ausflug in den öffentlich-rechtlichen Vertrag gemacht haben, kommen wir nun zurück zum Ablauf eines Verwaltungsverfahrens und schauen, wie eine Behörde über einen Antrag entscheiden kann, nämlich häufig durch einen Bescheid.

Vorhang auf für den Verwaltungsakt!

Ein Blick in § 8 SGB X zeigt uns, dass behördliches Handeln auf den Erlass eines Verwaltungsaktes gerichtet ist. Aber was ist genau ein *Verwaltungsakt*? Ist das etwa jedes Schreiben einer Behörde, oder gibt es Merkmale, wie Sie ein »normales« Schreiben einer Behörde von Verwaltungsakten abgrenzen können? Wäre jedes Schreiben einer Behörde ein Verwaltungsakt, müssten wir ja ständig Widerspruch einlegen, wenn kein Einverständnis mit dem Inhalt besteht. Das verschafft nicht nur unnötige Arbeit, sondern würde auch eine Behörde schlichtweg lahmlegen, denn diese wäre nur noch mit der Widerspruchsbearbeitung beschäftigt. Zur Abgrenzung eines Verwaltungsaktes zwei Bespiele, die ich gleich danach auflösen werde:

Papierhändler Sorgenfrei fragt schriftlich bei der Deutschen Rentenversicherung (DRV) an, ob die Behörde künftig Papier von ihm beziehen möchte, da er besonders preisgünstig ist. Darauf antwortet ihm ein freundlicher Mitarbeiter der DRV schriftlich, man habe kein Interesse an seinem Angebot. Ist das eine Ablehnung im Sinne eines Verwaltungsaktes, ja oder nein?

Sieben Monate später: Herr Sorgenfrei möchte nun endlich seine wohlverdiente Rente genießen und beantragt – da er viele Jahre im Angestelltenverhältnis gearbeitet hat – bei der DRV seine Altersrente. Ein paar Monate später erhält er seinen Rentenbescheid, ist aber mit der Höhe der künftigen Rente nicht einverstanden und beschwert sich. Ist das ein Verwaltungsakt, ja oder nein?

Lösung: »Natürlich ...«, werden Sie jetzt vielleicht denken, »... liegt bei der Bewilligung von Altersrente durch einen Bescheid ein Verwaltungsakt vor und im erstgenannten Beispiel nicht.« Das Ergebnis stimmt, aber worin unterscheiden sich beide Handlungen der DRV? Warum ist nicht auch die Absage der Papierbestellung ein Verwaltungsakt?

Zur Beantwortung dieser Frage müssen wir uns den § 31 SGB X genauer ansehen:

Ein *Verwaltungsakt* ist jede Verfügung, Entscheidung oder andere hoheitliche Maßnahme, die eine Behörde zur Regelung eines Einzelfalls auf dem Gebiet des öffentlichen Rechts trifft und die auf unmittelbare Rechtswirkung nach außen gerichtet ist.

Zugegeben, der Text klingt ganz schön sperrig! Es bedeutet im Kern, dass ein Verwaltungsakt eine Handlungsform einer Behörde ist, um eine verbindliche Entscheidung über Ansprüche des Sozialrechts zu treffen. Dies macht sie, in dem sie einen Bescheid anfertigt und der antragstellenden Person zukommen lässt. Ein Verwaltungsakt kann also mit »*Bescheid*« übersetzt werden. Um noch einmal auf das Angebot der Papierbestellung zurückzukommen: Das betrifft eindeutig das Zivilrecht, denn auch eine Behörde kann wirksame Kaufverträge (§ 433 BGB) über Büromaterialien schließen. Aber was macht einen Bescheid aus?

Bescheide im Sozialrecht

Wenden wir uns nun dem ziemlich umfangreichen Thema der *Bescheide* zu, mit allen Tücken und Handlungsoptionen, die das Gesetz für die Antragsteller zu bieten hat. Beispiele für Bescheide im Sozialrecht sind:

- ✔ *Bewilligungsbescheid:* Die Behörde bewilligt eine beantragte Leistung, wie beispielsweise Rente, Bürgergeld, Arbeitslosengeld. Die Bewilligung kann hierbei auch zunächst nur vorläufig erfolgen.
- ✔ *Ablehnungsbescheid:* Die Behörde lehnt die beantragte Leistung ab, weil beispielsweise die antragstellende Person keinen Anspruch auf eine Sozialleistung hat.
- ✔ *Festsetzungsbescheid:* Die Behörde setzt eine Bewilligung endgültig fest, weil zum Beispiel die Höhe des Einkommens in einer vorläufigen Bewilligung nun verbindlich bekannt ist.
- ✔ *Aufhebungs- oder Rücknahmebescheid:* Eine ursprüngliche Bewilligung wird nachträglich wieder aufgehoben.
- ✔ *Erstattungsbescheid:* Mit diesem Bescheid begehrt die Behörde die Erstattung einer ursprünglich bewilligten, aber nachträglich aufgehobenen Geldleistung. Erstattungsbescheide werden auch erlassen, wenn rechtsgrundlos – also ohne Bescheid – eine Geldleistung ausgezahlt wurde.
- ✔ *Versagungsbescheid:* Diese Bescheide ergehen, wenn Antragsteller ihren Mitwirkungspflichten nicht nachkommen, um sie zur Mitwirkung anzuhalten.
- ✔ *Entziehungsbescheid:* Auch hiervon machen die Behörden im Zusammenhang mit einer fehlenden Mitwirkung Gebrauch, nämlich wenn schon Leistungen bewilligt wurden, aber noch weitere Angaben ausstehen.
- ✔ *Leistungsminderungsbescheid nach dem SGB II:* Diese hießen früher *Sanktionsbescheide* und werden erlassen, wenn beispielsweise Meldetermine nicht wahrgenommen werden oder sogenannte Pflichtverletzungen nach § 31 SGB II begangen wurden.
- ✔ *Sperrzeitbescheid:* Im Recht der Arbeitsförderung können Sperrzeiten (beispielsweise für eine verspätete Arbeitslosmeldung) verhängt werden.

Ein Bescheid, oder doch nur eine Mitteilung?

Idealerweise enthalten die Schreiben einer Behörde gleich in der Überschrift eine Bezeichnung des konkreten Bescheides, sodass die behördliche Entscheidung ohne Weiteres erkennbar ist, aber manchmal fehlt die Überschrift einfach. In diesem Fall empfiehlt es sich, sich den Inhalt des Schreibens noch einmal genauer durchzulesen, um das Anliegen der Behörde zu verstehen: Was will mir die Behörde eigentlich mitteilen? Möchte sie einen Antrag ablehnen oder eine Leistung bewilligen? Benötigt sie einfach noch weitere Unterlagen, oder ist das Schreiben eine Einladung zu einem persönlichen Gespräch? Hierzu folgendes Beispiel:

BEISPIEL

Nancy hat vom Jobcenter folgendes Schreiben auf ihren Überprüfungsantrag ohne weitere Überschrift erhalten: »Sie haben leider keine Möglichkeit, für die Bescheide vom … einen Überprüfungsantrag zu stellen. Ich hoffe, Ihnen mit dieser Information weitergeholfen zu haben. Mit freundlichen Grüßen …«

Ohne Zweifel ein nettes Schreiben. Aber ist es ein bloßes Mitteilungsschreiben oder ein klassischer Bescheid? Die Abgrenzung ist wichtig, etwa wenn Nancy mit dem Inhalt des Schreibens nicht einverstanden ist und etwas dagegen unternehmen, also Widerspruch einlegen möchte. Ein *Widerspruch* ist nämlich nur gegen Bescheide möglich, nicht aber gegen bloße Hinweis- oder Mitteilungsschreiben.

Gegen einen Bescheid spricht zunächst, dass das Schreiben nicht als Bescheid überschrieben ist und Nancy auch nicht darauf hingewiesen wird, dass sie die Möglichkeit eines Widerspruchs hat. Reicht das, um zu dem Ergebnis zu kommen, es liegt kein Bescheid vor? In so einem Fall empfiehlt es sich, den Inhalt des Schreibens zu »übersetzen«: Was möchte die Behörde Nancy eigentlich mitteilen?

Lösung: Im obigen Beispiel lehnt die Behörde die Überprüfung von Nancy schlicht ab mit dem Hinweis darauf, dass sie – angeblich – keine Möglichkeit der Überprüfung habe. Damit liegt eine behördliche Entscheidung im konkreten Einzelfall vor, nämlich in Form eines klassischen *Ablehnungsbescheides*.

Aus der Sicht von Nancy wäre es natürlich schön gewesen, das Schreiben wäre gleich mit »Ablehnungsbescheid« bezeichnet gewesen, dann wäre auf den ersten Blick klar gewesen, dass ihr Überprüfungsantrag abgelehnt wird.

Übrigens muss ein Bescheid inhaltlich auch *hinreichend bestimmt* sein (§ 33 Absatz 1 SGB X). Was sich wie eine Selbstverständlichkeit anhört, ist häufig in der Praxis nicht gegeben und beschäftigt die Sozialgerichte: Ist die Entscheidung der Behörde – der sogenannte *Verfügungssatz* – »vollständig, klar und unzweideutig«? Damit soll vermieden werden, dass ein Betroffener erst bei der Behörde nachfragen muss, was sie ihm konkret mitteilen wollte.

Mündlich, schriftlich, elektronisch? Wie Bescheide übermittelt werden können

Der Bescheid steht nun fest, aber wie muss der übermittelt werden? Ein Blick in das Gesetz (§ 33 Absatz 2 SGB X) hilft hier weiter: Das geht schriftlich, elektronisch, mündlich oder in anderer Weise. Die häufigste Form ist ein schriftlicher Bescheid, denn der ist auch zu Beweiszwecken sinnvoll. Wie sollte andernfalls in einem Vieraugengespräch zwischen behördlichem Mitarbeiter und Antragsteller der Ausspruch eines mündlichen Bescheides nachgewiesen werden? Im Zweifelsfall bestehen nämlich zwei verschiedene Versionen des Gesprächs.

Soweit in § 33 Absatz 2 SGB X auf die Möglichkeit des Erlasses eines *elektronischen Bescheides* hingewiesen wird, sind damit häufig Missverständnisse verbunden. Gemeint ist hiermit **nicht** die bloße Übersendung des Bescheides als Anhang in einer E-Mail der Behörde an den Antragsteller! Denn bekanntlich können E-Mails gefälscht oder E-Mail-Konten gehackt sein und nur vermeintlich eine Behörde als Absender einer E-Mail erkennen lassen.

Die Übermittlung per E-Mail macht daher aus einem Bescheid noch keinen elektronischen Bescheid. Hier hilft ein Blick in das allgemeine Verfahrensrecht (SGB I), konkret § 36a Absatz 2 Satz 2 weiter:

Der *elektronischen Form* genügt ein elektronisches Dokument, das mit einer *qualifizierten elektronischen Signatur* versehen ist. Die Signierung mit einem Pseudonym, das die Identifizierung der Person des Signaturschlüsselinhabers nicht unmittelbar durch die Behörde ermöglicht, ist nicht zulässig.

Es wird also eine *elektronische Signatur* benötigt, die die Behörde als Absender unzweifelhaft erkennen lässt. Dies erfolgt durch ein Zertifikat. Eine einfache behördliche E-Mail erfüllt diese Anforderungen jedenfalls nicht.

Natürlich kann eine Behörde auch einen Bescheid per E-Mail als Anhang an die betroffene Person übersenden, aber dann handelt sich **nicht** um einen elektronischen Verwaltungsakt.

Warum jetzt das …? Die Begründung eines Bescheides

Der Bescheid wurde ordnungsgemäß übermittelt, aber der Empfänger rauft sich schwer die Haare – diese Entscheidung kann er nun wirklich nicht verstehen. Und das bringt uns zum nächsten wichtigen Punkt, der Begründung.

Ein Bescheid muss mit einer *Begründung* versehen werden, das ergibt sich aus § 35 SGB X. Im Einzelfall kann hiervon abgesehen werden, wenn die Behörde etwa dem Antrag entspricht. Aber gerade bei Ablehnungen möchte der Antragsteller gerne wissen, warum der Antrag nicht erfolgreich war, und das muss die Behörde begründen. In der Begründung sind die Gründe aufzuzeigen, die die Behörde zu ihrer Entscheidung bewogen hat. Für den Antragsteller ist die Begründung wichtig, um sich mit den Argumenten der Behörde auseinanderzusetzen und zu prüfen, ob die Entscheidung richtig oder er noch Widerspruch einlegen kann. Vielleicht war ja die Behörde auf dem Holzweg und hat nicht alle Umstände für einen erfolgreichen Antrag beachtet.

Wie verbindlich ist eine mündliche Zusicherung?

Eine häufige Praxisfrage für behördliches Handeln ist folgendes Beispiel:

Maximilian hat sich das Bein gebrochen und ist der Ansicht, für den Weg in die Uni benötigt er dringend einen Rollstuhl, da die Unterarmgehstützen nicht so schick aussehen. Er ruft daher bei seiner Krankenkasse an und beschwatzt eine Mitarbeiterin, ihm doch den Rollstuhl zu bewilligen. »… ja, das geht bestimmt klar«, sagt ihm die Mitarbeiterin am Telefon, weil Max so charmant und nett war. Max bedankt sich bei der Mitarbeiterin für das Gespräch. Wenige Tage später ist Max überrascht, als er eine Ablehnung seiner Krankenkasse in den Händen hält. Kann Max sich auf die telefonische Abstimmung berufen?

Lösung: Nein, das kann er nicht!

Wenn eine Behörde mündliche Zusagen nicht einhält und später Bescheide mit einem anderen Inhalt erlässt, stellt sich die Frage, ob sich die betroffene Person dennoch auf den Inhalt eines persönlichen Gesprächs oder Telefonats berufen kann. Für die Beantwortung ist maßgeblich, ob die Abstimmung eine *Zusicherung* im Sinne des § 34 Absatz 1 SGB X darstellt.

Eine *Zusicherung* stellt eine behördliche Zusage dar, einen bestimmten Verwaltungsakt später zu erlassen oder zu unterlassen. Allerdings bedarf die Zusicherung zu ihrer Wirksamkeit der *Schriftform*. Telefonische oder anderweitige mündliche Übereinkünfte zwischen behördlichen Mitarbeitern und Betroffenen reichen nicht aus, um daraus einen Rechtsanspruch auf die begehrte Leistung abzuleiten.

Nach einem Telefonat oder einer mündlichen Abrede/Besprechung sollten Sie immer eine schriftliche Bestätigung des Gesprächs durch die Behörde verlangen, auf die Sie sich später berufen können. Einziger Wermutstropfen: Die Behörde kann, **muss** aber die schriftliche Bestätigung nicht anfertigen und zur Akte nehmen!

Die Bekanntgabe von Bescheiden

Jeder Bescheid muss auch seinen Empfänger erreichen. Das nennt sich *Bekanntgabe*. Andernfalls kann der Empfänger, also etwa die antragstellende Person, ja keine Kenntnis von der behördlichen Entscheidung haben.

Ein Verwaltungsakt ist demjenigen Beteiligten bekannt zu geben, für den er bestimmt ist oder der von ihm betroffen ist. Ist ein Bevollmächtigter bestellt, kann die Bekanntgabe ihm gegenüber vorgenommen werden (§ 37 Absatz 1 SGB X).

Gegenüber welcher Person ein Bescheid bekannt zu geben ist, macht in der Praxis selten Probleme. Die häufigste Praxisfrage ergibt sich vielmehr in zeitlicher Hinsicht, nämlich **wann** jemand von der behördlichen Entscheidung Kenntnis erlangt hat.

Die Kenntnis des Zeitpunktes der Bekanntgabe eines Bescheides ist wichtig für die Berechnung der Widerspruchsfrist.

Entscheidend für die Bekanntgabe eines Bescheides ist übrigens nicht, wann die Behörde den Bescheid abgesandt hat, sondern ob und wann der Bescheid auch bei der betreffenden Person zugegangen ist. Denn bekanntlich kann Post unterwegs verloren gehen, oder es dauert Tage, bis die Nachricht auch zugestellt wurde.

Für die Frage, wann nun also eine behördliche Entscheidung bekannt gegeben ist, hilft ein Blick in die Neufassung des § 37 Absatz 2 SGB X (ab 1.1.2025) weiter:

Ein schriftlicher Verwaltungsakt ... gilt am **vierten** Tag nach der Aufgabe zur Post als bekannt gegeben... Dies gilt nicht, wenn der Verwaltungsakt nicht oder zu einem späteren Zeitpunkt zugegangen ist ...

Tja, wissen Sie eigentlich, wann die Behörde den Bescheid in die Postbeförderung gegeben hat? Wohl kaum! Manche behördliche Mitarbeiter machen sich eine Notiz in die Akte, den *Ab-Vermerk*. Aber hat dann der Bescheid wirklich genau an diesem Tag die Behörde verlassen? Jedes Mal telefonisch bei einer Behörde nachzufragen, wann sie den Bescheid zur Post gegeben hat, macht auch keinen Sinn, und erreichen Sie erst mal telefonisch die richtige Person! Der Gesetzgeber hat daher in § 37 Absatz 2 SGB X eine *Zugangsfiktion* aufgenommen, wonach ein Bescheid – fiktiv – am vierten Tag als bekannt gegeben gilt. Es empfiehlt sich daher allgemein folgendes Vorgehen, um das Datum der Bekanntgabe zu ermitteln:

Zum Bescheiddatum werden einfach vier Tage hinzugezählt, um das Datum der Bekanntgabe zu berechnen: Wenn der Bescheid also vom 20.8. datiert, wäre eine Bekanntgabe (plus vier Tage) am 24.8.

Oftmals fertigt aber beispielsweise ein Mitarbeiter mit Datum vom Donnerstag einen Bescheid, stimmt den Inhalt am Freitag noch mit seiner Teamleiterin ab und gibt den Bescheid dann am Montag in die Hauspost, der dann erst am Samstag bei dem Empfänger eintrifft. Was nun? »Bescheiddatum plus vier Tage« hilft hier nicht weiter, denn da befand sich der Bescheid ja noch innerhalb der Behörde. Auch ein Ab-Vermerk vom Montag hilft nicht weiter, denn der Samstag liegt auch außerhalb von vier Beförderungstagen.

Geht der Bescheid erst zu einem späteren Zeitpunkt zu, gilt das Datum des späteren Zugangs! Ein Beispiel: Der Bescheid vom 20.8. liegt erst am 27.8. im eigenen Briefkasten. In diesem Fall gilt der 27.8. als Zeitpunkt der Bekanntgabe.

Es ist daher immer empfehlenswert, dass Sie eingehende Behördenpost, also auch Bescheide, mit einem *Eingangsvermerk* (»eingegangen am …«) versehen. Der Eingangsvermerk ist deshalb wertvoll, weil mit ihm der konkrete Tag des Eingangs des Bescheids bei dem Betroffenen nachgewiesen werden kann. Die Behörde muss sich dieses Datum entgegenhalten lassen, denn sie selbst wird den Zugang ihres eigenen Bescheides nur dann konkret nachweisen können, wenn sie den Bescheid mittels Zustellung – also mit Zustellurkunde (erkennbar als gelben Umschlag) oder per Einschreiben – versandt hat.

Besteht Uneinigkeit, wann ein Bescheid konkret bekannt gegeben wurde, muss gemäß § 37 Absatz 2 Satz 3 SGB X die *Behörde* im Zweifel den Zugang des Verwaltungsaktes und den Zeitpunkt seines Zugangs nachweisen.

Fazit: Ein Blick in das Gesetz hilft immer weiter!

Der Rechtsbehelf im Sozialrecht

Ein *Rechtsbehelf* lässt sich am besten mit dem Begriff »Rechtsmittel« umschreiben. Sie kennen bestimmt den gängigen Spruch vieler Strafverteidiger vor der Presse, wenn ihr Mandant im Strafprozess verurteilt wurde: »Wir prüfen die Einlegung eines Rechtsmittels.« Was also salopp gesprochen die Revision im Strafrecht ist, beginnt mit dem *Widerspruch* im Sozialrecht. Ganz selten heißt der Rechtsbehelf auch mal *Einspruch*, etwa bei Bescheiden der Familienkasse zum Kindergeld, da das Kindergeldrecht mehr dem (Einkommens-)Steuerrecht zugeordnet wird als dem Sozialrecht.

Die Wirkung des Widerspruchs

Wer mit dem Inhalt eines Bescheides im Sozialrecht nicht einverstanden ist, legt Widerspruch ein. Mit einem innerhalb der Widerspruchsfrist – zu dieser kommen wir gleich – eingelegten Widerspruch kann der Bescheid nicht *bestandskräftig* werden. Dies ist beispielsweise in den Fallgestaltungen wichtig, in denen eine Behörde Rückerstattungen von Sozialleistungen geltend macht. In diesem Fall muss für die Zeit des Widerspruchsverfahrens der Geldbetrag (noch) nicht zurückgezahlt werden. Gleiches gilt übrigens, wenn später auch Klage gegen den Widerspruchsbescheid eingereicht wird. Es wird in diesem Zusammenhang von dem sogenannten *Suspensiveffekt* gesprochen.

Suspensiveffekt bedeutet, dass durch die Einlegung eines Widerspruchs eine aufschiebende Wirkung des Bescheides eintritt: Der betreffende Verwaltungsakt – beispielsweise die Rückerstattung eines Geldbetrages – kann so lange nicht vollzogen werden, bis über den Widerspruch (oder die Anfechtungsklage) entschieden wurde.

Die Widerspruchsfrist leicht erklärt und berechnet

Hier nun sehen Sie, warum es wichtig ist zu wissen, wann ein Bescheid bekannt gegeben wurde. Aus diesem Bekanntgabedatum ergibt sich nämlich, bis wann ein Widerspruch rechtzeitig bei der Behörde eingegangen sein muss. Das setzt jedoch erst einmal voraus, die Widerspruchsfrist zu kennen. Ganz klar ein häufiger Fehler ist es, von einer vierwöchigen *Widerspruchsfrist* auszugehen. Die Frist beträgt vielmehr einem Monat und ergibt sich aus § 84 Absatz 1 SGG. Dort heißt es:

»Der Widerspruch ist binnen eines Monats, nachdem der Verwaltungsakt dem Beschwerten bekanntgegeben worden ist, … einzureichen.«

Ich sehe förmlich Ihre Frage auf Ihren Lippen: »Sind nicht vier Wochen und ein Monat das Gleiche? Immer dieses Kleinkarierte im Rechtswesen …« Ja, es mag kleinkariert sein, aber wenn erst mal die Frist versäumt wurde, beginnen die Probleme für Sie.

Luisa erhält am 27.3. einen Bescheid vom 20.3. Eine vierwöchige Widerspruchsfrist würde am 24.4. ablaufen, die einmonatige Frist aber erst am 27.4.

Nun stellen Sie sich vor, am 25.4. fragt Luisa Sie, ob sie noch gegen den am 27.3. eingegangenen Bescheid Widerspruch einlegen könnte, und Sie antworten: »Pech gehabt, die Frist ist um!« Luisa ist entsetzt. Hat sie etwas falsch gemacht, oder ist doch alles korrekt gelaufen?

Lösung: Ausgehend von der Bekanntgabe des Bescheides am 27.3. läuft die einmonatige Widerspruchsfrist erst am 27.4. ab; Luisa hätte also am 25.4. noch rechtzeitig Widerspruch einlegen können! Wichtig ist nur, dass der Widerspruch bis zum 27.4. bei der Behörde eingeht.

Eine kleine Abwandlung des vorherigen Beispiels: Der Februar hat ja bekanntlich nur 28 und in den Schaltjahren 29 Tage. Wann endet dann die Monatsfrist, wenn die Bekanntgabe eines Bescheides am 31. Januar erfolgt ist?

Lösung: Dann endet die Monatsfrist am 28. Februar und im Schaltjahr am 29. Februar.

Sonderfälle: Jahresfrist und Bescheidzustellung

Irgendwo verstecken sich ja immer Ausnahmen von der Regel, und über diese Sonderfälle geht es nun.

Sonderfall: Die Jahresfrist

Tatsächlich gibt es eine Ausnahme von der einmonatigen Widerspruchsfrist, und die findet sich etwas versteckt in § 66 Absatz 1 und 2 des SGG. Nach dieser Vorschrift beginnt die Frist für einen Widerspruch (*Rechtsbehelf*) nur dann zu laufen, wenn der Betroffene im Bescheid schriftlich oder elektronisch über die Möglichkeit der Widerspruchseinlegung belehrt wurde. So endet ein Bescheid häufig mit folgender *Rechtsbehelfsbelehrung*:

»Gegen diesen Bescheid können Sie binnen eines Monats ab Bekanntgabe Widerspruch gegenüber der Behörde YY einlegen …«

Wenn diese Belehrung jedoch fehlt oder falsch ist, weil zum Beispiel eine vierwöchige Frist angegeben ist, kann ausnahmsweise noch innerhalb eines Jahres (*Jahresfrist*) fristgerecht Widerspruch eingelegt werden (geregelt in § 66 Absatz 2 SGG). In diesem Fall gilt also die einmonatige Widerspruchsfrist nicht.

Beachten müssen Sie zudem Folgendes: Gewöhnlich wird für die Berechnung der Widerspruchsfrist auf den Zeitpunkt der Bekanntgabe eines Bescheides abgestellt.

Sonderfall: Die Zustellung des Bescheides

Etwas anderes gilt, wenn der Bescheid förmlich zugestellt wurde. Eine *Zustellung* unterscheidet sich dadurch, dass der behördliche Brief nicht mit einfacher Post versendet wird. Vielmehr wird hierfür eine besondere Form gewählt, um den konkreten Zugang des Bescheides nachzuweisen, beispielsweise durch ein Versenden

- ✔ mit **Postzustellurkunde**, der »gelbe Umschlag«,
- ✔ als **Einschreiben**,
- ✔ gegen **Empfangsbekenntnis**, beispielsweise gegenüber Anwälten.

Diese förmliche Zustellung unterscheidet sich von der Bekanntgabe dadurch, dass für die Fristenberechnung **ausschließlich** das Zustelldatum entscheidend ist und nicht die Viertagefrist für die Bekanntgabe.

BEISPIEL

Das Sozialamt versendet an Frank einen Rückforderungsbescheid vom 5.3., den dieser am 6.3. mit einfacher Post erhält. Der Bescheid gilt damit am 9.3. (also 5.3. plus vier Tage) als bekannt gegeben, sodass die Widerspruchsfrist nach Ablauf eines Monats am 9.4. abläuft.

Hätte Frank den Bescheid hingegen am 6.3. mittels Zustellurkunde (gelben Umschlag) erhalten, wäre die Widerspruchsfrist bereits nach einem Monat am 6.4. abgelaufen!

Legen Sie zur Berechnung von Widerspruchsfristen also besonderes Augenmerk darauf, wie die Behörde einen Bescheid konkret versandt hat: Bei einem Versenden mit einfacher Post ist auf die Bekanntgabe abzustellen, bei einer Zustellurkunde auf den Tag der Zustellung.

Das Datum der Zustellung mittels Zustellurkunde kann übrigens unkompliziert der Vorderseite des gelben Umschlags entnommen werden: Dort ist am oberen Rand das Zustelldatum vermerkt. Dieses gilt für die Fristberechnung.

Die Form des Widerspruchs

Wie legen Sie richtig Widerspruch ein? Hierzu sollten Sie zunächst sorgfältig die Rechtsbehelfsbelehrung am Ende des Bescheides durchlesen. Darin steht alles Beachtenswertes. So wird auf die Frist sowie die Form des Widerspruchs hingewiesen und auch, bei welcher Behörde der Widerspruch eingelegt werden muss.

Hinsichtlich der Form eines Widerspruchs gibt es drei Handlungsoptionen:

- ✔ **schriftlich**
- ✔ **in elektronischer Form (nicht E-Mail!)**
- ✔ **zur Niederschrift bei der Behörde**

Schriftlich ist sicherlich die gebräuchlichste Form. Hierzu wird ein Schreiben an die Behörde mit eigener Unterschrift gefertigt und darauf hingewiesen, dass Widerspruch gegen einen konkreten Bescheid mit Nennung des Bescheiddatums eingelegt wird. Viele verwenden in der Überschrift gleich das Wort »Widerspruch«, sodass auch für die Mitarbeitenden der Behörde das Anliegen des Absenders schnell erkennbar ist.

Beginnen Sie das Schreiben mit folgendem Satz: »Hiermit lege ich Widerspruch gegen den Bescheid vom xx.xx ein.« Anschließend folgt Ihre Begründung, weshalb der Bescheid fehlerhaft (rechtswidrig) sein soll.

Die Widerspruchseinlegung in *elektronischer Form* hört sich easy an, ist aber derzeit noch etwas komplizierter: Damit ist nicht die Widerspruchseinlegung mittels E-Mail gemeint. Warum nicht? Haben Sie schon einmal auf die fantasievollen Namen von E-Mail-Adressen geachtet? »Snoopy77«, »Wildcat92«, »Schmusebärchen« stellen keine verbindlichen Informationen über den tatsächlichen Absender dar, auch wenn in der E-Mail vielleicht der Klarname des Widerspruchsführers erwähnt wird. Zudem lassen sich E-Mail-Accounts heutzutage schnell und unkompliziert – auch auf den Namen fremder Leute – anlegen. Die Behörde muss sich darauf verlassen können, dass wirklich die richtige Person Widerspruch einlegt, und das bedarf hoher Anforderungen. Was konkret unter der elektronischen Form verstanden wird, ergibt sich aus § 36a Absatz 2 Satz 2 SGB I:

Für die Wahrung der elektronischen Form muss ein elektronisches Dokument mit einer qualifizierten elektronischen Signatur versehen sein. Über die Signatur ist in diesem Fall der Absender des elektronischen Dokuments unzweifelhaft bestimmbar. Die Signierung mit einem Pseudonym, das die Identifizierung der Person des Signaturschlüsselinhabers nicht unmittelbar durch die Behörde ermöglicht, ist nicht zulässig.

Last, but not least können all diejenigen, die gerne unterwegs sind und der Behörde einen Besuch abstatten wollen, für die Widerspruchseinlegung auch die Möglichkeit der *Niederschrift bei der Behörde* nutzen. In diesem Fall nimmt der Behördenmitarbeiter – meist der Rechtsbehelfsstelle – innerhalb der Öffnungszeiten das Anliegen zur Widerspruchseinlegung nach den mündlichen Vorgaben des Widerspruchsführers schriftlich, also zur Niederschrift auf. Unterschrift der betreffenden Person drauf und fertig ist der Widerspruch, der auch sogleich der Behörde vorliegt.

All diejenigen Schlafmäuse, die gerne erst am vorletzten oder letzten Tag eines Fristablaufs mit Entsetzen feststellen, dass ja die Widerspruchsfrist von einem Monat so gut wie abgelaufen ist, können gerne darauf hingewiesen werden, dass sie die Frist noch einhalten können, wenn sie sofort der Behörde einen persönlichen Besuch abstatten und den Widerspruch zur Niederschrift bei einem behördlichen Mitarbeiter einlegen. Als Alternative empfiehlt sich auch die rechtzeitige Widerspruchseinlegung per Telefax. Diese Übermittlungsart wahrt die Frist für den Widerspruch, und über das Sendeprotokoll erhalten Sie gleich einen Beleg, ob die Übermittlung über Telefax geklappt hat.

An welche Behörde der Widerspruch konkret zu richten ist, ergibt sich in aller Regel aus der Rechtsbehelfsbelehrung. Fehlt ein derartiger Hinweis, wird der Widerspruch an die sogenannte Ausgangsbehörde adressiert, also an die Behörde, die den Bescheid erlassen hat.

Eine häufige Praxisfrage ist, ob der Widerspruch begründet werden muss und wenn ja, wann. Gleich mit der Widerspruchseinlegung oder erst später? Zur Beantwortung hilft der Verweis auf den Untersuchungsgrundsatz weiter.

Im Sozialrecht gilt der *Untersuchungsgrundsatz* gemäß § 20 SGB X. Danach ermittelt die Behörde den Sachverhalt von Amts wegen und ist nicht an das Vorbringen und die Beweisanträge des Beteiligten gebunden.

Der Widerspruchsführer hat es also in der Hand, ob er seinen Widerspruch begründet; er muss es nicht. Aus dem Untersuchungsgrundsatz folgt nämlich, dass die Behörde automatisch den Sachverhalt von sich aus prüfen muss, egal was ihr als möglichen Fehler im Bescheid mitgeteilt wird. Da behördliche Mitarbeiter aber auch nur Menschen sind und ihnen damit der eine oder andere Fehler unterlaufen kann, ist eine *Widerspruchsbegründung* immer empfehlenswert. Vielleicht enthält das eigene Widerspruchsschreiben auch Aspekte, die der Mitarbeiter bislang übersehen hat, und dieser ist sogar für die Mitteilung des konkreten Fehlers im Bescheid dankbar.

Hinsichtlich einer Widerspruchsbegründung gibt es keine konkrete Frist. Der Widerspruch kann daher gleich begründet werden oder zu einem späteren Zeitpunkt. Im letzteren Fall empfiehlt es sich jedoch, der Behörde für die Begründung einen konkreten Zeitpunkt mitzuteilen, beispielsweise zwei Wochen. Mit der Begründung sollte auch nicht zu lange gezögert werden, denn die Behörde möchte regelmäßig zeitnah über den Widerspruch entscheiden.

Sollten aber besondere Umstände wie zum Beispiel ein anstehender Krankenhaus- oder Reha-Aufenthalt vorliegen, ist es ratsam, die Behörde auf die bevorstehende Abwesenheit und die damit verbundene Verzögerung der Widerspruchsbegründung hinzuweisen.

Auch wenn es sich selbstverständlich anhört: Der Widerspruch endet mit der eigenhändigen Unterschrift. Ein häufiger Fehler ist es nämlich, dass die eigene Unterschrift vergessen wird oder nur am Computer der Name wiederholt wird. Mit der eigenhändigen Unterschrift soll – ähnlich wie bei einem Widerspruch mittels elektronischer Form – sichergestellt werden, dass die richtige Person den Widerspruch eingelegt hat.

BEISPIEL

Ehemann Hallodri hat seiner Ehefrau nicht mitgeteilt, dass er noch einen Zweitjob aufgenommen hat, um seiner Geliebten das ein oder andere Geschenk machen zu können. Das Ehepaar bezieht aber auch Bürgergeld vom Jobcenter, und über einen Datenabgleich erfährt das Jobcenter letztlich vom Zweiteinkommen des Ehemanns. Da es zu einer Überzahlung des Bürgergeldes gekommen ist, erlässt das Jobcenter jeweils einen Rückforderungsbescheid, gerichtet sowohl an den Ehemann als auch an die Ehefrau. Unser Hallodri fertigt für beide Eheleute den Widerspruch. Das Schreiben der Ehefrau traut er sich aber nicht zu unterschreiben und reicht den Widerspruch ohne ihre Unterschrift beim Jobcenter ein. Mangels eigenhändiger Unterschrift der Ehefrau ist daher ihr Widerspruch nicht formgerecht eingelegt worden und kann deshalb zurückgewiesen werden.

Fehlt die Unterschrift auf dem Widerspruch, weist die Behörde den Widerspruch als unzulässig zurück.

Die Widerspruchsentscheidung

Sobald der Widerspruch bei der Behörde eingegangen ist, prüft die Behörde folgende Punkte:

- **Ist der Widerspruch form- und fristgerecht erhoben worden?** Richtet sich der Widerspruch auch wirklich gegen einen Bescheid oder nur gegen ein Schreiben der Behörde, beispielsweise gegen eine Aufforderung zur Mitwirkung oder Anhörung? Ist hier ein Fehler seitens des Widerspruchsführers gemacht worden, wird der Widerspruch als unzulässig zurückgewiesen.

  Die Behörde prüft hier also die *Zulässigkeit eines Widerspruchs*. Bei einer Unzulässigkeit des Widerspruchs erlässt sie gleich einen Widerspruchsbescheid und prüft nicht weiter, ob der Widerspruch begründet gewesen wäre.

- **Ist der Widerspruch hingegen zulässig**, beginnt die Behörde mit der Prüfung der Rechtmäßigkeit des Bescheides, also ob der mit dem Widerspruch angegriffene Bescheid richtig oder falsch ist. Hier prüft die Behörde die *Begründetheit des Widerspruchs.*

Die Behörde überprüft einen Widerspruch also immer auf zwei Ebenen: Ist der Widerspruch zulässig? Wenn ja, ist er auch begründet?

Achten Sie einmal darauf, wie die konkrete Entscheidung des Widerspruchs – der sogenannte »Tenor« im Widerspruchsbescheid – formuliert ist. Das hilft, die behördliche Entscheidung zu verstehen:

- *»Der Widerspruch wird als unzulässig verworfen«* bedeutet, dass es auf der Zulässigkeitsebene einen Fehler gab, zum Beispiel ein Fristversäumnis.
- *»Der Widerspruch wird als unbegründet zurückgewiesen«* bedeutet, dass der Widerspruch in der Sache keinen Erfolg hatte, weil der Bescheid rechtmäßig sei.

Wie beendet nun die Behörde das Widerspruchsverfahren nach ihrer Prüfung? Hierzu hat sie zwei Möglichkeiten:

- **Ist der Widerspruch erfolgreich**, erlässt die Behörde einen *Abhilfebescheid.* Die Einwände des Widerspruchsführers gegen den Bescheid waren also erfolgreich beziehungsweise die Prüfung der Behörde hat erbracht, dass der Bescheid tatsächlich fehlerhaft (also nicht rechtmäßig) war. Jetzt muss dieser fehlerhafte Bescheid ja irgendwie aus der Welt kommen, und dies erfolgt durch einen Abhilfebescheid, mit dem der vom Widerspruch umfasste Bescheid ganz aufgehoben wird.
- **Ist der Widerspruch nicht erfolgreich**, erstellt die Behörde einen *Widerspruchsbescheid.* Auch dieser Widerspruchsbescheid muss der betreffenden Person bekannt gegeben werden. Mit der Bekanntgabe beginnt sofort eine neue Frist von einem Monat zu laufen, in der der Betroffene entscheiden kann, ob er Klage vor dem Sozialgericht erhebt oder ob er die Sache auf sich beruhen lässt.

Wie es dann weitergeht, wenn jemand mit dem Ergebnis seines Widerspruchsverfahrens nicht einverstanden ist und gerne eine Klage innerhalb einer Frist von einem Monat ab Bekanntgabe/Zustellung des Widerspruchsbescheides beim Sozialgericht einreichen möchte, erfahren Sie in Kapitel 6.

Die Rettungsanker: Wiedereinsetzung und Überprüfungsantrag

Es kommt im Sozialrecht gar nicht so selten vor, dass Fristen beispielsweise für die Widerspruchseinlegung übersehen und nicht eingehalten werden. Wäre es da nicht schön, ein Instrument zu kennen, das den Fehler der Fristversäumung ausbügelt? Es kann auch vorkommen, dass erst lange nach einem Fristablauf beispielsweise im Gespräch mit Freunden und

Familie die Gewissheit wächst, dass ein Bescheid der Behörde fehlerhaft war. Lohnt es sich da, sich über sich selbst zu ärgern, dass man die Erkenntnis der Fehlerhaftigkeit des Bescheides gerne früher gehabt hätte, um rechtzeitig Widerspruch einzulegen? Oder stellen Sie sich vor, Sie befinden sich gerade in einer fünfwöchigen stationären Rehabilitation an der schönen Nordsee weit weg von zu Hause und waren daher an der Fristeinhaltung für einen Widerspruch gehindert. Für derartige Fälle kennt das Sozialrecht zwei Instrumente, nämlich

- ✔ die **Wiedereinsetzung in den vorherigen Stand** und
- ✔ den **Überprüfungsantrag**.

Beide Möglichkeiten haben gemeinsam, dass der Bescheid mittlerweile bestandskräftig ist – bestandskräftig wird gerne umschrieben mit »der Bescheid ist in der Welt, es wurde kein Widerspruch eingelegt, also ist er gültig« –, er aber dennoch für fehlerhaft gehalten wird. Der Betroffene hat daher ein großes Interesse daran, den fehlerhaften Bescheid trotz Fristversäumung rechtlich durch die Behörde prüfen zu lassen.

Der Antrag auf Wiedereinsetzung

Falls der Betroffene beispielsweise wegen eines stationären Aufenthalts (Krankenhaus, Reha), also wegen Abwesenheit an der Einhaltung der Widerspruchsfrist gehindert gewesen ist, kommt ein *Wiedereinsetzungsantrag in den vorigen Stand* in Betracht. Voriger Stand meint, es wird so getan, als hätte es die Fristversäumnis nicht gegeben, als wenn der Betroffene also gar nicht abwesend war und daher fristgerecht Widerspruch eingelegt hat. Die gesetzliche Grundlage findet sich in § 27 SGB X. Eine solche Wiedereinsetzung kommt zur Anwendung, wenn jemand ohne Verschulden verhindert war, eine gesetzliche Frist – wie beispielsweise die Widerspruchs- oder Klagefrist – einzuhalten. Hierzu braucht es allerdings einen ausdrücklichen *Antrag auf Wiedereinsetzung* in den vorigen Stand.

⚠ Der Wiedereinsetzungsantrag ist an eine Frist gebunden. Das bedeutet, dass der Antrag innerhalb von zwei Wochen nach Wegfall des Hindernisses (zum Beispiel Rückkehr von der stationären Reha) gestellt werden muss!

Im Antrag muss auch glaubhaft gemacht werden, warum der Betroffene an der Einhaltung seiner Widerspruchs-/Klagefrist gehindert war. Sie sollten daher im Antrag erklären, warum genau Ihnen die Fristeinhaltung nicht möglich war, und untermauern Sie dies mit Nachweisen, wie beispielsweise der Vorlage des Reha-Entlassungsberichts.

Neben dem Antrag auf Wiedereinsetzung dürfen Sie aber nicht vergessen, die eigentlich *versäumte Handlung* jetzt nachzuholen, also gleichzeitig Widerspruch einzulegen. Das wird häufig versäumt!

⚠ Neben dem Antrag auf Wiedereinsetzung in den vorigen Stand binnen zwei Wochen und der Begründung, warum einem die Einhaltung einer Rechtsbehelfsfrist nicht möglich war, muss also auch zeitgleich die eigentlich versäumte Handlung nachgeholt werden. Das bedeutet, dass zugleich Widerspruch eingelegt beziehungsweise Klage erhoben wird, was sich in einem einzigen Schreiben verbinden lässt.

BEISPIEL

Julius, glücklicher Single, befand sich nach einem Verkehrsunfall erst im Krankenhaus und dann in einer stationären Rehabilitation in einem anderen Bundesland. Zwischenzeitlich hat das Jobcenter ohne Kenntnis seines persönlichen Unglücksfalls einen Festsetzungs- und Erstattungsbescheid erlassen, mit dem einige Tausend Euro zurückgefordert werden. Weit nach Ablauf der Widerspruchsfrist von einem Monat kommt Julius aus der Reha zurück und findet mit Erschrecken den Bescheid vor. Er geht davon aus, dass das Jobcenter sein Einkommen nicht richtig berücksichtigt hat. Was nun?

Lösung: Gleich am nächsten Tag fertigt Julius ein Schreiben an das Jobcenter, in dem er die *Wiedereinsetzung in den vorigen Stand* mit Verweis auf seine persönliche Situation (Krankenhaus-/Reha-Aufenthalt) beantragt, die Entlassungsberichte beider Einrichtungen zum Nachweis seiner Abwesenheit beifügt und gleichzeitig *Widerspruch* gegen den Festsetzungs- und Erstattungsbescheid einlegt. Alles in einem Schreiben!

Wenn die Behörde die Gründe für die unverschuldete Versäumung der Widerspruchsfrist anerkennt, ist die Nichteinhaltung der Frist damit aus der Welt und die Behörde behandelt den Widerspruch so, als wäre er von Anfang an fristgerecht erhoben worden, und prüft nun rechtlich den Widerspruch.

Mit einem erfolgreichen *Wiedereinsetzungsantrag* im Falle der Versäumung der Widerspruchsfrist bleibt also das Widerspruchsverfahren erhalten. Damit ist keine Bestandskraft eines Bescheides eingetreten. Dies ist gerade in den Fällen wichtig, in denen eine Behörde eine Geldleistung zurückerstattet haben möchte, denn solange das Widerspruchsverfahren läuft, kann die Behörde nicht den Geldbetrag einfordern. Näheres zur Versäumung einer Klagefrist und der Wiedereinsetzung erfahren Sie in Kapitel 6.

Der Überprüfungsantrag

Wenn keine Gründe für eine Wiedereinsetzung vorliegen und dennoch durch Fristablauf die Bestandskraft eines Bescheides eingetreten ist, bleibt dem Betroffenen nur noch ein Rettungsanker, nämlich der *Überprüfungsantrag*. Der Überprüfungsantrag ist ein beliebtes Werkzeug des Sozialrechts, um bestandskräftige Bescheide doch noch auf ihre Richtigkeit hin überprüfen zu lassen.

Auch wenn es die Überschrift nicht vermuten lässt, ist ein solcher Antrag in § 44 SGB X geregelt. Kurioserweise ist der Paragraf mit »Rücknahme eines rechtswidrigen nicht begünstigenden Verwaltungsaktes« überschrieben, sodass es nicht leicht erkennbar ist, dass sich hier der Überprüfungsantrag im Sozialrecht verbirgt. Lassen Sie sich nicht von Überschriften täuschen!

Wenn ansonsten nichts mehr geht, geht meist immer noch der Überprüfungsantrag. Voraussetzung für einen erfolgreichen Überprüfungsantrag ist, dass die Behörde

- **das Recht unrichtig angewandt hat** oder
- **von einem Sachverhalt ausgegangen ist, der sich als unrichtig erwiesen hat.**

Manchmal kann die Einordnung der unrichtigen Rechtsanwendung oder des fehlerhaften Sachverhalts schwierig sein, wie nachfolgende Beispiele zeigen:

Jessica hat ihren Bescheid über die Bewilligung von voller Erwerbsminderungsrente erhalten und wundert sich, weshalb ihre Rente trotz dreier Kinder so gering ist. Trotz Kenntnis der Kindererziehung hat der Rententräger im Bescheid die Kindererziehungszeiten nicht berücksichtigt. Der Rententräger hat daher das Recht unrichtig angewandt.

Karin teilt dem Rententräger bei der Beantragung ihrer Altersrente nicht mit, dass sie zwei Stiefkinder erzogen hat. Der Rententräger berücksichtigt daher keine Kindererziehungszeiten zu ihren Gunsten. Hier ist der Rententräger von einem unrichtigen Sachverhalt ausgegangen.

Der Unterschied ist anhand der Beispiele schnell zu erkennen, und in beiden Fällen kann mithilfe des Überprüfungsantrages der ursprüngliche Fehler der Behörde bei der Bewilligung behoben werden.

Die Einordnung, ob Recht nun unrichtig angewandt oder die Behörde von einem fehlerhaften Sachverhalt ausgegangen ist, kann rechtlich durchaus schwierig und anstrengend sein. Aus diesem Grunde ist ein guter Rat, dass Sie im Überprüfungsantrag einfach erst mal offen lassen, auf welche Gesetzesalternative Sie sich konkret beziehen.

Eine häufige Formulierung des Überprüfungsantrages lautet daher: »Ich beantrage die Überprüfung des Bescheides vom xx.xx., da die Behörde das Recht unrichtig angewandt beziehungsweise von einem Sachverhalt ausgegangen ist, der sich als unrichtig erwiesen hat.« Daran schließt sich die konkrete Begründung des Antrages an, woraus sich der Fehler genau ergeben soll.

In der Begründung des Überprüfungsantrages legt der Betroffene dann dar, weshalb er den Bescheid für fehlerhaft hält. Diese Begründung ist also praktisch identisch mit einer Widerspruchsbegründung: Hätte nämlich der Betroffene seinerzeit seine Frist zum Widerspruch nicht versäumt, hätte er mit den gleichen Argumenten wie im Überprüfungsantrag versucht, die Behörde von der Fehlerhaftigkeit ihrer Entscheidung zu überzeugen.

Da Überprüfungsanträge häufig im Sozialhilferecht, insbesondere im SGB II (Bürgergeld) gestellt werden, gilt es nachfolgenden Tipp zu beachten, um Anträge nicht »ins Blaue hinein« zu stellen, die die Behörde dann ungeprüft zurückweisen können:

Sie sollten die zu überprüfenden Bescheide immer konkret mit Datum sowie Bewilligungszeitraum benennen und begründen, woraus sich die jeweilige Fehlerhaftigkeit des zu überprüfenden Bescheides im Einzelfall ergeben soll (beispielsweise Ausführungen zur fehlerhaften Einkommensanrechnung, Nichtberücksichtigung eines Mehrbedarfs etc.) – vergleiche BSG, Urteil vom 13.2.2014, Aktenzeichen B 4 AS 22/13 R.

Es genügt nicht, im Überprüfungsantrag lediglich anzugeben, dass »sämtliche Bescheide« überprüft werden sollen, denn die Behörde ist nicht verpflichtet, die Akten von sich aus auf Rücknahmemöglichkeiten durchzuarbeiten.

Lassen Sie sich übrigens nicht ins Bockshorn jagen: Entgegen der Überschrift des § 44 SGB X kann ein Überprüfungsantrag sowohl bei nicht begünstigenden Verwaltungsakten – also Aufhebungs-/Erstattungsbescheiden – als auch bei begünstigenden Bescheiden, wie einem Bewilligungsbescheid, gestellt werden.

Wenn der Überprüfungsantrag erfolgreich ist, wird die Behörde den ursprünglich zu überprüfenden Bescheid ganz oder teilweise aufheben, also ihren Fehler korrigieren. Andernfalls lehnt sie die Überprüfung mit dem Hinweis ab, es sei weder das Recht unrichtig angewandt noch von einem unrichtigen Sachverhalt ausgegangen worden. In diesem Fall bleibt nur die erneute Widerspruchseinlegung, nun aber gegen den Überprüfungsbescheid.

Frist für den Überprüfungsantrag

Auch bei dem *Überprüfungsantrag* ist eine *Frist* zu beachten, wie lange ein solcher Antrag bei der Behörde gestellt werden kann. Dies ergibt sich im Allgemeinen aus § 44 Absatz 4 SGB X, wonach Sozialleistungen rückwirkend längstens bis zu vier Jahre erbracht werden.

Karin wusste nichts davon, dass bei ihrem Rentenantrag auch Kindererziehungszeiten für Stiefkinder berücksichtigt werden können, sondern hat davon erst neulich in einem Blog erfahren. Sie stellt daher einen Überprüfungsantrag nach § 44 SGB X, begründet diesen mit den fehlenden Kindererziehungszeiten und darf sich anschließend über eine Nachberechnung ihrer Rente bis zu vier Jahre rückwirkend freuen. Da klingelt es in der Haushaltskasse!

Wer sich aufmerksam den Wortlaut des § 44 SGB X anschaut, dem wird vielleicht auffallen, dass eine Frist von längstens vier Jahren für die »Erbringung« von Sozialleistungen gelten soll, also für Nachzahlungen. Was ist aber bei einem bestandskräftigen Aufhebungs- und Erstattungsbescheid? Hier soll ja gerade der Bürger an die Behörde etwas zurückerstatten und nichts von ihr noch ausgezahlt erhalten. Welche Frist gilt für derartige Bescheide? Nun, der § 44 SGB X enthält hierzu keine Einschränkung, sodass auch länger als vier Jahre zurückliegende Aufhebungs- und Erstattungsbescheide auf ihre Richtigkeit überprüft werden können.

Sonderfall: Überprüfungsantrag im SGB II und SGB XII

Für Bescheide des Jobcenters (SGB II) und des Sozialamtes (SGB XII) gilt allerdings eine andere Frist: Die Möglichkeit der rückwirkenden Überprüfung von Bescheiden wurde für die Nachzahlung von Sozialleistungen auf ein Jahr verkürzt (vergleiche § 40 SGB II und § 116a SGB XII). Sofern sogenannte nicht begünstigende Verwaltungsakte, also Aufhebungs- und Erstattungsbescheide, in diesen beiden Rechtsgebieten überprüft werden sollen, ist der Zeitraum auf vier Jahre begrenzt.

Rücknahme von bestandskräftigen Bescheiden

Aus dem vorangegangenen Thema ist ersichtlich, dass der Überprüfungsantrag ein Werkzeug für den Betroffenen ist, einen bereits bestandskräftigen Bescheid wieder aus der Welt zu bekommen. Diese Möglichkeit gibt es aber nur für den Leistungsbeziehenden. Möchte die

Behörde hingegen einen bestandskräftigen Bescheid wieder loswerden, benötigt sie ein eigenes Werkzeug, die Rücknahme oder Aufhebung eines in der Welt befindlichen Bescheides.

Bevor die Behörde allerdings mit der Rücknahme/Aufhebung eines Bescheides starten kann, muss sie den Betroffenen – also den Empfänger der ursprünglich bewilligten Leistung – regelmäßig anhören.

Wann die Behörde Betroffene anhören muss

Hiermit ist nicht gemeint, dass behördliche Mitarbeiter dem Antragsteller persönlich zuhören müssen. Die *Anhörung* ist im Sozialrecht ein offizielles Vorgehen der Behörde, um den Beteiligten vor dem Erlass eines Bescheides Gelegenheit zu geben, sich zu den für die Entscheidung erheblichen Tatsachen zu äußern, also mit der Behörde zu kommunizieren. Geregelt ist die Anhörung in § 24 SGB X. Hintergrund dieser Vorschrift ist, dass niemand überrascht werden soll, dass eine Behörde die Rücknahme einer zuvor bewilligten Leistung plant. Die Anhörung kommt immer dann in Betracht, wenn die Behörde in die Rechte, also in die bisherige Rechtsposition des Betroffenen eingreifen möchte. In diesem Fall gibt sie der betroffenen Person einfach die Gelegenheit, sich vor der beabsichtigten Entscheidung zu den im Anhörungsschreiben aufgeworfenen Punkten zu äußern. Damit soll insbesondere auch eine überraschende Entscheidung einer Sozialbehörde vermieden werden. Manchmal »vergessen« behördliche Mitarbeiter einfach die Anhörung; diese kann aber nachgeholt, dieser Fehler also geheilt werden (§ 41 Absatz 1 Nr. 3 SGB X)

Die Äußerung erfolgt durch eine Stellungnahme des Betroffenen an die Behörde, in der er seine Sichtweise zum Sachverhalt darstellt. Im Idealfall lässt sich die Behörde durch die Argumente in der Stellungnahme noch von ihrer geplanten Entscheidung abbringen. Die Anhörung ist ein wichtiges Verfahrensrecht und leitet meist Rücknahmen von (ursprünglichen) Bewilligungsentscheidungen ein.

BEISPIEL

Das Versorgungsamt hat bei Rita vor ein paar Jahren aufgrund einer Krebserkrankung einen *Grad der Behinderung* (*GdB*) von 100 festgestellt. Nach Ablauf der *Heilungsbewährung* geht das Versorgungsamt nun davon aus, dass sich der Gesundheitszustand von Rita erheblich gebessert hat. Das Versorgungsamt plant daher, den GdB auf 30 herabzusetzen und hört Rita zu dieser beabsichtigten Entscheidung an. Was wird nun passieren?

Lösung: Mit Erhalt des Anhörungsschreibens nimmt Rita Kontakt zu ihren Ärzten auf und bespricht mit diesen, ob tatsächlich eine Verbesserung ihrer gesundheitlichen Situation eingetreten ist. Die Ärzte verneinen dies, zumal noch neue Leiden hinzugekommen sind. Im Rahmen einer schriftlichen Stellungnahme informiert Rita das Versorgungsamt über ihren derzeitigen Gesundheitszustand und wartet ab, ob das Versorgungsamt tatsächlich den Grad der Behinderung herabsetzt.

Nach Eingang einer Stellungnahme auf ein Anhörungsschreiben hat die Behörde zwei Handlungsoptionen:

- ✔ **Die Behörde bleibt bei ihrer vorherigen behördlichen Einschätzung.** In diesem Fall setzt die Behörde ihre ursprünglich geplante Rücknahme/Aufhebung der vorherigen Entscheidung um und erlässt einen neuen Bescheid, der – da meist nachteilig gegenüber der vorherigen Bewilligung – in die Rechte des Betroffenen eingreift.

- ✔ **Die Stellungnahme des Betroffenen wird akzeptiert**, sodass es bei der ursprünglichen Entscheidung verbleibt und kein neuer Bescheid erlassen wird.

Eine Stellungnahme im Rahmen einer Anhörung stellt für den Betroffenen auch immer eine echte Alternative dar, ein (künftiges) Widerspruchsverfahren zu vermeiden. Wenn nämlich die in der Stellungnahme geäußerten Tatsachen erheblich und zutreffend sind, nimmt die Behörde von ihrer ursprünglich geplanten Entscheidung Abstand – so jedenfalls in der Theorie. In der Praxis drängt sich häufig der Eindruck auf, Stellungnahmen auf eine Anhörung werden von Mitarbeitenden gar nicht berücksichtigt, da der Bescheid auf jeden Fall mit dem geplanten Inhalt erlassen werden soll. Dann bleibt nach Erhalt der behördlichen Entscheidung nur die Einlegung eines Widerspruchs.

Ein häufiger Fehler ist es, dass auf eine Anhörung mit einem Widerspruch reagiert wird. Ein Widerspruch ist hier unzulässig; es reicht eine Stellungnahme aus.

Warum ist es falsch, auf eine Anhörung mit einem Widerspruchsschreiben anstatt einer schriftlichen Stellungnahme zu reagieren? Einfach, weil die Anhörung noch nicht die behördliche Entscheidung, also den geplanten Verwaltungsakt darstellt, sondern lediglich dessen Vorstufe ist.

In der schriftlichen Antwort auf eine Anhörung sollte daher unbedingt das Wort »Widerspruch« oder »ich widerspreche« vermieden werden, damit die Behörde die Stellungnahme nicht irrtümlich als Widerspruch wertet und ein Widerspruchsverfahren einleitet. Der Widerspruch wird dann regelmäßig als *unzulässig* zurückgewiesen, weil die Anhörung noch keine behördliche Entscheidung darstellt.

Ausnahmsweise kann eine Behörde auch von einer Anhörung absehen, so beispielsweise wenn eine sofortige Entscheidung wegen Gefahr in Verzug notwendig ist. Das kommt allerdings im Sozialrecht selten vor.

Nach einer Stellungnahme auf eine Anhörung müssen Sie unbedingt darauf achten, ob die Behörde den geplanten Bescheid erlässt, der die (ursprüngliche) Entscheidung abändert oder aufhebt. Wer nämlich dann mit diesem Bescheid nicht einverstanden ist, kann Widerspruch einlegen!

Der Rücknahme- und der Aufhebungsbescheid

Hat die Behörde den Betroffenen ordnungsgemäß angehört, muss sie nun entscheiden, nach welcher Vorschrift sie einen in der Welt befindlichen – unrichtigen – Bescheid zurücknehmen oder aufheben möchte. Nach § 45 SGB X oder nach § 48 SGB X?

Unter einem *Rücknahmebescheid* versteht man die Aufhebung eines fehlerhaften, das heißt rechtswidrigen Verwaltungsaktes.

Auch hier sollten Sie sich nicht von der Überschrift beider Paragrafen täuschen lassen: Beide Normen, also sowohl § 45 SGB X als auch § 48 SGB X gelten sowohl für rechtswidrige, nicht begünstigende als auch begünstigende Bescheide. Gerade Anfänger*innen auf dem Gebiet des Verfahrensrechts verwirren die Überschriften häufig.

Begünstigende Bescheide sind beispielsweise Bewilligungsbescheide, da der Leistungsempfänger etwas erhält (zum Beispiel eine Geldleistung). Hingegen sind Aufhebungs- und Erstattungsbescheide nicht begünstigende Bescheide, da sie die Position des Leistungsempfängers schwächen – er soll nämlich etwas zurückerstatten.

Beide Normen können sowohl auf eine Rücknahme für die Vergangenheit als auch auf eine Rücknahme für die Zukunft abzielen. Also worin unterscheiden sich die beiden Paragrafen? Die Antwort ist einfach: Eine Rücknahme nach § 45 SGB X kommt immer dann in Betracht, wenn der Bescheid von Anfang an *rechtswidrig* ist.

BEISPIEL

Wilfried hat gerne viel Geld auf seinem Konto. Er hat daher bei der Beantragung von Bürgergeld verschwiegen, dass er *Erwerbseinkommen* bezieht. Das Verschweigen hat zur Folge, dass Wilfried volles Bürgergeld ohne Anrechnung von Erwerbseinkommen vom Jobcenter erhält. Durch einen Datenabgleich erfährt das Jobcenter jedoch von seinem Einkommen und hebt die ursprüngliche Bewilligung von Bürgergeld nach § 45 SGB X sowohl rückwirkend als auch für die Zukunft auf und fordert Wilfried zur Rückerstattung zu Unrecht erlangter SGB II-Leistungen auf. Die Bewilligung von Bürgergeld war nämlich von Anfang an **fehlerhaft**.

Eine Rücknahme nach § 48 SGB X kommt hingegen in folgender Konstellation in Betracht:

BEISPIEL

Jessica ist es leid, immer nur zu Hause zu sitzen und Bürgergeld zu beziehen. Sie nimmt daher im laufenden Bewilligungszeitraum einen *Minijob* auf und informiert das Jobcenter über ihr Einkommen. Das Jobcenter muss nun den bestehenden Bewilligungsbescheid aufheben und einen neuen Bescheid unter Berücksichtigung ihres Erwerbseinkommens erlassen. Da die Änderung im laufenden Bewilligungszeitraum eintritt, wird der (ursprüngliche) Bewilligungsbescheid nachträglich ab Zufluss des Einkommens fehlerhaft und muss daher nach § 48 SGB X aufgehoben werden.

Die Behörden erhalten also mit den § 45 SGB X und § 48 SGB X zwei Möglichkeiten, auf veränderte Bedingungen vor oder während der Bewilligung zu reagieren und die ursprüngliche Bewilligung aufzuheben. Andernfalls wäre es ja fatal, wenn die Behörde »sehenden Auges« zum Beispiel in Kenntnis von Einkommen weiterhin Sozialleistungen auszahlt, obwohl der leistungsberechtigten Person diese Gelder gar nicht (mehr) zustehen.

Die Rücknahmevorschriften sind auch ein gutes Beispiel dafür, wie ein Sozialverwaltungsverfahren konkret abläuft: Ist einmal ein Bescheid in der Welt und ändern sich die Voraussetzungen für die ursprüngliche Bewilligung, muss die Behörde formal diesen Bescheid erst wieder aufheben, um gegebenenfalls einen neuen Bescheid erlassen zu können. Gewöhnlich, insbesondere im Falle der Bewilligung für die Zukunft, erlässt sie hierfür einen sogenannten *Änderungsbescheid.* Auch dieser Änderungsbescheid beinhaltet naturgemäß die Aufhebung der ursprünglichen Bewilligung.

BEISPIEL

Falls der oder die Betroffene mit dem Inhalt des Änderungsbescheides nicht einverstanden ist, kann er oder sie hiergegen wieder fristgemäß Widerspruch einlegen. Darauf wird die Behörde in der Rechtsbehelfsbelehrung des Bescheides hinweisen.

Es entspricht also rechtsstaatlichem Handeln, dass die Behörde sich für die Rücknahme von fehlerhaften Bescheiden auf konkrete Rechtsnormen beruft und nicht willkürlich handelt.

Der Vertrauensschutz nach § 45 Absatz 2 SGB X

Was den § 45 SGB X von dem § 48 SGB X weiterhin unterscheidet, ist, dass sich der Betroffene nur bei einer Rücknahme nach § 45 SGB X auf einen sogenannten *Vertrauensschutz* berufen kann.

Auf den Vertrauensschutz können sich Betroffene gegenüber der Behörde berufen, wenn sie auf den Bestand des (ursprünglichen) Bescheides vertraut haben und ihr Vertrauen unter Abwägung mit dem öffentlichen Interesse an einer Rücknahme schutzwürdig ist (§ 45 Absatz 2 Satz 1 SGB X).

Allerdings kann sich derjenige nicht auf Vertrauensschutz berufen, der

- ✔ den Verwaltungsakt durch **arglistige Täuschung, Drohung oder Bestechung** erwirkt hat,
- ✔ vorsätzlich oder grob fahrlässig **unrichtige oder unvollständige Angaben** gemacht hat und darauf der Verwaltungsakt beruht oder
- ✔ die **Rechtswidrigkeit des Verwaltungsaktes** kannte oder infolge grober Fahrlässigkeit nicht kannte.

Grobe Fahrlässigkeit liegt vor, wenn der Betroffene die erforderliche Sorgfalt in besonders schwerem Maße verletzt hat.

Bei einem von Anfang an fehlerhaften Bescheid müssen Sie also immer darauf achten, ob sich der Leistungsempfänger im Falle einer Rücknahme der ursprünglichen Bewilligung erfolgreich auf den Vertrauensschutz nach § 45 Absatz 2 SGB X berufen kann. Denn derartige Rücknahmebescheide gehen regelmäßig mit einem Erstattungsbescheid der Behörde nach § 50 SGB X einher. Der erfolgreiche Verweis auf den Vertrauensschutz führt dann nämlich im Ergebnis dazu, dass die Behörde aufgrund des fehlerhaften Rücknahmebescheids auch keine Erstattung von Sozialleistungen einfordern kann.

Sobald sich eine Behörde in ihrer Rücknahmeentscheidung auf die Rechtsgrundlage des § 45 SGB X bezieht, lohnt es sich zu prüfen, ob sich der Betroffene erfolgreich auf Vertrauensschutz berufen kann. Ist das Vertrauen nämlich schutzwürdig, kann die Behörde die ursprüngliche Bewilligung nicht zurücknehmen und den Betroffenen nicht zur Erstattung von Geldern auffordern.

Hinter dem Vertrauensschutzgedanken des § 45 SGB X steckt – salopp gesprochen – folgender Gedanke: Das Küken muss nicht schlauer sein als die Henne. Das bedeutet, wenn der Leistungsbeziehende der Behörde von Anfang an alle für die Bewilligung der Leistung erforderlichen Daten vollständig und richtig mitgeteilt hat, muss er auch darauf vertrauen können, dass die Behörde seine Angaben richtig bewertet und ihm gegenüber einen rechtmäßigen Bescheid erlässt.

Die Aufhebung nach § 48 SGB X

Jetzt habe ich ausführlich die Voraussetzungen für eine Rücknahme nach § 45 SGB X geschildert, aber wann kommt konkret eine Aufhebung der ursprünglichen behördlichen Entscheidung nach § 48 SGB X in Betracht? Auf jeden Fall immer dann, wenn es *nach Erlass* einer behördlichen Entscheidung eine Änderung gibt.

Was konkret mit »Änderung« gemeint ist, ergibt sich aus § 48 Absatz 1 SGB X: Wenn sich die tatsächlichen oder rechtlichen Verhältnisse, die beim Erlass des Bescheides vorgelegen haben, wesentlich geändert haben. So zum Beispiel, wenn

- ✔ eine Änderung zugunsten des Betroffenen erfolgt,
- ✔ der Betroffene nachteilige Änderungen seiner Verhältnisse nicht mitgeteilt hat oder
- ✔ der Betroffene Einkommen oder Vermögen erzielt hat, das zum Wegfall oder zur Minderung des Anspruchs geführt hat.

Ein typisches Beispiel für einen Aufhebungsbescheid nach § 48 SGB X ist, wenn Beziehende von Bürgergeld im laufenden Bewilligungszeitraum eine Änderung in ihren wirtschaftlichen Verhältnissen durch höheres Einkommen haben.

Was der jeweilige *Bewilligungszeitraum* ist, kann häufig den Bescheiden selbst entnommen werden: So werden beispielsweise Sozialleistungen nach dem SGB II beziehungsweise SGB XII für einen konkreten Zeitraum – sechs oder zwölf Monate – bewilligt.

Erst wenn die nach §§ 45 oder 48 SGB X zugrunde liegenden Rücknahme-/Aufhebungsbescheide rechtmäßig, also fehlerfrei sind, kann sich daraus naturgemäß eine Rückforderung zu Unrecht erhaltener Sozialleistungen nach § 50 SGB X ergeben. Es lohnt sich daher immer, die Rücknahmebescheide sorgfältig auf ihre Richtigkeit hin zu prüfen! Liegen hier Fehler vor, einfach im Widerspruch erwähnen!

Lediglich der Vollständigkeit halber sei als weitere Möglichkeit der Beseitigung eines bestandskräftigen Bescheides auf den *Widerruf* nach § 46 beziehungsweise 47 SGB X verwiesen. Widerrufe sind allerdings im Sozialrecht selten. Voraussetzung wäre nämlich beispielsweise nach § 47 SGB X, dass

- ✔ der Widerruf durch Rechtsvorschrift zugelassen oder im Bescheid selbst vorbehalten ist oder

- ✔ mit dem Verwaltungsakt eine Auflage verbunden ist, die der Betroffene nicht oder nicht innerhalb der ihm gesetzten Frist erfüllt hat.

Letzteres kennen Sie vielleicht im Zusammenhang mit Baugenehmigungen, die häufig konkrete Auflagen enthalten können. Hierbei handelt es sich jedoch nicht um Sozial-, sondern um Verwaltungsrecht.

Fristen für die Rücknahme/Aufhebung von Bescheiden

Sie haben schon kennengelernt, dass Betroffene bei einem Überprüfungsantrag eine Frist einzuhalten haben, wie lange sie einen solchen Antrag stellen können. Gilt Ähnliches auch für die Behörde? Hat auch diese eine Frist für die Rücknahme beziehungsweise Aufhebung eines Bescheides einzuhalten oder kann sie bis zum Sankt-Nimmerleins-Tag beliebig Bescheide aufheben, um die Betroffenen sodann zur Erstattung von Geldleistungen aufzufordern? Klare Antwort: Natürlich nicht!

Die Frist für die Behörde beträgt ein Jahr seit Kenntnis der Umstände, die zur Rücknahme der ursprünglichen Bewilligung führen und ist in § 45 Absatz 4 Satz 2 SGB X geregelt. Für die Aufhebung nach § 48 SGB X gilt ebenfalls diese Jahresfrist. Das ergibt sich aus § 48 Absatz 4 SGB X.

Die Erstattung von Sozialleistungen

Eine Behörde hat natürlich ein sehr großes Interesse daran, Sozialleistungen wieder zurückzuerhalten, wenn jemand Bürgergeld, Rente oder dergleichen bezogen hat, was ihm nicht zugestanden hat

Man spricht in diesem Fall von einem *Erstattungsanspruch* der Sozialbehörde gegenüber dem Leistungsberechtigten.

Im »Behörden-Sprech« wird gerne zur Einleitung einer behördlichen Rückerstattung folgende Formulierung verwendet: »Sie haben zu Unrecht Leistungen in der Zeit von ... bis ... in Höhe von ... Euro bezogen, die zu erstatten sind.« Das ist natürlich harter Tobak, denn viele Leistungsberechtigte fühlen sich allein aufgrund dieser Formulierung persönlich angegriffen. Die Behörde vermittelt nämlich mit einer solchen Formulierung den Eindruck, dass sich der Betroffene Sozialleistungen erschlichen hat. Im Ergebnis sollte man sich jedoch an dieser – leider üblichen – Formulierung nicht stören, sondern seine Kräfte lieber dafür verwenden, eine unrechtmäßige Leistungsgewährung zu widerlegen.

Auch für die Erstattung von Sozialleistungen benötigt die Behörde eine Rechtsgrundlage. Diese finden Sie in § 50 SGB X, sofern nicht in den Besonderen Gesetzbüchern etwaige Sondervorschriften bestehen. Eine derartige Ausnahme ist beispielsweise in § 118 Absatz 4 SGB VI beschrieben, für den Fall, dass eine Überzahlung von Rente nach dem Tod des Rentenberechtigten eingetreten ist.

Ab und an lassen sich in den Medien folgende Geschichten finden: Monate- oder sogar jahrelang hat ein Familienangehöriger noch mit einer verstorbenen Person in einem Haushalt gelebt, für die noch monatlich Rente auf ein Konto ausgezahlt wurde. Der Familienangehörige hat es sich mit der Rente gut gehen lassen. Sobald der Rententräger jedoch vom Tod Kenntnis erlangt hat, fordert er natürlich die Rente nach § 118 SGB VI zurück.

Für die Anwendung der Erstattung nach § 50 SGB X müssen Sie unterscheiden, ob die Leistungen **mit** oder **ohne** Bescheid erbracht wurden. Der »Normalfall« ist natürlich, dass die Behörde zuvor auf der Grundlage eines Bewilligungsbescheides Sozialleistungen ausgezahlt hat. Aber ab und zu kann der Behörde auch mal ein Fehler unterlaufen und sie hat versehentlich ohne einen Bescheid (also ohne eine Rechtsgrundlage) Geldleistungen ausgezahlt.

BEISPIEL

Behördenmitarbeiter Reinhold K. steht kurz vor seinem Urlaub. Schnell möchte er noch eine Auszahlung an eine Kundin auf der Grundlage ihres Bewilligungsbescheides fertig machen. Abgelenkt durch ein Telefonat verwechselt Reinhold die Auszahlungsordnung mit seiner nächsten Akte und zahlt – ohne Bewilligungsbescheid – an eine andere Kundin, nämlich Gudrun B., einen Betrag von 1.000 Euro aus. Gudrun B. freut sich über ihren Kontostand und reagiert übellaunig, als sie Tage später Behördenpost von Reinhold K. in den Händen hält, der von ihr die erhaltenen 1.000 Euro zurückfordert. Hier bedurfte es zuvor nicht des Erlasses eines Aufhebungsbescheides, da das Geld ja versehentlich gerade ohne Bescheid an Gudrun ausgezahlt wurde.

Ein Empfänger von Sozialleistungen darf sich also nicht zu früh über Geld freuen, welches er von einer Behörde ausgezahlt erhalten hat. Wenn auf die Leistung letztlich kein Anspruch bestand oder dieser Anspruch nachträglich weggefallen ist, folgt das Erstattungsbegehren der Behörde.

Wichtig ist in diesem Zusammenhang zu wissen, dass für das *Erstattungsbegehren* der Behörde kein einfaches Schreiben ausreicht, sondern es muss ein schriftlicher Bescheid über die zu erstattende Leistung gefertigt werden (§ 50 Absatz 2 SGB X).

Natürlich ist es ärgerlich, wenn der Betroffene einen Erstattungsbescheid von der Behörde erhält. Meist ergeht aber in diesem Zusammenhang noch ein anderer Bescheid, nämlich ein Rücknahme- oder Aufhebungsbescheid. Hintergrund ist, dass eine Behörde erst dann regelmäßig die Erstattung verlangen kann, wenn zuvor die ursprüngliche Bewilligung aufgehoben wurde. Bei allem Ärger über die Erstattungsforderung wird allerdings häufig der Fehler gemacht, nur gegen einen Bescheid Widerspruch einzulegen, nämlich gegen den Bescheid, der die Erstattungsforderung enthält.

Ist der Leistungsberechtigte mit der Erstattungsforderung nicht einverstanden, muss er jedoch auch gegen den Rücknahme- oder Aufhebungsbescheid Widerspruch erheben. Nur gegen einen Bescheid einen Rechtsbehelf einzulegen, stellt eine häufige – und vermeidbare – Fehlerquelle dar.

Häufig stellt sich die Frage, wann eigentlich *Erstattungsforderungen fällig* sind, also ab wann die Behörde die Zahlung verlangen und notfalls auch mit Vollstreckungshandlungen durchsetzen kann.

Eine Besonderheit gilt für das SGB II, dass eingelegte Rechtsbehelfe wie Widerspruch oder Anfechtungsklage gegen eine Erstattungsforderung dazu führen, dass das Bürgergeld für die Dauer des Widerspruchs- beziehungsweise Klageverfahrens (noch) nicht zurückzuerstatten ist. Hintergrund ist, dass derartige Rechtsbehelfe eine *aufschiebende Wirkung* entfalten (§ 39 SGB II). Das Jobcenter beziehungsweise die Bundesagentur für Arbeit darf dann so lange die behördliche Erstattung nicht vollziehen, bis bestands- beziehungsweise rechtskräftig über die Erstattungsforderung entschieden wurde. Dahinter verbirgt sich der *Suspensiveffekt*.

In anderen Sozialbereichen einschließlich dem SGB XII gibt es keine vergleichbare Regelung wie in § 39 SGB II. Das bedeutet, dass eine Erstattungsforderung trotz Widerspruch oder Klageverfahren zunächst gezahlt werden muss, oder es wird im Wege des Eilverfahrens die aufschiebende Wirkung eines Widerspruchs oder einer Anfechtungsklage durch das Sozialgericht angeordnet. Im letzteren Fall kann dann gleichfalls die Bestandskraft einer Rückforderung abgewartet werden.

Wie geht es nun weiter, wenn gar kein Widerspruch eingelegt wurde oder zu einem späteren Zeitpunkt bestandskräftig über die Erstattungsforderung im Sinne einer Zahlungsverpflichtung entschieden wurde? Dann ist die Forderung zur Zahlung fällig. Die Behörde kann in diesem Fall auch mit Vollstreckungsmaßnahmen wie Kontopfändung oder Ähnlichem den Geldbetrag beitreiben. Wenn der Betroffene den Betrag nicht in einer Summe aufbringen kann, ist es empfehlenswert, dass er sich an die Behörde mit einem Ratenzahlungsangebot wendet. Über die konkrete Höhe einer Ratenzahlung gibt es keine verbindlichen Regelungen. Im Allgemeinen sollte das Angebot aber eine realistische Tilgung der Forderung in einem überschaubaren Zeitraum beinhalten.

BEISPIEL

Altersrentner Herbert S. muss Rente in Höhe von mehreren Tausend Euro zurückzahlen. Er schlägt daraufhin dem Rententräger vor, monatlich 5 Euro in Raten zu überweisen. Der Rententräger ist hiermit aufgrund der damit verbundenen Dauer der Ratenzahlungsverpflichtung nicht einverstanden und schlägt einen dreistelligen monatlichen Ratenbetrag vor, den Herbert S. schließlich zahlt.

Sie haben die *Verjährung* bereits in Kapitel 3 kennengelernt. Im Zusammenhang mit der Fälligkeit von Erstattungsforderungen lohnt es sich immer, eine mögliche Verjährung zu prüfen und geltend zu machen. Ist die Forderung nämlich verjährt und beruft sich der Betroffene auf Verjährung (Einrede), muss die Forderung nicht mehr zurückerstattet werden.

IN DIESEM KAPITEL

Klage- und Eilverfahren

Berufung und Revision

Anwalts- und Prozesskostenhilfe

Kapitel 6
Klagen leicht gemacht – die Sozialgerichtsbarkeit

Die meisten Menschen bekommen vermutlich Bauchweh, wenn sie in einer Gerichtsverhandlung auftreten müssen oder auch nur eine Klage einreichen wollen. Aber wenn es etwas gibt, wovor Sie keine Angst haben müssen, dann ist das garantiert ein Gerichtsverfahren vor dem Sozialgericht. In keinem anderen Gerichtszweig ist Klagen so leicht und unkompliziert wie hier!

Das liegt vor allem am *Amtsermittlungsgrundsatz* der Richterschaft, wonach diese den Sachverhalt von Amts wegen ermitteln müssen. Darüber freut sich wahrscheinlich kein Richter und keine Richterin, aber es macht die Sache für Kläger erheblich einfacher. Anders als im Zivilrecht kommt es nicht darauf an, wie und mit welchen Beweismitteln die klagende Partei ihre Klage konkret begründet.

Der Amtsermittlungsgrundsatz, der in § 103 SGG geregelt ist, besagt, dass das Gericht den »*Sachverhalt von Amts wegen erforscht*« und »*an das Vorbringen und die Beweisanträge der Beteiligten nicht gebunden ist*«. Damit ist es eigentlich egal, wie ein Beteiligter seine Klage begründet.

Aufbau und Besonderheiten der Sozialgerichtsbarkeit

Ein paar Regeln gilt es bei einer Klage aber dennoch zu beachten, damit Sie nicht aus Versehen vor dem falschen Gericht klagen. Die *Sozialgerichtsbarkeit* ist dreistufig aufgebaut:

- **Sozialgerichte**
- **Landessozialgerichte**
- **Bundessozialgericht**

Für alle drei Gerichtsebenen gilt das Sozialgerichtsgesetz (SGG).

Wer klagen möchte, muss zunächst seine Klage bei dem Sozialgericht seines Wohnsitzes einreichen. Zum *Landessozialgericht* kommt man erst dann, wenn einer der beteiligten Parteien – Kläger oder beklagte Behörde – mit der Entscheidung des Sozialgerichts nicht einverstanden ist und Berufung, also Rechtsmittel, einlegt. Danach wird allerdings die Luft nach oben dünner: Zum *Bundessozialgericht* kommen Sie nur mittels einer Revision (dazu gleich noch mehr).

Eine weitere Besonderheit der Sozialgerichtsbarkeit besteht darin, dass die Verfahren im Allgemeinen gerichtskostenfrei sind. Klagen Sie also selbst, fallen Ihnen – auch wenn Sie verlieren sollten – keine Kosten zur Last, da Sie weder einen Anwalt mit Ihrer Vertretung beauftragt haben noch bedient sich eine Behörde einer anwaltlichen Vertretung Ihrer Angelegenheit. Zudem entstehen keine Gerichts- oder Gutachterkosten. Hintergrund der Gerichtskostenfreiheit ist, dass Kläger nicht wegen der finanziellen Belastung von Gerichts- oder Gutachterkosten – wie wir es sonst aus dem Zivilrecht kennen – auf eine Klage vor den Sozialgerichten verzichten sollen. Es gibt allerdings hiervon Ausnahmen, und zwar für klagende Unternehmer, Ärzte oder Therapeuten.

Eine weitere Ausnahme von der Gerichtskostenfreiheit bildet die *Einholung eines Gutachtens* nach § 109 SGG für die klagende Partei. Auch wenn es verlockend erscheint, ein eigenes Gutachten in Auftrag zu geben, gilt hier besondere Vorsicht: Die klagende Partei muss zunächst in Vorleistung hinsichtlich der zu erwartenden Gutachterkosten gehen, und das können schnell man Beträge von 2.000 bis 5.000 Euro und mehr sein. Erst wenn der Kostenvorschuss für das Gutachten nach § 109 SGG bei Gericht eingegangen ist, wird es den für die Gutachteneinholung erforderlichen Beschluss erlassen. Das Gericht will dann auch nicht auf diesen Gutachterkosten »sitzen bleiben« und wird den für die Einholung eines Gutachtens nach § 109 SGG erforderlichen Beschluss erst bei Ausgleich der Vorschussrechnung erlassen.

Wohl dem, der für Sozialrecht eine Rechtschutzversicherung hat! Allerdings muss die klagende Partei vor der Beauftragung eines Gutachters nach § 109 SGG unbedingt die Übernahme der *Gutachtenkosten* mit der Versicherung klären. Ist dann die Klage aufgrund dieses Gutachtens erfolgreich, vergessen Sie nicht zu beantragen, dass die Gutachterkosten der Justizkasse auferlegt werden. Andernfalls ist Ärger vorprogrammiert – entweder mit dem Kläger oder mit der Rechtschutzversicherung.

Möchte sich die klagende Partei von einem Anwalt / einer Anwältin im Gerichtsverfahren vertreten lassen, fallen dafür natürlich Kosten an, die der Kläger, eine Rechtschutzversicherung oder gar die Staatskasse im Falle der Bewilligung von Prozesskostenhilfe trägt. Auf dieses Thema komme ich am Ende des Kapitels nochmals zurück.

Die Klagearten der Sozialgerichtsbarkeit

Das Sozialrecht kennt mehrere Klagearten – warum sollte es einfach sein, wenn es auch kompliziert geht? Je nach dem Klagebegehren wird zwischen einer *Anfechtungs-*, *Verpflichtungs-*, *Leistungs-* oder *Feststellungsklage* unterschieden. Aber keine Sorge: Das Sozialgericht ist verpflichtet, auf die richtige Antragstellung im Gerichtsverfahren hinzuwirken. Dennoch sollten Sie die verschiedenen Klagearten kennen, und dazu folgende Beispiele zur Erläuterung:

BEISPIEL

Gerda G. soll über 400 Euro zu Unrecht Sozialhilfe bezogen haben, da sie auf ihre alten Tage einen Minijob beim Sozialamt nicht angegeben hat. Das Sozialamt hebt daher die ursprüngliche Bewilligung auf und fordert Gerda G. zur Erstattung der Überzahlung mit einem Bescheid auf. Gerda G. legte dagegen Widerspruch ein, aber dieser war erfolglos. Mit ihrer Klage will Gerda G. die Aufhebung des Aufhebungs-/Erstattungsbescheid erreichen. Welche Klageart sollte sie nun wählen?

Lösung: Die richtige Klageart ist hier die *Anfechtungsklage.* Diese Klage wird allerdings nicht erfolgreich sein, denn sie hat tatsächlich vergessen, den Minijob anzugeben!

BEISPIEL

Gerdas Bekannte Helga H. hat bemerkt, dass das Sozialamt ihr im neuen Bewilligungszeitraum geringere Unterkunftskosten anerkannt hat, als zuvor von ihr mitgeteilt. Auch hier war der Widerspruch erfolglos. Mit ihrer Klage greift daher Helga H. die ursprüngliche Bewilligung (geringere Unterkunftskosten) an und macht die Bewilligung höherer Unterkunftskosten geltend. Welche Klageart ist hier die Richtige?

Lösung: Die richtige Klageart ist hier die *Anfechtungs- und Verpflichtungsklage.*

BEISPIEL

Trautchen wundert sich über die Klagefreudigkeit ihrer Freundinnen Gerda und Helga. Die trauen sich was in ihrem Alter! Aber plötzlich bemerkt Trautchen, dass das Sozialamt ihr die Sozialhilfe trotz aktuellem Bewilligungsbescheid nicht mehr auszahlt. Telefonisch erreicht sie niemanden, sodass sie letztlich auch dem »Club der klagefreudigen Schachteln« beitritt und klagen möchte. Aber welche Klageart ist hier gefragt?

Lösung: Ihre richtige Klageart ist die *Leistungsklage,* denn sie hat ja bereits einen Bescheid, der auch so bestehen bleiben soll. Sie will nur endlich die Auszahlung der Leistung erreichen. Übrigens: Trautchen könnte hier auch an ein gerichtliches Eilverfahren denken!

Im Altertum führten ja angeblich alle Wege nach Rom, im Sozialrecht gibt es aber nur zwei Wege, um zum Sozialgericht zu kommen: entweder durch ein *gewöhnliches Klageverfahren* und/oder ein *gerichtliches Eilverfahren.* Sehen wir uns beide Möglichkeiten nun etwas genauer an.

Das gewöhnliche Klageverfahren

Das gewöhnliche *Klageverfahren* wird auch manchmal als *Hauptsacheverfahren* bezeichnet, vor allem, wenn bereits zuvor oder zeitgleich ein gerichtliches Eilverfahren durchgeführt wurde. Voraussetzung für ein Klageverfahren ist im Allgemeinen ein zuvor erfolglos durchgeführtes *Widerspruchsverfahren* (*Vorverfahren*). Sie können also im Falle einer Ablehnung nicht sofort klagen, sondern müssen zunächst *Widerspruch* einlegen. Erst wenn dann der Widerspruchsbescheid vorliegt, kann die Klage vor dem Sozialgericht innerhalb einer Frist von einem Monat ab Bekanntgabe eingereicht werden.

Häufig dauern Klageverfahren einige Jahre. Am Ende des Klageverfahrens entscheidet das Gericht durch Urteil oder Gerichtsbescheid. Ein Gerichtsbescheid erfolgt meist in einfachen Fällen ohne eine mündliche Verhandlung. Wie ein Klageverfahren konkret abläuft, erfahren Sie gleich. Zuvor möchte ich Ihnen noch ein schnelles Verfahren vorstellen.

Das gerichtliche Eilverfahren

In besonders dringenden Fällen können Betroffene, die beispielsweise auf die Gewährung von existenzsichernden Leistungen wie Bürgergeld oder Sozialhilfe angewiesen sind, ein *gerichtliche Eilverfahren* vor dem Sozialgericht einleiten. Hierzu bedarf es folgender Voraussetzungen:

- ✔ eines vorherigen Antrages auf Leistungen bei der Behörde,
- ✔ eines laufenden Widerspruchs- oder Klageverfahrens,
- ✔ eines besonderen Eilbedürfnisses (den *Anordnungsgrund*) sowie
- ✔ eines Rechtsanspruchs auf die begehrte Leistung (den *Anordnungsanspruch*).

BEISPIEL

Willi benötigt dringend Grundsicherungsleistungen, da er mit seinem Minijob von 300 Euro nicht seinen Lebensunterhalt plus Miete bestreiten kann, und Ersparnisse hat er keine. Sein Widerspruch läuft noch – versehentlich geht die Behörde davon aus, Willi sei nicht hilfebedürftig –, aber er kann nicht noch weitere drei Monate auf die Bearbeitung warten. Ihm ist daher die Einleitung eines gerichtlichen Eilverfahrens zu empfehlen. Das geht schnell und ist meist nicht kompliziert.

Der Antrag im gerichtlichen Eilverfahren ist auf den Erlass einer einstweiligen Anordnung zur *Regelung eines vorläufigen Rechtsverhältnisses* gerichtet (§ 86b Absatz 2 SGG), also zum Beispiel auf die Bewilligung von Sozialhilfe oder Bürgergeld. Der Vorteil eines Eilverfahrens liegt auf der Hand: Das Sozialgericht entscheidet schneller als in einem Klageverfahren (meist binnen weniger Tage oder Wochen) mithilfe eines Beschlusses. Ist der Eilantrag beim Sozialgericht erfolgreich, ist die gerichtliche Entscheidung übrigens mit einer vorläufigen Bewilligung vergleichbar. Mit ihr soll nämlich auch nur vorübergehend ein besonders dringlicher Sachverhalt vorläufig geregelt werden. Deshalb gelten die Beschlüsse in Eilverfahren regelmäßig vorläufig für maximal ein halbes Jahr und auch erst ab Beantragung des Eilverfahrens.

Zurückliegende Zeiträume werden von einer einstweiligen Anordnung auf Zahlung von Grundsicherungsleistungen also nicht erfasst. Die Entscheidung des Gerichts ist vielmehr immer auf die Zukunft gerichtet. Deshalb Vorsicht, schnelles Handeln ist angesagt!

Mit einem gerichtlichen Eilverfahren kann auch die *aufschiebende Wirkung* eines Widerspruchs oder einer Klage angeordnet werden (§ 86a Absatz 1 Satz 1 SGG). Das ist in den Fällen sinnvoll, in denen eine Behörde bereits Geld aus Überzahlungen haben möchte. In § 39 SGB II haben wir im Falle der Rückforderung von Bürgergeld jedoch eine Ausnahme, da hier sowohl der Widerspruch als auch die Anfechtungsklage bereits aufschiebende Wirkung hat.

Anders als im Klageverfahren entscheidet das Gericht in einem gerichtlichen Eilverfahren durch Beschluss. Der Hintergrund ist, dass es sich um ein *Antragsverfahren* handelt. Das erkennen Sie übrigens daran, dass die handelnden Akteure Antragsteller und Antragsgegner heißen. Antragsgegner ist natürlich die Behörde, die zu einer Leistung veranlasst werden soll.

Der Ablauf des Klageverfahrens

Auch wenn es sicherlich die Aufgabe eines Anwalts/ einer Anwältin ist, klagende Parteien gut und sicher durch ein Klageverfahren zu begleiten, zeichnet sich gerade das Sozialrecht häufig dadurch aus, dass Kläger/Klägerinnen gerne ohne Unterstützung klagen. Es ist daher gut zu wissen, was diese vor Gericht erwartet. Ein Klageverfahren läuft wie folgt ab:

- **Das erfolglose Vorverfahren und die Frist**

  Vor der Klageeinreichung muss zunächst ein *erfolgloses Widerspruchsverfahren* (auch *Vorverfahren genannt*) durchgeführt werden. Dass dieses Widerspruchsverfahren erfolglos war, erkennen Sie daran, dass die Behörde einen *Widerspruchsbescheid* erlässt. Mit dem Widerspruchsbescheid weist die Behörde den Widerspruch ganz oder teilweise zurück.

  Für die *Zurückweisung eines Widerspruchs* hat die Behörde zwei Möglichkeiten: Liegen formelle Fehler wie Fristversäumnis oder fehlende Unterschrift vor, weist die Behörde den Widerspruch als **unzulässig** zurück. Als **unbegründet** weist sie den Widerspruch hingegen immer dann zurück, wenn kein materieller Anspruch auf eine Sozialleistung besteht. Ist allerdings der Widerspruch erfolgreich, hilft die Behörde dem Widerspruch ab und bewilligt die begehrte Leistung. In diesem Fall wird von einem *Abhilfebescheid* gesprochen.

  Das Widerspruchsverfahren dient der Überprüfung des behördlichen Handelns und kann zu einer Korrektur der ursprünglich fehlerhaften Entscheidung führen. Wenn die Behörde dennoch an ihrer Entscheidung festhält, erlässt sie einen Widerspruchsbescheid. Gegen diesen Bescheid kann die widerspruchsführende Person binnen eines Monats ab *Bekanntgabe* Klage bei dem Sozialgericht ihres Wohnsitzes erheben.

  Häufig ist unklar, wann ein Bescheid als »bekannt gegeben« gilt, denn das Gesetz (§ 37 Absatz 2 SGB X) weist lediglich darauf hin, dass ein schriftlicher Bescheid – neu seit dem 1.1.2025 – am vierten Tag nach der Aufgabe zur Post als bekannt gegeben gilt, es sei denn, er ist nicht oder zu einem späteren Zeitpunkt zugegangen. Aber woher soll der Antragsteller wissen, wann die Behörde den Bescheid abgeschickt hat? Es empfiehlt sich daher, das Datum des Posteingangs auf dem Bescheid zu vermerken. Denn es gilt Folgendes: Die Behörde muss den Zugang eines Bescheides nachweisen (geregelt in § 37 Absatz 2 SGB X). Das dürfte ihr beim Versenden des Widerspruchsbescheides mit einfacher Post – also ohne Zugangsnachweis – definitiv schwerfallen.

BEISPIEL Aisha hat am 20.8. den Widerspruchsbescheid vom 16.8. erhalten. Der Widerspruchsbescheid gilt damit mit dem 20.8. als bekannt gegeben und Aisha hat bis zum 20.9. Zeit für die Klageerhebung vor dem Sozialgericht. Aber Vorsicht: Wenn der Widerspruchsbescheid mit dem berühmten »gelben Briefumschlag« (der Postzustellungsurkunde oder PZU) verschickt wurde, gilt das auf dem Umschlag vermerkte Datum als Zustelldatum. Nach diesem Datum berechnet sich auch die Klagefrist.

BEISPIEL Merle erhält ihren Widerspruchsbescheid vom 16.8. hingegen mittels PZU am 18.8. Ihre Klagefrist läuft daher bereits nach einem Monat am 18.9. ab.

Wer klagen möchte, muss nun dafür Sorge tragen, dass seine Klage rechtzeitig beim Sozialgericht innerhalb der Klagefrist ankommt. Das hört sich einfacher an, als es das manchmal ist.

Für die *Einhaltung einer Klagefrist* kommt es nicht auf das rechtzeitige Absenden der Klage an, sondern auf den Zugang der Klage beim Sozialgericht innerhalb der Klagefrist von einem Monat.

Übrigens kann auch im Falle der unverschuldeten Nichteinhaltung der Klage-/Verfahrensfrist ein Antrag auf *Wiedereinsetzung in den vorigen Stand* beim Sozialgericht gestellt werden, geregelt in § 67 SGG. Anders als im Widerspruchsverfahren gilt hier keine Zweiwochenfrist, sondern der Antrag ist binnen eines Monats nach Wegfall des Hindernisses zu stellen.

✔ Die Klageerhebung

Wie eine Klage richtig erhoben wird, ergibt sich bereits aus der Rechtsbehelfsbelehrung des Widerspruchsbescheides. Eine Klage kann schriftlich bei Gericht eingereicht oder zur Niederschrift bei der Rechtsantragstelle des Sozialgerichts erhoben werden. Die Rechtsantragstelle ist auch regelmäßig bei der Formulierung der Klage nach den Vorgaben der klagenden Person behilflich. Die Klage richtet sich dabei immer gegen die Behörde, die im Verfahren als Beklagte bezeichnet wird.

Nach Eingang der Klage beim Sozialgericht erhält die klagende Person eine *Eingangsnachricht,* auf der das Geschäftszeichen des Gerichts für den künftigen Schriftverkehr ersichtlich ist. Das gerichtliche Geschäftszeichen erleichtert das Zuordnen der Schriftsätze zu einzelnen Klageverfahren. (Das ist übrigens sehr wichtig, falls jemand mehrere Klageverfahren führt!) Die Klage wird dann durch das Sozialgericht an die beklagte Behörde mit der Bitte um Stellungnahme und Antragstellung weitergeleitet.

Ein solcher Antrag der Behörde ist regelmäßig die Klageabweisung. Viele Kläger halten bereits einen solchen Antrag auf *Klageabweisung* durch die Behörde für die gerichtliche Entscheidung. Das ist ein häufiger Irrtum: Denn zur Klageabweisung bedarf es erst der gerichtlichen Entscheidung durch Urteil oder Gerichtsbescheid.

Idealerweise erklärt die Behörde im Rahmen ihrer ersten Stellungnahme ein *Anerkenntnis* und bewilligt gleich die begehrte Leistung. In diesem Fall ist das Klageverfahren schnell erledigt, denn das Sozialgericht fragt die klagende Partei lediglich noch, ob es mit dem *Anerkenntnis* einverstanden und das Klageverfahren damit erledigt ist. Ein Anerkenntnis passiert allerdings nicht häufig; vielmehr werden zwischen Gericht, Kläger und beklagter Behörde die Schriftsätze ausgetauscht. In Klageverfahren mit medizinischem Hintergrund, wie der Erwerbsminderungsrente, der Feststellung eines Grades der Behinderung oder Ähnliches, holt das Sozialgericht zudem aktuelle Befundberichte der behandelnden Ärzte ein und entscheidet anschließend, ob es von Amts wegen ein medizinisches Sachverständigengutachten in Auftrag gibt. Dieses Gutachten dient dann der Entscheidungsfindung für den Richter / die Richterin. Es verursacht keine Kosten. Lehnt ein Gericht ab, überhaupt ein Gutachten einzuholen oder ein weiteres zu veranlassen – auch um die Richtigkeit des vorherigen überprüfen zu lassen –, kommt hier unser anfangs erwähntes Gutachten nach § 109 SGG ins Spiel: Die klagende Partei kann unter Benennung eines Gutachters ihrer Wahl selbst ein Gutachten beantragen. Allerdings muss sie zunächst für diese Gutachterkosten in Vorleistung gehen. Wer diese Kosten endgültig trägt, ergibt sich erst aus der Kostenentscheidung am Ende des Gerichtsverfahrens.

✔ **Die mündliche Verhandlung oder der Erörterungstermin**

Der/die Richter*in kann nun entscheiden, ob er/sie zunächst einen Termin zur Erörterung der Klage mit den Verfahrensbeteiligten durchführt. Das kann sinnvoll sein, wenn noch Fragen in einem persönlichen Gespräch mit den Beteiligten geklärt werden müssen. Hält das Gericht hingegen die Klage für entscheidungsreif, wird ein Termin zur mündlichen Verhandlung bestimmt. Im Anschluss an die Verhandlung wird eine Entscheidung verkündet. Vereinzelt kann auch eine Beweisaufnahme durchgeführt werden, wenn das Gericht dies für erforderlich erachtet. In diesem Fall werden beispielsweise Zeugen geladen und im Termin vernommen.

Ein Blick auf das Ladungsschreiben lohnt sich immer: Ist ein Erörterungstermin oder ein Termin zur mündlichen Verhandlung anberaumt worden? Im ersteren Fall muss man nicht aufgeregt sein, denn an diesem Tag ergeht noch keine Entscheidung.

✔ **Die gerichtliche Entscheidung**

Die gerichtliche Entscheidung des Sozialgerichts erfolgt durch Urteil oder Gerichtsbescheid. Gibt der erkennende Richter / die Richterin der klagenden Partei recht, wird die beklagte Behörde gemäß dem Klageantrag verurteilt. Andernfalls wird die Klage ganz oder teilweise abgewiesen.

Rechtsmittel einlegen: Die Berufung und die Revision

Falls ein Beteiligter unzufrieden mit der gerichtlichen Entscheidung ist, kann er *Berufung* einlegen. Auch hierfür ist eine Frist von einem Monat einzuhalten, und diese Frist beginnt mit der Zustellung der gerichtlichen Entscheidung. Wird kein Rechtsmittel eingelegt, ist die Entscheidung des Sozialgerichts rechtskräftig. Die Berufung ist übrigens nur zulässig, wenn ein *Berufungswert* von 750 Euro erreicht wurde oder die Berufung ausdrücklich vom Sozialgericht zugelassen wurde. Der Berufungsprozess findet vor dem Landessozialgericht als nächsthöhere Instanz statt.

Wer mit der Entscheidung noch immer nicht zufrieden ist, kann sich im Falle eines erfolglos durchgeführten Berufungsverfahrens an das Bundessozialgericht als Revisionsgericht wenden – wichtig ist, dass Sie die Frist von einem Monat ab Zustellung der landessozialgerichtlichen Entscheidung nicht vergessen. Voraussetzung hierfür ist allerdings, dass entweder das Landessozialgericht oder (im Fall einer Nichtzulassungsbeschwerde) das Bundessozialgericht die *Revision* zugelassen hat. Eine Revision ist zuzulassen, wenn

- ✔ die Rechtssache grundsätzliche Bedeutung hat, das heißt ungeklärte Rechtsfragen aufwirft und über den Einzelfall hinaus von allgemeinem Interesse ist, oder
- ✔ das Urteil der Vorinstanz von einer Entscheidung des Bundessozialgerichts, des Gemeinsamen Senats der obersten Gerichtshöfe des Bundes oder des Bundesverfassungsgerichts abweicht oder
- ✔ bestimmte Verfahrensmängel geltend gemacht werden, auf denen die Entscheidung des Landessozialgerichts beruht.

Anders als vor den Sozial- und Landessozialgerichten bedarf es vor dem Bundessozialgericht allerdings der Vertretung durch Prozessbevollmächtigte, wie es beispielsweise zugelassene Rechtsanwälte sind. Aber auch Vertreter*innen von Gewerkschaften, Arbeitgeberverbänden und sonstigen Vereinigungen sind häufig zur Prozessvertretung berechtigt. Näheres bestimmt hierzu meist deren Satzung.

Anwaltskosten und Prozesskostenhilfe

Das wird Sie nicht weiter wundern: Wenn sich die Beteiligten anwaltlich in einem Gerichtsverfahren vertreten lassen, fallen immer auch *Anwaltskosten* an. Kostengläubiger gegenüber dem Anwalt / der Anwältin ist der Mandant, also die klagende Partei. Das Gericht entscheidet erst am Ende jeden Rechtszuges, ob und in welchem Umfang der behördliche Gegner diese Kosten erstatten muss. Aus Anwaltssicht wird daher häufig ein Vorschuss gegenüber der klagenden Partei berechnet – schon allein weil Klageverfahren sehr lange dauern können. Falls das Gerichtsverfahren dann so ausgeht, dass die Behörde die Anwaltskosten der klagenden Partei tragen muss, leitet der Anwalt regelmäßig eine Aufforderung zur Kostenerstattung an die unterlegene Behörde weiter und erstattet dann seinem Mandanten den gezahlten Vorschuss, sobald die Behörde die Anwaltskosten zahlt.

Sofern eine Rechtschutzversicherung besteht und diese für die Kosten des Verfahrens eintritt, rechnet der Anwalt / die Anwältin mit der Versicherung ab.

Anwälte sind meistens teuer ... Für einkommens- oder vermögensschwache Klagende besteht die Möglichkeit, *Prozesskostenhilfe* (*PKH*) unter Beiordnung eines Anwaltes / einer Anwältin bei Gericht zu beantragen. Dazu müssen Sie das Formular zur »Erklärung über die persönlichen und wirtschaftlichen Verhältnisse« ausfüllen und entweder selbst oder durch den beauftragten Anwalt bei Gericht mit entsprechenden Belegen einreichen (das Formular ist übrigens problemlos im Internet oder bei Gericht erhältlich). Das Gericht prüft dann, ob die klagende Person in der Lage ist, die Anwaltskosten aus eigenen Mitteln zu bestreiten und wie die Erfolgsaussichten der Klage voraussichtlich sein werden. Wird eine Prozesskostenhilfe bewilligt, zahlt die Staatskasse die Vergütung des Anwalts. Beachten müssen Sie hier allerdings, dass sich das Gericht auch noch bis zu vier Jahren nach Beendigung des Klageverfahrens die Prüfung der Verhältnisse der klagenden Partei vorbehält – vielleicht ist sie ja doch noch zu Geld gekommen?

Es empfiehlt sich, den *Antrag auf Bewilligung von Prozesskostenhilfe unter Beiordnung eines konkreten Anwalts / einer Anwältin* zeitgleich mit der Klageschrift zu stellen. Bewilligt das Gericht die Prozesskostenhilfe, wird der Rechtsanwalt beziehungsweise die Rechtsanwältin der klagenden Person beigeordnet und dieser/diese übernimmt die weitere Vertretung, fertigt Schriftsätze an und nimmt an gerichtlichen Terminen teil.

Teil III
Der Zugang zur gesetzlichen Sozialversicherung

IN DIESEM TEIL …

erfahren Sie, warum manche Menschen Zugang zu den Sozialversicherungssystemen haben und andere nicht. Und damit meine ich nicht privat Krankenversicherte, die gerne auch einmal die Leistungen der gesetzlichen Krankenversicherung in Anspruch nehmen möchten.

stelle ich Ihnen das Beitragssystem vor und erläutere Unterschiede hinsichtlich der Versicherungspflicht und Versicherungsfreiheit.

darf hier natürlich die Familienversicherung in der gesetzlichen Krankenversicherung nicht fehlen. Seien Sie gespannt, welche Ausnahme es für volljährige Kinder oberhalb der Altersgrenze in der Familienversicherung gibt!

IN DIESEM KAPITEL

Beiträge und Leistungen

Wer versichert ist – Pflicht, freiwillig und mehr

Familienversicherung

Kapitel 7
Die gesetzliche Sozialversicherung

Die *gesetzliche Sozialversicherung* (*SV*) dient dem Schutz gegen sehr unterschiedliche allgemeine Lebensrisiken wie Krankheit, Pflegebedürftigkeit und Ähnliches. Dennoch gibt es Gemeinsamkeiten im Hinblick darauf, wer überhaupt Zugang zu diesen Sicherungssystemen hat. Häufig finden Sie gleich am Anfang der Sozialgesetzbücher Ausführungen über den versicherten Personenkreis – wer also Anspruch auf Sozialleistungen geltend machen kann und wer nicht. So erläutert das Recht der gesetzlichen Krankenversicherung in § 5 SGB V, wer als *versicherungspflichtig* gilt, und auch die gesetzliche Rentenversicherung greift diese Begrifflichkeit in § 1 SGB VI auf mit einer Aufzählung, wer in der Rentenversicherung als versicherungspflichtig gilt. Eine weitere, aber sehr wichtige Gemeinsamkeit der Sozialgesetzbücher ist die *Beitragszahlung*.

In diesem Kapitel erläutere ich, wie sich die Beitragszahlungen gestalten, welche Ausnahmen es gibt, und wer die allgemeinen *Zugangsvoraussetzungen* erfüllt. Anhand eines kurzen Abstechers in die private Krankenversicherung stelle ich die Vor- und Nachteile beider Sicherungssysteme (Sozialversicherung oder privater Absicherung) vor, bevor Sie in Teil IV tiefer in die beitragsfinanzierten Sozialgesetzbücher – oft auch die *fünf Säulen der Sozialversicherung* genannt – eintauchen. Seien Sie gespannt!

Keine Leistung ohne Beitragszahlung

Falls Sie Mitglied eines Fitnessclubs sein sollten, wird Ihnen dieses Prinzip nur allzu vertraut sein: Um die Anlagen, Sportgeräte und all die verlockenden Kurse im Fitnessstudio nutzen zu können, müssen Sie einen Mitgliedsbeitrag bezahlen – sonst dürfen Sie nicht mitmachen. Der Studiobetreiber hat zudem ein Interesse daran, die Mitglieder mit langfristigen Verträgen an sich zu binden, um auch in Zukunft sicher zu sein, dass sich die Neuanschaffung teurer Geräte lohnt. Und das kommt dann wiederum ja auch den Mitgliedern zugute.

Ganz ähnlich funktionieren die gesetzlichen Sozialversicherungssysteme; auch diese sind auf die regelmäßige Zahlung von Beiträgen ihrer Mitglieder angewiesen, teilweise auch erhöht um einen Beitrag, den der Arbeitgeber des Mitglieds zahlt. Nur, anders als beim Fitnessclub, besteht keine monatliche oder jährliche Vertragsbindung, sondern die Bindung ergibt sich aus dem Status des Beitragszahlers, weil der beispielsweise Arbeitnehmer ist.

Wenn an dieser Stelle von der gesetzlichen Sozialversicherung die Rede ist, sind die folgenden fünf *Sozialgesetzbücher* gemeint:

- ✔ die **Arbeitslosenversicherung** nach dem SGB III (siehe Kapitel 8)
- ✔ die gesetzliche **Krankenversicherung** nach dem SGB V (siehe Kapitel 9)
- ✔ die gesetzliche **Rentenversicherung** nach dem SGB VI (siehe Kapitel 10)
- ✔ die gesetzliche **Unfallversicherung** nach dem SGB VII (siehe Kapitel 11)
- ✔ die gesetzliche **Pflegeversicherung** nach dem SGB XI (siehe Kapitel 12)

Zusammengenommen ist die gesetzlichen Sozialversicherung eine Mischform aus Versicherung (Finanzierung durch Beiträge), Versorgung (Ausgleich nach sozialen Gesichtspunkten) und Fürsorge (Leistungen zur Rehabilitation). Sie bietet Schutz gegen allgemeine Lebensrisiken wie Arbeitslosigkeit, Krankheit, Mutterschaft, Absicherung für das Alter und bei Erwerbsminderung sowie Tod, Arbeitsunfall und Berufskrankheiten oder Pflegebedürftigkeit.

Aus dem *Solidarprinzip* folgend erhalten alle Versicherte die gleichen Leistungen, die sich beispielsweise in der gesetzlichen Pflegeversicherung je nach dem entsprechenden Pflegegrad (1 bis 5) richten. Bei anderen Leistungen kann die Höhe variieren; so ist die Höhe der Altersrente vor allem von der konkreten Erwerbsbiografie einschließlich der Höhe des Bruttolohns abhängig.

Beitragshöhe und Beitragsbemessungsgrenze

Wäre es nicht schön, wenn Sie Ihren Beitrag zur Sozialversicherung selbst bestimmen könnten? Aber schauen wir der Realität ins Auge: Vermutlich würde kaum jemand freiwillig in die Sozialversicherungssysteme einzahlen. Aus diesem Grund gibt es klare Regeln zur Höhe der Beiträge, die der Gesetzgeber festlegt. Außerdem kann eine Krankenkasse noch individuell einen Zusatzbeitrag bestimmen. Die *Beitragssätze* legen verbindlich fest, welcher Prozentsatz vom Einkommen als Beitrag für die Arbeitslosen-, Kranken-, Renten- und Pflegeversicherung entrichtet wird. Dabei gilt der fair klingende Grundsatz: Je höher das Einkommen eines Mitglieds, umso höher ist die Beitragslast. Nach oben hin können die Beiträge allerdings begrenzt sein – das wird als *Beitragsbemessungsgrenze* bezeichnet. Was bedeutet diese Grenze?

Wenn Ihr Verdienst über der Beitragsbemessungsgrenze liegt, müssen Sie für den Teil des Gehaltes, der diese Grenze überschreitet, keine weiteren Beiträge zur Kranken- und Pflegeversicherung mehr zahlen. Die konkrete Höhe der jährlichen Beitragsbemessungsgrenze in der Krankenversicherung ergibt sich aus den zu § 18 SGB IV jährlich veröffentlichten Werten über Bezugsgrößen in der Sozialversicherung.

Die Informatikerin Julia verdient monatlich mehr als 7.000 Euro brutto. Trotz ihres hohen Einkommens werden die Beiträge zur gesetzlichen Krankenversicherung nur bis zur Bemessungsgrenze berechnet und entrichtet. Im Jahr 2025 liegt die Bemessungsgrenze bei 5.512,50 Euro brutto.

Die Beiträge zur Sozialversicherung werden regelmäßig nach dem Bruttoentgelt bemessen und sind nach oben durch die *Beitragsbemessungsgrenzen* beschränkt, wie der Begriff schon besagt. Diese können für die unterschiedlichen Sozialversicherungen variieren. So beträgt sie in der allgemeinen Rentenversicherung 8.050 Euro im Jahr 2025 (zum Vergleich: 5.512,50 Euro in der gesetzlichen Krankenversicherung).

Eine Ausnahme von der Beitragsberechnung macht die gesetzliche *Unfallversicherung* (SGB VII). Deren Beitrag bestimmt sich zwar auch nach der Höhe des Verdienstes des Arbeitnehmers, aber auch nach den Ausgaben der Berufsgenossenschaft. So bestimmt auch der Grad einer Unfallgefahr den konkreten Beitrag. Weil Arbeitnehmer hierauf nur einen bedingten Einfluss haben, zahlt der Arbeitgeber allein den Beitrag.

Wer zahlt die Beiträge zur Sozialversicherung?

Ganz einfach: Im Allgemeinen tragen Arbeitnehmer und Arbeitgeber jeweils einen hälftigen Beitragsanteil an den Sozialversicherungsbeiträgen (die gesetzliche Unfallversicherung macht in der Hinsicht allerdings eine Ausnahme, wie gerade erwähnt). Wie viel Sie genau in einem sozialversicherungspflichtigen Beschäftigungsverhältnis an Sozialversicherungsbeiträgen bezahlen, können Sie der monatlichen Verdienstabrechnung entnehmen oder anhand Ihres Bruttogehalts mit Gehaltsrechnern aus dem Internet ermitteln. Wichtig ist zu wissen, dass sich Arbeitnehmer nicht selbst um die Abführung ihrer SV-Beiträge kümmern müssen. Das ist Aufgabe des Arbeitgebers und dieser führt sowohl den Arbeitsnehmer- als auch Arbeitgeberanteil an der Sozialversicherung an die Krankenkasse seines Arbeitnehmers (der *Einzugsstelle*) ab.

Tatsächlich glauben noch immer etliche Arbeitnehmer, dass sie allein die Beiträge zur Sozialversicherung bezahlen. Viele wundern sich daher, warum ihr Arbeitgeber so selten den Bruttoverdienst erhöht. »... ein paar Hundert Euro mehr könnte mein Arbeitgeber doch locker drauflegen!«, ist ein häufiger Gedanke. Allerdings bedeutet jede Erhöhung des Gehalts für den Arbeitgeber, dass sich nicht nur der Bruttoverdienst seines Mitarbeiters erhöht, sondern auch der Arbeitgeberanteil an der Sozialversicherung. Mit ein paar Hundert Euro mehr Brutto ist es für den Arbeitgeber also nicht getan.

Über die Zahlung eines Beitrages erhalten Sie als Arbeitnehmer Zugang zu Sozialversicherungsleistungen. Im *Sozialhilferecht* ist das hingegen anders: Um etwa Bürgergeld zu beziehen, müssen vorher keine Beiträge in die Sozialversicherung eingezahlt werden. Hier gelten andere Voraussetzungen wie die Hilfebedürftigkeit der Person, um Zugang zu diesen Leistungen zu erhalten.

Die »Minijobber« als Ausnahme

Eine Ausnahme von der hälftigen Tragung der Beiträge zur Sozialversicherung durch Arbeitnehmer und Arbeitgeber ist der *Minijob*, denn bei Minijobs besteht keine Sozialversicherungspflicht. Aus diesem Grunde müssen Minijobber auch keine Beiträge zur Arbeitslosen-, Kranken- und Pflegeversicherung zahlen, sondern es gilt Folgendes: Ist der Minijobber anderweitig krankenversichert (auch familienversichert), zahlt der Arbeitgeber keinen Krankenversicherungsbeitrag, andernfalls einen Pauschbetrag. Lediglich in die gesetzliche Rentenversicherung zahlen beide ein, allerdings mit unterschiedlichen Beitragssätzen.

Ein Minijob, auch *geringfügige Beschäftigung* genannt, liegt vor, wenn die Vergütung in einem Arbeitsverhältnis eine gesetzlich definierte Höhe nicht übersteigt. Diese Grenze orientiert sich nach § 8 SGB IV am Mindestlohn. So beträgt beispielsweise – Stand Januar 2025 - der Mindestlohn 12,82 Euro/Stunde und die Verdienstgrenze für Minijobber 556 Euro monatlich, was etwa 43 Stunden monatlich mit Mindestlohn entspricht.

Minijobs sind gerade unter Studierenden und Rentnern sehr verbreitet. Als Einzugs- und Meldestelle fungiert die Minijob-Zentrale (der DRV Knappschaft-Bahn-See), bei der alle geringfügig Beschäftigten gemeldet sein müssen.

Trotz der Beitragszahlungspflicht des Arbeitgebers haben Minijobber **keinen** aus dem Beschäftigungsverhältnis abgeleiteten Krankenversicherungsschutz. Dieser kann sich aus einer Familienversicherung, einem sozialversicherungspflichtigen Hauptjob, dem Bezug von Bürgergeld, der Rente oder aus einer Mitgliedschaft bei einer studentischen Krankenversicherung ergeben. Wenn keine dieser Möglichkeiten vorliegt, bleibt nur ein Antrag auf freiwillige Krankenversicherung nach § 9 SGB V, um Mitglied einer gesetzlichen Krankenkasse zu sein.

Mit den gezahlten Beiträgen zur Sozialversicherung erhalten Arbeitnehmer einen Anspruch auf Leistungen bei Krankheit, Arbeitslosigkeit, Pflegebedürftigkeit oder im Alter, um nur einige Bereiche zu nennen. Die Tür ins Arztzimmer und damit die Krankenbehandlung ist also offen – Sie legen einfach die Versichertenkarte als Nachweis der Mitgliedschaft in einer Krankenkasse in der Arztpraxis vor. Der behandelnde Arzt sendet seinem Patienten keine Behandlungsrechnung zu, sondern rechnet seine Leistung direkt mit seiner Kassenärztlichen Vereinigung ab. Der Patient bekommt hiervon regelmäßig nichts mit, und deshalb glauben tatsächlich viele Patienten noch immer, die Inanspruchnahme von Kassenleistungen sei kostenlos, was natürlich ein Irrtum ist.

Die Vorteile der beitragsfinanzierten Sozialleistungen liegen auf der Hand: Die Sozialversicherungssysteme müssen alle Berechtigten aufnehmen und Leistungen erbringen, auch wenn die betroffene Person beispielsweise schon sehr stark erkrankt ist. Die Höhe des SV-Beitrages hängt immer von der Höhe des aktuellen Entgelts ab: Steigt das Erwerbseinkommen, steigt auch der Beitrag – entsprechend sinkt auch der Beitrag mit geringerem Einkommen. Das macht die Beitragslast auch mit zunehmendem Alter und insbesondere für Selbständige überschau- und planbar.

Was ist besser – gesetzliche oder private Krankenversicherung?

Insbesondere Studierende, Selbständige oder Arbeitnehmer mit einem Einkommen oberhalb der *Jahresarbeitsentgeltgrenze* haben regelmäßig die Wahl, ob sie privat oder gesetzlich krankenversichert sein möchten. Was würden Sie Ihrem besten Freund oder Ihrer Freundin raten, ist die *gesetzliche* oder die *private Krankenversicherung* besser? Diese Frage muss jeder für sich beantworten. Nachfolgend einige Argumente für den Abwägungsprozess:

- ✔ In der privaten Krankenversicherung findet eine Aufnahme erst nach einer Gesundheitsprüfung statt, in der gesetzlichen Krankenversicherung nicht.
- ✔ Privatversicherte sollen schneller einen Arzttermin erhalten als gesetzlich Versicherte. Mag so sein, kann aber nicht pauschalisiert werden, denn es gibt auch genug Kassenärzte, bei denen man zeitnah einen Termin erhält.
- ✔ Chefarztbehandlung und Einzelzimmer werden häufig eher mit einer privaten Krankenbehandlung in Verbindung gebracht. Die gesetzlichen Krankenkassen ziehen aber nach und bieten hierfür Zusatzabsicherung (gegen Entgelt) an.
- ✔ In der gesetzlichen Krankenversicherung richtet sich die Höhe des Beitrages nach dem Verdienst, was aber durch die Beitragsbemessungsgrenze nach oben hin begrenzt ist. In der privaten Krankenversicherung ist die Höhe des Beitrages von vielen Faktoren abhängig, so zum Beispiel dem Eintrittsalter und eventuellen Vorerkrankungen.

Der sozialversicherte Personenkreis

Wer kann überhaupt Ansprüche aus der gesetzlichen Sozialversicherung erwerben und geltend machen? Alle *sozialversicherungspflichtig* Beschäftigte haben ganz unproblematisch einen Zugang zu den Sozialsystemen. Aber wie verhält es sich bei einem privat krankenversicherten Selbständigen, der für sich beschließt, künftig Beiträge zur gesetzlichen Rentenversicherung zahlen zu wollen? Könnte der Selbständige dann später ebenfalls eine gesetzliche Altersrente erhalten? Dazu kommen wir gleich, aber erst einmal sehen wir uns die Definition laut Gesetz an!

Der Begriff des versicherten Personenkreises in der Sozialversicherung wird in § 2 Absatz 1 SGB IV wie folgt erklärt:

Die Sozialversicherung umfasst Personen, die kraft Gesetzes oder Satzung (Versicherungspflicht) oder aufgrund freiwilligen Beitritts oder freiwilliger Fortsetzung der Versicherung (Versicherungsberechtigung) versichert sind.

Weiter in § 2 Absatz 2 SGB IV wird erläutert, welche Personen auf jeden Fall in allen Zweigen der Sozialversicherung versichert sind, und dazu zählen alle sozialversicherungspflichtig

Beschäftigte und Auszubildende, Menschen mit einer Behinderung, die in geschützten Einrichtungen beschäftigt sind, sowie Landwirte. In dieser Aufzählung fehlen, wie Sie vielleicht bemerkt haben, die selbständig Tätigen, die hier nicht als versicherte Person genannt wurden. Auch ein selbständiger Koch oder ein freiberuflicher Übersetzer können später eine Altersrente beziehen, aber das hängt davon ab, ob sie sich freiwillig versichern können.

Und das bringt uns zu den Ausnahmen vom Regelfall. Das Angenehme an den beitragsfinanzierten Sozialleistungen ist, dass sich die Einteilungen, wer versichert ist und damit Sozialleistungen beanspruchen kann, weitestgehend ähneln. Es wird nämlich im Allgemeinen darauf abgestellt, ob jemand

✔ **versicherungspflichtig**,

✔ **versicherungsfrei** oder

✔ **freiwillig versichert** ist.

Hieraus können sich in den beitragsfinanzierten Sozialgesetzbüchern individuelle Zugangsvoraussetzungen ergeben, die meistens am Anfang des Gesetzbuches erläutert sind. Hat ein Ehemann, der keiner Beschäftigung nachgeht, sondern sich zu Hause um Haushalt und Kinder kümmert, ebenfalls Anspruch auf Krankenbehandlung, obwohl er keine Beiträge zur gesetzlichen Krankenversicherung zahlt? Doch, natürlich hat er das! Den versicherten Personenkreis werde ich nachfolgend näher erläutern.

Die Versicherungspflicht

Am einfachsten haben es Auszubildende und Arbeitnehmer, die in einem sozialversicherungspflichtigen Beschäftigungsverhältnis (also oberhalb der Minijobgrenze) auf der Basis eines Arbeitsvertrages beschäftigt sind. Diese gelten grundsätzlich immer als *versicherungspflichtig*, und das in allen Bereichen der gesetzlichen Sozialversicherung. Die Versicherungspflicht einzelner Personen in der Krankenversicherung ergibt sich aus § 5 Absatz 1 SGB V: Danach sind auch Beziehende von Bürgergeld oder Arbeitslose, gegen die eine Sperrzeit verhängt wurde, pflichtversichert.

Die Versicherungsfreiheit

Von der Versicherungspflicht ist die *Versicherungsfreiheit* zu unterscheiden. Da es für bestimmte Berufsgruppen, wie Beamte, Soldaten und Richter, eigene Sicherungssysteme, so beispielsweise für die Rentenversorgung, gibt, unterliegen diese regelmäßig nicht der Versicherungspflicht. Auch Selbständige unterliegen regelmäßig nicht einer solchen Verpflichtung. Ob auch ein Arbeitnehmer versicherungsfrei ist, hängt von seinem konkreten Einkommen und der konkreten Sozialversicherung ab. Versicherungsfreiheit bedeutet jedoch nicht, dass keinerlei Beiträge zur Sozialversicherung zu entrichten sind. Am Beispiel der Krankenversicherung wird aber deutlich, dass ein gut verdienender Arbeitnehmer ein Wahlrecht hat, wie er künftig versichert sein will: freiwillig oder privat. Entscheidend ist, dass der Arbeitnehmer einen Verdienst oberhalb der *Jahresarbeitsentgeltgrenze* (*JAG*) hat.

Die jeweilige Jahresarbeitsentgeltgrenze kann von Jahr zu Jahr variieren. Im Jahr 2025 beträgt diese 73.800 Euro.

Die Befreiung von der Versicherungspflicht

Von der Versicherungsfreiheit wird die *Befreiung von der Versicherungspflicht* unterschieden, die beispielsweise für die Krankenversicherung in § 8 SGB V geregelt ist. Damit ist gemeint, dass Arbeitnehmer wieder der Versicherungspflicht in der Krankenversicherung nach § 5 SGB V unterliegen können, wenn ihr Einkommen sich reduziert hat (zum Beispiel durch eine Teilzeittätigkeit) oder sich die Jahresentgeltgrenze in einem Kalenderjahr so weit erhöht hat, dass das voraussichtliche Einkommen des Arbeitnehmers nun wieder unter dieser Grenze liegt. Der Arbeitnehmer wird dann nicht wieder automatisch Pflichtmitglied seiner Krankenversicherung, denn vielleicht möchte er gerne weiterhin die Vorteile einer privaten Krankenversicherung in Anspruch nehmen.

In diesem Fall besteht nach § 8 SGB V die Möglichkeit, sich von der Versicherungspflicht befreien zu lassen. Damit wird ein Statuswechsel von der privaten zurück zur gesetzlichen Krankenversicherung vermieden.

Rückkehr in die gesetzliche Krankenversicherung: Versicherte sollten vor Erreichen des 55. Lebensjahrs regelmäßig für sich prüfen, ob und unter welchen Voraussetzungen ein Wechsel von der privaten in die gesetzliche Krankenversicherung möglich ist, denn danach ist ein Wechsel kaum noch möglich. Ein Jahreseinkommen unterhalb der Jahresentgeltgrenze könnte also eine Möglichkeit des Arbeitnehmers sein, sich künftig wieder gesetzlich krankenversichern zu lassen.

Die freiwillige Versicherung

Ein bestimmter Personenkreis hat die Möglichkeit, sich *freiwillig* zu versichern. Hierbei handelt es sich insbesondere um Personen, die nicht pflichtversichert sind wie zum Beispiel selbständig Tätige. Selbständige haben keinen Arbeitgeber, sondern mehrere Auftraggeber, die zwar ein Honorar für geleistete Aufwendungen zahlen, aber nicht mit den Beiträgen zur sozialen Absicherung des Selbständigen belastet werden wollen. *Selbständige* sollten daher für sich selbst (vor-)sorgen, indem sie sich freiwillig versichern lassen, so beispielsweise in der Kranken-, Pflege-, Arbeitslosen-, Unfall- und Rentenversicherung. Hierzu bedarf es eines Antrages auf freiwillige Versicherung bei der jeweiligen Behörde.

Sofern also Selbständige keine private Krankenversicherung abschließen wollen, haben sie über § 9 SGB V die Möglichkeit, sich freiwillig gesetzlich krankenversichern zu lassen. Dies ist im Allgemeinen im Anschluss an eine Pflicht- oder Familienversicherung möglich. Aber auch Arbeitnehmer mit einem Verdienst oberhalb der JAG – die ja bekanntlich ein Wahlrecht haben – können sich freiwillig versichern lassen.

Auch Selbständige können *Anspruch auf Krankengeld* haben, wenn sie bei ihrer gesetzlichen Krankenkasse gegen einen erhöhten monatlichen Beitrag diese Tarifoption wählen. Dann zahlt die Krankenkasse auch an Selbständige Krankengeld, und zwar ab dem 43. Tag der Arbeitsunfähigkeit oder stationären Behandlung.

Zur Berechnung des Krankenversicherungsbeitrages wird das freiwillige Mitglied übrigens regelmäßig zur Mitteilung des relevanten Einkommens, wie Renteneinkommen, Einkommen aus der selbständigen Tätigkeit, Kindergeld – um nur einiges zu nennen –, aufgefordert. Wer seine Einkünfte nicht mitteilt, wird anschließend eine böse Überraschung erleben: Die Krankenkasse setzt dann den Beitrag für die freiwillige Kranken- und Pflegeversicherung auf den Höchstbeitrag fest! Gut, dass es die Möglichkeit eines Widerspruchs gibt für all diejenigen, die mit der Höhe des künftigen Beitrages nicht einverstanden sind.

Die Möglichkeit der freiwilligen Kranken- und Pflegeversicherung sollte auch immer als Rettungsanker gesehen werden, wie das nachfolgende Beispiel zeigt:

BEISPIEL

Henry und Jasmin sind schon sehr lange ein Paar und bewohnen gemeinsam eine Wohnung. Als Bedarfsgemeinschaft beziehen sie Bürgergeld. Umso mehr freuen sie sich, als Jasmin im Job befördert wurde und sich dies auch spürbar in der Haushaltskasse bemerkbar macht, denn Henry hat kein Einkommen. Einziger Wermutstropfen: Das Jobcenter betrachtet die beiden als nicht mehr hilfebedürftig und hebt das Bürgergeld auf. Panik bei Henry! Wie ist er denn jetzt kranken- und pflegeversichert?

Lösung: Solange Henry Bürgergeld bezogen hat, unterlag er gemäß § 5 Absatz 1 Nr. 2a SGB V der Versicherungspflicht. Mit dem Ende des Bezuges von Bürgergeld endet diese Versicherungspflicht. Gemäß § 19 Absatz 2 SGB V besteht in einem solchen Fall noch längstens für einen Monat nach dem Ende der (Pflicht-)Mitgliedschaft ein Anspruch auf Leistungen, *nachgehender Leistungsanspruch* genannt. Das hilft Henry aber nur bedingt weiter, denn er möchte auch zukünftig krankenversichert sein. Eine Familienversicherung scheidet aus, da beide nicht miteinander verheiratet sind. Ihm bleibt, da er nicht anderweitig krankenversichert ist, lediglich die Möglichkeit der freiwilligen Versicherung gegenüber seiner Krankenkasse.

Die Mitgliedschaft im Rahmen einer freiwilligen Krankenversicherung muss ausdrücklich in **Textform** gegenüber der Krankenkasse erklärt werden (§ 188 Absatz 2 SGB V)!

Wären Henry und Jasmin verheiratet, wäre das nachfolgende Thema für sie interessant: die Versicherung über ein Familienmitglied.

Die Familienversicherung

Kommen wir zu einer Spezialität der gesetzlichen Krankenversicherung: die Familienversicherung. Erinnern Sie sich noch an unser Eingangsbeispiel des Ehemanns, der zu Hause Haushalt nebst Kindern versorgt und dessen Ehefrau berufstätig ist? Für diesen könnte die *Familienversicherung* interessant sein, um Zugang zur gesetzlichen Krankenversicherung zu haben.

Der große Vorteil der Familienversicherung, die in § 10 SGB V geregelt ist, besteht in der beitragsfreien Krankenversicherung von Familienangehörigen über das *Stammmitglied.* Ehegatten, Lebenspartner und Kinder von Mitgliedern sind familienversichert, wenn sie keinen eigenen anderweitigen Versicherungsschutz, zum Beispiel über ein Einkommen oberhalb der Minijobgrenze, haben. Auch Stief- und Enkelkinder können übrigens nach § 10 Absatz 4 SGB V familienversichert sein, wenn sie das Mitglied überwiegend finanziell unterstützt oder in dessen Haushalt aufgenommen hat, und das gilt auch für *Pflegekinder*.

Altersgrenzen der Kinder in der Familienversicherung

Es gibt allerdings eine zeitliche Einschränkung, bis zu welchem Alter gewöhnlich *Kinder* familienversichert sind:

- ✔ bis zur Vollendung des 18. Lebensjahres,
- ✔ bis zur Vollendung des 23. Lebensjahres, wenn sie nicht erwerbstätig sind, beziehungsweise
- ✔ bis zur Vollendung des 25. Lebensjahres, wenn sie sich in einer Schul- oder Berufsausbildung befinden oder ein freiwilliges soziales/ökologisches Jahr ableisten.

Die Ausnahme von der Altersgrenze: Kinder mit Behinderung

Hinsichtlich der Altersgrenzen gibt es eine Ausnahme, nämlich die *Familienversicherung für volljährige Kinder mit einer Behinderung*. Sie kommt in Betracht, sofern das Kind über das 25. Lebensjahr hinaus nicht in der Lage ist, sich selbst finanziell zu versorgen. Zudem muss eine Behinderung im Sinne von § 2 Absatz 1 SGB IX bereits zu einem Zeitpunkt vorgelegen haben, zu dem das Kind innerhalb der Altersgrenzen nach § 10 Absatz 2 SGB V noch familienversichert war.

BEISPIEL

Carolin lebt bei ihren Eltern. Mit 21 Jahren hat sie während ihres Studiums einen Schlaganfall erfahren und leidet seitdem unter epileptischen Anfällen, daher konnte sie das Studium auch nicht abschließen. Zur finanziellen Entlastung ihrer Eltern jobbt sie ab und zu als Aushilfe in einem Café, fasste aber beruflich nie so richtig Fuß. Mit 31 Jahren beschließt Carolin, es mit der Uni noch einmal zu probieren. Sie fragt sich allerdings, ob sie sich nun studentisch krankenversichern lassen muss (mit Beitragszahlung) oder noch die Familienversicherung über einen Elternteil in Betracht kommen könnte.

Lösung: Die Epilepsie, unter der Carolin seit dem Schlaganfall leidet, stellt eine Behinderung im Sinne von § 2 Absatz 1 SGB IX dar. Das Anfallsleiden trat auch während ihres Erststudiums auf, als Carolin noch familienversichert war. Der Familienversicherung außerhalb der Altersgrenze steht daher erst einmal nichts im Wege. Eine weitere Voraussetzung ist allerdings, ob Carolin in der Zwischenzeit außerstande war, sich selbst finanziell zu versorgen, immerhin jobbte sie ja bereits.

Ein volljähriges Kind ist dann unfähig, sich selbst zu unterhalten, wenn es seinen eigenen Lebensunterhalt einschließlich notwendiger Aufwendungen infolge einer Behinderung nicht selbst bestreiten kann (vergleiche BSG, Urteil vom 10.12.1980, Aktenzeichen 9 RV 11/80). Davon ist auszugehen, wenn es infolge der Behinderung nicht in der Lage ist, eine Erwerbstätigkeit in gewisser Regelmäßigkeit auszuüben und mehr als nur geringe Einkünfte zu erzielen.

Die Jobs von Carolin dienten bislang nur dazu, ihren Eltern nicht allzu sehr finanziell auf der Tasche zu liegen. Aber darauf kommt es eigentlich gar nicht an, denn das Bundessozialgericht vertritt schon seit Längerem bezüglich der Erwerbstätigkeit eines volljährigen behinderten Kindes folgende Auffassung:

Eine einmal begründete Familienversicherung ohne Altersgrenze wird durch eine nur vorübergehende Beschäftigtenversicherung nur überlagert, aber nicht auf Dauer beseitigt (vergleiche BSG, Urteil vom 18.5.2004, Aktenzeichen B 1 KR 24/02 R).

Carolin hat damit die Möglichkeit der (beitragsfreien) Familienversicherung über einen Elternteil über die Altersgrenze nach § 10 Absatz 2 SGB V hinaus. Übrigens: Ob für Carolin auch noch *Kindergeld* bezogen werden kann, können Sie in Kapitel 18 nachlesen!

Teil IV

Die fünf Säulen der Sozialversicherung

IN DIESEM TEIL …

tauchen wir nun vertiefend in die gesetzliche Sozialversicherung ein. In jedem Kapitel dieses Teils stelle ich eine Säule der (beitragsfinanzierten) Sozialversicherung vor.

geht es vor allem um praxisrelevante Leistungen in schwierigen Lebenslagen so zum Beispiel Arbeitslosen-, Kranken- oder Pflegegeld – und die Voraussetzungen, die Sie erfüllen müssen, um diese Leistungen zu erhalten.

werden noch weitere Leistungen rund um die Berufstätigkeit vorgestellt, so zum Beispiel der Dschungel der Entscheidungen bei Arbeitsunfällen in der Unfallversicherung und die Möglichkeiten, die Ihnen offenstehen, wenn Sie eine der zahlreichen Rentenarten beziehen möchten.

IN DIESEM KAPITEL

Arbeitsförderung

Arbeitslosengeld

Aussteuerung und Nahtlosigkeit

BAB und mehr

Kapitel 8
Die Arbeitsförderung nach SGB III

Wenn Sie vom SGB III hören, denken Sie wahrscheinlich spontan an Begriffe wie »Arbeitslosengeld« oder »Sperrzeiten«. Das ist zwar naheliegend, aber im SGB III geht es vor allem um das Thema *Arbeitsförderung* – also darum, wie sich Arbeitslosigkeit vermeiden oder verkürzen lässt. Hierfür stehen zahlreiche Instrumente wie Berufsberatung, Ausbildungsförderung oder Weiterbildungsmaßnahmen zur Verfügung. Gerade während der Coronapandemie hat es sich gezeigt, dass auch das Kurzarbeitergeld, auf das ich später noch eingehe, eine Sozialleistung ist, mit der sich Arbeitslosigkeit vermeiden lässt.

Im Mittelpunkt der Praxis stehen allerdings tatsächlich das Arbeitslosengeld (umgangssprachlich oft Arbeitslosengeld I oder Alg I oder einfach Alg genannt) und etwaige Sperrzeiten, die in diesem Kapitel ausführlich erklärt werden. Aber natürlich dürfen hier auch Ausführungen zum Thema »Auslaufen des Krankengeldes« und »nahtloses Arbeitslosengeld« nicht fehlen. Sicherlich könnte noch über viel mehr Regelungen des SGB III an dieser Stelle berichtet werden – immerhin hat das Gesetz über 450 Paragrafen, aber zur Orientierung sollte dieses Kapitel erst einmal reichen.

Wissenswertes zur Arbeitsförderung kurz erklärt

Wer Interesse an einer Arbeitsförderung hat, dem stehen hierfür gegenüber dem zuständigen Träger, der Agentur für Arbeit, mehrere Möglichkeiten offen, die sich – nach der Reihenfolge im Gesetz – wie folgt zusammenfassen lassen:

- **Berufsberatung, Ausbildungs- und Arbeitsvermittlung (§§ 29 bis 43 SGB III)**

  Das Beratungsangebot ist an junge Menschen und Erwachsene gerichtet, die arbeiten oder sich beruflich umorientieren wollen. Gerade für junge Menschen ist die Vielzahl von möglichen Studien- und Berufsangeboten unüberschaubar. Wertvolle Unterstützung liefert hier zudem das BIZ, das *Berufsinformationszentrum*.

  Beratungsangebote der Agentur für Arbeit informieren zudem rund um das Thema der Anerkennung ausländischer Berufsabschlüsse oder zur Lage und Entwicklung des Arbeitsmarktes. Die Arbeitsförderung ist daher auch ein Instrument, Engpässe auf dem Arbeitsmarkt (beispielsweise Fachkräfte-/Pflegekräftemangel) rechtzeitig durch eine gezielte Förderung, die eben bereits mit der Beratung anfängt, auszugleichen.

  Hauptaufgabe der Agentur für Arbeit ist allerdings, bei der *Vermittlung* in eine Ausbildung oder Arbeit durch konkrete Vermittlungsangebote aktiv zu unterstützen. Im Gegenzug können sich Arbeitgeber an die Agentur für Arbeit wenden, wenn sie auf der Suche nach einem Auszubildenden oder Arbeitnehmer sind. Übrigens, auch wenn es sich selbstverständlich anhören mag: Die Vermittlungsangebote dürfen nicht gegen ein Gesetz oder die guten Sitten verstoßen.

  BEISPIEL

  Das Bundessozialgericht entschied im Jahr 2009, dass eine Vermittlungstätigkeit der Agentur für Arbeit in den »Sexualbereich bezogene Dienstleistungen« mit dem Schutz der Menschenwürde nach Artikel 1 Absatz 1 GG unvereinbar ist. Geklagt hatte ein Bordellbetreiber, der die Agentur um die »Vermittlung Prostituierter als Arbeitnehmer« bat (Urteil vom 6.5.2009, Aktenzeichen B 11 AL 11/08 R). Zum Glück gibt es Grenzen der Vermittlungstätigkeit …

- **Aktivierung und berufliche Eingliederung (§§ 44 bis 47 SGB III)**

  Sich »old school« Bewerbungsmappen anzuschaffen und diese an Ausbildungsbetriebe und Arbeitgeber zu versenden, zu Vorstellungsgesprächen zu fahren oder gar wegen eines neuen Jobs in eine andere Stadt zu ziehen, kann ins Geld gehen. Zum Glück gibt es für derartige Kosten die Förderung aus dem *Vermittlungsbudget* (§ 44 SGB III). Allerdings besteht kein Rechtsanspruch auf diese Förderung, sondern es wird im Einzelfall entschieden, ob und in welcher Höhe die Agentur für Arbeit Sie unterstützt. Wichtig ist, auf Folgendes zu achten:

  Der *Antrag auf Kostenübernahme für Bewerbungen* muss **vorher** gestellt werden, damit die Kosten übernommen werden können. Also nicht erst auf Teufel komm raus durchs Land zu Vorstellungsgesprächen fahren und die Reisekostenübernahme hinterher beantragen!

- **Berufswahl und Berufsausbildung (§§ 48 bis 80 SGB III)**

  Hier sind beispielsweise Maßnahmen zur *Berufsorientierung oder -einstiegsbegleitung* zu nennen, um den Übergang von der Schule in die Berufsausbildung zu fördern. Die Agentur für Arbeit unterstützt aber auch junge Menschen ohne Schulabschluss im Rahmen einer berufsvorbereitenden Bildungsmaßnahme auf den nachträglichen Erwerb des Hauptschulabschlusses oder eines gleichwertigen Schulabschlusses, um nur zwei Beispiele zu nennen.

Haben Sie schon mal etwas von der *Berufsausbildungsbeihilfe* (BAB) gehört? Auch diese ist eine Leistung der Agentur für Arbeit und in § 56 SGB III geregelt. Die Berechnung mag kompliziert sein, da sie zum einen vom individuellen monatlichen Gesamtbedarf für die Ausbildung und zum anderen vom anzurechnenden Einkommen wie der Ausbildungsvergütung sowie vom Einkommen der Eltern abhängt, aber einen Antrag loszuschicken, schadet nicht. Am Ende des Kapitels nehmen wir uns dafür noch etwas mehr Zeit.

✔ **Aufnahme einer Erwerbstätigkeit (§§ 88 bis 94 SGB III)**

Versicherte, die bereits häufig oder lange arbeitslos waren oder gesundheitliche Einschränkungen haben beziehungsweise die vielleicht aus familiären Gründen häufig ihre Berufstätigkeit unterbrechen mussten – sogenannte *Vermittlungshemmnisse* –, können ihrem zukünftigen Arbeitgeber einfach mal den Tipp zur Beantragung einer finanzielle Unterstützung in Form eines *Eingliederungszuschusses* für den Fall ihrer Einstellung geben.

Wer mutig ist und den Schritt in die Selbständigkeit wagen möchte, kann durch die Agentur für Arbeit durch einen *Gründungszuschuss* (§ 93 SGB III) gefördert werden. Voraussetzung ist unter anderem, dass bis zur Aufnahme der selbständigen Tätigkeit noch ein (Rest-)Anspruch auf Arbeitslosengeld von mindestens 150 Tagen besteht, die Tragfähigkeit der Existenzgründung nachgewiesen wird und Kenntnisse sowie Fähigkeiten zur Ausübung der selbständigen Tätigkeit dargelegt werden.

Wer in der Arbeitslosigkeit ein eigenes »Start-up« gründen möchte, sollte sich unbedingt vorher bei der Agentur für Arbeit zum Gründungszuschuss umfassend beraten lassen. So können für Menschen mit einer Behinderung auch andere Voraussetzungen bestehen, beispielsweise hinsichtlich des Restanspruchs in zeitlicher Hinsicht.

✔ **Verbleib in Beschäftigung (§§ 95 bis 111 SGB III)**

Ziel der Arbeitsförderung ist es aber auch, es erst gar nicht zur Kündigung des Arbeitsverhältnisses kommen zu lassen, was dann durchaus in Arbeitslosigkeit führen kann. Ein wichtiges Instrument zur Vermeidung einer Kündigung durch den Arbeitgeber ist daher das *Kurzarbeitergeld*, das in §§ 95 ff. SGB III geregelt ist. Wenn erheblich Arbeit ausfällt und dies auf wirtschaftlichen Gründen beruht (beispielsweise durch Zulieferengpässe oder dem Ausbleiben von Kunden), kann der Arbeitgeber *Kurzarbeit* bei der Agentur für Arbeit anmelden. Damit sollen die Arbeitsplätze der Beschäftigten erhalten werden, indem entweder weniger oder gar nicht gearbeitet wird. Hiervon können alle Beschäftigten eines Betriebs oder nur Teile betroffen sein. Die Höhe des Kurzarbeitergeldes beträgt grundsätzlich 60 Prozent des ausgefallenen Nettoentgelts und erhöht sich auf 67 Prozent, sofern ein Kind vorhanden ist.

Darüber hinaus gibt es im SGB III auch noch weitere Leistungen wie das Insolvenzgeld und natürlich das Arbeitslosengeld, welches Sie im nächsten Absatz kennenlernen werden.

Das Arbeitslosengeld

Ein Anspruch auf *Arbeitslosengeld* (Alg) kann bei Arbeitslosigkeit (§§ 137 ff. SGB III) und bei beruflicher Weiterbildung (§ 144 SGB III) bestehen. Da Ersteres häufiger in der Praxis vorkommt, schauen wir uns die Voraussetzungen des *Arbeitslosengeldes bei Arbeitslosigkeit* vertiefend an.

Voraussetzungen für den Bezug von Arbeitslosengeld

Voraussetzung hierfür ist, dass der Anspruchsteller

- ✔ arbeitslos ist,
- ✔ sich bei der Agentur für Arbeit arbeitslos gemeldet und
- ✔ die Anwartschaftszeit erfüllt hat.

Das hört sich nun einfacher an, als es sich in der Praxis gestaltet, denn nicht jeder ohne Arbeit ist auch gleichzeitig »arbeitslos im Sinne des Gesetzes« und kann Arbeitslosengeld beziehen. Dazu ein Beispiel:

BEISPIEL

Der Tischler Karl hat ein Faible für Kunst; er verbringt daher am Wochenende viel Zeit in Museen und Kunstgalerien. Als er nach vielen Jahren von seinem Arbeitgeber gekündigt wird, beschließt Karl, nun auch unter der Woche seinem Hobby nachzugehen. Auf die Frage der Agentur für Arbeit hin, ob er der Arbeitsvermittlung zur Verfügung steht, antwortet Karl daher, dass er sich erst mal eine Auszeit für die vielen Museen und Sehenswürdigkeiten der Stadt nehmen will. Bekommt er jetzt Arbeitslosengeld?

Beginnen wir mit einer der ersten Voraussetzung: Um Arbeitslosengeld beziehen zu können, muss auf jeden Fall eine *Anwartschaft* erfüllt sein. Karl aus unserem Beispiel zuvor muss erst mal in die Arbeitslosenversicherung eingezahlt haben, um Leistungen wie das Arbeitslosengeld in Anspruch nehmen zu können. Das ist in § 142 Absatz 1 SGB III geregelt: Danach hat die Anwartschaftszeit derjenige erfüllt, der innerhalb von 30 Monaten (der *Rahmenfrist*) mindestens zwölf Monate in einem Versicherungspflichtverhältnis stand. Hiervon ist bei Karl aufgrund seiner langjährigen Berufstätigkeit auszugehen. Auch hat er sich bereits bei der Agentur für Arbeit gemeldet.

Etwas schwieriger ist Frage zu beantworten, ob Karl überhaupt als »arbeitslos im Sinne des Gesetzes« gilt. Hier hilft § 138 SGB III weiter: Danach ist *arbeitslos*, wer Arbeitnehmer ist und

- ✔ nicht in einem Beschäftigungsverhältnis steht (*Beschäftigungslosigkeit*),
- ✔ sich bemüht, die eigene Beschäftigungslosigkeit zu beenden (*Eigenbemühungen*) und
- ✔ den Vermittlungsbemühungen der Agentur für Arbeit zur Verfügung steht (*Verfügbarkeit*).

Karl ist zweifelsfrei beschäftigungslos, denn er wurde gekündigt und hat auch keinen neuen Job, allerdings besteht er vehement auf eine Auszeit für sein Hobby. Damit steht er den Vermittlungsbemühungen der Agentur für Arbeit nicht zur Verfügung und wird vermutlich auch keine Eigenbemühungen unternehmen. Karl wird also einen Ablehnungsbescheid der Agentur für Arbeit erhalten, wonach er nicht als arbeitslos im Sinne des Gesetzes gilt und kein Arbeitslosengeld bekommt.

Anders wäre es gewesen, wenn sich Karl aktiv der Arbeitsvermittlung zur Verfügung gestellt hätte, sich beworben oder auf Jobangebote der Agentur für Arbeit gewartet und darauf reagiert hätte. Dann hätte er in der verbleibenden Zeit durchaus seine Museumsauszeit nehmen können.

Sonderfall Erkrankung und Arbeitslosigkeit

Dem § 138 Absatz 5 Nr. 1 SGB III lässt sich entnehmen, dass jemand nur dann den *Vermittlungsbemühungen* der Agentur für Arbeit zur Verfügung steht, wenn er insbesondere eine Berufstätigkeit im Umfang von *mindestens 15 Stunden* wöchentlich ausüben kann. Warum ist dem Gesetzgeber dieses Zeitfenster so wichtig? Weil es unter anderem auch darum gehen kann, dass eine arbeitslose Person bereits die Voraussetzungen für eine volle Erwerbsminderung im Falle einer Erkrankung erfüllen könnte und warum soll dann die Agentur das Alg zahlen? In diesem Fall müsste die arbeitslose Person sich an ihren Rententräger wenden. Im Falle der Erkrankung ist jedoch zu unterscheiden: Erkrankt die arbeitslose Person während des Bezuges von Alg, wird dieses bis zu sechs Wochen weitergezahlt. Ist die arbeitslose Person allerdings von Anfang an arbeitsunfähig und für einen längeren Zeitraum erkrankt, widme ich diesem wichtigen Personenkreis unter dem Stichwort »Aussteuerung und Nahtlosigkeit« in diesem Kapitel noch besondere Aufmerksamkeit.

Die Arbeitslosmeldung

Eine weitere Voraussetzung für den Bezug von Arbeitslosengeld ist die *Arbeitslosmeldung*, die in § 141 SGB III geregelt ist. Eine Arbeitslosmeldung muss spätestens **drei Monate** vor der Beendigung des Ausbildungs- oder Arbeitsverhältnis bei der Agentur für Arbeit unter Angabe der persönlichen Daten und des Beendigungszeitpunktes erfolgen. Wenn zwischen der Kenntnis des Beendigungszeitpunktes und der Beendigung weniger als drei Monate liegen sollten (weil zum Beispiel eine kürzere Kündigungsfrist besteht), muss die Meldung innerhalb von **drei Tagen** ab Kenntnis des Beendigungszeitpunktes erfolgen (§ 38 Absatz 1 SGB III).

Spätestens am ersten Tag der Arbeitslosigkeit muss sich die beschäftigungs- beziehungsweise arbeitslose Person bei ihrer zuständigen Agentur für Arbeit arbeitslos melden, wenn sie kein Anschlussarbeitsverhältnis gefunden hat und Arbeitslosengeld beziehen möchte. Die Arbeitslosmeldung kann online oder persönlich erfolgen.

Falls die zuständige Agentur für Arbeit am ersten Tag der Beschäftigungslosigkeit nicht dienstbereit sein sollte, müssen Sie die Meldung am nächsten dienstbereiten Tag vornehmen, damit eine rückwirkende Arbeitslosmeldung vorliegt (§ 141 Absatz 2 SGB III).

Die Höhe des Arbeitslosengeldes

Nun sind die Formalien der Arbeitssuchend- und Arbeitslosmeldung eingehalten, aber jetzt ist die spannende Frage, wie hoch eigentlich das Arbeitslosengeld ausfällt und wie lange es bezogen werden kann. Das hängt von mehreren Faktoren ab:

- ✔ Die **Grundlage**, auf der das Arbeitslosengeld berechnet wird, ist meistens der durchschnittliche Bruttolohn der letzten zwölf Monate vor der Arbeitslosigkeit. Wer Arbeitslosengeld bezieht, ist in der *gesetzlichen Kranken- und Pflegeversicherung* pflichtversichert. Die Agentur für Arbeit übernimmt die Beiträge in voller Höhe, dafür zieht sie aber die gewöhnlich anfallenden Abzüge heraus und errechnet ein »pauschalisiertes Nettoentgelt«. In der Regel beträgt das Arbeitslosengeld 60 Prozent dieses Nettoentgelts.
- ✔ Davon, ob die arbeitslose Person oder ihr Ehegatte/Lebenspartner ein **Kind im Sinne des § 32 Absatz 1, 3 bis 5 Einkommenssteuergesetz** – also beispielsweise ein minderjähriges oder in Ausbildung befindliches Kind – hat. Im Falle eines Kindes beträgt das Arbeitslosengeld 67 Prozent anstatt 60 Prozent des pauschalisierten Nettogehaltes.
- ✔ Dem **Bemessungszeitraum** (§ 150 SGB III), der den beim Ausscheiden aus dem jeweiligen Beschäftigungsverhältnis abgerechneten Verdienstzeitraum im Bemessungsrahmen umfasst. Als *Bemessungsrahmen* dient üblicherweise ein Zeitraum von einem Jahr vor der Arbeitslosigkeit. Dieser kann sich auf zwei Jahre erweitern, wenn es im konkreten Einzelfall nicht gerechtfertigt wäre, von dem Bemessungsentgelt in den letzten zwölf Monaten vor der Arbeitslosigkeit auszugehen. Dazu ein Beispiel zur Veranschaulichung:

BEISPIEL

Arbeitnehmer Karl-Heinz hat über viele Jahre etwa 5.000 Euro brutto verdient, bevor seine Firma in Insolvenz ging. Zur Vermeidung von Arbeitslosigkeit nahm er danach einen Job für 2.500 Euro brutto an, wurde aber noch während der Probezeit gekündigt und möchte nun Arbeitslosengeld beziehen. Er findet es aber ungerecht, wenn die Agentur für Arbeit für die Berechnung seines Anspruchs auch den geringeren Verdienst berücksichtigt, insbesondere da er viele Jahre schließlich auf den hohen Verdienst auch seine Beiträge zur Arbeitslosenversicherung gezahlt hat.

Lösung: Das Bundessozialgericht machte 2010 eine Vorgabe für diesen Fall: Eine *unbillige Härte* liegt vor, wenn das Bemessungsentgelt aus dem erweiterten Bemessungsrahmen das um 10 Prozent erhöhte Bemessungsentgelt aus dem einjährigen Rahmen übersteigt (Urteil vom 24.11.2010, Aktenzeichen B 11 AL 30/09 R). Karl-Heinz muss sich jedoch gemäß § 150 Absatz 3 Satz 2 SGB III **ausdrücklich** auf eine Erweiterung seines *Bemessungsrahmens* zur Berechnung berufen.

Wie lange wird das Arbeitslosengeld gezahlt?

Noch eine spannende Frage für die Praxis: Wie lange können Sie das Arbeitslosengeld beziehen? Die *Höchstanspruchsdauer* kann zwischen sechs und 24 Monaten schwanken, und das hängt von der Dauer der Versicherungspflicht in den letzten fünf Jahren sowie dem

Alter der arbeitslosen Person ab. Je länger das Versicherungspflichtverhältnis bestand und je älter die arbeitslose Person ist, desto länger besteht auch der Anspruch auf Arbeitslosengeld. Genauer ist das in Tabelle 8.1 dargestellt.

Versicherungspflicht in den letzten fünf Jahren vor der Arbeitslosigkeit in Monaten	Vollendetes Lebensjahr	Höchstanspruchsdauer in Monate
12		6
16		8
20		10
24		12
30	50.	15
36	55.	18
48	58.	24

Tabelle 8.1: Dauer der Arbeitslosenzahlung

Arbeitslosengeld beziehen und trotzdem arbeiten?

Kommen wir zu der nächsten spannenden Frage: Darf eine arbeitslose Person während ihrer Arbeitslosigkeit auch hinzuverdienen, und wie wirkt sich das auf die Höhe des Anspruchs aus?

Die gute Nachricht: Bis 165 Euro im Kalendermonat können Sie hinzuverdienen, ohne dass es auf das Arbeitslosengeld angerechnet wird (§ 155 SGB III). Allerdings muss es sich hierbei um einen Nebenjob im Umfang von weniger als 15 Wochenstunden handeln, und dieser muss der Agentur für Arbeit gemeldet worden sein. Wenn der Verdienst 165 Euro im Monat übersteigt, wird das Arbeitslosengeld um den überschießenden Betrag gekürzt.

Das Gleiche gilt übrigens auch für die Ausübung einer selbständigen Tätigkeit!

Auch dazu einen wichtigen Hinweis für die Praxis: Der Freibetrag von 165 Euro kann mit *Werbungskosten* anlässlich der Ausübung der Nebentätigkeit erhöht werden. Typische Werbungskosten sind unter anderem Ausgaben für Arbeitsmaterialien, Kosten für die Reinigung der Arbeitskleidung und die Fahrtkosten zum Arbeitsplatz.

Übrigens spricht wenig dagegen, dass Sie sich ehrenamtlich engagieren: Eine *ehrenamtliche Betätigung* schließt Arbeitslosigkeit nicht aus (§ 138 Absatz 2 SGB III), jedenfalls dann nicht, wenn dadurch die berufliche Eingliederung der arbeitslosen Person nicht beeinträchtigt wird.

Ist jede Vermittlung zumutbar?

In der Praxis kommt für den/die Arbeitslose(n) häufig die Frage auf, ob eigentlich alle Jobangebote der Agentur für Arbeit angenommen und hierfür vielleicht auch lange An- und Abfahrtszeiten in Kauf genommen werden müssen. Im Allgemeinen gilt Folgendes:

Die arbeitslose Person steht ausweislich § 138 Absatz 5 SGB III den Vermittlungsbemühungen der Agentur für Arbeit insbesondere dann zur Verfügung, wenn sie

- ✔ eine versicherungspflichtige und zumutbare Beschäftigung im Umfang von mindestens 15 Wochenstunden ausüben kann und darf,
- ✔ den Vorschlägen der Behörde zur beruflichen Eingliederung zeit- und ortsnah nachkommen kann,
- ✔ bereit ist, jede oben angeführte Beschäftigung anzunehmen und auszuüben, und
- ✔ zur Teilnahme an Maßnahmen zur beruflichen Eingliederung in das Erwerbsleben bereit ist.

Hier kann es aber im Einzelfall Grenzen geben, wenn allgemeine oder personenbezogene Gründe vorliegen, wonach jemand nicht bereit ist, alle Jobs künftig anzunehmen. Diese Gründe ergeben sich aus § 140 Absatz 1 SGB III, wie beispielsweise ein künftiger geringerer Verdienst oder lange Pendelzeiten. Davon abweichend gibt es auch Sonderfälle der Verfügbarkeit, die in § 139 SGB III geregelt sind – etwa wenn jemand eine Teilzeitbeschäftigung ausüben möchte.

Sehen wir uns dazu exemplarisch drei häufige Gründe für eine Unzumutbarkeit an:

- ✔ **Künftig geringerer Verdienst**

  Entscheidend ist hier die Dauer der Arbeitslosigkeit: Je länger Ihre Arbeitslosigkeit anhält, umso mehr Minderung beim Verdienst im künftigen Job müssen Sie akzeptieren. In den ersten drei Monaten der Arbeitslosigkeit ist eine Minderung um mehr als 20 Prozent und in den folgenden drei Monaten um mehr als 30 Prozent nicht zumutbar. Vom siebten Monat der Arbeitslosigkeit an ist eine Beschäftigung dann nicht zumutbar, wenn das künftige Nettoeinkommen niedriger ist als das Arbeitslosengeld.

- ✔ **Lange Pendelzeiten zwischen Wohn- und Arbeitsort**

  Die Zumutbarkeit von langen Pendelzeiten richtet sich nach der Arbeitszeit: Unverhältnismäßig sind häufige Pendelzeiten (zwischen Wohnung und Arbeitsstätte) von insgesamt mehr als zweieinhalb Stunden bei einer Arbeitszeit von mehr als sechs Stunden, aber auch von mehr als zwei Stunden bei einer Arbeitszeit von sechs oder weniger Stunden. Einschränkungen an die Unverhältnismäßigkeit kann es geben, wenn regional längere Pendelzeiten üblich sind.

- ✔ **Umzug zum Arbeitsort**

  Aus den langen Pendelzeiten heraus kann übrigens auch ein Umzug zumutbar sein. Ab dem vierten Monat der Arbeitslosigkeit kann sich eine arbeitslose Person im Allgemeinen nicht (mehr) darauf berufen, dass die Pendelzeiten unverhältnismäßig lang sind. Einem Umzug können allerdings auch familiäre Bindungen entgegenstehen.

Bei einem zumutbaren Umzug sollten Sie immer auch an die Beantragung der Umzugskostenübernahme von der Agentur für Arbeit denken!

Das Arbeitslosengeld bei beruflicher Weiterbildung

Zu Beginn des Abschnittes habe ich erwähnt, dass auch ein Anspruch auf *Arbeitslosengeld bei beruflicher Weiterbildung* bestehen kann. Schauen wir uns nachfolgend dessen Voraussetzungen in § 144 SGB III näher an, denn eine Teilnahme an einer Weiterbildung führt zur Verlängerung des Bezuges von Arbeitslosengeld.

Anspruch auf Arbeitslosengeld hat auch, wer an einer nach § 81 SGB III geförderten beruflichen Weiterbildung teilnimmt. Die Verlängerung des Arbeitslosengeldes (geregelt in § 148 SGB III) ergibt sich in folgenden Konstellationen, die anhand von zwei Beispielen erläutert sind:

Variante 1: Judith hat einen Anspruch auf Arbeitslosengeld für zwölf Monate. Nach dem dritten Monat ihrer Arbeitslosigkeit nimmt sie an einer geförderten Weiterbildungsmaßnahme ihrer zuständigen Agentur für Arbeit mit einer Dauer von sechs Monaten teil. Während der Dauer ihrer Weiterbildung mindert sich ihr Alg-Anspruch nicht um sechs Monate, sondern nur hälftig um drei Monate. Zum Ende der Maßnahme hat Judith zwar bereits für neun Monate ihr Arbeitslosengeld bezogen, aber es besteht noch ein Restanspruch von weiteren sechs Monaten. Aufgrund der Teilnahme an der geförderten Weiterbildung kann Judith also für insgesamt 15 Monate das Arbeitslosengeld beziehen.

Variante 2: Judiths Freundin Merle hat einen Arbeitslosengeldanspruch von 18 Monaten, wovon sie bereits zwölf Monate in Anspruch genommen hat. Auch sie findet die Idee einer Weiterbildung »nice« und nimmt an einer für die Dauer von 24 Monaten geförderten Weiterbildungsmaßnahme teil. In dieser Zeit erhält sie Arbeitslosengeld bei beruflicher Weiterbildung. Zum Zeitpunkt ihres Abschlusses hat Merle daher 36 Monate Arbeitslosengeld bezogen, und über § 148 Absatz 3 SGB III erhält sie noch für weitere drei Monate diese Leistung, insgesamt also 39 Monate lang!

Zuletzt noch eine kleines »Schmankerl« für alle Lernhungrigen:

Schon gewusst? Beziehende von Arbeitslosengeld erhalten bei Teilnahme an einer berufsabschlussbezogenen Weiterbildung einen monatlichen Zuschuss (*Weiterbildungsgeld*) in Höhe von 150 Euro (§ 87a Absatz 2 SGB III); mehr dazu am Ende des Kapitels.

Sperrzeiten und ihre Vermeidung

Eine *Sperrzeit* von maximal zwölf Wochen kann hart werden, vor allem, wenn keine finanziellen Rücklagen vorhanden sind – da droht schnell die Wohnungskündigung, wenn die Miete ausbleibt. Sperrzeiten sollten Sie also am besten vermeiden. Die Regelungen zu den Sperrzeiten finden sich in § 159 SGB III und führen zu einem *Ruhen des Anspruchs auf Arbeitslosengeld* für die Dauer der Sperrzeit. Als Grundsatz gilt, dass die Agentur für Arbeit immer dann eine Sperrzeit verhängt, wenn ein *versicherungswidriges Verhalten* der antragstellenden Person vorliegt, ohne dass es hierfür einen wichtigen Grund gab. Ein solches Verhalten wird angenommen, wenn die arbeitslose Person zum Beispiel

- ✔ das Arbeitsverhältnis selbst gelöst (Eigenkündigung oder Abschluss eines Aufhebungsvertrages) hat oder durch ein arbeitsvertragswidriges Verhalten Anlass hierzu gegeben hat und dadurch vorsätzlich oder grob fahrlässig die Arbeitslosigkeit herbeigeführt hat (*Sperrzeit bei Arbeitsaufgabe*);
- ✔ eine von der Agentur für Arbeit angebotene Beschäftigung nicht annimmt, nicht antritt oder deren Anbahnung durch ihr Verhalten verhindert (*Sperrzeit bei Arbeitsablehnung*);
- ✔ nicht genügend Eigenbemühungen nachweist (*Sperrzeit bei unzureichenden Eigenbemühungen*);
- ✔ sich weigert, an Maßnahmen zur Aktivierung und beruflichen Eingliederung oder Weiterbildung beziehungsweise Maßnahmen zur Teilhabe am Arbeitsleben teilzunehmen (*Sperrzeit bei Ablehnung einer beruflichen Eingliederungsmaßnahme*), oder derartige Maßnahmen zur beruflichen Eingliederung abbricht beziehungsweise durch ihr Verhalten Anlass zum Ausschluss gibt (*Sperrzeit bei Abbruch einer beruflichen Eingliederungsmaßnahme*);
- ✔ sich weigert, an integrativen Kursen (zum Beispiel Deutschsprachförderung) teilzunehmen oder derartige Kurse abbricht oder durch ihr Verhalten Anlass zum Ausschluss gibt (*Sperrzeit bei Ablehnung eines Integrationskurses oder einer berufsbezogenen Deutschsprachförderung*);
- ✔ sich weigert, sich bei der Agentur für Arbeit zu melden oder zu einem ärztlichen oder psychologischen Untersuchungstermin zu erscheinen (*Sperrzeit bei Meldeversäumnis*);
- ✔ ihrer Verpflichtung zur Arbeitssuchendmeldung (§ 38 Absatz 1) zu spät nachgekommen ist (*Sperrzeit bei verspäteter Arbeitssuchendmeldung*).

Schauen wir uns die *Sperrzeit bei Arbeitsaufgabe* (§ 159 Absatz 3 SGB III) im nächsten Absatz vertiefend an.

Die Sperrzeit bei Arbeitsaufgabe

Diese Sperrzeit droht immer dann, wenn ein Arbeitnehmer seinen Job selbst gekündigt hat, einen Aufhebungsvertrag mit seinem Arbeitgeber geschlossen oder verhaltensbedingt gekündigt wurde und dadurch die Arbeitslosigkeit selbst herbeigeführt hat. Allerdings kann es hierfür ja einen wichtigen Grund gegeben haben, sodass es dem Arbeitnehmer nicht zumutbar war, am Job festzuhalten, wie etwa:

- ✔ persönliche, gesundheitliche und familiäre Gründe
- ✔ berufliche und betriebliche Gründe

Sehen wir uns dazu einige Beispiele an, die die möglichen Gründe für eine Arbeitsaufgabe und die Auswirkungen auf die Sperrzeit illustrieren.

Arbeitsaufgabe durch familiäre Gründe

Anna tinderte in der Vergangenheit und ist mit ihrem »Match« Leon so zufrieden, dass sie ihn in drei Wochen heiraten wird. Dumm nur, dass sie 400 Kilometer voneinander entfernt wohnen. Das Pendeln am Wochenende soll endlich ein Ende haben; Anna hat sich daher zur Kündigung ihres Jobs unter Einhaltung einer vierwöchigen Kündigungsfrist entschlossen, um zu Leon zu ziehen. Muss Anna mit einer Sperrzeit rechnen?

Nein – dieses Beispiel zeigt, dass es durchaus einen wichtigen Grund für eine Eigenkündigung geben kann. Das Bundessozialgericht hat im Falle einer bevorstehenden Eheschließung innerhalb der Kündigungsfrist eine Selbstlösung vom Arbeitsvertrag anerkannt (so zum Beispiel Urteil vom 17.10.2007, Aktenzeichen B 11a/7a AL 52/06R), wenn der Arbeitsort weit entfernt liegt.

Rainer hat ein sehr gutes Verhältnis zu seiner an Demenz erkrankten Mutter Doris mit Pflegegrad 3. Diese wohnt 200 Kilometer entfernt und wird von einem ambulanten Pflegedienst tagsüber betreut. Nachts geht Doris jedoch oft »stiften« und wurde nur durch Zufall von Nachbarn auf der Straße bemerkt. Rainer versuchte vergeblich, eine umfassende Pflege für die Mutter zu organisieren. Er entschließt sich daher, seinen Job aufzugeben und zu seiner Mutter zu ziehen. Ihm ist es eine Herzensangelegenheit, seine Mutter so lange wie möglich zu Hause zu pflegen, um eine stationäre Heimunterbringung zu vermeiden.

Auch wenn sich jetzt spontan der Gedanke aufdrängt, dass die Pflege ein wichtiger Grund für die Arbeitsaufgabe darstellt, sieht es die Rechtsprechung anders: Nur ganz ausnahmsweise soll die *Aufgabe eines Arbeitsplatzes aus Gründen der Pflege* von nahen Angehörigen einen wichtigen Grund darstellen. Allerdings kommt hier der ambulante Pflegedienst an seine Grenzen, da er das nächtliche Herumirren der Mutter nicht vermeiden kann. Da sich der Sohn zudem vergeblich um eine weitere Unterstützung neben dem Pflegedienst bemüht hat, wird vorliegend im Einzelfall ausnahmsweise ein wichtiger Grund für die Eigenkündigung angenommen.

Arbeitsaufgabe durch persönliche Gründe

Kommen wir zu einem ebenfalls häufigen Praxisthema für erwartbare Sperrzeiten: ein *Mobbing am Arbeitsplatz.*

Unter *Mobbing* ist nach der Definition des Bundesarbeitsgerichts das systematische Anfeinden, Schikanieren oder Diskriminieren von Arbeitnehmern untereinander oder durch Vorgesetzte zu verstehen (Urteil vom 15.1.1997, Aktenzeichen 7 ABR 14/96).

Das Bundessozialgericht befasste sich schon 2003 (Urteil vom 21.10.2003, Aktenzeichen B 7 AL 92/02 R) mit der Frage, wann Gesundheitsstörungen und psychischer Druck einen wichtigen Grund für die Lösung eines Arbeitsverhältnisses durch einen Arbeitnehmer darstellen. Im betreffenden Fall litt der Arbeitnehmer unter Depression, Magenbeschwerden und Schlafstörungen, hatte jedoch nie einen Arzt aufgesucht. Die Beschwerden hätten daher nach der Auffassung des BSG noch nicht ein solches Ausmaß erreicht, dass dem Arbeitnehmer die Aufrechterhaltung seines Jobs nicht zumutbar war.

Was lernen Sie aus dieser Entscheidung? Die Vermeidung einer Sperre bedarf immer einer Einzelfallbetrachtung! Folgende Punkte spielen dabei eine Rolle:

- ✔ **Handelt es sich wirklich um Mobbing?** Häufig werden Anweisungen vom Chef subjektiv als Mobbing empfunden, obwohl sie vom Weisungsrecht des Arbeitgebers gedeckt sind.

BEISPIEL

Verkäuferin Lisa erhält am Freitag eine E-Mail ihrer Chefin, ab Montag in einer fünf Kilometer entfernten Filiale zu arbeiten, und empfindet diese Anweisung als Mobbing. Hat sie recht?

Lösung: Die Regelungen zum Arbeitsort im Arbeitsvertrag sehen dies jedoch vor – Lisa hat also keine Chance und muss das machen!

- ✔ **Kann Mobbing nachgewiesen werden**, etwa durch ein Mobbing-Tagebuch?
- ✔ **Was wurde gegen Mobbing unternommen?** Wurden Gespräche mit Vorgesetzten, Betriebs-/Personalrat etc. geführt oder eine Mobbing-Beratungsstelle aufgesucht, und kann dies nachgewiesen werden?
- ✔ **Liegen gesundheitliche Beeinträchtigungen wegen Mobbings vor** und erfolgt deshalb eine medizinische Behandlung?

Empfehlenswert ist es daher, wenn Sie vor einer Eigenkündigung das Gespräch mit der Agentur für Arbeit zu suchen, um obige Punkte vorzutragen und zu klären, ob die Mobbinggründe zur Auflösung des Arbeitsverhältnisses berechtigen.

Die Sperrzeitverkürzung aufgrund besonderer Härte

Die *Sperrzeit* von zwölf Wochen kann auf sechs Wochen *verkürzt* werden, wenn die Sperrzeit eine *besondere Härte* bedeutet (§ 159 Absatz 3 SGB III). Hierbei kommt es allerdings nicht auf die finanziellen Folgen einer Sperrzeit wie mangelnde Mietzahlung oder Ähnliches an, sondern auf die Gründe, die zur Sperrzeit geführt haben. Wenn ein alleinerziehender Elternteil von drei Kindern wegen häufigen Zuspätkommens zur Arbeit eine Kündigung erhält, wäre die volle Sperrzeit unbillig. Dies muss die arbeitslose Person aber unbedingt der Agentur mit der Bitte um Verkürzung der Sperrzeit mitteilen.

Weitere Sperrzeiten können etwa aus Meldeversäumnissen, verspäteter Arbeitssuchendmeldung oder wegen Abbruch von Eingliederungsmaßnahmen resultieren. Auch der Abschluss eines Aufhebungsvertrages mit dem Arbeitgeber kann zu einer Sperrzeit führen, wenn kein wichtiger Grund hierfür vorliegt.

Das Jobcenter hat übrigens bei Bezug von Bürgergeld nach dem SGB II eine Sperrzeit wegen Arbeitsaufgabe nach dem SGB III zu beachten, weil dies zu einer Leistungsminderung nach § 31 Absatz 2 Nr. 4 SGB II führen kann.

Aussteuerung und Nahtlosigkeit

Wieder so ein Begriff, mit dem die meisten Menschen vermutlich nicht viel anfangen können! Im Sozialrecht bedeutet *Aussteuerung* den Übergang von einem Sozialversicherungssystem in ein anderes, also vom Krankengeld direkt in den Bezug von Arbeitslosengeld. Dies wird mit einem Schreiben der Krankenkasse angekündigt, wonach demnächst der Bezug von Krankengeld endet, weil die Bezugshöchstdauer erreicht ist. Aber wie soll es nun finanziell für die Person weitergehen, wenn sie weiterhin arbeitsunfähig erkrankt ist?

Das Zauberwort heißt »*nahtlos*« und bedeutet in diesem Zusammenhang: Wer sich nach dem Ende seines Krankengeldbezuges weiterhin für arbeitsunfähig erkrankt hält, stellt dennoch einen Antrag auf Arbeitslosengeld bei der Agentur für Arbeit und erhält nahtlos diese Leistung. Das ist gesetzlich in § 145 SGB III geregelt, unabhängig davon, ob das Arbeitsverhältnis noch besteht.

Aber Achtung: Wenn die arbeitslose Person noch mindestens 15 Wochenstunden, aber weniger als in Vollzeit arbeiten kann, erhält sie Arbeitslosengeld nach § 137 SGB III, gegebenenfalls gemindert nach § 151 Absatz 5 SGB III. Wenn das Leistungsvermögen des Arbeitslosen allerdings nach Auffassung der Agentur für Arbeit auf unter 15 Wochenstunden gesunken ist, müssen Sie Folgendes beachten: Auf die *Nahtlosigkeitsregelung* kann sich nur berufen, wer bei einer voraussichtlich mehr als sechs Monate andauernden Arbeitsunfähigkeit signalisiert, dass er/sie arbeiten will, soweit es möglich ist (vergleiche BSG, Entscheidung vom 9.9.1999, Aktenzeichen B 11 AL 13/99 R).

Rudolf ist schon seit 36 Jahren Baggerfahrer aus Leidenschaft. Allerdings macht sein Rücken seit einiger Zeit zunehmend Probleme, und nun läuft bald sein Krankengeld aus. Rudolf weiß, dass er als Baggerfahrer nicht mehr arbeiten kann, und freundet sich daher langsam mit dem Gedanken an, eine Stelle in einem Büro zu finden.

Rudolf kann nach dem Ende des Krankengeldbezuges nahtlos Arbeitslosengeld beantragen und der Arbeitsvermittlung erklären, dass er arbeiten will, soweit er gesundheitlich kann. Damit steht dem Bezug von Arbeitslosengeld nichts entgegen. Die Agentur für Arbeit wird den immer noch andauernden Krankheitszustand von Rudolf nutzen, um ihn aufzufordern, bei seinem Rententräger beispielsweise eine Erwerbsminderungsrente oder eine medizinische Reha zu beantragen (§ 145 Absatz 2 SGB III).

Falls eine arbeitslose Person der Aufforderung nach § 145 Absatz 2 SGB III nicht nachkommt, ruht der Anspruch auf Arbeitslosengeld, bis die *Mitwirkungshandlung* nachgeholt wurde.

Der Hintergrund der Aufforderung zur Beantragung einer Erwerbsminderungsrente ist banal; die erkrankte Person soll einem neuen Sozialsystem, nämlich hier der Rentenversicherung, zugeführt werden: Raus aus dem Topf, rein in den Topf. Dann kann die Agentur für Arbeit die Akte schließen und ein neuer Kostenträger ist zuständig, wenn die Erwerbsminderungsrente bewilligt wird.

Die Nahtlosigkeitsregelung des § 145 Absatz 2 SGB III kann so lange beansprucht werden, wie nicht über den Rentenanspruch entschieden ist (BSG, Entscheidung vom 9.9.1999, Aktenzeichen B 11 AL 13/99 R). Es geht also darum, ob die Ablehnung des Rentenantrags nicht mehr mit einem Rechtsmittel wie Widerspruch, Klage oder Berufung angegriffen werden kann. In Einzelfällen lehnt die Agentur die Nahtlosigkeit ab, wenn der Rententräger den Antrag auf Erwerbsminderungsrente abgelehnt hat, was jedoch falsch ist.

Das Nahtlos-Arbeitslosengeld ist jedoch vom *Kranken-Arbeitslosengeld* zu unterscheiden. Letzteres kommt immer dann in Betracht, wenn die Arbeitsunfähigkeit erst während des Bezuges von Arbeitslosengeld ärztlich festgestellt wird. Es gelten dann die gleichen Regeln wie in einem Arbeitsverhältnis: Arbeitsunfähig erkrankte Arbeitslose erhalten sechs Wochen lang weiterhin Arbeitslosengeld und danach Krankengeld für 72 Wochen, sofern ein solcher Anspruch noch nicht ganz oder teilweise aufgebraucht ist.

Sonstige Leistungen im SGB III

Im SGB III sind noch Regelungen für etliche weitere Leistungen verankert, von denen hier nur noch drei kurz vorgestellt werden.

Die Berufsausbildungsbeihilfe

Bei der *Berufsausbildungsbeihilfe* (*BAB*) handelt es sich um einen Zuschuss der Agentur für Arbeit an Auszubildende während einer Ausbildung in einem anerkannten Ausbildungsberuf (*Azubi-BAB*) beziehungsweise während einer berufsvorbereitenden Bildungsmaßnahme (*BvB-BAB*). Gefördert wird regelmäßig nur die Erstausbildung (§ 57 Absatz 2 SGB III). Lediglich ausnahmsweise kann eine zweite Berufsausbildung von der Agentur für Arbeit gefördert werden, wenn zu erwarten ist, dass eine berufliche Eingliederung – beispielsweise aufgrund einer chronischen Erkrankung – dauerhaft auf andere Weise nicht erreicht werden kann.

Berufsvorbereitende Bildungsmaßnahmen (BvB) sind in § 51 SGB III geregelt und sollen junge Menschen auf die Aufnahme einer Berufsausbildung vorbereiten oder ihnen den Einstieg in eine Arbeit erleichtern, wenn eine Berufsausbildung aus persönlichen Gründen (noch) nicht möglich ist.

Azubi-BAB und BvB-BAB unterscheiden sich im Hinblick auf die Voraussetzungen für den Bezug. Beiden gemein ist, dass die BAB nur Auszubildende fördert, die

- ✔ außerhalb des Haushalts der Eltern oder eines Elternteils wohnen und
- ✔ deren Ausbildungsstätte von der Wohnung der Eltern / des Elternteils nicht in angemessener Zeit erreicht werden kann (§ 60 Absatz 1 SGB III). Als »unangemessen« soll laut Auffassung der Agentur für Arbeit eine Zeit von mehr als zwei Stunden für den Hin- und Rückweg unter Berücksichtigung der günstigsten Verkehrsverbindung gelten.

BEISPIEL

Lina, 18, lebt in einer eigenen Wohnung und überlegt, endlich eine Erstausbildung zu beginnen. Allerdings hat sie Bedenken, mit der Azubi-Vergütung ihren Lebensunterhalt einschließlich Miete bestreiten zu können. Von ihren Eltern kann sie keine finanzielle Hilfe erwarten, da diese Bürgergeld beziehen. Könnte das BAB für Lina in Betracht kommen?

Lösung: Na klar! Voraussetzung ist zunächst, dass es sich bei dem Ausbildungswunsch von Lina um einen anerkannten Ausbildungsberuf handelt.

Was anerkannt ist, ergibt sich nach dem Berufsbildungsgesetz (BBiG), der Handwerksordnung oder dem Seearbeitsgesetz. Ob und in welcher Höhe Lina dann BAB erhält, hängt von verschiedenen Faktoren ab wie beispielsweise ihres konkreten Bedarfs (§§ 61 bis 65 SGB III) und dem anzurechnenden Einkommen (§ 67 SGB III). **Aber Achtung:** Gewöhnlich sind Eltern ihren (auch volljährigen) Kindern gegenüber zum Unterhalt verpflichtet, egal ob es sich um ein Studium oder um eine Berufsausbildung handelt. Aus diesem Grunde kommt es für die Höhe des BAB auch auf das Einkommen der Eltern an.

Auf den Punkt gebracht:

- ✔ **Azubi-BAB** bekommt nur, wer **bedürftig** ist. Dies bemisst sich nach dem eigenen Bedarf und dem Einkommen des Auszubildenden, seiner Eltern und – falls schon selbst verheiratet/verpartnert – seines Ehe- oder Lebenspartners.
- ✔ Das **BvB-BAB**, also das BAB während einer berufsvorbereitenden Bildungsmaßnahme, ist übrigens **nicht bedürftigkeitsabhängig** (§ 67 Absatz 4 SGB III).

Weiterbildungsprämie und Weiterbildungsgeld

Die Agentur für Arbeit hat mit dem § 87a SGB III einen Weiterbildungsanreiz geschaffen. Danach erhalten Arbeitnehmende eine *Weiterbildungsprämie*, wenn sie an einer nach § 81 SGB III geförderten beruflichen ausbildungsbezogenen und mindestens zwei Jahre dauernden Weiterbildung teilgenommen und die Prüfung bestanden haben. Voraussetzung ist, dass die entsprechende Prüfung laut Berufsgesetz oder Prüfungsverordnung vorgesehen ist.

- ✔ 1.000 Euro für das Bestehen einer Zwischenprüfung oder des ersten Teils einer gestreckten Abschlussprüfung und
- ✔ 1.500 Euro für das Bestehen einer Abschlussprüfung.

Arbeitslose Arbeitnehmende können zudem ein *Weiterbildungsgeld* in Höhe von 150 Euro monatlich für die Teilnahme an einer nach § 81 SGB III geförderten abschlussorientierten Weiterbildung (Umschulungen, Teilqualifizierungen oder Vorbereitungslehrgänge auf die Externenprüfung) beantragen (§ 87a Absatz 2 SGB III).

Leistungen zur Teilnahme am Arbeitsleben

Für Menschen mit einer Behinderung sieht das SGB III zahlreiche Möglichkeiten der Förderung im Arbeitsleben vor. Die *Leistungen zur Teilhabe am Arbeitsleben* (*LTA*) sind in § 112 SGB III geregelt und werden erbracht, um die Erwerbsfähigkeit für Menschen mit einer Behinderung zu erhalten, zu verbessern oder (wieder-)herzustellen. Zu den allgemeinen Leistungen nach § 115 SGB III zählen beispielsweise Leistungen

- ✔ zur Aktivierung und beruflichen Eingliederung,
- ✔ zur Förderung der Berufsvorbereitung und -ausbildung beziehungsweise beruflichen Weiterbildung,
- ✔ zur Förderung der Aufnahme einer selbständigen Tätigkeit.

Daneben gibt es »besondere Leistungen« (§§ 117 ff. SGB III). Sie umfassen gemäß § 118 SGB III

- ✔ das Übergangsgeld,
- ✔ das Ausbildungsgeld, falls kein Übergangsgeld gezahlt werden kann,
- ✔ die Übernahme der Teilnahmekosten für die Maßnahme

und werden in besonderen Einrichtungen (Berufsbildungs- oder -förderungswerke, *Werkstatt für behinderte Menschen* (*WfbM*)) oder in Maßnahmen erbracht, die technisch, sächlich und personell auf die besonderen Bedürfnisse von Menschen mit Behinderung ausgerichtet sind. Hier kann übrigens die Förderung – anders als beim BAB – auch außerhalb des Berufsbildungsgesetzes und der Handwerksordnung erfolgen; § 117 Absatz 1 Satz 2 SGB III.

In Kapitel 10 (gesetzliche Rentenversicherung) können Sie noch mehr Interessantes über die Leistungen zur Teilhabe am Arbeitsleben erfahren.

IN DIESEM KAPITEL

Allgemeine Leistungen, Prävention, Zuzahlung

Wirtschaftlichkeitsgebot

Kostenerstattung

Beitragsschulden

Kapitel 9
Die gesetzliche Krankenversicherung nach SGB V

In diesem Kapitel steigen wir tiefer in das Recht der *gesetzlichen Krankenversicherung* (SGB V) ein. Dabei geht es unter anderem um die Frage, welche Leistungen es auf Kosten der Krankenkasse als zuständigen Träger gibt und welche Risiken die Kostenerstattung nach § 13 SGB V birgt. Haben Sie sich bei dem Thema Krankheit schon einmal Gedanken darüber gemacht, ob eventuell ein regelwidriger Gesundheitszustand vorliegen könnte? Oder damit befasst, was passiert, wenn Beitragsschulden bestehen und eine Krankenkasse die Inanspruchnahme von notwendigen Behandlungen versagt? Das alles werde ich hier erklären. Zuvor erfahren Sie noch natürlich wichtige Aspekte rund um die ärztlich festgestellte Arbeitsunfähigkeit, die Entgeltfortzahlung im Krankheitsfall und den Anspruch auf Krankengeld.

Nicht in allen Fällen kommt die Krankenkasse für Behandlungskosten auf! Falls die Krankenbehandlung auf einen *Arbeits-/Wegeunfall* oder auf eine *Berufskrankheit* zurückzuführen ist, befindet sich etwas versteckt in § 11 Absatz 5 SGB V ein *Leistungsausschluss der gesetzlichen Krankenversicherung* gegenüber den Leistungen der gesetzlichen Unfallversicherung (SGB VII). In diesem Fall ist die *Berufsgenossenschaft* oder die *Unfallkasse* als Kostenträger für die Behandlung zuständig.

Allgemeine Leistungen nach dem SGB V

Verschaffen wir uns erst einmal einen Überblick: Hinter diesem Begriff verbergen sich ganz unterschiedliche Leistungen, zum Beispiel bei Schwangerschaft und Mutterschaft, Früherkennungsleistungen, Schutzimpfungen und Präventionsprogramme oder digitale Früherkennungsprogramme. Einige davon sehen wir uns in diesem Abschnitt genauer an.

Schwangerschaft, Mutterschaft und mehr

Auch in diesen Fällen greift die Krankenversicherung nach § 11 SGB V bei vielfältigen Problemen, die entweder im Zusammenhang mit einer Schwangerschaft/Geburt stehen oder der Empfängnisverhütung dienen. Typische Leistungen – nachzulesen in den §§ 24a ff. SGB V – sind:

- ✔ ärztliche Betreuung, Hebammenhilfe und Entbindung
- ✔ Versorgung mit Arznei-, Verband-, Heil- und Hilfsmitteln
- ✔ häusliche Pflege oder Haushaltshilfe
- ✔ Mutterschaftsgeld
- ✔ zur Verhütung und Früherkennung von Krankheiten sowie zur Empfängnisverhütung bei Sterilisation und bei Schwangerschaftsabbruch

Wenn eine Versicherte aufgrund einer Schwangerschaft oder Entbindung den Haushalt nicht mehr führen kann und keine andere im Haushalt lebende Person in der Lage ist, dies zu übernehmen, besteht ein Anspruch auf eine Haushaltshilfe (§ 24h SGB V). Es wird hier gerne von der »*Haushaltshilfe auf Rezept*« gesprochen, wenn der werdenden Mutter beispielsweise Bettruhe verordnet ist.

Das Thema »Kinderwunsch« greife ich gerne an dieser Stelle auf, obwohl es bei genauerem Blick in § 27 Absatz 1 Satz 4 SGB V eine Leistung der Krankenbehandlung ist. So übernimmt die Krankenkasse auch die Kosten für die Herstellung der Zeugungs- und Empfängnisfähigkeit. Rund um das Thema »künstliche Befruchtung« können Sie sich bei Bedarf in § 27a SGB V näher informieren.

Prävention: Krankheiten besser gleich vermeiden!

Die meisten Krankheiten sind nicht angeboren, sondern treten im Laufe des Lebens auf. Entsprechend sinnvoll sind daher Angebote der Krankenkassen, die durch eine *Gesundheitsförderung* und gezielte *Präventionsmaßnahmen* versuchen, Erkrankungen und deren Chronifizierung gar nicht erst entstehen zu lassen. So unterstützt die Krankenkasse mit vielfältigen Gesundheitsangeboten in Kindergärten, Schulen, Betrieben und Pflegeeinrichtungen, um Teilnehmende dauerhaft für einen gesundheitsbewussten Lebensstil zu motivieren.

BEISPIEL

Typische Beispiele für Gesundheitsangebote als Kassenleistung sind Ernährungsangebote, Stressmanagement, Bewegungsangebote (etwa Rückenschulung!) oder Suchtprävention. Einfach bei der Krankenkasse nachfragen!

Digitale Gesundheitsanwendungen (DiGA)

Dank des Internets bieten die Krankenkassen vielfältige *digitale Präventionskurse* und *digitale Gesundheitsanwendungen* (*DiGA*) an, die über das *DiGA-Verzeichnis* (§ 139e SGB V) abgerufen werden können. Diese Anwendungen können von Ärzten oder Psychotherapeuten verordnet werden und betreffen beispielsweise Atemwege, Herz und Kreislauf, Unterstützung bei Bluthochdruck und Diabetes mellitus oder bei psychischen Erkrankungen wie Depressionen.

Gute Infektionsprophylaxe: Schutzimpfungen

Auch *Schutzimpfungen* zählen zu den typischen Leistungen der Gesundheitsvorsorge, denn viele Infektionskrankheiten lassen sich mit einem kleinen Stich komplett verhindern oder mindern zumindest das Risiko für einen schweren Krankheitsverlauf.

Schutzimpfungen, die von der *Ständigen Impfkommission* (*STIKO*) empfohlen werden und in den gesetzlichen Leistungskatalog der Krankenkasse übernommen werden – zum Beispiel gegen Tetanus und Diphtherie –, werden von der Krankenkasse für gesetzlich Versicherte übernommen. Etwas anderes kann für *Reiseimpfungen* gelten, denn hier wird nicht alles erstattet. Fragen Sie in diesem Fall bei der eigenen Krankenkasse nach, ob und welche Impfungen übernommen werden.

Früherkennung von Erkrankungen ab dem Babyalter

Früherkennungsuntersuchungen sind gleichfalls Kassenleistungen. Sie beginnen bereits im zeitigen Kindesalter mit den sogenannten U-Untersuchungen, gefolgt für die Untersuchungen für Jugendliche (J-Untersuchungen). Aber auch für Erwachsene gibt es derartige Untersuchungen, um bestimmte Erkrankungen, wie Diabetes mellitus, Herz-Kreislauf- beziehungsweise Nieren- und Krebserkrankungen rechtzeitig zu erkennen.

Zu *Krebsfrüherkennungsuntersuchungen* laden übrigens nicht die Krankenkassen, sondern die Zentralen Stellen schriftlich die jeweils anspruchsberechtigte Person ein. Wer anspruchsberechtigt ist, hängt häufig vom Geschlecht und dem Alter ab. Beispiele sind: Früherkennung von Darmkrebs, Gebärmutterhalskrebs und Brustkrebs (Mammografie-Screening) oder Ultraschalluntersuchung zur Früherkennung eines Bauchaortenaneurysmas für Männer.

Zuzahlungen und ihre Befreiungen

Die Leistungen der gesetzlichen Krankenversicherung sind gewöhnlich kostenfrei, es kann jedoch *Zuzahlungen* geben, beispielsweise bei der Medikamenten-/Hilfsmittelversorgung oder bei einem Krankenhaus- oder Reha-Aufenthalt. So fallen für einen vollstationären Krankenhausaufenthalt 10 Euro pro Tag für höchstens 28 Aufenthaltstage im Jahr an (§ 39 Absatz 4 SGB V).

Versicherte können sich von der *Zuzahlungspflicht* befreien lassen, etwa wenn die individuelle Belastungsgrenze erreicht ist. Diese beträgt 2 Prozent der jährlichen Bruttoeinnahmen zum Lebensunterhalt. Dazu gleich eine Ausnahme: Für chronisch Erkrankte gilt eine Belastungsgrenze von 1 Prozent der jährlichen Bruttoeinnahmen zum Lebensunterhalt (§ 61 SGB V). Auch Beziehende von Bürgergeld oder Sozialhilfe sollten an einen Antrag auf Befreiung von der Zuzahlung denken, da ihnen häufig mit dem Regelbedarf nur ein geringes Einkommen zur Verfügung steht.

Bitte im Rahmen bleiben: Das Wirtschaftlichkeitsgebot

Sie möchten gern eine Reha auf den Bahamas machen oder einen Spezialisten für Ihre Erkrankung aus dem Ausland einfliegen lassen? – Tja, daraus wird vermutlich nichts, denn bei dem Umfang einer Kassenleistung muss leider immer das *Wirtschaftlichkeitsgebot* beachtet werden:

Leistungen müssen ausreichend, zweckmäßig und wirtschaftlich sein; sie dürfen das Maß des Notwendigen nicht überschreiten (§ 12 Absatz 1 Satz 1 SGB V).

Das Wirtschaftlichkeitsgebot begrenzt den Rahmen, innerhalb dessen ein behandelnder Arzt sich mit seiner Krankenbehandlung und -verordnung bewegen darf. Versicherte haben daher keinen Anspruch auf die teuerste und beste Behandlung, denn ein Arzt kann also nur solche Leistungen erbringen, verordnen oder veranlassen, die zur Heilung oder Linderung ausreichend, zweckmäßig und wirtschaftlich sind. Damit werden Ihnen vielleicht Wunschtherapien nicht erstattet, es hat aber den Vorteil, dass alle Versicherten ohne Rücksicht auf ihre Person im Leistungsumfang gleich behandelt werden. Wer etwas mehr verlangt (zum Beispiel ein Einzelzimmer im Krankenhaus oder eine Chefarztbehandlung), kann das als *Wahlleistung* in Anspruch nehmen, muss die Mehrkosten jedoch selbst tragen. Das kann auch bei einer Hilfsmittelversorgung (§ 33 SGB V) wie beispielsweise bei einer Hörgeräteversorgung oder bei der Wahl eines geeigneten Rollstuhls eine große Rolle spielen, da regelmäßig nicht das am besten geeignete Hilfsmittel bewilligt wird, sondern unter Umständen das günstigste, weil es – gemessen am Wirtschaftlichkeitsgebot – ausreichend, zweckmäßig, wirtschaftlich und notwendig ist.

Auf die steigende Nachfrage nach Wahlleistungen haben einige Krankenkassen bereits reagiert und bieten entsprechende *Zusatzversicherungen* an.

Die Kostenerstattung im Krankheitsfall

Ein großer Vorteil der gesetzlichen Krankenversicherung ist, dass die versicherte Person im Allgemeinen nicht in *Vorleistung* hinsichtlich der Kassenleistung nach § 11 SGB V zu gehen hat. Das bedeutet: Versicherte legen die elektronische *Gesundheitskarte* (»Chipkarte«) in der Arztpraxis vor, belegen damit die Mitgliedschaft bei einer Krankenkasse und können medizinische/therapeutische Behandlung in Anspruch nehmen, ohne sich selbst um die damit verbundenen Kosten kümmern zu müssen. Sehr praktisch und bequem!

Leistungen in der gesetzlichen Krankenversicherung werden als Sach- oder als Dienstleistung erbracht, aber das Krankengeld natürlich als Geldleistung.

BEISPIEL Typische Beispiele für eine Sachleistung in der gesetzlichen Krankenversicherung sind die ärztliche Heilbehandlung oder die Krankenhausbehandlung. Als Dienstleistung hingegen werden alle Handlungen und Hilfen angesehen, die persönlicher Natur sind, wozu beispielsweise die Beratung und Auskunft zählt.

Aber keine Regel ohne Ausnahme! Abweichend vom üblichen Dienst- oder Sachleistungsprinzip in der gesetzlichen Krankenversicherung sieht § 13 SGB V zwei Möglichkeiten der Kostenerstattung für Versicherte vor, die allerdings mit einiger Vorsicht zu genießen sind, damit Sie letztlich nicht doch auf den Kosten sitzen bleiben.

Die Kostenerstattung nach § 13 Absatz 2 SGB V

Entscheiden sich Versicherte für eine *Kostenerstattung nach § 13 Absatz 2 SGB V* anstelle einer Sach- oder Dienstleistung, schließen sie mit dem Behandler (Arzt oder Therapeut) einen Behandlungsvertrag über die medizinische Leistung ab und erhalten am Ende der Behandlung eine Rechnung, die sie ihrer Krankenkasse zur Erstattung vorlegen. Kostenschuldner gegenüber dem Arzt bleibt jedoch immer noch der Patient, und genau darin liegt auch das Risiko: Gegebenenfalls erhalten Patienten keine oder nur eine geringe Erstattung der verauslagten Kosten von der Krankenkasse. Warum das? Um nicht das Wirtschaftlichkeitsgebot (siehe weiter vorn) nach § 12 SGB V auszuhebeln, ersetzt die Krankenkasse dem Patienten betragsmäßig auch nur die Kosten, die bei einer Sachleistung sowieso entstanden wären. Zudem muss der/die behandelnde Arzt/Ärztin über eine kassenärztliche Zulassung verfügen, es sei denn, die Krankenkasse hat zuvor ausnahmsweise einer Privatarztbehandlung zugestimmt. Damit möchte das SGB V die Inanspruchnahme von Privatärzten eindämmen, da diese meistens höhere Kosten abrechnen.

Die Selbstbeschaffung nach § 13 Absatz 3 SGB V

Mitunter kommt es vor, dass eine Krankenkasse eine dringende Leistung nicht rechtzeitig erbringen kann oder die Leistung zu Unrecht abgelehnt wurde, sodass dem Versicherten Kosten für die *Selbstbeschaffung* entstanden sind. In diesen Fällen gibt es die Kostenerstattung nach § 13 Absatz 3 SGB V, vorausgesetzt dass es sich um eine Leistung handelt,

- ✔ die zum Leistungsumfang der gesetzlichen Krankenversicherung gehört,
- ✔ aus medizinischen Gründen nicht aufschiebbar war und
- ✔ von der Krankenkasse nicht oder nicht in der gebotenen Zeit erbracht werden konnte.

In zeitlicher Hinsicht müssen Sie hier vor allem Folgendes beachten: Zunächst einmal muss die Krankenkasse *Gelegenheit zur Antragsbearbeitung* erhalten. Die Bearbeitung soll dabei zügig, spätestens bis zum Ablauf von drei Wochen oder – im Falle einer gutachterlichen

Stellungnahme – innerhalb von fünf Wochen nach Antragseingang erfolgen. So weit, so gut; allerdings geht es im Krankenversicherungsrecht mitunter recht rau zu: Wenn die Frist nicht eingehalten wird und die Versicherten auch nicht oder nicht ausreichend darüber informiert wurden, gilt die Leistung nach Ablauf der Frist als genehmigt (das nennt sich dann *Genehmigungsfiktion*). Beschaffen sich Leistungsberechtigte jetzt nach Ablauf der Frist die erforderliche Leistung, ist die Krankenkasse zur Erstattung der hierdurch entstandenen Kosten verpflichtet.

Das Bundessozialgericht (BSG) hat die Rechte von Versicherten in mehreren neueren Entscheidungen dahingehend eingeschränkt, dass eine Selbstbeschaffung auf Kosten der Krankenkasse dann **nicht** in Betracht kommt, wenn der Versicherte schon vor Fristablauf auf die Selbstbeschaffung vorfestgelegt war – wenn also der Antrag eigentlich nur »Makulatur« war und der Versicherte sich die Leistung sowieso selbst beschaffen wollte, falls die Krankenkasse eine Leistungsübernahme ablehnen sollte (vergleiche BSG, Entscheidung vom 27.10.2020, Aktenzeichen B 1 KR 3/20 R; Entscheidung vom 25.3.2021, Aktenzeichen B 1 KR 22/20 R).

Die Krankenbehandlung und ihre Grenzen

Was zählt eigentlich alles zur Krankenbehandlung, wo liegen da die Grenzen? Das beginnt mit der Frage, ab wann jemand »krank« ist, bis hin zu der Frage, welche Maßnahmen im Krankheitsfall sinnvoll und angemessen erscheinen – braucht es wirklich einen Krankentransport, eine Übergangspflege oder eine Haushaltshilfe? Wie lösen Sie Ihr Dilemma, wenn es vielleicht noch keine anerkannte Behandlungsmethode gibt, Sie aber dringend auf ärztliche Unterstützung angewiesen sind? Subjektive Ansichten sind ja eine Sache, aber nicht alles ist im Leistungsumfang der gesetzlichen Krankenversicherung abgedeckt, wie Sie in diesem Abschnitt lesen können.

Der Krankheitsbegriff im Sinne des Gesetzes

Beginnen müssen wir bei der Gretchenfrage, ob wirklich alles immer eine Krankheit ist, die der ärztlichen Behandlung auf Kosten der Krankenversicherung bedarf. Vermutlich machen auch Sie sich nur selten Gedanken, was eigentlich eine *Krankheit* von einer Befindlichkeitsstörung unterscheidet und ob ein Zustand tatsächlich einer medizinischen Behandlung bedarf. Die Krankenversicherung hat dies (vor allem aus Kostengründen) sehr genau definiert, wie das folgende Beispiel aufzeigt:

BEISPIEL

Henry war langjähriger Boxer und findet seine Nase zu abgeplattet, überbreit und leicht schief. Er möchte sich daher gerne einer Operation zur Nasenkorrektur unterziehen. Muss die gesetzliche Krankenversicherung die Kosten übernehmen?

Hier stellt sich die Frage, ob Henry überhaupt im Sinne der Krankenversicherung als »erkrankt« gilt, die Nasenkorrektur erforderlich ist und daher auch erstattet wird. Schwierige Frage! In der Medizin wird Krankheit als »eine Abweichung von Gesundheit oder Wohlbefinden«

verstanden, was aber an dieser Stelle nicht weiterhilft, denn »Gesundheit und Wohlbefinden« können subjektiv sehr unterschiedlich eingeschätzt werden. Zudem bestehen Schwankungsbreiten auf einer Skala von leichten bis schweren Störungen. Wenn es um die Übernahme der Kosten einer Krankenbehandlung geht, gilt folgende Definition im Sozialrecht:

Im sozialrechtlichen Sinne ist eine *Krankheit* ein regelwidriger körperlicher oder geistiger Zustand, der entweder Behandlungsbedürftigkeit oder Arbeitsunfähigkeit oder beides zur Folge hat (BSG, Urteil vom 20.10.1972, Aktenzeichen 3 RK 93/71). Als regelwidrig wird ein Zustand angesehen, der von der Norm, also vom Leitbild des gesunden Menschen, abweicht.

Der Maßstab des gesunden Menschen orientiert sich am Normalbild des Menschen in seiner ganzen Bandbreite: klein oder groß, Adler- oder Stupsnase, Glatze, dick oder dünn etc. Damit entspricht Henrys Nase noch immer dem Spektrum normaler Nasenformen; eine Korrektur ist daher von der Krankenkasse nicht als behandlungsbedürftig einzuschätzen.

BEISPIEL

Wie sähe es aber aus, wenn Henry aus unserem vorherigen Beispiel aufgrund seiner Nasenform und den häufigen Nasenbeinbrüchen schlecht atmen kann und daher unter ständigen Kopfschmerzen leidet?

Lösung: In diesem Fall ist Henry in seiner Körperfunktion (Atmen) beeinträchtigt, sodass er einer medizinischen Behandlung bedarf. Es ist immer dann von einer Behandlungsbedürftigkeit auszugehen, wenn der (regelwidrige) Zustand ohne ärztliche Hilfe

- ✔ nicht behoben,
- ✔ mindestens aber gebessert oder
- ✔ vor Verschlimmerung bewahrt werden kann.

Eine ärztliche Behandlung ist auch dann erforderlich, wenn es darum geht, Schmerzen oder sonstige Beschwerden zu lindern. Typisches Beispiel sind Kopfschmerzen, die eine ärztliche Behandlung erfordern können.

Ein regelwidriger Zustand liegt also vor, wenn dem Einzelnen die Ausübung der üblichen körperlichen oder geistigen Funktion erschwert wird, so zum Beispiel auch bei einer auffälligen Kiefer-/Zahnfehlstellung, die beim Kauen, Beißen, Sprechen oder Atmen in nicht unerheblichem Maße beeinträchtigt (vergleiche BSG, Urteil vom 20.10.1972, Aktenzeichen 3 RK 93/71).

Aber nicht alles, was Ihnen als behandlungsbedürftige Erkrankung erscheint, fällt unter »regelwidrige Zustände«! Ausnahmsweise kann die Krankenkasse auf eine Beteiligung an den Kosten für die Krankenbehandlung gegenüber ihren Versicherten zurückgreifen, wie Sie gleich sehen werden:

Wurde die Krankheit vorsätzlich selbst verschuldet oder ist sie gar die Folge einer medizinisch nicht indizierten ästhetischen Operation, einer *Tätowierung* oder eines *Piercings*, können Versicherte durch die Krankenkasse nach § 52 SGB V in angemessener Höhe an den Kosten der Leistung beteiligt werden. Zudem kann das Krankengeld ganz oder teilweise für die Dauer der Krankheit versagt und auch zurückgefordert werden.

Der Leistungsumfang im Krankheitsfall

Wenn eine Krankheit vorliegt, können Versicherte eine Behandlung nach §§ 27 ff. SGB V in Anspruch nehmen, wie unter anderem

- ✔ die ärztliche/zahnärztliche Behandlung einschließlich Psychotherapie,
- ✔ die Versorgung mit Arznei-, Verband-, Heil- und Hilfsmitteln sowie mit digitalen Gesundheitsanwendungen,
- ✔ die häusliche Krankenpflege, außerklinische Intensivpflege und Haushaltshilfe,
- ✔ die Krankenhausbehandlung nebst medizinischen Rehabilitation,
- ✔ die Palliativversorgung,
- ✔ die Behandlung im Zusammenhang mit Organ-/Gewebespenden und -transplantationen.

Daneben gehören auch medizinische Maßnahmen zur Herbeiführung einer Schwangerschaft (*künstliche Befruchtung*) oder das Einholen einer *Zweitmeinung* zu den Leistungen der Krankenbehandlung.

Wenn beispielsweise eine planbare Operation ansteht, können Versicherte auch eine Zweitmeinung einholen, um sicherzugehen, dass die OP tatsächlich erforderlich ist. Welche konkreten Operationen einen Anspruch auf eine Zweitmeinung auslösen, ergibt sich aus der »*Richtlinie zum Zweitmeinungsverfahren*« des Gemeinsamen Bundesausschusses (im Internet abrufbar unter `www.g-ba.de`).

Nicht zum Leistungsumfang der Krankenbehandlung gehören übrigens

- ✔ *Lifestyle-Medikamente*, etwa zur Behandlung von Erektionsstörungen,
- ✔ *kieferorthopädische Behandlungen Erwachsener* (es sei denn, es liegen schwere Kieferanomalien vor),
- ✔ *Bagatellarzneimittel* mit geringer medizinischer Bedeutung wie Hustensaft oder Schmerzmittel in geringer Dosierung.

Die Heil- und Hilfsmittelversorgung

Eine typische Leistung der Krankenversicherung ist die Versorgung mit *Heil- und Hilfsmitteln*. Diese sind in den §§ 32 und 33 SGB V geregelt:

Unter *Heilmittel* fallen unter anderem therapeutische Maßnahmen wie Krankengymnastik, Physio- oder Ergotherapie. Diese werden von einem Vertragsarzt verordnet und von speziell ausgebildeten Therapeuten erbracht.

Hilfsmittel sind hingegen Gegenstände oder Geräte, die körperliche Beeinträchtigungen ausgleichen (zum Beispiel Prothesen, Rollatoren, Rollstühle oder Blindenführhunde), die Heilung fördern (zum Beispiel Bandagen, Einlagen oder Orthesen) oder einer drohenden Behinderung vorbeugen.

Aus Platzgründen ist im SGB V nicht aufgeführt, welche Möglichkeiten es hier konkret auf Kosten der Krankenkasse gibt. Welche Heil- oder Hilfsmittel anerkannt sind, ergibt sich daher aus der *Heilmittel-Richtlinie* (*HeilM-RL*) des Gemeinsamen Bundesausschusses und aus dem *Hilfsmittelverzeichnis* des GKV Spitzenverbandes. Beides ist problemlos im Internet abrufbar. Hierzu ein Beispiel:

Susanne ist taubblind und hätte gerne für zu Hause eine Anlage für einen *Vibrationsalarm*, damit sie mit einem Gerät in der Tasche darauf aufmerksam gemacht wird, wenn es an der Tür klingelt oder der Rauchmelder Alarm gibt. Kann sie auf Kosten ihrer Krankenkasse damit versorgt werden?

Lösung: § 33 Absatz 1 SGB V besagt, dass Versicherte einen Anspruch auf Versorgung mit Hörhilfen, Körperersatzstücken, orthopädischen und anderen Hilfsmitteln haben, die im Einzelfall erforderlich sind, um den Erfolg der Krankenbehandlung zu sichern, einer drohenden Behinderung vorzubeugen oder eine Behinderung auszugleichen, soweit die Hilfsmittel nicht als allgemeine Gebrauchsgegenstände des täglichen Lebens anzusehen oder nach § 34 Absatz 4 SGB V ausgeschlossen sind. Hilfsmittel können also den Erfolg einer Krankenbehandlung sichern, wie beispielsweise Inhalationsgeräte. Sie können aber auch Krankheiten vorbeugen oder deren Verschlimmerung vermeiden, so beispielsweise mittels Diabeteshilfsmittel wie dem Insulin-Pen.

Daneben können die von der Krankenkasse zu bezahlenden Hilfsmittel aber auch dem *Behinderungsausgleich* dienen. Hierbei wird zwischen dem *unmittelbaren* und dem *mittelbaren* Behinderungsausgleich unterschieden. Das lässt sich wie folgt merken:

Der *unmittelbare Behinderungsausgleich* ersetzt den ausgefallenen Körperteil. Er setzt also direkt bei der ausgefallenen beziehungsweise eingeschränkten Funktion an. So hilft das Hörgerät beim Hören; ein Bildschirmlesegerät beim Sehen. Auch ein Führhund für blinde Menschen dient dem unmittelbaren Behinderungsausgleich, da der Hund die Funktion des Sehens übernimmt. Dieser Ausgleich wird so weit wie möglich bezahlt.

Der *mittelbare Behinderungsausgleich* gleicht hingegen die Folgen der Behinderung aus und dient der Erschließung des Umfeldes: Wer die Türklingel nicht hört, kann ein Vibrationssignal spüren. Hier zahlt die Krankenkasse nur das, was den Grundbedürfnissen des täglichen Lebens, also der Basisversorgung dient, wie Gehen, Sehen, Hören, Nahrungsaufnahme, selbständiges Wohnen, Aufnahme von Informationen, Kommunikation und mehr.

Der von Susanne beantragte Vibrationsalarm für die Haustür und den Rauchmelder dienen gehörlosen oder taubblinden Menschen dem Grundbedürfnis nach selbständigem Wohnen. Sie stellen daher einen mittelbaren Behinderungsausgleich dar und sind von der Krankenkasse als Hilfsmittel nach § 33 SGB V zu bewilligen.

Eine Haushaltshilfe in Anspruch nehmen

Eine wichtige, aber oft vernachlässigte Leistung der Krankenkasse ist die *Haushaltshilfe* nach § 38 SGB V: So haben Versicherte bis zu vier Wochen lang Anspruch auf eine Haushaltshilfe, wenn ihnen unter anderem wegen einer Krankenhausbehandlung oder einer medizinischen Reha die Weiterführung des Haushalts nicht möglich ist. Lebt ein Kind im Haushalt, welches das zwölfte Lebensjahr noch nicht vollendet hat oder aufgrund einer Behinderung selbst auf Hilfe angewiesen ist, kann die Dauer sogar bis zu 26 Wochen betragen.

Eine Haushaltshilfe für die Dauer von vier Wochen kann auch erhalten, wer den Haushalt wegen einer schweren Krankheit oder wegen ihrer akuten Verschlimmerung, insbesondere nach einem Krankenhausaufenthalt oder nach einer ambulanten Operation/Krankenhausbehandlung, nicht führen kann.

Übrigens: Kann die Krankenkasse keine Haushaltshilfe stellen, hat sie die Kosten für eine selbst beschaffte Hilfe (einschließlich deren Fahrtkosten) in angemessener Höhe zu erstatten. Das gilt allerdings nicht, wenn Verwandte (wie Großeltern und Enkelkinder) oder Verschwägerte bis zum zweiten Grad die Hilfe erbringen sollen (§ 38 Absatz 4 SGB V). Welche Kosten letztlich angemessen sind, sollten Versicherte bei ihrer Krankenkasse vorab konkret erfragen.

Wenn Übergangspflege erforderlich ist

Im Zusammenhang mit einer Krankenhausbehandlung kann sich für Versicherte im Anschluss ein Anspruch auf *Übergangspflege* nach § 39e SGB V ergeben.

BEISPIEL

Karl-Heinz kann nach einer komplizierten Hüftoperation nicht aus dem Krankenhaus in sein häusliches Umfeld entlassen werden, da er umfangreicher Unterstützung bedarf. Er braucht eine Kurzzeitpflege, aber ein solcher Platz ist zunächst zeitnah nicht zu erhalten. Ob das Entlassmanagement des Krankenhauses weiterhelfen kann? Mehr zur **Lösung** lesen Sie gleich!

Für den Fall, dass der Versicherte erforderliche Leistungen

- der häuslichen **Kranken- oder Kurzzeitpflege**,
- Leistungen zur **medizinischen Rehabilitation**,
- **Pflegeleistungen** nach dem SGB XI

nicht oder nur unter erheblichem Aufwand in Anspruch nehmen kann, verbleibt er bis zu zehn Tage in dem Krankenhaus, in dem er gerade behandelt wurde. Hintergrund ist, dass der Versicherte nicht unversorgt in die Häuslichkeit entlassen werden soll. Die Leistung kann auch genutzt werden, um die Zeit bis zur Aufnahme in die stationäre medizinische Rehabilitation oder Kurzzeitpflege zu überbrücken. Der Leistungsumfang ist umfassend, wie sich aus der folgenden Aufzählung ergibt:

- die Versorgung mit Arznei-, Heil- und Hilfsmitteln
- die Aktivierung der Versicherten
- Grund- und Behandlungspflege
- ein Entlassmanagement

- ✔ Unterkunft und Verpflegung
- ✔ im Einzelfall erforderliche ärztliche Behandlung

Was verbirgt sich hinter dem Begriff »Entlassmanagement«?

Das *Entlassmanagement* schließt die Lücke zwischen einer abgeschlossenen Krankenhausbehandlung und der weitergehenden medizinischen, rehabilitativen oder pflegerischen Versorgung. Irgendjemand muss die Sache in die Hand nehmen, um die weitere Versorgung anzustoßen und zu koordinieren. Ärzte können sich darum nicht kümmern, und Patienten sind hierzu nicht in der Lage oder es überfordert sie schlicht. Nach § 39 Absatz 1a SGB V sind daher Krankenhäuser verpflichtet, ein effektives Entlassmanagement zur Unterstützung des Übergangs in die Anschlussversorgung zu gewährleisten. Eine wichtige Aufgabe, die Kenntnisse im Sozialrecht voraussetzt.

Die Inanspruchnahme der Übergangspflege zulasten der Krankenkasse erfordert allerdings einen großen Verwaltungsaufwand für das Entlassmanagement, die ihre Bemühungen um eine patientenindividuelle Anschlussversorgung genauestens dokumentieren müssen. Andernfalls klappt es nicht mit der Kostenübernahme!

Erstattung von Beförderungskosten

Vergessen Sie bei dem Thema »Krankenbehandlung« nicht die Übernahme von *Fahrtkosten für die Beförderung*, zum Beispiel zum Transport in ein Krankenhaus. Nicht jeder ist aufgrund der Erkrankung oder des Alters in der Lage, sich selbstständig mit dem Auto oder dem öffentlichen Nahverkehr zu bewegen. Diese Kostenübernahme ist in § 60 SGB V geregelt und setzt voraus, dass die Beförderung medizinisch notwendig ist. Der behandelnde Arzt bestätigt die Notwendigkeit durch eine Verordnung für Transporte

- ✔ zu stationären Behandlungen,
- ✔ zu vor- und nachstationären Behandlungen,
- ✔ zu ambulanten Operationen mit Vor- und Nachbehandlung.

⚠ Die Verordnung soll regelmäßig **vor** der Inanspruchnahme des Transportes ausgestellt werden, es sei denn, es handelt sich um einen Notfall!

Für Fahrten zu *ambulanten* Behandlungen können unterschiedliche Regelungen für die Fahrtkostenübernahme gelten, sodass sich eine Rücksprache mit der entsprechenden Krankenkasse lohnt. Verbindlich für alle Krankenkassen ist allerdings die *Krankentransport-Richtlinie* des Gemeinsamen Bundesausschusses unter Beachtung des § 60 Absatz 1 SGB V. Danach haben Versicherte einen Anspruch auf eine Verordnung zur Fahrt zu ambulanten Behandlungen, wenn sie

- ✔ eines der folgenden **Merkzeichen** (Näheres dazu in Kapitel 16) anerkannt haben: aG, Bl oder H;
- ✔ den **Pflegegrad 3** mit zusätzlich dauerhaften Mobilitätsbeeinträchtigungen haben oder den Pflegegrad von 4 beziehungsweise 5.

Zudem ist eine *Verordnung* – unabhängig von Merkzeichen oder Pflegegrad – erforderlich, wenn es sich um ambulante Therapien wie Dialysebehandlung oder onkologische Strahlen-/Chemotherapie handelt. Der Hintergrund ist denkbar einfach: Dieser Personenkreis ist besonders vulnerabel für andere Erkrankungen und die Therapien sind sehr kräftezehrend. Fahrten mit öffentlichen Verkehrsmitteln sind den Betroffenen schlicht nicht zuzumuten.

IGeL-Leistungen

Bevor wir zum Schlussspurt zum Thema Krankenbehandlung ansetzen, noch ein kleines Schmankerl: Haben Sie schon einmal etwas von den *IGeL-Leistungen* im Krankenversicherungsrecht gehört? Keine Angst, wir machen jetzt keinen Ausflug in die Tierwelt. IGeL-Leistungen sind *i*ndividuelle *Ge*sundheits*l*eistungen von Ärzten, die Patienten selbst bezahlen müssen. Häufig werden sie daher auch als »*Selbstzahlerleistungen*« bezeichnet. Hierbei handelt es sich um ein Zusatzangebot, was der Patient annehmen kann oder nicht.

Typische IGeL-Leistungen sind ärztliche Atteste und Serviceleistungen für Freizeit, Sport und Urlaub; Augeninnendruckmessung oder der Ultraschall der Brust zur Krebsfrüherkennung.

Die Grenzen der Leistungsgewährung

Schauen wir uns nachfolgend noch die *Grenzen der Leistungsgewährung* an: Diese können sich beispielsweise aus einem bestimmten Lebensalter ergeben, so bei der Haushaltshilfe, die nur dann gewährt wird, wenn Kinder bis zum zwölften Lebensjahr im Haushalt versorgt werden müssen (und ohne Altersgrenze nur dann, wenn das Kind eine Behinderung hat).

Nikolaus-Kriterien oder Seltenheitsfall

Eine weitere Grenze lauert beim Umfang der vertragsärztlichen Behandlung: Ein Arzt muss seine Patienten nach aktuellen medizinischen Standards behandeln. Aber manchmal dauert es einfach, bis eine neue Behandlungsmethode durch den *Gemeinsamen Bundesausschuss* (*G-BA*) anerkannt wird, und wir wissen alle, dass Medizin auch immer wissenschaftlichen Fortschritt bedeutet. Wie löst man das Dilemma, dass es vielleicht eine schon durch Studien belegte neue, wirksamere Behandlung gibt, die noch nicht durch den G-BA anerkannt ist? Hierzu haben sich die *Nikolaus-Kriterien* entwickelt. Sie denken gerade an die Vorweihnachtszeit? Dann liegen Sie nicht ganz falsch.

Die schlauen Köpfe des Bundesverfassungsgerichts hatten sich im Jahr 2005 mit der Frage zu beschäftigen, ob ein gesetzlich krankenversicherter Patient, der an Duchenne Muskeldystrophie litt, eine Kostenerstattung für die Behandlung im Wege der *Bioresonanztherapie* von seiner Krankenkasse begehren durfte, wenn diese Behandlungsmethode noch nicht schulmedizinisch anerkannt ist. Bei einer solchen Erkrankung ist die Lebenserwartung stark eingeschränkt und es bedarf einer schnellen Behandlung. Die Entscheidung gab es just am Nikolaustag, also am 6.12., sodass sich die Formulierung »*Nikolaus-Kriterien*« für bestimmte Seltenheitsfälle durchgesetzt hat (BVerfG, Beschluss vom 6.12.2005, Aktenzeichen 1 BvR 347/98).

Die Nikolaus-Kriterien, auch *Seltenheitsfall* genannt, kommen immer dann zur Anwendung, wenn

- ✔ eine **lebensbedrohliche oder regelmäßig tödliche Erkrankung** vorliegt, für die eine allgemein anerkannte, medizinischen Standards entsprechende Behandlung nicht zur Verfügung steht, und
- ✔ eine **nicht ganz entfernt liegende Aussicht auf Heilung** oder auf eine spürbare positive Einwirkung auf den Krankheitsverlauf besteht.

Es bedarf immer einer konkreten Einzelfallprüfung, ob die Nikolaus-Kriterien erfüllt sind – meist unter Zuhilfenahme des sozialgerichtlichen Eilverfahrens, da häufig nicht ausreichend Lebenszeit für die Versicherten zur Verfügung steht.

Die Regelungen bei Off-Label-Use-Produkten

Ähnliches wie beim Seltenheitsfall gilt übrigens auch für noch nicht zugelassene Medikamente (*Off-Label-Use-Produkte*). Dahinter verbirgt sich die Verordnung eines Arzneimittels außerhalb des durch die Arzneimittelbehörden zugelassenen Gebrauchs. Zulassungen für neue Arzneimittel sind ebenfalls oft zeit- und kostenaufwendig. Nach einem Grundsatzurteil des Bundessozialgerichts (Entscheidung vom 19.3.2002, Aktenzeichen B 1 KR 37/00 R) wurden die nachfolgenden Kriterien für eine Erstattungsfähigkeit von off-label-verordneten Arzneimitteln durch die gesetzliche Krankenversicherung festgelegt. Es muss sich auch hier

- ✔ um die Behandlung einer schwerwiegenden Erkrankung handeln, für die
- ✔ keine andere Behandlung verfügbar ist und
- ✔ aufgrund der Datenlage die begründete Aussicht auf einen Behandlungserfolg besteht.

In einer weiteren Entscheidung des Bundessozialgerichts vom 4.4.2006 (Aktenzeichen B 1 KR 7/05 R) wurde zudem die Parallele zur erwähnten Nikolaus-Entscheidung des Bundesverfassungsgerichts hergestellt und betont, dass Versicherte bei lebensbedrohenden, tödlich verlaufenden Erkrankungen auch einen Anspruch auf Versorgung mit Arzneimitteln haben. Somit können Versicherte in notstandsähnlichen Situationen unter engen Voraussetzungen die Versorgung mit arzneimittelrechtlich in Deutschland beziehungsweise EU-weit nicht zugelassenen Import-Fertigarzneimitteln haben.

Die elektronische Arbeitsunfähigkeitsbescheinigung (eAU)

Kennen Sie noch den berühmten »gelben Zettel«? Nun, jetzt erfolgt die Bescheinigung der Arbeitsunfähigkeit (AU) elektronisch mittels der sogenannten *elektronischen Arbeitsunfähigkeitsbescheinigung* (*eAU*). Sie funktioniert so: Der Patient erhält in der Arztpraxis einen Ausdruck seiner AU-Daten, auf Wunsch auch eine ausgedruckte AU-Bescheinigung für seinen Arbeitgeber. Die Arztpraxis meldet die AU-Daten elektronisch an die Krankenkasse. Damit sich der Arbeitgeber von der Arbeitsunfähigkeit seines Arbeitnehmers überzeugen kann, sendet er eine Anfrage an die Krankenkasse über deren Kommunikationsserver, und die Krankenkasse stellt die eAU zur Abfrage für den Arbeitgeber bereit. Geregelt ist die eAU in § 109 Absatz 1 SGB IV i.V.m. § 295 Absatz 1 Satz 1 Nr. 1 SGB V.

Die elektronische Übermittlung der Arbeitsunfähigkeit lässt **nicht** die Pflicht des Arbeitnehmers zur Anzeige seiner Arbeitsunfähigkeit gegenüber seinem Arbeitgeber entfallen. Diese besteht weiterhin (§ 5 Absatz 1 Satz 1 EntgFG).

Finanzielle Absicherung im Krankheitsfall

Ein wichtiges Thema ist, wie der Lebensunterhalt eines Versicherten vor allem während einer lang andauernden Erkrankung abgesichert ist, denn klar, finanzielle Sorgen können die Genesung belasten.

Entgeltfortzahlung im Krankheitsfall

Schauen wir uns nun die *Entgeltfortzahlung im Krankheitsfall* an. Bedeutet nichts anderes, als zu klären, von wem ein Arbeitnehmer während der Zeit seiner Erkrankung Geld zum Leben erhält. Hier hilft das *Entgeltfortzahlungsgesetz* (*EntgFG*) weiter. Allerdings muss danach der Arbeitgeber in den »sauren Apfel« beißen: Das Gesetz schreibt nämlich vor, dass der Arbeitgeber seinem erkrankten Beschäftigten für die Dauer von sechs Wochen die Vergütung weiterzahlen muss, so geregelt in § 3 EntgFG. Hierzu benötigt er die im vorangehenden Abschnitt vorgestellte eAU als Nachweis über die tatsächliche Erkrankung seines Arbeitnehmers. Für die Entgeltfortzahlung müssen im Allgemeinen die nachfolgenden Voraussetzungen gegeben sein:

- ✔ Das Arbeitsverhältnis muss seit vier Wochen ununterbrochen bestehen.
- ✔ Der Arbeitnehmer muss auch tatsächlich arbeitsunfähig erkrankt sein. Das bedeutet, dass er wegen einer Erkrankung dem Arbeitgeber nicht seine Arbeitsleistung anbieten kann.

BEISPIEL

Der angestellte Tenor Juan leidet an Heiserkeit und muss daraufhin seine Auftritte absagen. Im Gegensatz ist die Archivarin Merle kaum betroffen: Auch sie bekommt wegen Heiserkeit keinen Ton heraus, in ihrem Job ist das aber nicht weiter schlimm, denn sie hat kaum Publikumsverkehr.

✔ Die Arbeitsunfähigkeit muss die Folge einer Krankheit sein.

BEISPIEL

Daran kann gezweifelt werden, wenn Paul nach einer durchzechten Nacht morgens übel ist und er deshalb nicht zur Arbeit geht (Ausnahme: Alkoholvergiftung).

✔ Die auf der Arbeitsunfähigkeit beruhende Krankheit darf nicht selbst verschuldet sein.

BEISPIEL

Arbeitnehmerin Zoe verursacht betrunken mit ihrem Fahrzeug einen Verkehrsunfall, bei dem sie verletzt wird und damit ihre Erkrankung selbst verschuldet hat. Das ist kein Fall für die Entgeltfortzahlung!

Warum stellt eigentlich die Entgeltfortzahlung im Krankheitsfall darauf ab, dass die Krankheit nicht selbst verschuldet sein darf? Weil es sonst unbillig wäre, wenn der Arbeitgeber bis zu sechs Wochen die Vergütung weiterzahlen soll. Oder würden Sie als Arbeitgeber im nachfolgenden Fall verständnisvoll weiterzahlen:

BEISPIEL

Basti hat neue Freunde kennengelernt, die jedes Wochenende kickboxend unterwegs sind. Als er an einem Sonntag von ihnen aufgefordert wird mitzumachen, will er nicht kneifen: also ab in den Ring! An mehr kann sich Basti nicht mehr erinnern. Montag im Krankenhaus erfährt er seine diversen Diagnosen und dass er erst mal so schnell nicht arbeiten gehen kann.

Da Basti noch nie Kickboxen trainiert hat, hat er sich also selbst in die Gefahr der Verletzung begeben. Für einen umsichtigen Betrachter liegt es nämlich nahe, dass Basti den Ring nicht gesund verlässt. Sein Arbeitgeber kann sich daher auf einen Leistungsausschluss berufen und muss ihm keine Entgeltfortzahlung zahlen.

Hat ein Arbeitgeber Zweifel an der Arbeitsunfähigkeit seines Arbeitnehmers, kann er gemäß § 275 Absatz 1a SGB V den Medizinischen Dienst Bund mit einer Überprüfung beauftragen. Zweifel an der Arbeitsunfähigkeit können vor allem bei auffällig häufigen oder kurzen Krankheitstagen bestehen oder – der Klassiker! – wenn der Beginn einer AU oftmals auf einen Montag oder Freitag fällt.

Hierzu noch folgender Hinweis:

Gelingt es einem Arbeitgeber, den Beweiswert einer ärztlichen Arbeitsunfähigkeitsbescheinigung zu erschüttern, muss dann der Arbeitnehmer beweisen, dass er tatsächlich arbeitsunfähig erkrankt war und kann sich nicht (mehr) ausschließlich auf die AU-Bescheinigung berufen (so das Bundesarbeitsgericht, Entscheidung vom 13.12.2023, Aktenzeichen 5 AZR 137/23).

Die *Höhe der Entgeltfortzahlung* richtet sich allgemein danach, was der erkrankte Arbeitnehmer während seiner regulären Arbeitszeit verdient hätte (§ 4 EntgFG). Einen prozentualen Abzug – wie beim Krankengeld – gibt es nicht. Auch *Minijobber* haben übrigens einen Anspruch auf die Entgeltfortzahlung im Krankheitsfall, denn das Gesetz knüpft als Voraussetzung für den Bezug lediglich an den Status als Arbeitnehmer und nicht an andere Merkmale, wie die tägliche Arbeitszeit, an.

Die *Dauer der Entgeltfortzahlung* im Krankheitsfall beträgt maximal sechs Wochen. Jetzt könnte ja jemand besonders pfiffig sein und sich sagen: Super, mache ich mal für sechs Wochen krank, arbeite dann für einen oder zwei Tage und mache dann wieder für sechs Wochen krank und das alles auf Kosten des Arbeitgebers, der die Vergütung auch für die weiteren sechs Wochen weiterzahlen soll. Aber so einfach geht das nicht:

Der Anspruch auf sechs Wochen Entgeltfortzahlung im Krankheitsfall entsteht erst dann erneut, wenn der Arbeitnehmer innerhalb von sechs Monaten vor Beginn der erneuten Arbeitsunfähigkeit **nicht wegen derselben Erkrankung** arbeitsunfähig war oder seit Beginn der ersten Arbeitsunfähigkeit infolge derselben Krankheit eine Frist von zwölf Monaten abgelaufen ist (§ 3 Absatz 1 EntgFG).

Sie merken, hier geht es nur um dieselbe Krankheit. Daraus folgt: Ist die vorherige AU beendet und tritt dann eine andere Erkrankung auf (zum Beispiel Beinbruch), löst das eine neue Entgeltfortzahlungspflicht des Arbeitgebers aus (BAG, Urteil vom 11.12.2019, Aktenzeichen 5 AZR 505/18).

Ist der Arbeitnehmer länger als sechs Wochen arbeitsunfähig erkrankt, kann er *Krankengeld* bei der Krankenkasse beantragen, womit wir bei unserem nächsten wichtigen Thema sind.

Das Krankengeld – Fluch und Segen zugleich

Wie geht es mit dem Arbeitnehmer nach sechs Wochen Arbeitsunfähigkeit im Krankheitsfall finanziell weiter – vorausgesetzt natürlich, er ist weiterhin krank? Hier spielt der Bezug von Krankengeld, dessen Dauer und sogenannte Blockfristen eine Rolle. Zudem versuchen Krankenkassen gerne, die Ausgaben für Krankengeld durch eine Aufforderung zur Beantragung anderweitiger Leistungen zu minimieren. Aber der Reihe nach:

Das Krankengeld ist in den §§ 44 ff. SGB V geregelt. Es stellt eine Leistung der Krankenkasse bei Arbeitsunfähigkeit des Leistungsberechtigten dar.

Die Dauer des Krankengeldes

Schauen wir uns zunächst die *Dauer des Krankengeldbezuges* genauer an. Hier kursieren mal Angaben über 72 Wochen, mal über 78 Wochen. Welche Angabe richtig ist, hängt von der Betrachtungsweise ab: Grundsätzlich beträgt die Maximaldauer des Krankengeldbezuges 78 Wochen. Hierbei werden jedoch die (ersten) sechs Wochen Entgeltfortzahlung im Krankheitsfall nach § 3 EntgFG hinzugerechnet. Das bedeutet in der Praxis: Sechs Wochen zahlt der Arbeitgeber das bisherige Arbeitsentgelt und anschließend zahlt die Krankenkasse bis zu 72 Wochen lang das Krankengeld.

Die Höhe des Krankengeldes

Die *Höhe des Krankengeldes* beträgt 70 Prozent des regelmäßigen Bruttoverdienstes, begrenzt auf höchstens 90 Prozent des Nettoverdienstes. Ähnlich wie beim Arbeitslosengeld gibt es auch hier einen *Bemessungszeitraum*, der als Berechnungsgrundlage dient: Das Krankengeld errechnet sich aus dem Arbeitsentgelt (§ 14 SGB IV) des letzten vor dem

Beginn der Arbeitsunfähigkeit abgerechneten Gehaltszeitraumes von mindestens vier Wochen (§ 46 Absatz 2 SGB V). Bei schwankendem Einkommen (zum Beispiel bei Akkordlohn) kann auch der durchschnittliche Verdienst der letzten drei Monate zugrunde gelegt werden. Zum Glück gibt es inzwischen Onlinerechner, die Ihnen bei der Berechnung des persönlichen Krankengeldanspruchs weiterhelfen.

Aus dem Bescheid der Krankenkasse über die Gewährung von Krankengeld ergibt sich ein konkreter *Tagessatz für das Krankengeld*. Das erscheint ungewöhnlich, hat aber folgenden Hintergrund:

Jessica ist als Assistentin der Geschäftsleitung tätig und seit mittlerweile elf Wochen arbeitsunfähig erkrankt. Sie erhält Krankengeld. Die behandelnde Ärztin schreibt sie für weitere zwei Wochen krank. Jessica wundert sich, warum sie von ihrer Krankenkasse das Krankengeld nur unregelmäßig ausgezahlt erhält, nämlich immer dann, wenn der Krankenkasse die Folge-Arbeitsunfähigkeitsbescheinigung vorliegt. Warum ist das so?

Die Lösung ist denkbar einfach: Die Krankenkasse wartet zunächst einmal ab, ob Jessica weiterhin krankgeschrieben wird. Krankengeld wird daher immer nur für den in der AU-Bescheinigung angegebenen Zeitraum rückwirkend ausgezahlt. Da es zudem Monate mit einer unterschiedlichen Anzahl von Tagen gibt, rechnet die Krankenkasse einheitlich auf der Grundlage von 30 Tagen.

Reicht das Krankengeld nicht zum Bestreiten des Lebensunterhaltes aus, sollten Sie unbedingt an die Beantragung von Bürgergeld denken.

Blockfristen – schon mal davon gehört?

Für Arbeitnehmer ist es durchaus spannend zu wissen, unter welchen Voraussetzungen sie nach einer mehrmonatigen Erkrankung erneut Krankengeld beziehen können. Grundsätzlich kann innerhalb von drei Jahren wegen *derselben Krankheit* nur für maximal 78 Monate Krankengeld bezogen werden. Bei dem Zeitfenster von drei Jahren handelt es sich um eine *Blockfrist*.

»Dieselbe Krankheit« bedeutet im ursächlichen Sinne ein einheitliches Krankheitsgeschehen, beispielsweise wenn die Krankheit nicht ausgeheilt ist und immer wieder zu behandlungsbedürftigen und/oder arbeitsunfähigkeitsbedingten Krankheitserscheinungen beziehungsweise -beschwerden führt (SG Hamburg, Urteil vom 18.2.2011, Aktenzeichen S 48 KR 835/10).

Was aber passiert, wenn eine *weitere Krankheit* innerhalb dieser drei Jahre auftritt, die zu einer mehrwöchigen Arbeitsunfähigkeit führt. Gibt es dann für diese neue Erkrankung dennoch das Krankengeld? Ja, denn die neue Erkrankung löst für sich eine eigene, neue Blockfrist von drei Jahren aus. Hervorzuheben ist allerdings, dass die neue Erkrankung nicht während der schon bestehenden Arbeitsunfähigkeit hinzugetreten ist, sondern eine zeitliche Zäsur dazwischen bestehen muss. Damit ist gemeint, dass die Arbeitsunfähigkeit für die erste Erkrankung beendet sein muss, bevor eine neue Arbeitsunfähigkeit auslösende Erkrankung diagnostiziert wird.

Auch wenn *Minijobber* gegenüber ihrem Arbeitgeber einen Anspruch auf Entgeltfortzahlung im Krankheitsfall von maximal sechs Wochen haben, besteht kein Anspruch auf Krankengeld. Warum nicht? Weil sie keine Krankenversicherungsbeiträge auf ihr Entgelt entrichten. Aus dem gleichen Grund haben auch familienversicherte Ehegatten/Lebenspartner sowie Kinder, Studierende und Beziehende von Bürgergeld allgemein keinen Anspruch auf Krankengeld.

Das Hamburger Modell

Auch während des *Hamburger Modells* kann Krankengeld (oder Übergangsgeld) gewährt werden. Hierunter ist eine stufenweise Wiedereingliederung (§ 74 SGB V, § 44 SGB IX) von sozialversicherungspflichtigen Arbeitnehmern in das Arbeitsleben (Voll- oder Teilzeit) gemeint. Sie kommt vor allem nach einer langen oder schweren Erkrankung in Betracht, um schrittweise die volle Arbeitsleistung wiederherzustellen.

Das Kinderkrankengeld

Immer dann, wenn das Kind – gemeint ist ein Kind bis zum zwölften Lebensjahr beziehungsweise darüber hinaus, wenn es eine Behinderung hat und deshalb auf Hilfe angewiesen ist – erkrankt ist, kommt das *Kinderkrankengeld* zum Einsatz. So haben gesetzlich krankenversicherte Eltern im Jahr 2025 je Kind einen Anspruch auf Kinderkrankengeld für 15 beziehungsweise für 30 Arbeitstage für alleinerziehende Elternteile. Und klar, bei mehreren Kindern verlängert sich diese Leistung auf 35 Tage beziehungsweise 70 Tage für Alleinerziehende. Wie sich die Anzahl der Kinderkrankentage über 2025 hinaus entwickeln, bleibt abzuwarten. Das Kinderkrankengeld beträgt übrigens regelmäßig 90 Prozent des ausgefallenen Nettoarbeitsentgelts.

Ohne zeitliche Einschränkung kann es allgemein Kinderkrankengeld zur Pflege und Betreuung eines *schwerst unheilbar erkrankten Kindes* geben, wenn nach ärztlichem Attest die Erkrankung ein so weit fortgeschrittenes Stadium erreicht hat, dass eine palliativmedizinische Behandlung erforderlich oder von einem Elternteil erwünscht ist und die Lebenserwartung des Kindes auf Wochen beziehungsweise wenige Monate begrenzt ist (§ 45 Absatz 4 SGB V). Ein Beispiel hierzu ist die Aufnahme des Kindes in ein Hospiz.

Aufforderung zur Beantragung anderweitiger Leistungen

Um die Dauer des Bezuges von Krankengeld gegenüber Versicherten abzukürzen, bedient sich die Krankenkasse regelmäßig folgenden Schachzuges: der *Aufforderung zur Beantragung anderweitiger Leistungen.* Die Rechtsgrundlage ist in § 51 Absatz 1 SGB V geregelt: Danach kann die Krankenkasse den Versicherten, deren Erwerbsfähigkeit auf der Grundlage eines Gutachtens erheblich gefährdet oder gemindert ist, eine Frist von zehn Wochen setzen, um einen Antrag auf Leistungen zur medizinischen Rehabilitation oder Teilhabe am Arbeitsleben zu stellen – kurzum, ein anderer Träger soll die Versicherten wieder fit für den Arbeitsmarkt machen. Ist das nicht möglich, kann ein solcher Antrag gemäß § 116 SGB

Absatz 2 VI auch als Antrag auf Gewährung einer Erwerbsminderungsrente umgedeutet werden. Diese Aufforderung der Krankenkasse zur Beantragung anderweitiger Leistungen ist ernst zu nehmen, denn aus § 51 Absatz 3 SGB V ergibt sich, dass bei einem nicht fristgerecht gestellten Antrag der Anspruch auf Krankengeld entfällt. Dieser lebt erst wieder auf, wenn der Versicherte der Aufforderung nachkommt und den Antrag stellt.

All diejenigen von Ihnen, die im Zusammenhang mit dem gesetzlichen Krankenversicherungsrecht etwas zum Thema *Aussteuerung* erfahren wollen, werden auf Kapitel 8 (Arbeitsförderungsrecht) zum Thema *Nahtlosigkeit* verwiesen.

Ruhen des Anspruchs bei Beitragsschulden

Kommen wir nun zu einem wichtigen, wenn auch manchmal unangenehmen Thema: Wegen *Beitragsschulden* kann keine Krankenbehandlung in Anspruch genommen werden. Geht das überhaupt? Damit befasst sich § 16 Absatz 3a Satz 3 bis 5 SGB V. Bei Beitragsschulden zieht nämlich die Krankenkasse die Reißleine und verweigert die medizinische Behandlung auf ihre Kosten. Schauen wir uns die Voraussetzungen für das Ruhen des Leistungsanspruchs anhand eines Beispiels genauer an:

BEISPIEL

Julia ist als Selbständige freiwillig krankenversichert. Seit einigen Monaten bleiben Einnahmen aus, und das unter anderem auch, weil sie aufgrund einer Schwangerschaft weniger arbeitet. Mit Müh und Not kann sie ihre Büromiete zahlen; auf Mahnungen aller Art reagiert sie nicht. Nun hat sie ein Schreiben ihrer Krankenkasse erhalten, wonach mit Verweis auf ihre Beitragsschulden der Anspruch auf Leistungen ruhen soll. Julia fragt sich, ob das überhaupt geht, sie benötigt schließlich aufgrund ihrer bevorstehenden Niederkunft dringend die Leistungen ihrer Krankenversicherung. Was soll sie nun machen?

Lösung: Spontan denken Sie vielleicht auch: »… das geht doch gar nicht, Julia ist schließlich schwanger und braucht medizinische Unterstützung!« Gibt es ein Schlupfloch, um aus der Sache gut rauszukommen – was ist denn mit der Beitragsamnestie? Eins vorweg: Die *Beitragsamnestie* gibt es nicht mehr.

Julia sollte hier umgehend Kontakt zu ihrer Krankenkasse aufnehmen, um eine Lösung zu finden; das Gesetz sieht hier zum Beispiel den Abschluss einer Ratenzahlung vor (§ 16 Absatz 3a Satz 4 SGB V). Wenn Julia die Raten pünktlich zahlt, hat sie ab diesem Zeitpunkt wieder Anspruch auf Leistungen. Aber auch ohne Ratenzahlung ist Julia nicht ganz schutzlos: Vom Ruhen der Leistungen sind nämlich ausdrücklich folgende Leistungen nicht betroffen:

- ✔ Untersuchungen zur Früherkennung von Krankheiten (§§ 25 und 26 SGB V),
- ✔ Behandlung akuter Erkrankungen (wie Dialyse bei Nierenversagen, Insulinbehandlung) und Schmerzzustände sowie
- ✔ bei Schwangerschaft und Mutterschaft.

Julia kann also Leistungen rund um ihre Schwangerschaft und Mutterschaft in Anspruch nehmen. Wie geht es aber für die Zukunft für Julia hinsichtlich ihrer Krankenkassenbeiträge weiter? Hier nun das »Schlupfloch«: Ihr ist anzuraten, einen Antrag auf *Bürgergeld* zu stellen. Warum das ratsam ist, können Sie dem § 16 Absatz 3a Satz 5 SGB V entnehmen:

Das Ruhen tritt nicht ein oder endet, wenn Versicherte hilfebedürftig im Sinne des Zweiten oder Zwölften Buches sind oder werden.

Also fix zum Jobcenter oder Sozialamt und einen Antrag auf Leistungen zur Sicherung des Lebensunterhaltes nach dem SGB II beziehungsweise SGB XII stellen. Werden entsprechende Leistungen bewilligt, endet der Ruhenstatbestand und die Leistungen der Krankenversicherung können wieder vollumfänglich in Anspruch genommen werden. Hierauf weist übrigens auch die Krankenkasse die Versicherten schriftlich hin.

Julia ist auch anzuraten, die Überprüfung der Höhe ihrer monatlichen Beiträge gegenüber ihrer Krankenkassen zu beantragen, denn falls sie in der Vergangenheit ihren Mitwirkungspflichten zu ihrem Einkommen nicht nachgekommen ist, setzt die Krankenkasse regelmäßig den Höchstbeitrag an. Der erfolgreiche Überprüfungsantrag kann damit zur Reduzierung der Beitragsschuld führen.

Wichtig ist, dass der Beitragsschuldner aktiv wird. Nichts ist schlimmer, als den Kopf sprichwörtlich in den Sand zu stecken – denn sonst droht die Vollstreckung!

Eine abschließende Anekdote:

Katrin und Frank lebten seit Jahren zusammen, haben aber nicht geheiratet. Katrin war selbständig und Frank verdiente gut. Katrin nahm es ab und zu mit ihren freiwilligen Krankenversicherungsbeiträgen nicht so ernst, und es lief eine fünfstellige Beitragsschuld auf. Es kam, wie es kommen musste: Die Krankenkasse informierte Katrin über das Ruhen ihres Leistungsanspruchs. Was sollte sie bloß machen? In der Zukunft hätte sie ihre Beiträge vermutlich auch nicht regelmäßig aufbringen können. SGB II-Leistungen kamen für sie nicht infrage, da Frank zu viel verdiente.

Die Lösung: Katrin heiratete und stellte ihre Selbständigkeit ein – die Familienversicherung lässt grüßen!

IN DIESEM KAPITEL

Prävention und Rehabilitation

Teilhabe am Arbeitsleben

Rente aus verschiedenen Gründen

Kapitel 10
Die gesetzliche Rentenversicherung nach SGB VI

Junge Menschen werden wohl kaum viele Gedanken an die Rente verschwenden. Auch ich habe früher gedacht: »Was interessiert mich das SGB VI? Mit den Risiken des Alters oder einer Erwerbsminderung kann ich mich beschäftigen, wenn ich 60+ bin.« Aber was ist eigentlich, wenn Sie in Ihrem aktiven Berufsleben erkranken? Wäre es da nicht vielleicht schön, wenn Sie eine Kur antreten können oder gar umgeschult werden, falls Sie den bisherigen Job gesundheitsbedingt nicht mehr ausüben können? Oder denken Sie an die finanzielle Absicherung Ihrer Mutter, falls Ihr Vater plötzlich verstirbt – Stichwort »Witwenrente«, falls die beiden verheiratet waren. Es kann daher nicht schaden, etwas mehr über das SGB VI zu erfahren.

Der zuständige Träger ist allgemein die *Deutsche Rentenversicherung* mit der Abkürzung *DRV*. Das ist insofern nicht ganz korrekt, da es unterschiedliche Versicherungsträger der DRV gibt, so zum Beispiel die DRV Bund, die DRV Bayern Süd oder die DRV Berlin-Brandenburg und so weiter. Wenn Sie sich nicht sicher sind, wie Ihr Rententräger denn nun konkret heißt, schauen Sie einfach auf den Absender Ihrer jährlichen Renteninformation.

Das Recht der *gesetzlichen Rentenversicherung* ist vielfältig und beinhaltet nicht nur das Thema Rente. Das Rentenversicherungsrecht ist eng mit dem SGB IX verknüpft, sei es bei Themen rund um Rehabilitation und Teilhabe oder wenn es darum geht, ab wann man als schwerbehindert gilt und deshalb eine vorzeitige Altersrente in Anspruch nehmen kann. Die wichtigsten allgemeinen Beratungsschwerpunkte der sehr komplexen gesetzlichen Rentenversicherung greife ich in diesem Kapitel auf.

Der versicherte Personenkreis

Zunächst klären wir vorab, wer zum *versicherten Personenkreis* gehört und Leistungen nach dem SGB VI erhalten kann. Im Gesetz wird unterschieden nach:

- **Versicherungspflicht kraft Gesetzes (§§ 1 bis 3 SGB VI)**

  Dazu zählen alle sozialversicherungspflichtigen Beschäftigten (mit einem Einkommen oberhalb der Minijobgrenze) und bestimmte Selbständige wie bestimmte selbständig tätige Lehrer und Erzieher, Handwerker sowie Hebammen.

- **Versicherungsfreiheit (§ 5 SGB VI)**

  Versicherungsfrei sind beispielsweise Beamte und Richter. Sie haben das Glück, nicht in die Rentenversicherung einzahlen zu müssen und dennoch später eine Absicherung im Alter zu erhalten (Pension).

- **Befreiung von der Versicherungspflicht (§ 6 SGB VI)**

  Wenn bereits eine anderweitige Absicherung im Alter besteht, beispielsweise über Versorgungswerke für Ärzte, Rechtsanwälte, Architekten oder Ähnliches, ist eine Befreiung von der Versicherungspflicht nach § 6 SGB VI möglich.

- **Freiwillige Versicherung (§ 7 SGB VI)**

  Das bedeutet, dass jeder, der nicht versicherungspflichtig ist, freiwillig Beiträge an die Rentenversicherung entrichten kann, um sich fürs Alter abzusichern (beispielsweise Selbständige).

- **Nachversicherung (§ 8 SGB VI)**

  Bestimmte Personen, wie beispielsweise Beamte oder Richter, sind (siehe oben) versicherungsfrei. Scheiden diese aus dem öffentlichen Dienst aus, können sie sich über die Deutsche Rentenversicherung nachversichern lassen.

- **Versorgungsausgleich und Rentensplitting (§ 8 SGB VI)**

  Was die wenigsten wissen: Im Falle einer Ehescheidung können beispielsweise durch einen *Versorgungsausgleich* auch Rentenanwartschaften übertragen oder begründet werden. Gleiches gilt für das *Rentensplitting* unter Eheleuten. Diese können durch Erklärung bestimmen, dass die von ihnen in der Ehe erworbenen Ansprüche zwischen ihnen aufgeteilt werden.

Jetzt haben Sie zwar gerade den typischen Personenkreis in der gesetzlichen Rentenversicherung kennengelernt, aber die Lebenswirklichkeit zeigt uns, dass jemand zwar ein Gewerbe angemeldet haben kann und – vermeintlich – selbständig ist, aber dennoch unter die Versicherungspflicht kraft Gesetzes fallen kann. Auf wen das zutrifft? Auf *Scheinselbständige*, die das manchmal gar nicht so im Blick haben, dass sie unter diese Definition fallen könnten, denn schließlich arbeiten sie ja freiberuflich – aber der Gesetzgeber sieht das mitunter anders.

Scheinselbständige sind Personen, die nur vermeintlich selbständig sind. So schließen sie zwar keinen Arbeits-, sondern einen Honorarvertrag mit ihrem Auftraggeber ab. Im engeren Sinne entspricht jedoch die Art ihrer Tätigkeit der eines Arbeitnehmers, und damit unterliegen sie im Allgemeinen der Versicherungspflicht kraft Gesetzes.

Ein typisches Merkmal für eine Scheinselbständigkeit ist, dass lediglich **ein** Auftraggeber vorhanden ist. Hinzu kommt oftmals, dass Scheinselbständige nicht nach neuen Aufträgen und Auftraggebern aktiv Ausschau halten, also keinerlei Akquise oder Werbung betreiben. Im Falle der Scheinselbständigkeit ist der vermeintlich Selbständige damit auf »Gedeih und Verderb« seinem einzigen Auftraggeber ausgeliefert, sodass er letztlich den gleichen Be- und Einschränkungen wie denen eines klassischen Arbeitnehmers unterliegt. Er kann nicht mehr selbst über seine Arbeitskraft und auch nicht über Arbeitszeit oder Art und Umfang seiner Tätigkeit entscheiden. Je mehr ein Selbständiger an nur einen Auftraggeber – insbesondere finanziell – gebunden ist, umso mehr gerät er in eine wirtschaftliche Abhängigkeit gegenüber seinem Auftraggeber und wird dessen Aufträge nicht ablehnen (können).

Oftmals kommt das böse Erwachen, ob eine Person als Arbeitnehmer oder als selbständig Tätiger einzuordnen ist, im Rahmen einer *Betriebsprüfung*. Die Träger der Rentenversicherung können nämlich nach § 28 p SGB IV mindestens alle vier Jahre prüfen, ob die Meldepflichten richtig erfüllt und die Sozialversicherungsbeiträge richtig gezahlt wurden. Hat ein Arbeitgeber seinen Scheinselbständigen nicht ordnungsgemäß angemeldet und für ihn keine Beiträge entrichtet, droht dem Arbeitgeber eine rückwirkende Beitragszahlung für einen Zeitraum von vier Jahren (§ 25 Absatz 1 SGB IV).

Um zu prüfen, ob eine Person der Versicherungspflicht unterliegt, kann ein *Statusfeststellungsverfahren* nach § 7a SGB IV bei der Clearingstelle der Deutschen Rentenversicherung eingeleitet werden.

Leistungen zur Prävention und Rehabilitation

»Der Klügere baut vor«, sagt ein altes Sprichwort, und so können auch die Leistungen der Prävention umschrieben werden: Das Kind soll gar nicht erst in den Brunnen fallen. Diese Leistungen (§ 14 SGB VI) können Versicherte beantragen, wenn gesundheitliche Beeinträchtigungen auftreten wie Übergewicht, Bluthochdruck, Rückenschmerzen oder Schlafprobleme. In der Praxis wird sich der ein oder die andere sicherlich zunächst an seine beziehungsweise ihre Krankenkasse mit der Bitte um Unterstützung wenden (siehe Kapitel 9). Aber auch der Rententräger wird vorbeugend (präventiv) tätig, insbesondere wenn der Antrag auf Leistungen der medizinischen Rehabilitation abgelehnt wurde. Die Leistungen der *Prävention* haben zudem Vorrang vor den Leistungen zur Teilhabe (§ 9 Absatz 1 Satz 2 SGB VI).

Medizinische Rehabilitation und Anschlussheilbehandlung

Rehabilitation bedeutet Wiederherstellung, und mit einer medizinischen Rehabilitation nach § 15 SGB VI auf Kosten der Rentenversicherung sollen insbesondere Berufstätige wieder fit für den Job gemacht werden. Das kann sehr unterschiedliche Maßnahmen bedeuten – naturgemäß sieht eine Reha für Kinder und Jugendliche ganz anders aus als eine Reha für Onkologiepatienten oder für Suchterkrankte. Im Vorfeld sind viele Fragen zu klären, etwa was die Reha dem Patienten genau bringen soll, welcher Reha-Ort am besten geeignet ist und wie die finanzielle Absicherung während der Reha gewährleistet ist. Um all das geht es in diesem Abschnitt. Fangen wir dazu mit einem typischen Beispiel an:

BEISPIEL

Gesundheitspfleger Max, schon von Kindheit an leicht übergewichtig, ist ein echter Bewegungsmuffel und hat nun erhebliche Rückenschmerzen. Durch den Stress im Job ernährt er sich zunehmend ungesund, sodass er in letzter Zeit stark zugenommen hat und ihm die Knie Probleme machen. Auf Anraten seiner behandelnden Ärztin stellt Max einen Antrag auf eine stationäre Reha (Kur), die ihm auch bewilligt wird. Max fährt in eine Rehaklinik mit orthopädischem und psychosomatischem Schwerpunkt. Bei der Gelegenheit nimmt er auch das Angebot der Klinik zur Ernährungsberatung wahr.

Reha für Kinder und Jugendliche

Nicht nur Berufstätige können Leistungen der medizinischen Rehabilitation in Anspruch nehmen, auch *Kinder und Jugendliche* (§ 15a SGB VI), damit eine erhebliche Gefährdung ihrer Gesundheit beseitigt oder chronische Erkrankungen wesentlich gebessert werden. Hierbei können sie auf Kosten des Rententrägers von einem Elternteil regelmäßig bis zum zwölften Lebensjahr des Kindes begleitet werden, vorausgesetzt, dass die Begleitung zum Erfolg der Maßnahme erforderlich ist.

Onkologische Rehabilitation

Der Rententräger gewährt auch eine *onkologische Reha*, soweit die Erstbehandlung (operative Behandlung oder Strahlentherapie) abgeschlossen und der Versicherte für eine Reha ausreichend belastbar ist. Mit dieser Reha können dann gezielt die körperlichen Beeinträchtigungen einer so schweren Erkrankung wie der Tumorerkrankung wieder abgebaut und die Versicherten insbesondere auch psychisch gestärkt werden. Diese Maßnahme können übrigens auch Rentner und erwerbsgeminderte Personen auf Kosten des Rententrägers in Anspruch nehmen.

Anschlussheilbehandlung (AHB)

Für Versicherte kann auf Kosten des Rententrägers unmittelbar nach einem Krankenhausaufenthalt zur Wiederherstellung der Erwerbsfähigkeit eine *Anschlussheilbehandlung* (*AHB*) in Betracht kommen. Im Idealfall erfolgt die Verlegung in die Reha-Einrichtung gleich direkt nach dem Aufenthalt im Krankenhaus, spätestens aber innerhalb von zwei Wochen ab Entlassung. Die AHB erfolgt zum Beispiel bei einer Versorgung mit einem künstlichen Hüftgelenk oder nach Bypass-/Herzklappenoperationen. Das Entlassmanagement des Krankenhauses klärt insbesondere auch, ob vielleicht die Krankenkasse die Kosten übernehmen muss (siehe Kapitel 9).

Rehabilitation bei Abhängigkeitserkrankungen

Diese Rehamaßnahme kommt bei *Abhängigkeitserkrankungen* wie Alkohol-, Drogen- und/oder Medikamentensucht in Betracht, und sie erfolgt meist unmittelbar nach einer stationären Entgiftung im Krankenhaus. Hierzu bedarf es einer ärztlichen beziehungsweise therapeutischen Empfehlung. Zudem müssen die versicherungsrechtlichen Voraussetzungen vorliegen, wonach in den letzten zwei Jahren mindestens sechs Monate lang Pflichtbeiträge gezahlt wurden.

Lehnt der Rententräger diese Rehamaßnahme ab, sollten Sie unbedingt bei der Krankenkasse einen Antrag auf medizinische Reha stellen.

Die Rehaziele genauer definieren

Zu Beginn einer jeden Reha werden gemeinsam mit dem Versicherten und der Reha-Einrichtung sogenannte *Rehaziele* entwickelt. Zugleich wird gemeinsam abgestimmt, wie die individuellen Ziele erreicht werden können. Solche Ziele können – je nach gesundheitlicher Verfassung – sein:

- ✔ Funktionseinschränkungen beseitigen, mindern oder ausgleichen
- ✔ das Fortschreiten einer chronischen Erkrankung aufhalten
- ✔ Linderung von Schmerzzuständen
- ✔ Unterstützung bei der Krankheitsbewältigung
- ✔ Förderung der Lebensqualität
- ✔ seelische Stabilisierung und vieles mehr

Am Ende der Rehabilitation erstellt die Reha-Einrichtung einen *Entlassungsbericht,* der wertvolle Hinweise über die festgestellten Erkrankungen des Versicherten, seinen Rehaverlauf und vor allem eine sozialmedizinische Beurteilung seines Leistungsvermögens enthält. Versicherten ist zu empfehlen, sich diesen Bericht vom Rententräger oder Hausarzt aushändigen zu lassen, denn vielleicht folgt aus diesem, dass sie in ihrer Erwerbsfähigkeit so beeinträchtigt sind, dass eine Erwerbsminderungsrente in Betracht kommt oder künftig Leistungen zur Teilhabe am Arbeitsleben erforderlich sind (siehe dazu auch weiter hinten in diesem Kapitel).

Den Reha-Ort auswählen

Klar denkt man bei einer medizinischen Rehabilitation an eine *stationäre* (Kur-)Einrichtung, am besten an der Nord- oder Ostsee. Eine medizinische Rehabilitation kann aber auch *ambulant* (tägliche Rückkehr nach Hause) oder *mobil* (in der Häuslichkeit) stattfinden.

Wenn Versicherte hier konkrete Wünsche zum Reha-Ort haben, können sie diese im Rahmen ihres *Wunsch- und Wahlrechts* nach § 8 SGB IX gerne dem Rententräger vorab, also bereits im Antrag, mitteilen.

Die Nachsorge planen

Nach einer stationären oder ambulanten Rehabilitation kann auch eine *Nachsorge* auf Kosten der DRV in Betracht kommen; § 17 SGB VI. Hierfür gibt es unterschiedliche Programme, wie

- ✔ **IRENA-Nachsorge** (Intensivierte **Re**habilitations**na**chsorge),
- ✔ **Psy-RENA** (**Psy**chosomatische **Re**habilitations**na**chsorge),
- ✔ **T-RENA** (Trainingstherapeutische **Re**habilitations**na**chsorge).

Allen Nachsorgeleistungen gemein ist, dass sie den Erfolg einer Reha sichern und verbessern sollen.

Finanzielle Absicherung während der Reha

Während einer Reha muss natürlich an die finanzielle Absicherung des Versicherten gedacht werden. Im Idealfall besteht wie bei Krankheit noch ein Anspruch gegen den Arbeitgeber auf Entgeltfortzahlung für sechs Wochen. Sind diese Wochen bereits ausgeschöpft, wird seitens des Rententrägers ein *Übergangsgeld* (§ 20 SGB VI) gezahlt. Dieses beträgt regelmäßig 68 Prozent des letzten Nettoarbeitsentgelts, mit Kind und Kindergeldanspruch sogar 75 Prozent. Wurde zuvor Krankengeld bezogen, kommt auch hier das Übergangsgeld in Betracht, nämlich dann, wenn der Antragsteller zuvor rentenversicherungspflichtig war. Die *Fahrtkosten* zur Reha können vom Rententräger ebenfalls auf Antrag übernommen werden. In Einzelfällen – je nach gesundheitlichem Zustand – kann auch ein Abholservice auf Kosten der DRV in Betracht kommen.

Bei einer stationären medizinischen Rehabilitation fällt regelmäßig eine *Zuzahlung* von 10 Euro pro Tag (begrenzt auf 42 Tage) an, sozusagen als Beteiligung an den Kosten für Unterkunft und Verpflegung. Es ist aber auch eine *Befreiung* möglich, beispielsweise für Kinder bis zum 18. Lebensjahr, wenn nur ein geringes Nettoeinkommen besteht oder sogar Bürgergeld/Sozialhilfe bezogen wird. Also Antrag auf Befreiung nicht vergessen!

Was noch wichtig ist

Es gilt der Grundsatz »*Reha vor Rente*«. Er ist in § 9 Absatz 1 Satz 3 SGB VI verankert und bedeutet Folgendes: Bevor jemand eine Erwerbsminderungsrente erhält, prüft der Rententräger zunächst, ob er zuvor mit den Leistungen der medizinischen Rehabilitation wieder fit für das Arbeitsleben gemacht werden kann. Nicht ganz unwichtig für langwierig Erkrankte ist die Frage, in welchem *Zeitraum* erneut eine medizinische Reha beantragt werden kann: In der Regel alle vier Jahre, bei chronischen Erkrankungen kann der Abstand auch kürzer sein, nämlich alle zwei Jahre.

Rund um das Thema Reha müssen Versicherte auch an ihre *Mitwirkungspflichten* nach §§ 60 ff. SGB I denken: Wird nämlich ohne wichtigen Grund die Reha nicht angetreten, kann der Rententräger deshalb einen Versagungsbescheid erlassen. Ein solcher Bescheid kann dann dazu führen, dass keine Erwerbsminderungsrente bewilligt ist, denn es gilt eben der Grundsatz »Reha vor Rente«.

In § 116 SGB VI befindet sich eine sogenannte *Antragsfiktion*. Das bedeutet, dass ein Antrag auf Leistungen zur medizinischen Reha (oder zur Teilhabe am Arbeitsleben) als Antrag auf Erwerbsminderungsrente gilt, wenn die medizinische Reha erfolglos war. Das hat den Vorteil, dass die Rente dann nicht noch mal gesondert beantragt werden muss.

Nachfolgend ein abschließendes Fallbeispiel zur medizinischen Rehabilitation:

Margot, stolze Besitzerin eines prämierten Pudels, hat nun die Zuweisung seitens der DRV zu einer stationären medizinischen Rehabilitation in einem anderen Bundesland erhalten. Sie hatte eigentlich eine ambulante Reha beantragt, da sie ihren Hund nicht in fremde Betreuung geben wollte. Nun überlegt sie, ob sie ihre Reha gänzlich absagen sollte, da ihr der Hund so wichtig ist. Gibt es eine Alternative?

Lösung: Mittlerweile gibt es auch Rehakliniken, die die Mitnahme eines Hundes gestatten. Im Rahmen ihres Wunsch- und Wahlrechts kann also Margot den Rententräger darauf hinweisen, dass sie ihren Hund gerne zur Reha mitnehmen möchte und um Benennung einer entsprechenden Fachklinik bitten, die auch den Hund mit aufnimmt.

Die berufliche Rehabilitation (Leistungen zur Teilhabe am Arbeitsleben)

Aus gesundheitlichen Gründen kann auf Kosten des Rententrägers auch eine berufliche Rehabilitation erforderlich sein: die *Leistungen zur Teilhabe am Arbeitsleben*, kurz *LTA*. Sinn und Zweck dieser Leistung durch die Rentenversicherung ist es, die Erwerbsfähigkeit des Versicherten zu erhalten und neue Berufschancen zu eröffnen, die dem Gesundheitszustand nicht abträglich sind.

Die Leistungen sind vielfältig, insbesondere da wir über § 16 SGB VI einen Ausflug in das SGB IX, konkret in die Vorschriften der §§ 49 bis 63 im SGB IX machen müssen. Dort finden Sie Leistungen wie zum Beispiel:

- ✔ Hilfen zur Erhaltung oder Erlangung eines Arbeitsplatzes einschließlich Leistungen zur Aktivierung und beruflichen Eingliederung (zum Beispiel Umschulungen, Weiterbildungen, berufliche Trainingsmaßnahmen)
- ✔ berufliche Anpassung, Weiterbildung und Berufsausbildung
- ✔ Gründungszuschuss für die Aufnahme einer selbständigen Tätigkeit
- ✔ technische Hilfen und persönliche Hilfsmittel (zum Beispiel Bildschirmlesegerät, Einhandtastatur)

- ✔ Übernahme der Kosten für eine notwendige Arbeitsassistenz (zum Beispiel Gebärdensprachdolmetscher für gehörlose Menschen, persönliche Assistenz für schwer körperlich beeinträchtigte Menschen)
- ✔ sonstige Hilfen wie Kraftfahrzeughilfe (Zuschüsse für die Anschaffung eines Kfz, Erlangung einer Fahrerlaubnis)

Leider handelt es sich bei der Unterstützungsleistung rund um das Arbeitsleben regelmäßig um Ermessensnormen, sodass Versicherte im Allgemeinen **keinen Anspruch** auf die Leistung haben. Damit liegt die Entscheidung im Ermessen der Behörde: Sie wird mal gewährt und mal nicht. Bei der Auswahl der Leistungen wird der Rententräger jedenfalls individuelle Faktoren wie Eignung, Neigung oder die bisherige Tätigkeit, aber auch die aktuelle Lage auf dem Arbeitsmarkt berücksichtigen (§ 49 Absatz 4 SGB IX). Diese Leistungen zur Teilhabe am Arbeitsleben finden beispielsweise in

- ✔ **Berufsbildungswerken,**
- ✔ **Berufsförderungswerken,**
- ✔ **vergleichbaren Einrichtungen**

statt, und das möglichst in Wohnortnähe. Weiterbildungen, die ganztägig durchgeführt werden, sind auf zwei Jahre begrenzt. Andere Leistungen dauern grundsätzlich so lange, wie es für das angestrebte Berufsziel allgemein üblich oder vorgesehen ist.

Für die Dauer der beruflichen Rehabilitation ist der Versicherte durch die Zahlung von *Übergangsgeld* durch den Rententräger abgesichert. Es können auch weitere Kosten, wie Reisekosten, Haushaltshilfe- oder Kinderbetreuungskosten übernommen werden, wenn andernfalls keine Teilnahme an der Umschulung, Weiterbildung etc. möglich ist. Diese Leistungen müssen allerdings vor Beginn der Maßnahme beantragt werden. Wie ein Blick in den § 50 SGB IX zeigt, kann die DRV auch Arbeitgeber mit Leistungen wie Ausbildungs- und Eingliederungszuschüssen oder Zuschüssen für Arbeitshilfen im Betrieb unterstützen.

Die Rente wegen Alters

Rente ist nicht gleich Rente; jede Rente hat unterschiedliche Voraussetzungen und häufig fällt es schwer, auf Anhieb gleich alle Renten namentlich parat zu haben. Machen Sie doch einmal in Ihrem Freundeskreis den Test und fragen nach, wie viele verschiedene Renten es gibt. Die Lösung finden Sie in § 33 SGB VI – es sind auf jeden Fall mehr als zehn! Diese kann ich allerdings nicht alle einzeln hier vorstellen, sondern ich konzentriere mich auf die im Alltag wesentlichen Renten.

Neben der *Erwerbsminderungsrente* und der *Rente wegen Todes* (auf die ich gleich noch ausführlicher zurückkomme) gibt es die *Rente wegen Alters*, die definitiv die häufigste Form der Rente darstellt. (Fast) Jeder sehnt sie herbei, suggeriert sie doch Freizeitvergnügen pur. Ob das künftige Rentenniveau diesen Lebensstil ermöglicht, sei allerdings dahingestellt. Wie aus dem Namen leicht ableitbar, ist Voraussetzung für die Gewährung einer Altersrente, dass ein bestimmtes Alter erreicht sein muss. So einfach, so gut. Ab jetzt wird es kompliziert, denn es gibt unterschiedliche Konstellationen, um Altersrenten in Anspruch zu nehmen.

Die Regelaltersrente (§ 35 SGB VI)

Ausgangspunkt ist die *Regelaltersrente*, die in § 35 SGB VI geregelt ist. Sie wird gewährt, wenn die allgemeine *Wartezeit* von fünf Jahren erfüllt und die *Regelaltersgrenze* erreicht ist. Für alle nach dem 1.1.1964 Geborenen bedeutet dies, dass sie nach Vollendung des 67. Lebensjahres in Altersrente gehen können. Wer vorher geboren ist, hat einen anderen individuellen Rentenbeginn, nämlich mit dem 65. Lebensjahr plus einer bestimmten Anzahl von Monaten – je nach Geburtsjahr. Ein Blick in § 235 SGB VI oder das Internet hilft, den Rentenbeginn zu ermitteln.

Altersrente für langjährig Versicherte (§ 36 SGB VI)

Wenn eine allgemeine Wartezeit von 35 Jahren erfüllt ist (beispielsweise durch eine lange Erwerbstätigkeit), können die bis 1963 Geborenen noch vor ihrem 67. Lebensjahr vorzeitig ohne Abzüge in Rente gehen. Falls Sie nicht so lange warten möchten und bereit sind, Abzüge von 0,3 Prozent (höchstens 14,4 Prozent) in Kauf zu nehmen, kann bereits ab dem 63. Lebensjahr diese Rente vorzeitig mit Abzügen gewährt werden.

Altersrente für besonders langjährig Versicherte (§ 38 SGB VI)

Für die »Dinos« unter uns kann diese Rentenart in Betracht kommen, wenn 45 Versicherungsjahre erreicht sind. Auch hier verschiebt sich der Rentenbeginn je nach Geburtsjahr. Für alle nach 1964 Geborenen gibt einen einheitlichen Rentenbeginn mit 65 Jahren, alle früheren Geburtenjahrgänge müssen in die Tabelle des § 236b SGB VI schauen, um ihren Rentenbeginn zu ermitteln.

Altersrente für schwerbehinderte Menschen (§ 37 SGB VI)

Bei dieser Rentenart geht es darum, ob jemand neben der Erfüllung einer allgemeinen Wartezeit von 35 Jahren einen Grad der Behinderung von 50 oder mehr hat. In diesem Fall kann bereits mit Vollendung des 65. Lebensjahres vorzeitig in die Altersrente gestartet werden. Für die vor 1964 Geborenen hilft uns auch hier die Tabelle in § 236a SGB VI weiter, ab wann sie konkret mit dem 63. Lebensjahr plus einiger Monate diese Rente in Anspruch nehmen können.

Sie merken schon: Wenn Ihr Nachbar Sie fragt, mit welchem Alter er welche konkrete Altersrente beantragen kann, lässt sich diese Frage nicht so einfach beantworten. Und jetzt wird es gleich noch etwas komplizierter.

Rente mit Abzügen oder ohne?

Renteninteressierte können überlegen, ob sie vorzeitig mit *Abzügen* in Rente gehen oder noch eine Weile »durchhalten« wollen. Der Gesetzgeber hat hierzu Anreize geschaffen, wonach jemand auch vor Erreichen seiner individuellen Altersgrenze vorzeitig in Altersrente gehen kann. Allerdings muss der Versicherte dann auch bereit sein, lebenslang Abzüge von seiner Altersrente in Kauf zu nehmen. Es lohnt sich auf jeden Fall, vor der Beantragung einer Altersrente Kontakt mit dem Rententräger aufzunehmen und sich konkret den frühestmöglichen Renteneintritt mit und ohne Abzügen ausrechnen zu lassen, denn häufig gibt es auch Fallgestaltungen, in denen mehrere Rentenarten in Betracht kommen können.

Aber wie ist es, wenn Sie noch total fit sind und sich gar nicht vorstellen können, schon ganz mit der Arbeit aufzuhören? Tatsächlich können Sie auch nach Erreichen der (individuellen) Altersgrenze weiterhin berufstätig sein und verschieben damit Ihren Rentenbeginn. Das wird sogar seitens des Rententrägers mit einer höheren Rente honoriert. Auch hier lohnt sich eine Beratung durch den Rententräger.

Sofern Beeinträchtigungen im Sinne einer Behinderung nach § 2 SGB IX bestehen, ist Berufstätigen grundsätzlich zu empfehlen, die *Feststellung eines Grades der Behinderung* beim Versorgungsamt zu beantragen. Wird ein GdB von 50 oder mehr gewährt, kann zu gegebener Zeit die vorzeitige Altersrente wegen Schwerbehinderung – mit Abzügen oder ohne – beantragt werden.

Die Rente wegen Erwerbsminderung

In der sozialrechtlichen Beratungspraxis nimmt die Rente wegen *verminderter Erwerbsfähigkeit* (geregelt in § 43 SGB VI) einen großen Raum ein. Bei längerer Erkrankung erhält der eine oder die andere schnell mal die Empfehlung von Ärzten oder Behörden, eine solche Rente zu beantragen. Gerne wird hier umgangssprachlich von der Erwerbsminderungsrente oder EM-Rente gesprochen. Aber wann ist eigentlich jemand in seiner Erwerbsfähigkeit so eingeschränkt, dass er/sie nicht mehr arbeiten und deshalb Erwerbsminderungsrente beziehen kann? Die Frage ist grundsätzlich nicht leicht zu beantworten, zumal Versicherte häufig subjektiv eine andere Auffassung von ihrem Gesundheitszustand haben als beispielsweise behandelnde Ärzte und Gutachter. Aber der Reihe nach.

Bei Einschränkungen der Erwerbsfähigkeit können grundsätzlich drei Arten der Rente in Betracht kommen, nämlich

- ✔ die Rente wegen **voller Erwerbsminderung**,
- ✔ die Rente wegen **teilweiser Erwerbsminderung** und
- ✔ die Rente wegen **teilweiser Erwerbsminderung bei Berufsunfähigkeit** (§ 240 SGB VI).

Die Voraussetzungen für diese Renten sehen wir uns nun genauer an.

Lassen Sie sich nicht in die Irre führen: Häufig wird (veraltet) noch von der *EU-Rente* gesprochen, also der Rente wegen Erwerbsunfähigkeit. Damit ist jedoch die *Erwerbsminderungsrente* gemeint, die weitaus mehr umfasst als lediglich die vollständige Erwerbsunfähigkeit.

Die versicherungsrechtlichen Voraussetzungen

Ja, wie auch bei der gesetzlichen Krankenversicherung gibt es keine EM-Rente, wenn Sie nicht dem »Club der Berechtigten« angehören. Zunächst einmal müssen die versicherungsrechtlichen Voraussetzungen vorliegen, denn andernfalls bekommen Sie schnell eine Ablehnung Ihres Antrags, und das unabhängig von Ihrem Gesundheitszustand. Vorbedingung ist also, dass Sie in den letzten fünf Jahren vor Eintritt der Erwerbsminderung – auch Leistungsfall genannt – mindestens drei Jahre lang Pflichtbeiträge zur Sozialversicherung eingezahlt haben. Hierfür wird auch gerne der Begriff *3/5-Belegung* verwendet. Weiterhin muss bei Ihnen die allgemeine Wartezeit von mindestens fünf Jahren erfüllt sein.

Seit einigen Jahren unterliegen auch *Minijobs* der gesetzlichen Rentenversicherungspflicht. Damit besteht voller Schutz in der Rentenversicherung, sodass auch Minijobber einen Anspruch auf eine *Erwerbsminderungsrente* haben können, falls sie sich **nicht** von der Versicherungspflicht haben befreien lassen. Also Vorsicht bei einem Befreiungsantrag!

Die gesundheitlichen Voraussetzungen

Schwieriger sind die gesundheitlichen Voraussetzungen. So können schwere oder chronische Erkrankungen vorliegen, die es Ihnen unmöglich machen, wenigstens eine begrenzte Anzahl von Stunden zu den üblichen Bedingungen des Arbeitsmarktes zu arbeiten. Eine *volle Erwerbsminderungsrente* gibt es daher nur bei einem aufgehobenen Leistungsvermögen von unter drei Stunden täglich. (Juristendeutsch … konkret ist gemeint: Sie können keine drei Stunden täglich mehr arbeiten.) Von einer *teilweisen Erwerbsminderung* wird ausgegangen, wenn Sie zwar täglich drei Stunden schaffen, aber nur noch weniger als sechs Stunden arbeiten können.

BEISPIEL

Ein 53-jähriger Maurer leidet seit Jahren unter Bandscheibenproblemen. Die medizinische Reha half ihm nur kurzfristig, da die Schmerzen schnell wieder auftraten und mittlerweile auch ein chronischer Verschleiß der Wirbelsäule vorliegt. Aufgrund des Fortschreitens der Erkrankung ist auch keine Umschulung oder Ähnliches erfolgversprechend. Auf Anraten des Hausarztes beantragt der Maurer nun die Erwerbsminderungsrente. Wird sein Antrag erfolgreich sein?

Lösung: Ob bei dem Maurer tatsächlich derartig erhebliche gesundheitliche Einschränkungen vorliegen, sodass er weder drei noch sechs Stunden täglich erwerbstätig sein kann, richtet sich immer nach dem Einzelfall und dem Ausmaß der gesundheitlichen Einschränkungen. Im geschilderten Fall ist mit einer Ablehnung der Rente zu rechnen, da davon auszugehen ist, dass der Verschleiß der Wirbelsäule noch keine so erhebliche Einschränkung seines Leistungsvermögens nach sich zieht, dass er nicht mehr unter den üblichen Bedingungen des Arbeitsmarktes mindestens drei beziehungsweise mindestens sechs Stunden täglich erwerbstätig sein kann. Der Rententräger verweist dann immer gerne darauf, dass einfache Tätigkeiten noch möglich sind.

Aber wie kommt der Rententräger zu dem Ergebnis, ob eine volle oder teilweise Erwerbsminderung vorliegt oder ein Antrag gar abzulehnen ist?

Sobald der Rentenantrag beim Rententräger eingegangen ist, prüft dieser zunächst das Vorliegen der versicherungsrechtlichen Voraussetzungen. Liegen diese vor, fordert die Behörde von den behandelnden Ärzten regelmäßig aktuelle *Befundberichte* ab. Im Befundbericht sind vor allem die Diagnosen, die Häufigkeit der Behandlungen und entsprechende Teilhabeeinschränkungen vom Arzt anzugeben. Liegen die Befundberichte alle vor, entscheidet der Rententräger, ob er ein *Gutachten* in Auftrag gibt. Das kann er machen, muss er aber nicht.

Sobald das Gutachten vorliegt, wird sich der Rententräger am Ergebnis der Begutachtung orientieren und die Rente bewilligen oder ablehnen. Gutachter müssen in diesem Kontext auch immer angeben, ob sie ein weiteres Gutachten für erforderlich halten, beispielsweise wenn neben einer orthopädischen Erkrankung auch ein psychisches Leiden vorliegt. Wenn kein Gutachten eingeholt wird, entscheiden die Mitarbeitenden des Rententrägers auf der Grundlage der eingeholten Befundberichte und lassen dem Antragsteller einen Bescheid zukommen.

Bei einer *ablehnenden Entscheidung im Widerspruchsverfahren* empfiehlt es sich, Klage vor dem Sozialgericht einzureichen, da das Sozialgericht die Erstellung eines medizinischen Gutachtens anordnen kann. Der Gutachter prüft dann unparteiisch, ob und in welchem Ausmaß die gesundheitlichen Beeinträchtigungen das Leistungsvermögen des Versicherten mindern.

Eine Vorbegutachtung durch die Agentur für Arbeit

Viele Versicherte berichten, dass sie vor ihrem Erwerbsminderungsantrag bereits von einer anderen Behörde, nämlich der Agentur für Arbeit, zum Bespiel aufgrund des Bezuges von Arbeitslosen- oder Bürgergeld begutachtet wurden. Häufig ergibt diese *Vorbegutachtung*, dass sie noch nicht einmal drei Stunden täglich arbeiten können und sie deshalb eine Erwerbsminderungsrente beim Rententräger beantragen sollen. Aber Achtung, nicht zu früh freuen! Das Gutachten der Agentur für Arbeit ist für den Rententräger **nicht bindend**! Das folgt auch aus § 44a Absatz 2 SGB II, wonach es allein dem Rententräger obliegt, die Erwerbsminderung eines Versicherten verbindlich festzustellen.

Befristete Erwerbsminderungsrente oder nicht?

Die *Erwerbsminderungsrente* kann unbefristet oder befristet durch den Rententräger bewilligt werden. Unbefristet wird sie gewährt, wenn die Minderung der Erwerbsfähigkeit vermutlich nicht behoben werden kann. Ist es hingegen wahrscheinlich, dass absehbar eine Besserung des Gesundheitszustandes eintreten kann, erfolgt eine *Befristung* der Rente für längstens drei Jahre. Die befristete Rente kann mehrfach verlängert werden, wobei es sich empfiehlt, rechtzeitig vor Ablauf der Befristung einen *Weiterbewilligungsantrag* zu stellen.

Bei befristeten Renten wegen verminderter Erwerbsfähigkeit ist erst nach einer Gesamtdauer der Befristung von neun Jahren davon auszugehen, dass es unwahrscheinlich ist, dass die gesundheitliche Beeinträchtigung behoben wird, vergleiche § 102 Absatz 2 SGB VI. Das bedeutet, dass anschließend die Rente unbefristet bewilligt werden muss.

Der Beginn der Erwerbsminderungsrente

Wann beginnt eine befristete Rente? Diese Frage bereitet oft Kopfzerbrechen, und die Antwort für den unterschiedlichen Beginn befristeter Renten ergibt sich aus § 101 Absatz 1 und 1a SGB VI. Alles dreht sich hier um den **siebten Kalendermonat** ab Minderung der Erwerbsfähigkeit. So wird

- ✔ eine befristete Renten wegen teilweiser Erwerbsminderung erst mit dem siebten Monat geleistet und
- ✔ eine befristete Renten wegen voller Erwerbsminderung, auf die unabhängig von der jeweiligen Arbeitsmarktlage ein Anspruch besteht, bereits vor Beginn des siebten Monats geleistet, wenn dadurch ein Anspruch auf Arbeitslosengeld oder Krankengeld endet. In diesem Fall wird die Rente ab dem Tag an geleistet, der auf das Ende der genannten Sozialleistung folgt.

Eine *Erwerbsminderungsrente* endet mit Erreichen des jeweiligen Alters für die Altersrente und wird dann in die *Regelaltersrente* umgewandelt.

Hinzuverdienst während der Rente

Auch wenn es sich widersprüchlich anhören mag: Während des Bezuges einer *Erwerbsminderungsrente* kann trotzdem gearbeitet werden. Der persönliche Gesundheitszustand des Versicherten steht also zunächst einer (weiteren) Erwerbstätigkeit nicht entgegen, aber das kann und muss jeder für sich selbst entscheiden. Allerdings hat der Gesetzgeber seit dem Jahr 2024 eine Regelung in § 43 Absatz 7 SGB VI aufgenommen, wonach bei einer Erwerbstätigkeit im höheren Umfang als die persönlich gewährte EM-Rente regelmäßig nur für sechs Monate weiterhin Anspruch auf die jeweilige Rente bestehen soll. Es wird hier offiziell von einer »*Arbeitserprobung*« gesprochen mit dem Ziel, den Status der Erwerbsminderung wieder zu verlassen.

Da die Arbeitserprobung nicht beantragt werden muss, sondern dem Rententräger lediglich Beginn, Art der Tätigkeit und tägliche Arbeitszeit – also durch Vorlage eines Arbeitsvertrages – nebst der Höhe des Einkommens mitgeteilt werden muss, ist vielen Beziehern einer EM-Rente unter Umständen gar nicht bewusst, dass sie sich in einer Arbeitserprobung befinden. Arbeitet jemand dann über die ersten sechs Monate hinaus weiter, prüft der Rententräger, ob die EM-Rente für die Zukunft wegfällt.

Bei einer Erwerbstätigkeit und gleichzeitiger Erwerbsminderungsrente sind zudem die *Hinzuverdienstgrenzen* zu beachten. Da diese in der Regel jährlich angepasst werden, empfiehlt sich eine Nachfrage bei der DRV.

Bescheide der Rententräger sind oft ermüdend lang. Dennoch empfiehlt es sich, mal einen Rentenbescheid ganz in Ruhe durchzulesen, denn er enthält wertvolle Hinweise zu den Hinzuverdienstgrenzen oder der (ergänzenden) Beantragung von Sozialhilfe/Bürgergeld, falls die Rente nicht zum Bestreiten des Lebensunterhalts ausreicht.

Die Berufsunfähigkeitsrente

Wenn Sie aufmerksam die Anfänge zur Erwerbsminderungsrente gelesen haben, haben Sie sicherlich bemerkt, dass von drei Rentenarten die Rede war: nämlich neben der vollen und teilweisen Erwerbsminderungsrente auch von der Rente wegen teilweiser Erwerbsminderung wegen *Berufsunfähigkeit*. Warum ist diese Rentenart bald vom Aussterben bedroht?

Das ergibt sich aus § 240 Absatz 1 SGB VI, wonach nur diejenigen von uns, die vor dem 2. Januar 1961 geboren und berufsunfähig sind, Anspruch auf diese Rentenart haben. Für alle danach Geborenen gibt es diese Rentenart nicht. Das liegt an der Gesetzeslage bis Ende 2000: Damals sah das SGB VI noch die Unterscheidung zwischen Erwerbs- und Berufsunfähigkeit vor. Aus Gründen des Vertrauensschutzes können sich seitdem nur noch die vor dem genannten Stichtag Geborenen auf diese Rentenart berufen.

Unter *Berufsunfähigkeit* ist zu verstehen, dass die Erwerbsfähigkeit wegen Krankheit oder Behinderung im Vergleich zur Erwerbsfähigkeit von körperlich, geistig und seelisch Gesunden mit ähnlicher Ausbildung und gleichwertigen Kenntnissen und Fähigkeiten auf weniger als sechs Stunden gesunken ist (§ 240 Absatz 2 SGB VI).

Die Entscheidungen des Rententrägers sind daher unbedingt dahingehend zu überprüfen, ob die Stichtagsregelung beachtet wurde und ob die versicherte Person die genannten Voraussetzungen für das Vorliegen der Berufsunfähigkeit erfüllt.

Die Rente wegen Todes

Widmen wir uns nun einem traurigen Thema – den verschiedenen Rentenarten aufgrund eines *Todesfalls*, die in den §§ 46 ff. SGB VI geregelt sind. Ihnen ist gemein, dass sie den Unterhalt ersetzen sollen, den bislang der Verstorbene erbracht hat. Zu dieser Rentenart zählen:

- ✔ **Witwen- und Witwerrente** (§ 46 SGB VI)
- ✔ **Erziehungsrente** (§ 47 SGB VI)
- ✔ **Waisenrente** (§ 48 SGB VI)
- ✔ **Rente wegen Todes bei Verschollenheit** (§ 49 SGB VI)

Die drei erstgenannten Renten sehen wir uns nun etwas genauer an, denn die *Rente wegen Todes bei Verschollenheit* kommt nur sehr selten in Betracht, wenn ein Ehegatte oder Elternteil nicht mehr auffindbar ist. Diese gelten als verstorben, wenn die Umstände ihren

Tod wahrscheinlich machen und seit einem Jahr keine Nachrichten über ihr Leben mehr eingegangen sind.

Die Witwen- und Witwerrente

Diese Rente wird bei Tod des versicherten Ehegatten dem überlebenden Ehegatten gewährt, sofern dieser nicht wieder heiratet. Das Gesetz unterscheidet hierbei zwischen der *großen* und der *kleinen Witwenrente.* Anspruch auf die große Witwenrente, die zeitlich unbegrenzt gewährt wird, hat eine verwitwete Person, die

- ✔ das 47. Lebensjahr vollendet hat,
- ✔ ein Kind erzieht oder
- ✔ erwerbsgemindert ist.

Liegt keines der genannten Merkmale vor, wird die kleine Witwenrente gewährt, diese allerdings nur längstens für 24 Monate nach Ablauf des Monats, in dem der Versicherte verstorben ist. Übrigens wird Witwenrente nicht gewährt, wenn die Ehe nicht mindestens ein Jahr gedauert hat. Durchhalten ist also angesagt! Verstirbt ein Ehegatte vorher, muss klar sein, dass Zweck der Heirat nicht die rentenrechtliche Absicherung des Hinterbliebenen war.

Wenn eine verwitwete Person wieder heiratet, weil die zweite Liebe des Lebens vorbeigeschaut hat, endet die Witwenversorgung. Allerdings entsteht durch die Wiederheirat ein Abfindungsanspruch in Höhe des 24-Fachen der durchschnittlichen Rente der letzten zwölf Monate – da lässt sich doch die Hochzeitsreise gut genießen!

Die Erziehungsrente

Haben Sie schon einmal von der *Erziehungsrente* gehört? Diese Rente wird häufig vergessen zu beantragen. Anspruch auf Erziehungsrente haben Versicherte bis zum Erreichen der Regelaltersgrenze, wenn

- ✔ ihre Ehe nach dem 30. Juni 1977 geschieden und ihr geschiedener Ehegatte verstorben ist,
- ✔ sie ein eigenes Kind oder ein Kind des geschiedenen Ehegatten erziehen und
- ✔ sie nicht wieder geheiratet haben.

Das Besondere liegt hier an dem Umstand, dass aufgrund der vorherigen Scheidung keine Witwenrente gewährt werden kann, jedoch noch ein Kind erzogen wird und aus diesem Grund eine Erziehungsrente zu gewähren ist.

Sowohl bei der Witwen- als auch bei der Erziehungsrente wird eigenes Einkommen auf die Rente angerechnet. Das ergibt auch Sinn, da beide Rentenarten eine Unterhaltsersatzfunktion haben. Im Übrigen muss bei beiden Rentenarten die allgemeine *Wartezeit* von fünf Jahren erfüllt sein, was im Falle der Witwenrente für den Verstorbenen gilt und im Falle der Erziehungsrente für den Überlebenden. Andernfalls besteht kein Anspruch auf die Rente.

Die Waisenrente

Bei Tod eines Elternteils kommt für Kinder längstens bis zum 27. Lebensjahr die *Halbwaisenrente* in Betracht. Sind beide Elternteile verstorben, wird eine *Vollwaisenrente* gewährt. Die Dauer des Anspruchs richtet sich danach, ob sich das Kind nach Volljährigkeit zum Beispiel noch in der Schul- oder Berufsausbildung befindet oder ein freiwilliges soziales/ökologisches Jahr absolviert. Auch hier muss eine allgemeine Wartezeit von fünf Jahren erfüllt sein, in diesem Fall durch den verstorbenen Elternteil.

Zusatz- und Serviceleistungen

Abschließend wenden wir uns den sogenannten Zusatz- und Serviceleistungen des Rententrägers zu. Als *Zusatzleistung* zählt beispielsweise der *Zuschuss* der DRV *zur Krankenversicherung* gegenüber Rentenbeziehenden, die freiwillig in der gesetzlichen Krankenversicherung versichert sind (§ 106 SGB VI). Wichtig ist zu wissen, dass dieser Zuschuss ausdrücklich beantragt werden muss, das heißt, der Rententräger berücksichtigt den Zuschuss nicht von allein.

All diejenigen von Ihnen, die bereits seit Längerem einen Job haben, werden sicherlich bemerkt haben, dass üblicherweise einmal jährlich Post vom Rententräger eingeht. Darin wird über die zu erwartende Alters-/Erwerbsminderungsrente informiert. Hierbei handelt es sich um eine Serviceleistung, die in § 109 SGB VI geregelt ist. Im Rahmen der Serviceleistungen kann sich auch jeder Versicherte direkt an seinen Rententräger wenden zur Beratung, wann individuell die Voraussetzungen für die Altersrente vorliegen und mit welcher Rentenhöhe gerechnet werden kann.

Arbeitnehmer sollten am besten in Abständen von etwa fünf Jahren bei ihrem Rententräger den *persönlichen Versicherungsverlauf* anfordern. Aus diesem ergibt sich, ob insbesondere der Arbeitgeber alle Pflichtbeitragszeiten jährlich an die DRV gemeldet hat. *Meldelücken* können so nämlich noch schnell geklärt werden, bevor sonst kurz vor Rentenbeginn das böse Erwachen kommt.

IN DIESEM KAPITEL

Versicherter Personenkreis

Der Versicherungsfall

Leistungen der Unfallversicherung

Kapitel 11

Die gesetzliche Unfallversicherung nach SGB VII

Skurrile Unfälle sind ja immer gut für unterhaltsame Gespräche in netter Runde, und dafür ist natürlich die Unfallversicherung geradezu prädestiniert. Was es in der Arbeitswelt mit missglückten Toilettengängen, verschluckten Holzspießen oder schlaftrunkenen Stürzen im Homeoffice auf sich hat, werden Sie hier kennenlernen.

Selbst wenn das SGB VII vom Namen her den Eindruck macht, es geht nur im Falle von Unfällen um die soziale Absicherung, ist es auch für all diejenigen ein wichtiges Gesetz, die infolge einer – meist lang andauernden – Berufsausübung einen gesundheitlichen Schaden genommen haben. Der Gedanke, der hinter der Verpflichtung zur Leistungserbringung durch den Träger der Unfallversicherung (Berufsgenossenschaft oder Unfallkasse) steht, ist folgender: Ohne die berufliche Tätigkeit wäre es nicht zu einem Arbeitsunfall und somit zu keinem Gesundheitsschaden gekommen, der in manchen Fällen leider auch tödlich enden kann. Daher ist gerade bei Arbeitsunfällen und Berufskrankheiten wichtig, dass eine soziale Absicherung für die Versicherten (und damit auch für ihre Familien) besteht.

Aber genau da steckt der Teufel im Detail, denn nicht immer sind Versicherte und Berufsgenossenschaften einer Meinung, was nun genau einen Arbeitsunfall ausmacht. Lassen Sie uns nun in diesem Kapitel tiefer eintauchen in das SGB VII.

Der versicherte Personenkreis

Wenn ein Antrag auf Leistungen der gesetzlichen Unfallversicherung bei der Berufsgenossenschaft eingeht, prüft diese als Erstes, ob die Person, die einen gesundheitlichen Schaden geltend macht, überhaupt zum *versicherten Personenkreis des SGB VII* zählt. Das sind natürlich alle Beschäftigten, Auszubildenden und Rehabilitanden, aber auch diejenigen, die sich bei der Ausübung eines Ehrenamtes verletzen, sind gesetzlich unfallversichert. In § 2

SGB VII finden Sie eine lange Aufzählung, wer alles zum versicherten Personenkreis kraft Gesetzes zählt. Selbständig Tätige gehören übrigens nicht dazu, aber diese können sich nach § 6 SGB VII freiwillig versichern. Hierzu bedarf es allerdings eines ausdrücklichen Antrages.

Welche Leistungen in welchen Fällen von der gesetzlichen Unfallversicherung bezahlt werden, erläutere ich in diesem Kapitel.

Der zuständige Träger der Unfallversicherung ist die *Berufsgenossenschaft* (*BG*), die es für verschiedene Gewerbezweige gibt. Für Arbeitgeber oder Beschäftigte im öffentlichen Dienst handelt es sich um die *Unfallkasse* als zuständigen Träger.

Der Versicherungsfall

Der Zugang zu Leistungen der gesetzlichen Unfallversicherung ist erst dann möglich, wenn es zu einem *Versicherungsfall* kommt (also wie im privaten Versicherungsrecht). Was das genau umfasst, erläutert § 7 SGB VII: »Versicherungsfälle sind Arbeitsunfälle und Berufskrankheiten.« Durch diese Begriffserläuterung wird Ihnen schon auf den ersten Blick klar, dass private Unfälle keinen Versicherungsschutz genießen.

Wenn das nur immer so einfach zu unterscheiden wäre! Gerade die zunehmende Arbeit im Homeoffice macht die Abgrenzung teilweise schwierig. Wenn Sie im Homeoffice oder während des mobilen Arbeitens verunglücken, denken Sie bestimmt auch erst einmal an einen gewöhnlichen Versicherungsfall. Doch die Tücke liegt im Detail, wie Sie gleich an den Beispielen sehen werden.

Was gilt als Arbeitsunfall – und was nicht?

Alle diejenigen, die nicht gerne lange Listen auswendig lernen, finden in § 8 Absatz 1 SGB VII eine kluge, aber leider nur sehr vage Erläuterung, was ein Arbeitsunfall ist. Und im Homeoffice? Tja, da wird die Abgrenzung ziemlich kompliziert, aber dazu komme ich später noch im Detail. Sehen wir uns erst einmal die »Normalfälle« an.

Arbeitsunfälle sind Unfälle von Versicherten infolge der Ausübung einer versicherten Tätigkeit.

Was die gesetzliche Unfallversicherung so schwierig macht, ist die aus der Definition ersichtliche **Kausalität**, die mit dem kleinen Wörtchen »infolge« einhergeht: Der Unfall muss gerade dadurch entstanden sein, dass ich gearbeitet habe. Oder, anders formuliert: Wäre ich frühmorgens im Bett geblieben und nicht zur Arbeit gegangen, hätte es den Unfall nicht gegeben und ich wäre noch immer gesund.

Was unter einem *Unfall* zu verstehen ist, ergibt sich aus der nachstehenden Definition:

Unter einem *Unfall* ist ein zeitlich begrenztes, von außen auf den Körper einwirkendes Ereignis zu verstehen, das zu einem Gesundheitsschaden oder gar zum Tod geführt hat.

Auch das klingt ja erst mal ziemlich abstrakt, aber damit sind alle typischen Arbeitsunfälle gemeint, etwa der Tischler, der sich beim Zuschneiden eines Bretts einen Finger absägt, genauso wie der Bauarbeiter, dem ein Holzbalken auf den Kopf fällt. Wichtig ist nur, dass der Unfall bei einer versicherten Tätigkeit passierte und dass es einen **Zusammenhang** zwischen der versicherten Tätigkeit, dem Unfallgeschehen und dem eingetretenen Gesundheitsschaden gibt: die Kausalität. Im (Arbeits-)Leben können allerdings manchmal sehr merkwürdige Konstellationen auftreten, die im Hinblick auf den Zusammenhang mit der versicherten Tätigkeit gar nicht so einfach zu klären sind. Und damit kommen wir zu unserem ersten Beispiel, dem »*Rouladenfall*« und der Frage, ob ein Kantinenessen Arbeit ist oder nicht.

BEISPIEL

Erik liebt seine Betriebskantine und freut sich heute besonders auf die angekündigte Roulade. Mit einem Zwinkern an die Köchin lässt er sich ein besonders großes Exemplar auf seinen Teller auftragen und kann es kaum erwarten, am Tisch in das saftige Fleisch zu beißen. Beim Hinunterschlucken stutzt Erik: Irgendetwas stimmt nicht. Zu spät bemerkt er, dass er den Holzspieß der Roulade verschluckt hat, diesen nicht mehr aus der Speiseröhre bekommt – und nach kurzer Zeit verstirbt er (BSG, Entscheidung vom 7.3.1969, Aktenzeichen 2 RU 264/66).

In diesem konkreten Beispiel hatte die Witwe des Verstorbenen gegenüber der gesetzlichen Unfallversicherung Ansprüche geltend gemacht mit der Begründung, ihr Ehemann hätte einen Arbeitsunfall erlitten und sei daran verstorben. War das jetzt ein Arbeitsunfall oder nicht, was denken Sie?

Lösung: Spontan könnten Sie vielleicht meinen: »Na klar, das war ein Arbeitsunfall und die Witwe bekommt entsprechende Leistungen.« Aber ist der Unfall tatsächlich in »Ausübung der versicherten Tätigkeit« passiert? Erik war ja kein Vorkoster oder Essentester, und damit gehörte das Essen **nicht** zu seiner versicherten Tätigkeit. Jetzt werden Sie vielleicht denken: »Na gut, aber er hat seine Mittagspause genutzt, um wieder Kraft fürs Arbeiten zu tanken.« Aber auch hier scheitert es an der erforderlichen Kausalität: »Pause« bedeutet ja gerade, dass nicht gearbeitet wird, und was der Arbeitnehmer in dieser Zeit macht, ist ja jedem selbst überlassen (und wenn Sie zum Bungee-Jumping gehen …).

Das BSG hat daher im Beispiel einen Arbeitsunfall von Erik mit folgender grundsätzlicher Begründung verneint:

Die *Aufnahme von Nahrung* auch während einer Arbeitspause und/oder in einer Betriebskantine ist grundsätzlich nicht versichert, da die Nahrungsaufnahme für jeden Menschen Grundbedürfnis ist und somit betriebliche Belange, etwa das betriebliche Interesse an der Erhaltung der Arbeitsfähigkeit eines Arbeitnehmers, regelmäßig zurücktreten (so auch BSG, Entscheidung vom 10.10.2002, Aktenzeichen B 2 U 6/02 R).

Wenn schon die Nahrungsaufnahme nicht versichert ist, was ist dann mit denjenigen Versicherten, die in einer ruhigen Minute das »Örtchen« im Betrieb für eine dringende Verrichtung aufsuchen und dabei verunglücken? Der Fußboden war nass und rutschig, im Toilettenraum lag ein Schlauch herum, oder die Toilette ist unter dem Gewicht des Nutzers nebst kontaktfreudigem/-er Partner(in) kollabiert? Tja, auch das ist nicht ganz so einfach zu sagen … Findige Juristen haben in diesen Fällen natürlich ebenfalls grundsätzliche Unterschiede definiert:

Der Gang zur Toilette ist versichert, aber alles, was hinter der Toilettentür passiert, ist nicht versichert.

Pech also für diejenigen, die auf der Toilette (aus welchen Gründen auch immer) verunglücken. Noch ein weiteres interessantes Beispiel zu dem Thema aus der Realität der Berufstätigkeit:

Azubi Melina sitzt gerade auf der Toilette, als ihre Kollegin Bärbel schwungvoll die unverschlossene Toilettenkabinentür aufdrückt und Melina dabei mit der Tür am Kopf und Auge so schwer trifft, dass sie sich eine Schädelprellung mit Sehverlust am linken Auge zuzieht.

Das Bayerische LSG hat hier einen Versicherungsfall verneint mit der Begründung, dass sich der Unfall in einem »unversicherten Bereich« ereignete. Hierzu zählt nicht nur der Ort der Notdurft selbst, sondern auch der Aufenthalt in der Toilettenanlage (Entscheidung vom 6.5.2003, Aktenzeichen L 3 U 323/01).

Was genau zählt als Wegeunfall?

Oft ereignet sich ein Unfall ja gar nicht im Betrieb oder Büro, sondern auf dem Weg zur Arbeitsstätte oder zurück nach Hause, und in diesem Fall handelt es sich um einen *Wegeunfall*. Im Gesetz heißt es dazu: »Versicherte Tätigkeiten sind auch das Zurücklegen des mit der versicherten Tätigkeit zusammenhängenden unmittelbaren Weges nach und von dem Ort der Tätigkeit« (§ 8 Absatz 2 Nr. 1 SGB VII). Nur, was deckt der Wegeunfall ab, und was genau ist als »unmittelbar« anzusehen? Da klaffen die Ansicht der Betroffenen und die der Berufsgenossenschaft häufig erheblich auseinander. Dazu drei Beispiele zur Verdeutlichung:

Jonas, passionierter Rennradfahrer, lebt im dritten Stock eines Mehrfamilienhauses und will (wie jeden Tag) mit dem Rennrad ins Büro fahren. Er trägt das wertvolle Rad die Treppe hinunter, stolpert und stürzt schwer. Die Folge: ein komplizierter Handgelenksbruch. Ist das nun ein Fall für die Unfallkasse?

Lösung: Vermutlich wohnen die wenigsten Menschen in Gegenden, in denen man ein teures Rennrad unbesorgt nachts draußen vor der Tür anschließen kann! Trotzdem Pech für Jonas, denn wenn er draußen gestürzt wäre, hätte tatsächlich ein Wegeunfall vorgelegen. Da sich Jonas im Augenblick des Sturzes jedoch noch im Haus befand, besteht kein Versicherungsschutz. Hier gilt die Regel, dass erst mit dem Durchschreiten der Außentür – dem sprichwörtlichen »Schritt ins Freie« – im Falle eines Arbeits-/Wegeunfalls Versicherungsschutz besteht.

Jonas' Hand ist wieder geheilt und er fährt im Herbst wieder mit dem Rennrad zur Arbeit. Auf dem Weg ins Büro biegt er kurz ab, um sich beim Bäcker für die Frühstückspause mit Kuchen zu versorgen. Er hat allerdings die spitze Abbiegung auf der nassen Straße unterschätzt und stürzt erneut. Diesmal ist die Schulter gebrochen. Was wird die Unfallkasse dazu sagen?

Lösung: Jonas befand sich auf dem Weg ins Büro, und der Hinweg endet erst mit dem Erreichen des Betriebes. Allerdings hat Jonas nicht den **unmittelbaren** Weg genommen, sondern ist kurz abgebogen und hat so seinen unmittelbaren Arbeitsweg für einen privaten Einkauf unterbrochen. Es besteht in diesem Fall kein ursächlicher Zusammenhang mit der versicherten Tätigkeit, auch wenn man Jonas zugutehalten kann, sich für den Arbeitstag stärken zu wollen. Hier wurde aber ein *Richtungswechsel* vorgenommen, der nicht versichert ist. Wäre Jonas nach dem Bäckereieinkauf gestürzt, als er sich schon wieder auf seinem unmittelbaren Arbeitsweg befand, wäre er versichert gewesen.

Eine häufige Fallkonstellation ist auch folgende:

Moritz, alleinerziehender Vater, bringt regelmäßig morgens auf dem Weg zur Arbeit die vierjährige Tochter in die Kita. Hierzu muss er von einer Bundesstraße, die ihn direkt zum Werkstor führen würde, abbiegen. Beim Aussteigen aus dem Auto vor der Kita bleibt Moritz an einem Gullydeckel hängen und verletzt sich beim Sturz schwer. Liegt hier ein Wegeunfall vor?

Lösung: Ein Blick in das Gesetz bestätigt hier den Wegeunfall. In § 8 Absatz 2 Nr. 2 SGB VII ist nämlich aufgeführt, dass das Zurücklegen des von einem unmittelbaren Weg nach oder von der Tätigkeit abweichenden Weges, um *Kinder in die Kita* zu bringen, als versicherte Tätigkeit zählt. Da hat Moritz aber Glück gehabt! Jetzt muss Moritz nur noch seinen Arbeitgeber innerhalb von drei Tagen über den Arbeitsunfall informieren. Der Arbeitgeber meldet dann den Unfall bei seiner Berufsgenossenschaft und erstattet eine Unfallanzeige.

Homeoffice – Was zählt eigentlich als Betriebsweg?

Auch wenn das *Homeoffice* kein ganz neues Phänomen ist, mehren sich nach der Coronapandemie doch die gerichtlichen Entscheidungen, die sich mit den im eigenen Haushalt lauernden Gefahren und der Frage beschäftigen, ob hier ein Arbeits- oder Wegeunfall vorliegt. Zur Einstimmung folgender Fall:

Der noch leicht schlaftrunkene Alex verlässt sein Schlafzimmer, um in seiner Wohnung in das im Untergeschoss gelegene Büro zu gelangen. Frühstücken mag er um diese Zeit noch nicht, denn er will gleich mit der Arbeit anfangen. Auf der Treppe rutscht er aus und bricht sich einen Brustwirbel. Nun stellt sich die Frage, ob der Weg vom Schlafzimmer zum Homeoffice unfallversichert ist?

Lösung: Vorweg, das Bundessozialgericht hat dies in seiner Entscheidung vom 8.12.2021 bestätigt (Aktenzeichen B 2 U 4/21 R). Es hat hierzu Folgendes angemerkt: Wir können auch im häuslichen Bereich für das Erreichen des Homeoffice-Arbeitsplatzes einen *Betriebsweg* haben (siehe auch Urteil vom 5.7.2016, Aktenzeichen B 2 U 5/15 R). Entscheidend ist, ob ein Weg »… als Betriebsweg im unmittelbaren Unternehmensinteresse zurückgelegt wird und deswegen im sachlichen Zusammenhang mit der versicherten Tätigkeit steht«. Da hier das Beschreiten der Treppe allein der Arbeitsaufnahme im häuslichen Büro (Homeoffice) diente, klappt's auch mit der gesetzlichen Unfallversicherung. Gut nur, dass Alex zuvor keinen Abstecher zum Frühstücken in die Küche gemacht hat.

Bei aller Ernsthaftigkeit des Themas noch abschließend ein kurioser Wegeunfall, der nicht zum Nachahmen einlädt!

BEISPIEL

Gewöhnlich verlassen Sie bestimmt die Wohnung durch die Haustür, oder? So auch Frank. Er wollte das auch tun, allerdings war in diesem Fall die Tür der Dachgeschosswohnung abgeschlossen und der Schlüssel abgebrochen. Frank überlegte nun, wie er zur Arbeit kommt – und da blieb nur das Fenster. Es kam, wie es kommen musste: Der Kläger stürzte dabei ab und verletzte sich schwer. Ist das ein Fall für die Unfallversicherung?

Lösung: Ausnahmsweise hat das Bundessozialgericht hier ebenfalls einen Wegeunfall angenommen. Die Begründung: Mit dem Durchklettern des Fensters begann der direkte Weg zur Betriebsstätte des Klägers. Dabei ist es unerheblich, ob zwischen Dach und Obergeschoss des Hauses kein öffentlicher Verkehrsraum liegt. Der gewählte Weg war auch nicht schlichtweg ungeeignet, denn ein objektiver Dritter hätte durchaus zu dem Schluss kommen können, dass der Kläger gefahrlos von seinem Fenster herunterklettern kann (BSG, Entscheidung vom 31.8.2017, Aktenzeichen B 2 U 2/16 R).

Die Berufskrankheit

Berufskrankheiten genießen ebenfalls den besonderen Schutz des SGB VII. Auch hier gilt: Hätte jemand nicht beruflich gearbeitet und sich dabei einem Risiko für seine Gesundheit ausgesetzt, ginge es jetzt dem Versicherten gesundheitlich nicht schlecht. Was unter einer Berufskrankheit zu verstehen ist, ergibt sich aus § 9 SGB VII, und eine Liste der anerkannten Berufskrankheiten können Sie im Internet unter dem Stichwort *Berufskrankheitenliste*, der Anlage 1 zur *Berufskrankheiten-Verordnung* (*BKV*), abrufen.

Eine Berufskrankheit ist eine Krankheit, die durch eine Rechtsverordnung (die Berufskrankheiten-Verordnung) als solche bezeichnet ist und die der Versicherte infolge seiner versicherten Tätigkeit erlitten hat.

Die Beispiele für Berufskrankheiten können vielfältig sein, wie unter anderem:

- ✔ **Erkrankung der Atemwege** durch den beruflichen Kontakt mit Rauch, Dämpfen, Nebel oder Staub
- ✔ **Erkrankung durch Asbest**, insbesondere bei Bauarbeitern, wenn sie Kontakt zu Asbestfaserstäuben hatten
- ✔ **Lärmschwerhörigkeit**, wenn durch den Lärm am Arbeitsplatz Schwerhörigkeit verursacht wird
- ✔ **Erkrankungen des Stütz- und Bewegungsapparates** bei entsprechenden schweren körperlichen Tätigkeiten

Bei der Abgrenzung, ob eine Berufskrankheit vorliegt oder nicht, geht es häufig inhaltlich darum, ob nicht eine andere Ursache als die versicherte Tätigkeit zu der gesundheitlichen

Beeinträchtigung geführt haben kann. Es muss also auch hier immer eine **Kausalität** zwischen versicherter (beruflicher) Tätigkeit und Erkrankung bestehen.

BEISPIEL

Philipp ist Rettungssanitäter und hat hierbei schon einiges erlebt, unter anderem einen Amoklauf, Suizide und Menschen, die in schwere Verkehrsunfälle verwickelt waren. Bei ihm wurde nun eine PTBS diagnostiziert, also eine *posttraumatische Belastungsstörung*. Er führt die Erkrankung auf seine beruflichen Erlebnisse zurück. Kann Philipp auf die Anerkennung einer Berufskrankheit hoffen?

Lösung: Hierzu gab es im Jahr 2023 eine richtungsweisende Entscheidung des Bundessozialgerichts: Danach kann eine posttraumatische Belastungsstörung bei Rettungssanitätern als »Wie-Berufskrankheit« anerkannt werden, auch wenn diese Erkrankung nicht oder noch nicht in der *Berufskrankheiten-Verordnung* enthalten ist. Als Begründung wurde ausgeführt, dass Rettungssanitäter während ihrer Arbeitszeit einem erhöhten Risiko der Konfrontation mit traumatisierenden Erlebnissen ausgeliefert sind und dies Ursache für eine PTBS ist (BSG, Entscheidung vom 22.6.2023, Aktenzeichen B 2 U 11/20 R).

Berufskrankheiten zeichnen sich dadurch aus, dass sie auf keinem zeitlich begrenzten Ereignis beruhen, sondern auf einer dauernden Einwirkung. Aber was machen wir mit den zahlreichen Pflegefachkräften oder Lehrern und Erzieher, die sich vor allem in der Zeit der Coronapandemie im beruflichen Kontext mit *Covid-19* angesteckt haben und nun an *Post-* oder *Long Covid* leiden? Wenn wir uns die Nummer 3101 der Berufskrankheitenliste anschauen, kann neben anderen Infektionskrankheiten auch Covid-19 als Berufskrankheit anerkannt werden, wenn sich im Gesundheitsdienst Tätige mit dem Virus infiziert und deshalb erkrankt sind. Das gilt auch für Beschäftigte in Kitas und Einrichtungen der Jugend-, Familien- und Altenhilfe. Maßgeblich ist, ob die betroffene Person persönlichen Kontakt zu Patienten oder zu betreuenden Personen hatte.

Im Zusammenhang mit Coviderkrankungen ist eine »zweigleisige« Beantragung zu empfehlen, nämlich die Beantragung der Folgen der Erkrankung als Berufskrankheit und als Arbeitsunfall, wenn die Infektion im Zusammenhang mit der versicherten Tätigkeit steht. In diesem Fall muss nämlich die BG beides prüfen: Berufskrankheit und Arbeitsunfall.

Leistungen der gesetzlichen Unfallversicherung

Wenn ein anerkannter Arbeitsunfall oder eine Berufskrankheit vorliegt, stehen dem Versicherten die Leistungen der gesetzlichen Unfallversicherung offen. Das können sein:

- ✔ **Heilbehandlung** einschließlich Leistungen der medizinischen Rehabilitation
- ✔ Leistungen zur **Teilhabe am Arbeitsleben** sowie zur Sozialen Teilhabe
- ✔ **ergänzende Leistungen**

- Leistungen bei **Pflegebedürftigkeit**
- **Geldleistungen**

Wenn ein anerkannter Arbeitsunfall oder eine Berufskrankheit vorliegt, gehen die Leistungen der gesetzlichen Unfallversicherung denen der Krankenversicherung vor (§ 11 Absatz 5 SGB V). Damit ist ein erheblicher Vorteil für die Betroffenen verbunden, da behandelnde Ärzte – anders als nach dem SGB V – nicht an ein Wirtschaftlichkeitsgebot gebunden sind. In der gesetzlichen Unfallversicherung hat ein Verletzter vielmehr Anspruch auf eine optimale Heilbehandlung und Reha (vergleiche LSG Schleswig, Urteil vom 19.12.2001, Aktenzeichen L 8 U 80/01).

Aber selbst wenn der Träger der Unfallversicherung nicht an das Wirtschaftlichkeitsgebot gebunden ist, wird er die Kosten im Blick behalten. Schauen wir uns einzelne Leistungen nun etwas genauer an.

Heilbehandlung einschließlich medizinischer Rehabilitation

Das Schöne am Sozialrecht ist, dass sich Leistungen wiederholen, und nichts Neues ist dementsprechend die *Heilbehandlung*, die in §§ 27 ff. SGB VII geregelt ist. Sie umfasst insbesondere folgende Leistungen:

- **Erstversorgung** einschließlich (zahn-)ärztlicher Behandlung
- Versorgung **mit Arznei, Verband-, Heil- und Hilfsmitteln**
- **häusliche Krankenpflege**
- **Behandlung** in Krankenhäusern und Rehabilitationseinrichtungen
- Leistungen zur medizinischen **Rehabilitation**

Im Zusammenhang mit der Heilbehandlung kommt das *Durchgangsarztverfahren* zur Anwendung:

Durchgangsärzte (kurz: D-Ärzte genannt) sind auf die unfallmedizinische Diagnose spezialisierte Ärzte, und diese entscheiden, ob eine fachärztliche oder unfallmedizinische Behandlung erforderlich ist. Die Vorstellung beim D-Arzt ist insbesondere notwendig, wenn über den Unfalltag hinaus eine Arbeitsunfähigkeit vorliegt oder die ärztliche Behandlung voraussichtlich länger als eine Woche andauert.

Vielleicht haben Sie in diesem Zusammenhang schon einmal von *BG-Kliniken* gehört. Hierbei handelt es sich um medizinische Versorgungseinrichtungen der gesetzlichen Unfallversicherung, die sich auf die Behandlung und Wiederherstellung von Schwerverletzten und von einer Berufskrankheit Betroffenen spezialisiert haben (Akut- und Rehakliniken sowie Ambulanzen). Wie Sie vielleicht bemerkt haben, unterscheiden sich die Leistungen der medizinischen Behandlung nicht von denen, die Sie bereits aus dem gesetzlichen Krankenversicherungsrecht kennen (siehe Kapitel 9). Kostenträger ist hier aber nicht die Krankenkasse, sondern die *Berufsgenossenschaft* oder die *Unfallkasse.*

Leistungen zur Teilhabe am Arbeitsleben

Auch diese Leistungen finden Sie im SGB VII; in § 35 SGB VII wird auf die bereits bekannten §§ 49 bis 55 des SGB IX verwiesen. Sie können insbesondere in Betracht kommen, wenn jemand aufgrund eines Arbeitsunfalls oder einer Berufskrankheit seine bisherige Beschäftigung nicht mehr oder nur durch eine Unterstützung wie eine Arbeitsassistenz oder technische Hilfsmittel ausüben kann. Wie sich aus § 26 Absatz 2 Nr. 2 SGB VII ergibt, hat der Träger der Unfallversicherung dem Versicherten einen »... seinen Neigungen und Fähigkeiten entsprechenden Platz im Arbeitsleben« zu sichern. Für einen Antrag auf diese Leistungen wendet sich der Versicherte an die Berufsgenossenschaft des Arbeitgebers.

BEISPIEL

Fleischer Mats hatte einen Arbeitsunfall, und die daraus folgenden Bewegungseinschränkungen am rechten Arm waren so erheblich, dass er seinen Beruf aufgeben musste und auf Kosten der Berufsgenossenschaft eine Weiterbildung zum Fachassistenten für Fleischhygiene absolvierte.

Damit kann er weiter am Arbeitsleben teilnehmen und dort auch seine Fachkenntnisse einbringen, ohne seinen ursprünglichen Beruf ausüben zu müssen.

Leistungen zur Sozialen Teilhabe

Diese Leistungen sind in §§ 39 ff. SGB VII geregelt und haben das Ziel, die volle und gleichberechtigte Teilhabe am Leben in der Gemeinschaft sowie die Führung eines möglichst selbstbestimmten Lebens zu ermöglichen (§ 26 Absatz 2 Nr. 3 SGB VII). Leistungen können zum Beispiel sein:

- ✔ **Kraftfahrzeughilfe (§ 40 SGB VII)**

  Diese Leistung wird erbracht, wenn Versicherte infolge der Art oder Schwere der gesundheitlichen Beeinträchtigung nicht nur vorübergehend auf die Benutzung eines Kraftfahrzeuges angewiesen sind, um die Teilhabe am Arbeitsleben oder am Leben in der Gemeinschaft zu ermöglichen. Damit kann eine Übernahme der Beschaffungskosten für ein Fahrzeug einschließlich Zusatzausstattung verbunden sein.

- ✔ **Wohnungshilfe (§ 41 SGB VII)**

  Diese Leistung kommt in Betracht, wenn zum Beispiel Wohnraum behindertengerecht angepasst wird, und sie kann auch erforderliche Umzugskosten umfassen.

Alles rund um die Kfz-Hilfe kann in der *Kfz-Hilfeverordnung* und zur Wohnungshilfe in der *UV-Wohnungshilfe-Richtlinie* nachgelesen werden.

Was es sonst noch gibt – von der Rente bis zur Abfindung

Das SGB VII sieht daneben noch eine Reihe weiterer Leistungen vor, die insbesondere der finanziellen Absicherung des Versicherten dienen.

- ✔ **Verletztengeld (§§ 45 ff. SGB VII)**

  Was das Krankengeld in der Krankenversicherung ist, ist das *Verletztengeld* in der Unfallversicherung, nur höher (80 Prozent anstatt 70 Prozent des Regelentgelts). Es wird vom ersten Tag der ärztlich festgestellten Arbeitsunfähigkeit bis zu deren Ende, längstens mit Ablauf der 78. Woche gezahlt.

- ✔ **Übergangsgeld (§ 49 SGB VII)**

  Wenn Versicherte Leistungen zur Teilhabe am Arbeitsleben erhalten, sind sie in dieser Zeit durch das *Übergangsgeld* abgesichert. Es beträgt für pflegebedürftige Versicherte oder mit einem Kind 75 Prozent, ansonsten 68 Prozent des Verletztengeldes.

- ✔ **Verletztenrente (§§ 56 ff. SGB VII)**

  Versicherte, deren Erwerbsfähigkeit infolge des Arbeitsunfalls oder von Berufskrankheit über die 26. Woche nach dem Versicherungsfall hinaus um wenigstens 20 Prozent gemindert ist, haben Anspruch auf eine *Verletztenrente.* Die *Minderung der Erwerbsfähigkeit* (*MdE*) muss mindestens 20 Prozent betragen und richtet sich nach dem Umfang der sich aus der Beeinträchtigung des körperlichen und geistigen Leistungsvermögens ergebenden verminderten Arbeitsmöglichkeiten auf dem gesamten Gebiet des Erwerbslebens. Der Träger der Unfallversicherung wird dies regelmäßig anhand eines medizinischen Gutachtens feststellen.

  Daneben gibt es auch Leistungen bei Tod (§§ 63 ff. SGB VII), wie **Sterbegeld, Hinterbliebenenrente für Witwen/Witwer und Waisen**. Besonderheiten bestehen allerdings, wenn zugleich auch Hinterbliebenenleistungen der DRV bezogen werden, wie ein Blick in § 93 SGB VI zeigt. So kann es bei gleichartigen Renten aus beiden Systemen sein, dass die Rente nach dem SGB VI in voller Höhe oder gar vermindert zu leisten ist, wenn daneben ein Anspruch auf eine Hinterbliebenenrente nach dem SGB VII besteht und beide Ansprüche einen individuell zu ermittelnden Grenzbetrag übersteigen. So sollen Berechtigte letztlich nicht besser gestellt werden als in der Zeit der aktiven Tätigkeit.

- ✔ **Abfindung (§§ 75 ff. SGB VII)**

  Das Unfallversicherungsrecht sieht die Möglichkeit vor, dass Versicherte, die einen Anspruch auf eine Verletztenrente habe, auf ihren Antrag hin mit einem entsprechenden Geldbetrag abgefunden werden. Eine *Abfindung* kann nur bewilligt werden, wenn nicht zu erwarten ist, dass die Erwerbsminderung wesentlich sinkt. Insgesamt spielt es eine Rolle, ob eine Minderung der Erwerbstätigkeit (MdE) von weniger oder mehr als 40 Prozent vorliegt. So kann beispielsweise eine Rente mit einer MdE von 40 Prozent oder mehr zur Hälfte für einen Zeitraum von zehn Jahren abgefunden werden. Als Abfindungssumme wird das Neunfache des der Abfindung zugrunde liegenden Jahresbetrages der Rente gezahlt. Ähnlich wie bei der gesetzlichen Rentenversicherung gibt es zudem die Möglichkeit der Abfindung bei Wiederheirat (§ 80 SGB VII).

IN DIESEM KAPITEL

Pflegebedürftigkeit

Feststellung des Pflegegrades

Pflegeleistungen im Überblick

Kapitel 12
Die gesetzliche Pflegeversicherung nach SGB XI

In diesem Kapitel kommen wir zur letzten Säule der Sozialversicherung, der *gesetzlichen Pflegeversicherung*. Wenn Sie ältere Angehörige haben, zu denen täglich ein ambulanter Pflegedienst kommt, sind Ihnen die Leistungen bestimmt nicht ganz fremd. Die Mitarbeitenden des Pflegedienstes waschen den Angehörigen, helfen beim Anziehen, stellen Mahlzeiten bereit oder geben bei Bedarf Medikamente, um nur einige ihrer Aufgaben zu nennen. Allerdings sind die Leistungen der gesetzlichen Pflegeversicherung nicht nur etwas für Menschen im vorgerückten Alter. Jeder von uns kann aus gesundheitlichen Gründen (etwa durch einen Unfall oder aufgrund (genetisch bedingter) Erkrankungen) auf Pflegeleistungen angewiesen sein.

Aber die Pflegeversicherung deckt auch die pflegenden Angehörigen ab – Familien mit einem pflegebedürftigen Kind können sich so zum Beispiel mit der Verhinderungspflege mal eine kleine Auszeit für einen Kino- oder Theaterbesuch zu zweit organisieren. Speziell in der Pflegeversicherung wechseln wir die Perspektive und schauen uns an, welche Leistungen es für Pflegebedürftige, aber auch für pflegende Angehörige gibt.

Für die Mitgliedschaft in der gesetzlichen Pflegeversicherung gilt übrigens ein einfaches Prinzip: Sie folgt der gesetzlichen Krankenversicherung – ausgenommen natürlich Privatversicherte. Wenn Sie Mitglied einer Krankenkasse sind, sind Sie automatisch auch Mitglied in der Pflegekasse.

Was die gesetzliche Pflegeversicherung ausmacht

Sinn und Zweck der Leistungen der Pflegeversicherung ist es, dem Pflegebedürftigen zu helfen, sodass dieser trotz seines Pflegebedarfs ein möglichst selbständiges und selbstbestimmtes Leben führen kann. Dazu kann er auf die Leistungen des SGB XI zurückgreifen;

pflegebedürftige Menschen haben hierbei ein *Wahlrecht* zwischen den verschiedenen Einrichtungen und Diensten, und auch religiöse Bedürfnisse werden berücksichtigt (§ 2 SGB XI). Der zuständige Träger ist die *Pflegekasse*, die die Leistungen als Dienst-, Sach- und Geldleistung erbringt. Die Pflegekassen sind den jeweiligen Krankenkassen zugeordnet.

Falls Sie irgendwann im Leben mit der Pflegebedürftigkeit einer vertrauten Person wie Eltern, Schwiegereltern oder behinderten Kindern konfrontiert werden, fühlen Sie sich vermutlich erst einmal überfordert, da plötzlich ganz viele Entscheidungen zu treffen sind: Soll die Pflege zu Hause organisiert werden und, wenn ja, wie können Sie das einrichten? Welche Hilfsmittel sind erforderlich, und woher bekommen Sie schnell einen Pflegedienst, eine Tagespflege oder vielleicht einen Platz im Pflegeheim? In jedem Fall werden durch eine Pflege Kosten verursacht, für die die Pflegekasse (teilweise) einspringt.

Im Fall der Pflegebedürftigkeit eines Angehörigen sollten Sie unbedingt Kontakt zur Beratung bei Ihrer Kranken-/Pflegekasse oder in einem der vielen wohnortnahen *Pflegestützpunkte* aufnehmen. Pflegestützpunkte informieren und helfen bei allen Problemen rund um die Beantragung von Pflegeleistungen.

Wer Pflegeleistungen in Anspruch nehmen kann

Um Leistungen nach dem SGB XI beantragen zu können, müssen folgende *Voraussetzungen* gegeben sein:

- ✔ Erfüllung der *Vorversicherungszeit*, sogenannte *2/10-Belegung*. Das bedeutet, dass innerhalb der letzten zehn Jahre vor der Antragstellung mindestens zwei Jahre durch eine Versicherungszeit erfüllt wurden, wobei auch eine Familienversicherung ausreichend ist (§ 33 Absatz 2 SGB XI).
- ✔ Vorliegen von Pflegebedürftigkeit und Einordnung in einen Pflegegrad (§§ 14, 15 SGB XI)
- ✔ zeitliches Momentum von mindestens sechs Monaten. Das bedeutet, dass die Pflegebedürftigkeit für voraussichtlich mindestens sechs Monate besteht (§ 14 Absatz 1 SGB XI). Aber Obacht: Nicht sechs Monate mit der Antragstellung warten! Ausreichend ist eine Prognose, dass künftig mindestens ein halbes Jahr lang die Pflege notwendig sein wird. Der Antrag kann dann gleich gestellt werden.

Ist die Vorversicherungszeit nicht erfüllt und/oder liegt kein pflegebedürftiger Zustand von prognostisch sechs Monaten vor, können Sie einen Antrag auf *Hilfe zur Pflege* nach dem SGB XII stellen. Diese Leistung kennt nämlich weder eine Vorversicherungszeit noch das Zeitfenster mit den sechs Monaten. Allerdings schaut sich das Sozialamt die Vermögenslage der antragstellenden Person genau an, ob sie wirklich hilfebedürftig ist. Hilfe zur Pflege kann auch in dem Fall beantragt werden, wenn weder das eigene Einkommen und Vermögen noch die Leistungen der gesetzlichen Pflegeversicherung die Pflegeheimkosten abdecken. Dann muss das Sozialamt einspringen.

Wie wir es aus anderen Zweigen der Sozialversicherung schon kennen, gibt es auch in der Pflegeversicherung einen *Vorrang*: In diesem Fall ist es der Vorrang der häuslichen Pflege vor der stationären Pflege, also ambulant geht stationär vor (§ 3 SGB XI). Damit soll gewährleistet werden, dass eine pflegebedürftige Person möglichst lange in der Häuslichkeit gepflegt wird, was auch dem Wunsch der meisten Pflegebedürftigen entspricht. Wie heißt es so schön: Einen alten Baum verpflanzt man nicht – oder nur, wenn es wirklich notwendig ist. Wer will schon gerne mit den ersten Altersgebrechen gleich in ein Pflegeheim abgeschoben werden? Keine Frage, auch für die Pflegekasse ist der Vorrang der häuslichen Pflege finanziell günstiger, denn ein Platz im Pflegeheim ist teuer.

Voraussetzung der Pflegebedürftigkeit

Hier dreht sich nun alles um die Pflegebedürftigkeit des Versicherten. Was damit gemeint ist, ergibt sich aus dem Gesetz:

Um als *pflegebedürftig* zu gelten, müssen gesundheitliche Beeinträchtigungen der Selbständigkeit oder der Fähigkeiten vorliegen und deshalb muss jemand auf Hilfe durch einen anderen angewiesen sein (§ 14 SGB XI).

Ab wann jemand als pflegebedürftig gilt, sehen Betroffene und deren Angehörige mitunter anders als die Pflegekasse. Ist bereits eine Pflege erforderlich, wenn das Treppensteigen und Laufen schwerfällt, die Körperhygiene nachlässt oder das tägliche Kochen nur eingeschränkt möglich ist? Um das Ausmaß der Pflegebedürftigkeit zu ermitteln, sieht sich die Pflegekasse folgende sechs Bereiche des persönlichen Lebens der versicherten Person an, die *Module* genannt werden:

- ✔ **Modul 1: Mobilität**

  Innerhalb dieses Moduls geht es darum, ob ein Positionswechsel im Bett, das Halten einer stabilen Sitzposition, ein Umsetzen oder ein Fortbewegen innerhalb des Wohnbereichs nebst Treppensteigen möglich ist.

- ✔ **Modul 2: kognitive und kommunikative Fähigkeiten**

  In diesem Modul geht es darum, ob zum Beispiel noch Personen aus dem näheren Umfeld erkannt werden, ob eine örtliche oder zeitliche Orientierung möglich ist, ob sich noch an wesentliche Ereignisse erinnert werden kann und vieles mehr.

- ✔ **Modul 3: Verhaltensweisen und psychische Problemlagen**

  Im Mittelpunkt stehen hier motorisch geprägte Verhaltensauffälligkeiten, nächtliche Unruhe, selbstschädigendes und autoaggressives Verhalten, das Beschädigen von Gegenständen und Ähnliches.

- **Modul 4: Selbstversorgung**

  In diesem großen Komplex geht es um die Körperpflege wie Waschen des vorderen Oberkörpers, des Intimbereichs, Duschen und Baden, Benutzung der Toilette, aber auch An- und Auskleiden, mundgerechtes Zubereiten der Nahrung und Eingießen von Getränken, um nur einiges zu nennen.

- **Modul 5: Bewältigung von und selbständiger Umgang mit krankheits- oder therapiebedingten Anforderungen und Belastungen**

  Hier geht es um notwendige Medikationen, Injektionen, Versorgung intravenöser Zugänge, Absaugen oder Ähnliches sowie Verbandswechsel und Wundversorgung, Versorgung mit Stoma, das Einhalten einer bestimmten Diät oder anderer therapiebedingter Verhaltensvorschriften.

- **Modul 6: Gestaltung des Alltagslebens und sozialer Kontakte**

  Dieses Modul befasst sich inhaltlich mit der Gestaltung des Tagesablaufs und der Anpassung an Veränderungen, Ruhen und Schlafen, Sichbeschäftigen oder Interaktion mit Personen im direkten Kontakt beziehungsweise Kontaktpflege zu Personen außerhalb des direkten Umfelds.

Der Inhalt aller Module ist in § 14 Absatz 2 SGB XI umfassend erklärt. Anhand dieser Module lässt sich der *Pflegegrad* einer Person mit einem Punktesystem ermitteln.

Pflegegradeinteilung nach Punktesystem

Es versteht sich von selbst, dass die *Pflegegrade* nach einheitlichen Kriterien seitens der Pflegekasse bestimmt werden müssen, um eine Ungleichbehandlung der Versicherten zu vermeiden. Dazu gibt es seit 2017 das *Neue Begutachtungsassessment* (*NBA*). Sobald ein Antrag auf Pflegeleistungen bei der Pflegekasse eingegangen ist, beauftragt ein Mitarbeitender der Pflegekasse den Medizinischen Dienst (oder einen unabhängigen Gutachter) mit der Begutachtung des Versicherten. Mithilfe der *Richtlinie der Pflegebegutachtung* kann nun der Medizinische Dienst Bund eine Begutachtung der Pflegeperson nach einheitlichen Kriterien vornehmen.

Anhand der Begutachtung soll ermittelt werden, ob die Voraussetzungen für eine Pflegebedürftigkeit gegeben sind und, wenn ja, welcher Pflegegrad daraus folgt.

Bei der Begutachtung ist es von Vorteil, wenn ein naher Angehöriger anwesend ist, um ehrliche Aussagen zum Pflegezustand zu geben. Viele Betroffene neigen dazu, im Begutachtungsgespräch die eigenen Gebrechen und Unzulänglichkeiten herunterzuspielen oder nicht zu erwähnen – wer gibt schon gerne zu, inkontinent zu sein oder sich im Haushalt nicht mehr orientieren zu können? Familienmitglieder sehen das unter Umständen ganz anders als die Betroffenen selbst. Übrigens gibt es jetzt auch die Möglichkeit einer telefonischen Begutachtung. Ob darauf seitens der Pflegeperson zurückgegriffen wird, sollte allerdings im Einzelfall entschieden werden.

Es gibt fünf Pflegegrade und sie richten sich nach dem Ausmaß der Beeinträchtigung der Selbständigkeit: je geringer die Einschränkungen der Pflegeperson sind, desto geringer ist auch der Pflegegrad.

Der Gutachter des Medizinischen Dienstes prüft vorrangig in der Häuslichkeit des Versicherten, ob und in welchem Ausmaße in den sechs Modulen Einschränkungen vorliegen. Hierzu vergibt er in jedem Modul Punkte, je nach Ausmaß der Beeinträchtigung. Aus der Mathematik wissen wir: Eine Zahl lässt sich nicht fehlinterpretieren: Eine Null bedeutet demnach, dass keine, drei Punkte oder mehr hingegen, dass schwere Beeinträchtigungen der Selbständigkeit vorhanden sind.

Schauen wir uns am Beispiel der Mobilität (Modul 1) die mögliche Punktevergabe an (siehe Tabelle 12.1).

Kriterien	Selbständig	überwiegend selbständig	überwiegend unselbständig	unselbständig
Positionswechsel im Bett	0	1	2	3
Halten einer stabilen Sitzposition	0	1	2	3
Umsetzen	0	1	2	3
Fortbewegen innerhalb des Wohnbereichs	0	1	2	3
Treppensteigen	0	1	2	3

Tabelle 12.1: Pflegegrade am Beispiel der Mobilität (Modul 1)

Sie sehen übrigens am Beispiel der Mobilität, dass es hier nicht darum geht, ob jemand noch zum Supermarkt oder zur Bushaltestelle um die Ecke kommt, sondern allein um die Bewegung innerhalb der Häuslichkeit. Der Höchstwert von 15 Punkten bedeutet, dass der Versicherte in allen Bereichen seiner Mobilität so stark eingeschränkt ist, dass er als unselbständig gilt. Der Medizinische Dienst prüft alle weiteren Module ähnlich und ermittelt für jedes Modul einen eigenen Punktewert. Jetzt kommt die Besonderheit: Die ermittelten Punkte werden nicht einfach zusammenaddiert, sondern erhalten nochmals pro Modul eine *Gewichtung*. Das ergibt sich aus § 15 Absatz 2 Satz 8 SGB XI:

- ✔ Modul 1 mit 10 Prozent,
- ✔ Modul 2 und 3 mit jeweils 15 Prozent,
- ✔ Modul 4 mit 40 Prozent,
- ✔ Modul 5 mit 20 Prozent und
- ✔ Modul 6 mit 15 Prozent.

Sie sehen sofort, dass Beeinträchtigungen im Modul 1 (Mobilität) damit kaum nennenswert für die Bestimmung eines Pflegegrades eine Rolle spielen, aber das Modul 4 aufgrund seiner Gewichtung von 40 Prozent sehr wohl. Nach dieser Gewichtung werden nun alle gewichteten Punkte addiert. Der Betrag entscheidet dann, ob und welcher Pflegegrad vorliegt.

Allerdings fließt bei Modul 2 und 3 nur der höchste gewichtete Wert in die Berechnung des Pflegegrades ein – also entweder der aus Modul 2 oder der aus Modul 3.

Ab folgenden gewichteten Gesamtpunkten wird ein Pflegegrad festgestellt:

- ✔ Pflegegrad 1: ab 12,5 bis unter 27 gewichteten Gesamtpunkten
- ✔ Pflegegrad 2: ab 27 bis unter 47,5 gewichteten Gesamtpunkten
- ✔ Pflegegrad 3: ab 47,5 bis unter 70 gewichteten Gesamtpunkten
- ✔ Pflegegrad 4: ab 70 bis unter 90 gewichteten Gesamtpunkten
- ✔ Pflegegrad 5: ab 90 bis 100 gewichteten Gesamtpunkten

Ab und an kann es Besonderheiten bei der Begutachtung geben, so beispielsweise für Säuglinge oder bei Pflegebedürftigen mit *besonderen Bedarfskonstellationen*, die einen spezifischen, außergewöhnlich hohen Hilfebedarf mit besonderen Anforderungen an die Pflege haben. Letztere können dann dem Pflegegrad 5 zugeordnet werden, obwohl sie die Mindestpunktzahl von 90 nicht erreicht haben.

Eine solche besondere Bedarfskonstellation kann bei einer Gebrauchsunfähigkeit beider Arme und beider Beine gegeben sein.

Über das Ergebnis seiner Prüfung der Pflegebedürftigkeit fertigt der Medizinische Dienst dann ein Gutachten und leitet es an die Pflegekasse für die künftige Verwaltungsentscheidung weiter. Das Gutachten wird dem Bescheid der Pflegekasse angehängt und kann übrigens auch wertvolle Empfehlungen zu einer Versorgung mit Pflegehilfsmitteln enthalten.

Welche Pflegeleistungen Sie beantragen können

Eine Übersicht, welche Pflegeleistungen konkret nach dem SGB XI bewilligt werden können, enthält § 28 Absatz 1 SGB XI. Auch hier können Sie wieder den Test mit Freunden machen: Wie viele *Pflegeleistungen* gibt es? Es sind mindestens 14 und es versteht sich von selbst, dass hier nicht alle Leistungen vorgestellt werden können, da es den Rahmen dieses Kapitels sprengen würde.

Bevor einzelne Ansprüche vorgestellt werden, ist noch etwas Grundsätzliches zu beachten: Bei manchen Leistungen genügt nämlich schon der Pflegegrad 1 aus, wie

- ✔ beim **Entlastungsbetrag** von 131,00 Euro im Monat,
- ✔ bei den **Pflegehilfsmitteln** oder
- ✔ beim Zuschuss für **wohnumfeldverbessernde Maßnahmen**.

Welche weiteren Leistungen bereits beim Pflegegrad 1 möglich sind, können Sie der Aufzählung in § 28a SGB XI entnehmen. Was die Sachlage verkompliziert, ist, dass sich manche Pflegeleistungen ausschließen – dazu gleich mehr.

Das Pflegeunterstützungsgeld (§ 44a SGB XI)

Meist sind es berufstätige Angehörige, die ad hoc die Pflege für ein plötzlich erkranktes Familienmitglied organisieren müssen. Hierzu folgender Fall, der uns in diesem Kapitel in verschiedenen Abwandlungen begleiten wird:

BEISPIEL

Carmen ist berufstätig und erfährt, dass ihr Vater Kurt nach einer schweren Erkrankung dringend auf Pflege angewiesen ist. Sie muss sich nun schnell darum kümmern, das alles zu organisieren. Aber woher soll sie nur die Zeit nehmen?

Lösung: Das Zauberwort heißt *Pflegeunterstützungsgeld*, das als Lohnersatzleistung der Pflegekasse für bis zu zehn Tage pro Kalenderjahr gezahlt wird, um die Pflege eines nahen Angehörigen zu organisieren.

Diese arbeitsfreien Tage mit der Lohnersatzleistung wird Carmen aus dem vorherigen Beispiel auch brauchen, um Anträge zu stellen, verfügbare Pflegedienste abzutelefonieren, ärztliche Verordnungen zu erhalten und Ähnliches. Zu weiteren wichtigen Ansprüchen von pflegenden Angehörigen komme ich am Ende des Kapitels nochmals zurück.

Die Pflegesachleistung (§ 36 SGB XI)

BEISPIEL

Vater Kurt gibt seiner Tochter Carmen recht: Er kann sich nicht mehr selbst versorgen. In ein Pflegeheim will er aber auf keinen Fall. Nur, von wem soll er sich pflegen lassen? Carmen und ihr Bruder wohnen in einem anderen Bundesland, können zwar an den Wochenenden kommen, aber eben nicht jeden Tag.

Hier kommt der *ambulante Pflegedienst* ins Spiel: Wer in der eigenen Häuslichkeit die Pflege ab einem Pflegegrad 2 mit professionellen Pflegefachkräften organisieren möchte, kann bei der Pflegekasse die *Pflegesachleistung* beantragen. Ehrlich gesagt führt der Begriff »Pflegesachleistung« hier in die Irre, denn es sind keine materiellen Dinge gemeint, sondern es wird die ambulante Leistung eines Pflegedienstes für die Grundpflege in Anspruch genommen.

Wenn Versicherte diese Leistungsform wählen, erhalten sie im Allgemeinen kein Pflegegeld mehr (zu Ausnahmen lesen Sie gleich mehr unter dem Stichwort »Kombinationsleistung«). Die Pflegesachleistung umfasst körperbezogene Pflegemaßnahmen und pflegerische Betreuungsmaßnahmen sowie Hilfen bei der Haushaltsführung. Der Pflegedienst rechnet mit der Pflegekasse später nach einheitlichen Sätzen ab, die sich nach dem jeweiligen Pflegegrad richten.

Das Pflegegeld (§ 37 SGB XI)

BEISPIEL

Nach geraumer Zeit ziehen Bernd und Carmen wieder in das Elternhaus zurück, um die Pflege des Vaters Kurt zu übernehmen. Bernd plant schon, was er sich künftig alles von dem Pflegegeld des Vaters leisten könnte, während Carmen sein Verhalten nicht richtig findet und kein Geld beansprucht. Kann Bernd wirklich das Pflegegeld seines Vaters für sich behalten, weil er nun ja wieder im gleichen Haushalt wie dieser lebt und ihn unterstützt?

Lösung: Nein – und damit räumen wir gleich mal mit einem gängigen Vorurteil auf und vermeiden unzählige überflüssige Familienfehden, wenn der Sohn oder die Tochter auf die Auszahlung des Pflegegeldes an sich selbst besteht, weil er/sie ja die Arbeit macht. Das *Pflegegeld* bekommt die pflegebedürftige Person, und **nicht** diejenige Person, die die Pflege leistet!

Der Unterschied zwischen Pflegesachleistung und Pflegegeld: Das *Pflegegeld* wird zur freien, also auch eigenen Verfügung des zu Pflegenden ausgezahlt! Die *Pflegesachleistungen* sind hingegen zweckgebunden, nämlich für die Leistungen einer ambulanten Pflege.

Auch für das Pflegegeld bestehen einheitliche Werte, je nachdem, wie hoch der Pflegegrad ist. Da die Sätze in regelmäßigen Abständen angehoben werden, sehe ich an dieser Stelle von einer Veröffentlichung der derzeitigen Beträge ab. Sie können die aktuellen Sätze in § 37 SGB XI nachlesen.

BEISPIEL

Nachdem Bernd bemerkt hat, dass er vom Pflegegeld des Vaters nichts erhält, geht er wieder seiner Wege. Tochter Carmen merkt schnell, dass ihr die Unterstützung des Bruders fehlt und überlegt, doch wieder einen Pflegedienst in Anspruch zu nehmen. Einzelne Aufgaben wie das Waschen oder die Zubereitung der Mahlzeiten will sie aber gerne weiter übernehmen, weil sie der Mutter seinerzeit versprochen hatte, sich um den Vater zu kümmern.

Wie schon etwas weiter vorn in diesem Kapitel erwähnt, kann es auch eine Kombination aus Pflegesachleistung und Pflegegeld geben. Man spricht in diesem Fall von der *Kombinationsleistung,* die in § 38 SGB XI geregelt ist. Wenn Pflegebedürftige die Leistung eines Pflegedienstes (Pflegesachleistung) nur teilweise nutzen, können sie daneben ein anteiliges Pflegegeld beanspruchen. Das Pflegegeld wird in diesem Fall prozentual um den in Anspruch genommenen Anteil der Sachleistung reduziert. Wird also die Pflegesachleistung nur zu 80 Prozent genutzt, beträgt das Pflegegeld 20 Prozent. Wenn der Pflegebedürftige feststellen sollte, dass es keine gute Entscheidung mit der Kombileistung war, kann er nach sechs Monaten eine neue Entscheidung treffen, wie er die Leistung gerne beanspruchen möchte.

Die Verhinderungs-/Kurzzeitpflege (§§ 39, 42 SGB XI)

BEISPIEL

Der Sommerurlaub naht und Carmen wird unruhig: Wie soll sie bloß die Pflege des Vaters während ihres Urlaubs sicherstellen? Bruder Bernd lehnt jegliche Unterstützung ab, wenn er kein Geld dafür bekommt. Kann sie die Nachbarin darum bitten?

Lösung: Na klar kann sie die Nachbarin fragen, denn hier kommt die Verhinderungspflege ins Spiel!

Auch pflegende Angehörige benötigen schließlich mal Urlaub weg vom Pflegegeschehen. Dies wird mit einer begrenzten Ersatzpflege ermöglicht. Macht nämlich der pflegende Angehörige Urlaub oder ist gar erkrankt, übernimmt die Pflegekasse ab Pflegegrad 2 die nachgewiesenen Kosten für eine Ersatzpflege, der *Verhinderungspflege.* Mit dieser Pflege können auch Nachbarn, Freunde oder ein Pflegedienst beauftragt werden. Findet sich kein Ersatz mithilfe der Verhinderungspflege, kann Carmen ihren Vater auch für die Dauer ihrer Abwesenheit in die *Kurzzeitpflege* geben. Die Kurzzeitpflege wird in einer vollstationären Einrichtung erbracht.

Neu ab Juli 2025 ist übrigens, dass die Leistungsbeträge für die beiden Ersatzpflegen zu einem *Gemeinsamen Jahresbetrag für Verhinderungspflege und Kurzzeitpflege* – auch *Entlastungsbudget* genannt – zusammengefasst werden. Es steht hierfür ein einheitlicher Jahresbetrag zur flexiblen Nutzung bereit. Da der Betrag einer regelmäßigen Dynamisierung unterliegt, verzichte ich an dieser Stelle auf die Veröffentlichung des derzeitigen Wertes, den Sie aber in § 42a SGB XI einsehen können. Mit der Neuregelung ist auch verbunden, dass die zeitliche Höchstdauer der Verhinderungspflege auf acht Wochen angehoben wird und damit der Dauer der Kurzzeitpflege angeglichen ist.

Im Hinblick auf das Entlastungsbudget ist noch erwähnenswert, dass nicht das Budget als solches bei der Pflegekasse beantragt wird, sondern konkret die Verhinderungs- oder Kurzzeitpflege – je nachdem, was im Einzelfall benötigt wird. Auch eine nachträgliche Beantragung ist möglich! Die Verhinderungspflege können Sie übrigens auch in Anspruch nehmen, wenn Sie sich als pflegende Angehörige einfach nur mal eine kleine Auszeit im Alltag gönnen wollen, wie Sie am nächsten Beispiel sehen:

BEISPIEL

Die fünfjährige Meike lebt mit dem Down-Syndrom und wird von den Eltern gepflegt. Ab und zu möchten die Eltern Freitagabend doch mal gern ins Kino gehen oder sich samstags mit Freunden treffen. In dieser Zeit können sie Verhinderungspflege in Anspruch nehmen und Nachbarn oder einen Pflegedienst mit der Versorgung ihrer Tochter beauftragen.

Die Pflegehilfsmittel (§ 40 SGB XI)

Gehen wir noch einmal zurück zu unserem Ausgangsfall von Carmen und sehen uns eine Variante dazu an:

BEISPIEL

Carmen hat zunehmend Probleme, ihren Vater frühmorgens aus dem tiefen Ehebett zu bekommen. Gibt es dafür Entlastungsmöglichkeiten?

Hier nun kommen die *Pflegehilfsmittel* ins Spiel, die in § 40 SGB XI geregelt sind. Sie sollen die Pflege erleichtern oder Beschwerden lindern. Für den Vater könnte also ein Pflegebett als Hilfsmittel beantragt werden. Die Pflegekasse kann dem Vater zudem monatliche Aufwendungen für zum Verbrauch bestimmte Pflegehilfsmittel erstatten; hierzu zählen beispielsweise Einmalhandschuhe oder Handdesinfektion. Die Höhe des Betrags für Pflegemittel ist dynamisch und darf einen bestimmten Höchstbetrag nicht überschreiten. Also einfach mal in § 40 Absatz 2 SGB XI den aktuellen Betrag nachlesen!

Die Pflegekasse oder der Medizinische Dienst berät über mögliche Pflegehilfsmittel – das können neben einem Pflegebett auch Lagerungshilfen oder Notrufsysteme sein. Manchmal sind die Übergänge von Kranken- zur Pflegekasse fließend und nicht klar abgrenzbar: Wenn ein Rezept vom Arzt vorliegt, kann das betreffende Hilfsmittel auch bei der Krankenkasse beantragt werden.

Der Entlastungsbetrag (§ 45b SGB XI)

Kommen wir nun zu einer weiteren wichtigen Leistung, dem *Entlastungsbetrag.*

BEISPIEL

Kurt wünscht sich, dass jemand einmal wöchentlich die gesamte Wohnung putzt. Seiner Tochter Carmen möchte er das nicht auch noch zumuten, und Sohn Bernd setzt bekanntlich keinen Fuß mehr in sein Haus.

Mit dem Entlastungsbetrag stehen Pflegebedürftigen aktuell bis zu 131 Euro monatlich zusätzlich für Aufwendungen zur Verfügung, die auch der Entlastung von pflegenden Angehörigen dienen. Kurt kann also eine Haushaltshilfe aus diesem Betrag heraus bezahlen oder eine Hilfe beim Einkaufen oder Spazierengehen. Zu beachten ist hierbei, dass Kurt den Betrag nicht pauschal ausgezahlt erhält, sondern dass er seine tatsächlichen Aufwendungen gegenüber der Pflegekasse nachweisen muss.

Wenn in einem Kalenderjahr nicht alle monatlichen Entlastungsbeträge benötigt wurden, können diese bis zum 30. Juni des Folgejahres noch genutzt werden. Diese Regelung findet sich – etwas versteckt – in § 45b Absatz 1 Satz 5 SGB XI.

Die wohnumfeldverbessernden Maßnahmen (§ 40 Absatz 4 SGB XI)

BEISPIEL

Kurt ist mittlerweile 85 Jahre jung und bemerkt, dass ihm das Ein- und Aussteigen in die Badewanne zunehmend schwerer fällt. Er plant daher den Umbau des Bades mit einer behindertengerechten Dusche. Ob es wohl hierfür eine kleine Finanzspritze von der Pflegekasse gibt?

Das angenehme vorweg: Da Kurt der Eigentümer seines Hauses ist, muss er niemanden um eine Zustimmung für die geplante Baumaßnahme bitten. Aber Obacht für alle Mieter: Sind *wohnumfeldverbessernde Maßnahmen* in der Wohnung geplant, die einen Eingriff in die Bausubstanz bedeuten, wird vor Baubeginn die *Zustimmung des Vermieters* benötigt. Viele Krankenkassen fordern dies auch unmittelbar nach Antragseingang ab.

Voraussetzung für diese Geldleistung ist, dass die Pflegekasse mindestens den Pflegegrad 1 anerkannt hat. Die Maßnahme soll zu einer Verbesserung des Wohnumfeldes des Pflegebedürftigen beitragen, indem die häusliche Pflege dadurch ermöglicht, erheblich erleichtert oder eine selbständige Lebensführung erreicht wird. Mit diesen Begründungen kann Kurt bei seiner Pflegekasse den Antrag auf einen Zuschuss zum Badumbau stellen. Die Höhe des Zuschusses pro Pflegebedürftigen liegt derzeit bei 4.180 Euro. Wenn sich der Pflegezustand deutlich verschlechtert und anderweitige Umbauten notwendig macht, kann vereinzelt ein neuer Antrag gestellt werden. Typische Maßnahmen sind:

- ✔ Umbau einer Badewanne zur Dusche,
- ✔ Anbringen von Haltegriffen und Stützstangen,
- ✔ Höhenanpassung von Einrichtungsgegenständen / barrierefreie Küche,
- ✔ Treppenlift,
- ✔ Vergrößerung von Türen,
- ✔ Abbau von Türschwellen,
- ✔ Schaffung von Orientierungshilfen für Sehbehinderte,

um nur einige zu nennen. Auch ein erforderlicher Umzug kann mit dem Zuschuss finanziell unterstützt werden, wenn etwa die bisherige Wohnung in den oberen Etagen nicht mehr erreicht oder die Wohnung nicht barrierearm gestaltet werden kann.

Ein abschließendes Beispiel zu diesem Thema:

BEISPIEL

Achim, der Nachbar von Karl, ist auf einen Elektrorollstuhl angewiesen und hat von seiner Pflegekasse einen Zuschuss von 3.750 Euro für den Einbau eines elektronischen Türöffnungs- und Türschließsystems erhalten. Jetzt ist allerdings der Antrieb des Türschließsystems ausgefallen, wodurch Reparaturkosten von 547,40 Euro entstanden sind. Übernimmt die Pflegekasse auch solche Ausgaben?

Hierzu hat das Bundessozialgericht klargestellt, dass eine Pflegekasse auch Reparatur- und Wartungskosten für bereits bezuschusste Maßnahmen im Sinne von § 40 Absatz 4 SGB XI zu übernehmen hat, allerdings begrenzt auf die Höhe des noch nicht in Anspruch genommenen Zuschusses. Damit bekommt Achim nicht die vollen Reparaturkosten, sondern nur anteilig ersetzt (Entscheidung vom 25.1.2017, Aktenzeichen B 3 P 4/16 R).

Alternativ zum Zuschuss der Pflegekasse kann unter Umständen ein *KfW-Zuschuss für Barrierereduzierung* genutzt werden – einfach mal auf der Homepage der KfW stöbern!

Pflegende Angehörige – eine wichtige Säule (§ 44 SGB XI)

Abschließend nehmen wir uns ein wenig Zeit, Unterstützungsmöglichkeiten für eine wichtige Säule der Pflege, die pflegenden Angehörigen, kennenzulernen. Diese erbringen oftmals mehrfach in der Woche, in vielen Fällen sogar rund um die Uhr Pflegeleistungen. Dass die pflegenden Angehörigen selbst keinen Anspruch auf das Pflegegeld haben, habe ich bereits am Anfang dieses Kapitels erklärt. Aber wie unterstützt die Pflegekasse diesen wichtigen und wertvollen Personenkreis?

Klären wir zunächst, wer überhaupt als »*pflegender Angehöriger*« bezeichnet wird. Hierfür gibt es keine gesetzliche Definition, und vermutlich sind es in den meisten Fällen Verwandte des Pflegebedürftigen wie Kinder oder Enkel, die sich um die Betreuung kümmern. Aber auch Nachbarn, Freunde oder Bekannte können zu den pflegenden Angehörigen zählen.

BEISPIEL

Celine mit einem guten Draht zur Oma pflegt diese, obwohl sie wöchentlich 25 Stunden in Teilzeit arbeitet. Das macht sie auch überaus gerne, aber trotzdem möchte sie gerne wissen, ob sich diese Arbeit irgendwie für sie auszahlt. Schließlich hat die Oma den Pflegegrad 3. Zudem merkt Celine, wie die Pflege sie immer mehr erschöpft. Eine Kur wäre eigentlich auch nicht schlecht.

Auch wenn das jetzt komplett nach »old school« klingt, Celine könnte mit ihrer Pflegetätigkeit für ihre Oma ihre eigene spätere Rentenleistung aufbessern, denn die Pflegekasse entrichtet Beiträge an die *Rentenversicherung*, wenn folgende Voraussetzungen erfüllt sind:

- ✔ Die Pflege darf nicht erwerbsmäßig erfolgen, also ohne vertragsmäßige Entlohnung.
- ✔ Die pflegebedürftige Person muss mindestens Pflegegrad 2 haben.
- ✔ Die Pflege muss im häuslichen Umfeld stattfinden.
- ✔ Der pflegende Angehörige darf selbst nicht mehr als 30 Stunden in der Woche berufstätig sein.
- ✔ Die Pflege muss mindestens zehn Stunden, verteilt auf mindestens zwei Tage pro Woche stattfinden.

Da Celine diese Anforderungen erfüllt, zahlt die Pflegekasse an den Rententräger Beiträge für diese Pflegetätigkeit. Daneben ist Celine natürlich auch *unfallversichert*, falls sie sich während der Pflege ihrer Oma verletzt (§ 44 Absatz 2a SGB XI). Übernimmt zudem die Pflegeversicherung auch die Beitragszahlung in der Arbeitslosenversicherung, steht dem pflegenden Angehörigen nach dem Ende der Pflege auch das Arbeitslosengeld nach dem SGB III zu.

Neben dem Pflegeunterstützungsgeld, welches Sie bereits kennengelernt haben, gibt es auch noch verschiedene Möglichkeiten der *Freistellung von der Arbeit* nach dem Pflegezeitgesetz oder dem Familienpflegezeitgesetz. Bei Interesse lohnt sich ein Blick in diese Gesetze, denn es würde den Rahmen des Kapitels sprengen, auf die mannigfachen Möglichkeiten der Freistellung einzugehen.

Etwas ist aber unbedingt noch erwähnenswert, weil viele Angehörige hierüber berichten: Celine ist von der Pflege ausgepowert. Sie kann daher eine *medizinische Rehabilitation* in einer Vorsorge- oder Rehaklinik beantragen, damit sie wieder physisch und psychisch zu Kräften kommt. Manchmal ist es auch hier nicht ganz einfach, den richtigen zuständigen Träger zu finden. Aber Celine macht nichts verkehrt, wenn sie den Antrag an die Krankenkasse der Oma richtet (§§ 23, 40 SGB V). Diese leitet dann eventuell den Antrag an den Rententräger weiter, wenn bei Celine eine erhebliche Beeinträchtigung der Erwerbsfähigkeit vorliegt.

Wer sich als pflegender Angehöriger unsicher bei der Pflege ist, kann übrigens auch *Pflegekurse* besuchen, die kostenlos von den Pflegekassen angeboten werden.

Teil V
Alles rund um die nichtbeitragsfinanzierten SGBs

IN DIESEM TEIL ...

dreht sich alles um nichtbeitragsfinanzierte Leistungen, denn jede(r) von uns kann in eine Notlage geraten, in der dringende Hilfe erforderlich ist – sei es ein schwerer Unfall, ein in Schieflage geratenes Business bei Selbständigen oder eine erfolglose Jobsuche, wenn dann das Geld für die Familie nicht reicht.

erfahren Sie mehr über die soziale Grundsicherung, und auch darüber, ob das Jobcenter oder das Sozialamt für Ihr Anliegen der richtige Ansprechpartner ist.

werden noch viele weitere (und sehr unterschiedliche!) Leistungen vorgestellt – darunter für Kinder, die in Obhut genommen werden müssen, die Unterstützungen für behinderte Menschen an der Teilnahme am Berufsleben, die Eingliederungshilfe oder die Opferentschädigungen bei Anschlägen.

IN DIESEM KAPITEL

Hilfebedürftigkeit

Erwerbsfähigkeit

Das Bürgergeld

Wohn-/Haushalts- oder doch Bedarfsgemeinschaft?

Kapitel 13
Die Grundsicherung für Arbeitssuchende nach dem SGB II

Jeder von uns kann aus den unterschiedlichsten Gründen in soziale oder finanzielle Not geraten: seien es Selbständige, deren Business plötzlich nicht mehr gut läuft und die nicht mehr wissen, wie sie privat die Miete zahlen sollen, oder der alleinerziehende Elternteil, der einfach keinen Job findet, weil alle Arbeitgeber gleich die Hände heben und diesen in Erwartung vermeintlicher Ausfallzeiten gar nicht erst einstellen wollen. Auch kann unser stärkstes Kapital streiken – unser Körper. Gut, wenn es da eine soziale Mindestabsicherung gibt, die (fast) jedem offensteht. In diesem Kapitel erfahren Sie mehr über die Leistungen der *Grundsicherung* nach dem SGB II in derartigen Notfällen.

Was das Bürgergeld leistet

Vielleicht kennen Sie das *Bürgergeld* noch unter der alten Bezeichnung »Arbeitslosengeld II« (auch gerne mit »*Hartz IV*« abgekürzt). Diese Leistung steht bei vielen Menschen, die sich nie mit dieser Sozialleistung näher befasst haben, als Symbol für »Geld bekommen, ohne arbeiten zu müssen«. Mitunter mag das zwar stimmen, wenn Bürger diese Leistung missbrauchen, aber in den meisten Fällen lässt diese pauschalisierte Ansicht die Realität außer Acht, dass es oft an Jobs mangelt, um den Lebensunterhalt für sich und seine Familie trotz aller Bemühungen selbst stemmen zu können.

Für das Bürgergeld gibt es eine einfache und nachvollziehbare Regel: Je mehr Familienmitglieder in einer Wohnung als *Bedarfsgemeinschaft* zusammenleben, umso höher ist natürlich deren finanzieller Grundbedarf und umso schwieriger ist es, diesen Grundbedarf mit dem eigenen Einkommen zu sichern.

Das Bürgergeld gibt es übrigens nicht bedingungslos. Aus § 2 SGB II folgt, dass alle Möglichkeiten zur Beendigung oder Verringerung der Hilfebedürftigkeit auszuschöpfen sind. Hierzu zählt – neben der Eingliederung in Arbeit – auch die Beantragung von weiteren staatlichen Leistungen wie Unterhaltsvorschuss oder Kindergeld, um nur einige zu nennen (§ 12a SGB II). Die Leistungen nach dem SGB II dürfen daher nur erbracht werden, soweit die Hilfebedürftigkeit nicht anderweitig beseitigt werden kann (§ 3 Absatz 5 SGB II). Werden vorrangige Ansprüche nicht beantragt, hält § 5 Absatz 3 SGB II eine Besonderheit bereit: Das Jobcenter als zuständiger Leistungsträger kann auch ersatzweise selbst derartige Anträge bei anderen Sozialbehörden stellen. Es kann auch Folgendes prüfen und geltend machen:

Lisa hat sich gerade frisch von ihrem Ehemann getrennt. Auf Anraten ihrer Freunde beantragt sie Bürgergeld für sich und ihre beiden Kinder. Kurze Zeit später erhält der Ehemann ein Schreiben des Jobcenters, in dem ihm mitgeteilt wird, dass er Auskunft über sein Einkommen geben soll, um zu prüfen, ob er Unterhalt auch für seine Ehefrau zahlen muss.

Mit diesem Schreiben informiert das Jobcenter den Ehemann über einen *Anspruchsübergang* nach § 33 SGB II, und das hat einen guten Grund: Warum soll der Staat für den Lebensunterhalt von Lisa aufgrund der Trennung aufkommen, wenn es über die Ehe eine Verpflichtung des Ehemannes zur Zahlung von Trennungsunterhalt an seine Ehefrau geben kann? Der Vorteil für Lisa: Sie muss nicht mit viel Aufwand den Unterhalt für sich nach familienrechtlichen Regeln einfordern, sondern erhält umgehend eine finanzielle Unterstützung vom Jobcenter. Das Jobcenter geht dann in Vorleistung und holt sich aufgrund des Anspruchsübergangs von dem leistungsfähigen Ehegatten das Bürgergeld zurück.

Wenn sich Ehepartner trennen, sollten sie unbedingt über die Beantragung von Bürgergeld nachdenken, besonders wenn die Eheleute unterschiedlich viel verdienen. Durch die Trennung kommt es bei dem/der Geringerverdienenden oft zur Hilfebedürftigkeit.

Das Bürgergeld sollte auch immer als *ergänzende Sozialleistung* gesehen werden. Häufig reicht bei Betroffenen das Gehalt oder das Kranken-/Arbeitslosengeld nicht zum Bestreiten des Lebensunterhaltes aus, sodass ergänzend Bürgergeld beantragt werden kann. Wenn ich hier von *Lebensunterhalt* spreche, wird jeder eine andere Vorstellung davon haben, wie viel er oder sie zum Leben braucht. Allein Handy- und TV-Kosten können ja bei manchen Menschen einige Hundert Euro im Monat ausmachen. Der Staat ist jedoch im Sinne einer Grundsicherung nur verpflichtet, denjenigen Betrag monatlich zur Verfügung zu stellen, der ein *menschenwürdiges* Dasein ermöglicht. Auch wenn es hart klingt: Es kommt nicht darauf an, ob jemand mit dem Geldbetrag letztlich auskommt. Schauen wir uns zunächst an, was wichtige Voraussetzungen für einen Bürgergeldanspruch sind, um uns dann den einzelnen Leistungen zu widmen.

Wer ist hilfebedürftig nach dem SGB II?

Der § 7 SGB II erläutert, wer leistungsberechtigt ist und wer nicht. Hierbei wird unter anderem auf die *Hilfebedürftigkeit* einer Person abgestellt. Aber wer oder ab wann ist jemand eigentlich hilfebedürftig? Hier hilft ein Blick in § 9 Absatz 1 SGB II weiter:

Hilfebedürftig ist, wer seinen Lebensunterhalt nicht oder nicht ausreichend aus dem zu berücksichtigenden Einkommen oder Vermögen sichern kann und die erforderliche Hilfe nicht von anderen, insbesondere von Angehörigen oder von Trägern anderer Sozialleistungen, erhält.

Was (nicht) als Einkommen gilt

Wir haben anhand der Definition gesehen, dass auch ein *Einkommen* Einfluss auf die Hilfebedürftigkeit einer Person haben kann. Je mehr Einkommen Sie haben, umso geringer wird die Hilfebedürftigkeit entsprechend bewertet – so die Faustformel (nicht ganz unlogisch!). Aber Einkommen ist nicht gleich Einkommen, wie ein Blick in §§ 11 ff. SGB II verrät.

BEISPIEL

Marlies, mehrjährige Bezieherin von Bürgergeld, hat aus einer Erbschaft ihrer verstorbenen Mutter überraschend einen Betrag von 10.000 Euro erhalten. Jetzt befürchtet sie, dass das Jobcenter ihr keine Leistungen mehr mit Hinweis auf die Erbschaft zahlt. Haben Sie einen Tipp für Marlies?

Der Grundsatz ist in § 11 SGB II geregelt: Erst mal sind alle Einnahmen in Geld oder Geldeswert als Einkommen zu betrachten. Allerdings gibt es in § 11a SGB II Ausnahmen, was nicht als Einkommen gilt, wie etwa

- ✔ **ehrenamtliche Aufwandsentschädigungen**, falls sie einen bestimmten Betrag pro Jahr nicht überschreiten;
- ✔ Bezug von **Mutterschaftsgeld** sowie
- ✔ einmalige Einnahmen aus **Erbschaften, Vermächtnissen und Pflichtteilszuwendungen**,

um nur einige zu nennen. Marlies kann also durchatmen: Die Erbschaft zählt nicht als Einkommen, sondern als Vermögen. Jetzt muss Marlies nur noch aufpassen, ob der Geldbetrag aus der Erbschaft ihr geschontes Vermögen übersteigt. Nur dann erhält sie gar keine Leistungen mehr und muss erst die Erbschaft »verbraten«.

Das Zuflussprinzip im Auge behalten!

Haben Sie schon mal etwas vom *Zuflussprinzip* hinsichtlich des Einkommens gehört? Dieses wichtige Prinzip zeichnet das Sozialhilferecht aus: So sind Einnahmen in dem Monat zu berücksichtigen, in dem sie zufließen (§ 11 Absatz 2 SGB II). Das wird manchmal als ungerecht empfunden, wie das nachfolgende Beispiel zeigt:

BEISPIEL

Eddi schuftet schwer und lange auf dem Bau, aber sein Arbeitgeber hält nichts von pünktlichen Lohnzahlungen. Nachdem nun auch im dritten Monat kein Lohn gezahlt wurde, wendet sich Eddi an das Jobcenter und beantragt schweren Herzens Bürgergeld. Das erhält er auch zeitnah ausgezahlt. Just ein paar Tage später zahlt der Chef ihm endlich die rückständigen drei Monate Lohn aus. Auch künftig erhält Eddi wieder pünktlich seinen Lohn, sodass er nicht (mehr) hilfebedürftig ist. Und was wird das Jobcenter jetzt machen? Darf Eddi das Geld vom Jobcenter behalten?

Das Jobcenter rechnet in diesem Fall – auch zu Recht – die mehrmonatige Lohnnachzahlung als Einkommen an mit der Folge, dass Eddi nicht (mehr) hilfebedürftig ist. Das Jobcenter erlässt daraufhin einen *Aufhebungsbescheid* (§ 48 SGB X) und fordert ihn zur Rückzahlung des Bürgergeldes auf (§ 50 SGB X). Alles ganz korrekt, denn es kommt nicht darauf an, für welche Monate der Chef nachgezahlt hat, sondern nur auf den Zufluss im laufenden Bewilligungsmonat. Pfiffige könnten jetzt § 11 Absatz 3 SGB II einwenden, wonach die Lohnzahlung auf sechs Monate durch das Jobcenter hätte verteilt werden müssen. Vollkommen richtig! Da Eddi aber bereits mit seiner monatlichen Lohnzahlung nicht hilfebedürftig ist, hilft ihm auch die Verteilung auf sechs Monate nicht weiter, um im Leistungsbezug zu bleiben.

Das Beispiel ist auch noch in anderer Hinsicht wichtig: Es zeigt nämlich, dass es Bürgergeld **nie** für zurückliegende Monate gibt, sondern immer erst ab Antragstellung, wobei der Antrag auf den Monatsersten zurückwirkt (§ 37 Absatz 2 SGB II). Daher nie lange mit einem Bürgergeldantrag bei ausstehendem Einkommen warten, sondern zeitnah handeln. Sie können auch noch am Monatsletzten schnell einen Antrag stellen, wenn Sie merken, Sie haben kein Gehalt bekommen.

Absetz- und Freibeträge

Übrigens, das SGB II kennt auch Anreize fürs Geldverdienen: § 11b SGB II sieht nämlich vor, dass bestimmte *Absetzbeträge* vom Gehalt abzuziehen sind. Das sind natürlich in erster Linie die Beiträge zur Sozialversicherung und die Lohnsteuer laut Gehaltsabrechnung, sodass nur der Nettobetrag des Gehalts vom Jobcenter als Einkommen zu berücksichtigen ist. Daneben gibt es auch noch *Freibeträge*, wenn einer Erwerbstätigkeit nachgegangen wird. Sehen Sie das als eine Art »Belohnung« an: So gibt es einen allgemeinen *Grundfreibetrag* von 100 Euro, der anrechnungsfrei vom Gehalt behalten werden darf.

BEISPIEL

Bürgergeldbeziehende Jutta hilft ihrer guten Freundin ab und an im Geschäft aus, wofür sie als Minijobberin 100 Euro erhält. Da der Verdienst innerhalb des Grundfreibetrages von 100 Euro ist, rechnet das Jobcenter bei Jutta kein Einkommen auf ihr Bürgergeld an. Sie hat also das Gehalt neben dem Bürgergeld zur Verfügung.

Wenn das Einkommen diesen Grundfreibetrag übersteigt, gibt es nochmals prozentual bestimmte Freibeträge, die Sie in § 11b Absatz 3 SGB II nachlesen können. Und auch hier gilt die Faustformel: Je höher das Einkommen, je höher die Freibeträge. So können Alleinstehende regelmäßig bis zu 348 Euro Freibeträge haben, und wenn diese ein minderjähriges

Kind haben oder mit ihm in Bedarfsgemeinschaft zusammenleben, können es bis zu 378 Euro Freibeträge sein.

Folgende Besonderheit gilt bei der prozentualen Berechnung des Freibetrages für Erwerbstätigkeit: Er errechnet sich vom Bruttoeinkommen und wird vom Nettoeinkommen abgezogen.

Fazit: Am Ende des Monats haben damit erwerbstätige Leistungsbeziehende finanziell immer mehr zur Verfügung, als wenn sie nicht gearbeitet hätten.

Für Leistungsbeziehende bis zum 25. Lebensjahr, die eine Ausbildungsvergütung erhalten, einen Freiwilligendienst ableisten oder als Schüler*in nebenher außerhalb der Schulferien jobben, kann es höhere Freibeträge – nämlich bis zur Höhe der Minijobgrenze – geben, wie ein Blick in § 11b Absatz 2b SGB II verrät. Arbeiten Schüler*innen während der Schulferien, ist dieses Einkommen sogar anrechnungsfrei (§ 11a Absatz 7 SGB II).

So weit, so gut. Aber was ist, wenn jemand noch etwas Erspartes auf der Bank liegen hat und dennoch Leistungen vom Jobcenter erhalten möchte? Das bringt uns zu dem Schonvermögen als dem Teil Ihres Besitzes, der auch bei Sozialleistungsbezug nicht angetastet wird.

Was als Schonvermögen gilt

Es gibt tatsächlich ein *Schonvermögen*, das in § 12 SGB II geregelt ist. Schonvermögen bedeutet, dass es nicht vorher aufgebraucht werden muss, bevor Bürgergeld beantragt wird. Zum Schonvermögen zählen unter anderem

- ✔ ein angemessener **Hausrat** und ein angemessenes **Kfz** für jede in der Bedarfsgemeinschaft lebende erwerbsfähige Person,
- ✔ bestimmte **Altersvorsorgeverträge**,
- ✔ das/die selbst genutzte **Hausgrundstück/Eigentumswohnung** mit einer bestimmten Größe,
- ✔ Erbschaften und Pflichtteilsansprüche.

Für das Vermögen gibt es – ähnlich wie bei den Unterkunftskosten – eine *Karenzzeit* zu beachten: So darf die antragstellende Person im ersten Jahr des Leistungsbezuges ein Vermögen von 40.000 Euro und jedes weitere Mitglied der Bedarfsgemeinschaft jeweils 15.000 Euro haben. Das macht bei einer vierköpfigen Familie mal eben 85.000 Euro aus. Nach Ablauf der Karenzzeit von zwölf Monaten gilt dann ein einheitlicher Kopfanteil von 15.000 Euro; die Familie darf dann also immerhin noch 60.000 Euro auf der hohen Kante haben.

Es ist ratsam, sich die Belege für größere Anschaffungen aufzuheben. Dann sind Sie gut vorbereitet, falls das Jobcenter die Reduzierung Ihres Vermögens anzweifelt.

Warum es auf die Erwerbsfähigkeit ankommt

Es kommt regelmäßig auch auf das Merkmal der *Erwerbsfähigkeit* von Leistungsbeziehenden an, damit das Jobcenter vorab klären kann, ob es oder das Sozialamt Leistungen zur Grundsicherung gewähren muss. Hier gibt es eine Unterscheidung zwischen den Leistungen nach dem SGB II und der Sozialhilfe nach dem SGB XII. Aber der Reihe nach! Was unter Erwerbsfähigkeit zu verstehen ist, finden Sie in § 8 SGB II wie folgt definiert:

Erwerbsfähig ist, wer nicht wegen Krankheit oder Behinderung auf absehbare Zeit außerstande ist, unter den üblichen Bedingungen des allgemeinen Arbeitsmarktes mindestens drei Stunden täglich erwerbstätig zu sein.

Frischen wir hier an dieser Stelle unsere Kenntnisse aus dem SGB VI (siehe Kapitel 10) auf: Nicht maßgeblich ist, ob sich jemand subjektiv für so krank hält, dass er oder sie nicht wenigstens drei Stunden am Tag arbeiten kann. Es kommt allein auf die Feststellungen des Rententrägers (DRV) an, also ob ein Bescheid über die dauerhafte volle Erwerbsminderung vorliegt. Diese Oberhoheit des Rententrägers ergibt sich aus § 44a Absatz 2 SGB II, wonach die gutachterliche Stellungnahme des Rententrägers für alle anderen Behörden wie dem Jobcenter und dem Sozialamt bindend sind.

Dauerhaft volle Erwerbsminderung

Wenn die Rentenversicherung in einem Bescheid feststellt, dass jemand dauerhaft nicht mehr mindestens drei Stunden täglich erwerbstätig sein kann, gilt allgemein der Zugang zu Leistungen nach dem SGB II verwehrt und die antragstellende Person erhält einen Ablehnungsbescheid.

In diesem Fall ist die Beantragung von Grundsicherungsleistungen beim zuständigen Sozialamt gemäß SGB XII zu empfehlen (Vorschau auf das nachfolgende Kapitel).

Teilweise Erwerbsminderung

Hier liegt der Fall anders und es gilt folgender Grundsatz: Kann die antragstellende Person noch mindestens drei Stunden täglich, aber weniger als sechs Stunden täglich erwerbstätig sein, steht sie im Allgemeinen – wenngleich in einem eingeschränkten Umfang – weiterhin dem Arbeitsmarkt zur Verfügung. Damit kann sie auch Bürgergeld beziehen.

Aufforderung zur Beantragung von Erwerbsminderungsrente

Wenn das Jobcenter Anhaltspunkte hat, dass ein Bezieher von Bürgergeld gesundheitlich prognostisch nicht in der Lage ist, mindestens drei Stunden täglich zu arbeiten, fordert es regelmäßig die betreffende Person zur *sozialmedizinischen Begutachtung* durch die Agentur für Arbeit auf. Der kleine Schnupfen wird noch nicht eine solche Prognose des Jobcenters hervorrufen. Falls das Gutachten zu dem Ergebnis kommt, dass jemand gesundheitlich so beeinträchtigt ist, dass das Leistungsvermögen ganz oder teilweise gemindert ist, fordert das Jobcenter den Leistungsbezieher umgehend zur Beantragung einer *Erwerbsminderungsrente* bei seinem Rententräger auf. Aber keine Bange: Der Bezug von Bürgergeld endet erst, wenn der Rententräger tatsächlich dauerhaft die volle Erwerbsminderung mit Bescheid bestätigt. Bis dahin muss das Bürgergeld vom Jobcenter weitergezahlt werden.

Erreichen der Altersrentengrenze (§ 7a SGB II)

Wer bereits im Zeitpunkt der Beantragung von Bürgergeld oder während des laufenden Bezuges seine – derzeit noch individuelle – *Regelaltersgrenze* nach § 7a SGB II erreicht, ist von Bürgergeld ausgeschlossen. Reicht dann die künftige Altersrente nicht zum Bestreiten des Lebensunterhaltes aus, bliebe auch hier nur ein neuer Antrag auf Grundsicherung, nun aber beim Sozialamt nach dem SGB XII.

Neben der Erwerbsfähigkeit kommt es also auf das Alter der antragstellenden Person an: Sie darf nämlich noch nicht Altersrentner*in sein, um Bürgergeld beziehen zu können. Das ergibt sich aus § 7 Absatz 1 Satz 1 Nr. 1 in Verbindung mit § 7a SGB II.

Wie das Bürgergeld berechnet wird

Der Bürgergeldbetrag setzt sich grundsätzlich aus dem Regelbedarf, einem eventuellen Mehrbedarf und den Kosten für Unterkunft und Heizung zusammen, dem *Grundbedarf*. Besondere Situationen, die kurzzeitig einen Mehrbedarf rechtfertigen, gibt es auch, und die erkläre ich am Ende dieses Abschnitts. Sofern Leistungsbeziehende Einkommen haben, wird dies – bereinigt um mögliche Freibeträge – vom Grundbedarf abgezogen.

Der Regelbedarf

Der *Regelbedarf* (§ 20 SGB II) soll Ausgaben wie Ernährung, Kleidung, Körperpflege, Hausrat und Ähnliches auf einem einfachen Niveau sicherstellen. Die konkrete Höhe des Regelbedarfs richtet sich danach, ob die Person allein oder in einer Partnerschaft zusammen lebt. Bei Kindern richtet sich die Höhe nach ihrem Alter. Da die konkrete Höhe des Regelbedarfs regelmäßig angepasst wird, wird an dieser Stelle auf die Veröffentlichung der Werte verzichtet.

BEISPIEL

Raimund, Liebhaber von Modelleisenbahnen und begeisterter Bastler, investiert fast seinen gesamten Regelbedarf in sein Hobby. Er findet es ungerecht, dass der Regelbedarf nicht sein kostenaufwendiges Hobby berücksichtigt und fragt sich, ob er hiergegen mal vorgehen sollte.

Wie sich aus § 20 Absatz 1 SGB II ergibt, wird der Regelbedarf als monatlicher Pauschalbetrag gewährt. Damit liegt es in Raimunds Hand, was er mit dem Geld macht, denn über die Verwendung entscheidet der Bezieher von Bürgergeld selbst. Eine etwaige Klage von

Raimund wird also keine Aussicht auf Erfolg haben. Zudem soll der Regelbedarf eben nur das *Existenzminimum* sicherstellen und nicht aufwendige Hobbys finanzieren!

Wann Mehrbedarf besteht

BEISPIEL

Bei Raimund wurde vor Kurzem eine Zöliakie diagnostiziert. Die Erkrankung erfordert eine bestimmte kostenaufwendige Ernährung, und Raimund fragt sich, wovon er diese Ernährungsform bezahlen soll.

Hier ist Raimund die Beantragung eines *Mehrbedarfs wegen kostenaufwendiger Ernährung* nach § 21 Absatz 5 SGB II anzuraten. Leistungsberechtigte, die aus medizinischen Gründen einer teureren Ernährung als gewöhnlich bedürfen, haben Anspruch auf einen Mehrbedarf in angemessener Höhe. Was letztlich angemessen ist, bedarf immer einer Einzelfallprüfung. Ein Blick in die Empfehlung des Deutschen Vereins für öffentliche und private Fürsorge e. V. kann hinsichtlich der Höhe des Mehrbedarfs weiterhelfen: Für eine Zöliakie-Erkrankung wird beispielsweise ein Mehrbedarf von 20 Prozent des jeweiligen Regelbedarfs angeregt.

Einen Mehrbedarf kann es auch aus weiteren Gründen geben, die in § 21 SGB II genannt sind, so unter anderem

- für **werdende Mütter** nach der zwölften Schwangerschaftswoche bis zum Ende des Entbindungsmonats in Höhe von 17 Prozent des maßgeblichen Regelbedarfs,
- für **Alleinerziehende** je nach Anzahl und Alter des Kindes / der Kinder,
- für die Anschaffung oder Ausleihe von **Schulbüchern für Schüler**,
- für die **dezentrale Warmwassererwärmung**.

Die Kosten für Unterkunft und Heizung

Eine Frage vorab: Was gilt im SGB II als »angemessen« für die Anerkennung von Miet- und Heizkosten durch ein Jobcenter, und was nicht mehr? Um diesen schwierigen Punkt geht es in diesem Abschnitt. Dazu ein Beispiel:

BEISPIEL

Dennis hat seit geraumer Zeit kaum noch Einnahmen und lebt mehr oder weniger vom Ersparten. Nun zieht er die Reißleine und meldet sein Gewerbe ab. Seine Wohnung ist mit 1.500 Euro Kaltmiete allerdings nicht gerade billig und Dennis macht sich Sorgen, wie er die Wohnung halten soll. Ob das Jobcenter ihm trotz der hohen Miete Bürgergeld gewährt?

Die Miete von Dennis als alleinstehende Person ist fraglos sehr hoch. Grundsätzlich sieht § 22 Absatz 1 SGB II zwar die *Übernahme der Kosten für Unterkunft und Heizung* vor – egal ob Sie zur Miete oder im Eigentum wohnen –, allerdings mit folgender Einschränkung: Diese Kosten werden in tatsächlicher Höhe anerkannt, soweit sie **angemessen** sind. Und damit haben wir das Dilemma: Was »angemessen« ist, ist immer eine Frage des Einzelfalls und wird regional unterschiedlich bewertet. Die Mieten in Großstädte wie Berlin, Hamburg oder München sind eben höher als in kleineren Ortschaften oder im ländlichen Raum. Aber Dennis kommt in den Genuss einer neuen Regelung für das Bürgergeld: § 22 Absatz 1

Satz 2 und 3 SGB II sieht nämlich eine *Karenzzeit* vor: Danach werden für die Dauer eines Jahres ab erstmaligem Leistungsbeginn die tatsächlichen Unterkunftskosten übernommen. Dennis hat sich also Luft verschafft und kann innerhalb des Jahres schauen, wie es für ihn beruflich weitergeht oder ob ein Umzug in eine preiswertere Wohnung unumgänglich ist. Bis dahin erkennt das Jobcenter seine vollen Mietkosten an.

Der einmalige Bedarf für mehr

Es kann noch weitere Gründe geben, warum jemand plötzlich in die finanzielle Bredouille gerät und das übliche Bürgergeld dafür einfach nicht reicht.

BEISPIEL

Kommen wir zurück zu unserem Beispiel von weiter vorn, der frisch getrennten Ehefrau Lisa mit ihren beiden Kindern. Sie ist aus der gemeinsamen Wohnung ausgezogen und überlegt, woher sie eigentlich die finanziellen Mittel aufbringen soll, um sich neu einzurichten. Manche Haushaltsgegenstände lassen sich unproblematisch aufteilen wie etwa Teller oder Besteck, aber Gegenstände wie Kühlschrank, die Waschmaschine oder das Ehebett lassen sich nun einmal schlecht halbieren.

An dieser Stelle kommt noch ein weiterer Bedarf ins Spiel, nämlich der Bedarf für die *Wohnungserstausstattung einschließlich Haushaltsgeräte*, der in § 24 Absatz 3 SGB II geregelt ist. Bürgergeldbeziehende haben aber nicht immer einen Anspruch auf die Neuausstattung ihrer Wohnung. Die Fälle sind regelmäßig begrenzt auf:

- ✔ den **Neubezug** einer Wohnung nach Trennung von Ehegatten/Lebenspartner und Auszug aus der gemeinsamen Wohnung;
- ✔ den **Neubezug einer Wohnung nach einer stationären Unterbringung** oder nach einer Haftentlassung oder
- ✔ nach einem **Wohnungsbrand** oder den **Erstbezug** einer Wohnung, zum Beispiel wenn das volljährige Kind aus dem Elternhaus auszieht.

In § 24 Absatz 3 SGB II sind weitere Bedarfe geregelt, so für

- ✔ die **Erstausstattung für Bekleidung** und **Erstausstattung bei Schwangerschaft und Geburt** sowie
- ✔ die **Anschaffung und Reparaturen** von orthopädischen Schuhen, Reparaturen von therapeutischen Geräten und Ausrüstungen sowie die Miete von therapeutischen Geräten.

Das Besondere an dieser Art von Bedarf ist, dass Beziehende nicht darauf verwiesen werden dürfen, die jeweiligen Ausgaben aus ihrem Regelbedarf zu bestreiten, sondern dass sie daneben vom Jobcenter gesondert erbracht werden. Es kann sich auch folgende Variante ergeben:

BEISPIEL

Aisha, die Freundin von Lisa, ist ganz angetan vom Bürgergeld. Auch sie ist frisch getrennt und Aisha beantragt einfach mal Bürgergeld für sich und ihre beiden Kinder. Prompt erhält sie eine Ablehnung, da sie ein paar Hundert Euro zu viel verdient. Aber wie soll sie die Wohnung neu einrichten, wenn sie gar keinen Anspruch auf Bürgergeld hat?

Die **Lösung** finden Sie in § 24 Absatz 3 Satz 3 SGB II: So können die zuvor genannten Bedarfe/Erstausstattungen vom Jobcenter auch erbracht werden, wenn eigentlich kein Anspruch auf Bürgergeld besteht. Voraussetzung ist, dass der Bedarf – hier die Kosten der Wohnungserstausstattung – nicht aus dem eigenen Einkommen gestemmt werden kann. Mit anderen Worten: Der Bedarf für die Erstausstattung wird dem Grundbedarf hinzugerechnet und dann das Einkommen von Aisha und ihren Kindern abzogen. Das Ergebnis: Aisha erhält zwar nicht die Pauschale für die Erstausstattung in voller Höhe, aber immerhin teilweise.

Für die Höhe der Pauschalen gibt es übrigens keine bundeseinheitlichen Regelungen; am besten, Sie erkundigen sich beim Jobcenter vor der Antragstellung nach den regionalen Werten.

Ein Darlehen für unabweisbare Bedarfe

Aber was machen Sie, wenn Sie erhebliche Stromschulden und auch bereits die Stromsperre angekündigt bekommen haben? Die Vogel-Strauß-Taktik wäre fatal, denn dann sitzen Sie sprichwörtlich im Dunkeln. In einer solchen Notsituation können Beziehende von Bürgergeld einen *Antrag auf Darlehensgewährung* (§ 24 Absatz 1 SGB II) beim Jobcenter stellen. Wenn im Einzelfall ein vom Regelbedarf umfasster unabweisbarer Bedarf nicht mit eigenen finanziellen Mitteln gedeckt werden kann, erbringt das Jobcenter die Leistung als Darlehen. Dann regelt das Jobcenter nur noch, wie und wann das Darlehen zurückgezahlt werden soll.

Ein Darlehen muss übrigens ausdrücklich beim Jobcenter beantragt werden.

Was ist eine Bedarfsgemeinschaft?

Tja, wieder einmal ein Begriff, der nicht unmittelbar verständlich ist. Um das genauer zu erklären, starten wir mit zwei Fallgestaltungen:

BEISPIEL

Fall 1: Lukas und Etienne sind schon seit vielen Jahren ein Paar und leben in einer Wohnung zusammen. Bett, Kleiderschrank und Ausgaben teilen sie sich. Da Lukas von seinem Arbeitgeber die Kündigung erhalten hat, beantragt er Bürgergeld und ist ganz überrascht, als ihm das Jobcenter mit Verweis auf das Einkommen von Etienne die Leistungen ablehnt. Zu Recht?

Fall 2: Laura und Simon hatten als Studenten eine Wohnung angemietet, um sich als Wohngemeinschaft die Miete zu teilen. Da sie sich noch immer gut verstehen, wohnen sie auch nach dem Studium noch zusammen, wobei jeder seiner Wege geht und selbst für sich sorgt und einkauft. Da Simon mal wieder keinen Job findet, beantragt er Bürgergeld. Spielt dabei Lauras Einkommen eine Rolle?

Worin unterscheiden sich die beiden Fälle? Wir haben jeweils eine Wohnung, in denen zwei Menschen zusammenleben. Im ersten Fall als Paar, im zweiten als Wohngemeinschaft. Auf das Geschlecht kommt es jedenfalls nicht an. Es gilt daher zu klären, in welcher Wohnung eine *Bedarfsgemeinschaft* lebt. Vielleicht fragen Sie sich gerade, warum das wichtig ist?

Im Falle des Vorliegens einer Bedarfsgemeinschaft nach § 7 Absatz 3 Nr. 3 SGB II wird auch das Einkommen des Partners / der Partnerin auf den SGB II-Bedarf – also auf das Bürgergeld – angerechnet. Je höher das Partnereinkommen, desto geringeres Bürgergeld muss dann vom Jobcenter ausgezahlt werden. Ein Jobcenter hat daher ein großes Interesse daran, dass zwei volljährige Personen, die – nicht miteinander verwandt – in einem Haushalt zusammenleben, als Bedarfsgemeinschaft gelten. Unzweifelhaft zählen zu einer Bedarfsgemeinschaft die nicht dauernd getrennt lebenden Ehegatten oder Lebenspartner, denn diese sind sich nach dem BGB wechselseitig zum Unterhalt verpflichtet, nach dem Motto: Mein Geld ist auch dein Geld und umgekehrt. Aber in den Beispielsfällen wohnt gerade kein Ehepaar zusammen. Es muss daher geprüft werden, ob es sich hier um eine *eheähnliche Lebensgemeinschaft* handelt.

Eine *eheähnliche Lebensgemeinschaft* liegt vor, wenn zwei Personen als Partner*in – das Geschlecht ist unerheblich – so in einem gemeinsamen Haushalt zusammenleben, dass nach verständiger Würdigung der wechselseitige Wille anzunehmen ist, Verantwortung füreinander zu tragen und füreinander einzustehen (§ 7 Absatz 3 Nr. 3c SGB II).

Bestreiten zwei Personen, eine solche enge Verbindung miteinander zu haben, und berufen sie sich lediglich auf eine Wohn-/Haushaltsgemeinschaft, muss das Jobcenter etwas arbeiten: Es muss nämlich Anhaltspunkte ermitteln, wie die Qualität des Zusammenlebens einzuordnen ist. Da kann teilweise intensives Lesen des Antragsformulars schon sehr erhellend sein, wenn dort bereits konkret auf »Partner« oder »Partnerin« hingewiesen wird. Oder würden Sie in einer WG Ihren Mitbewohner als »Partner« bezeichnen? Wohl kaum. Kontoauszüge können auch immer viel Aufschluss geben, ob sich gerade Ausgaben geteilt werden, und für weitere Ermittlungen bedient sich das Jobcenter auch gerne des *Prüfdienstes* mit dem Auftrag, sich die Wohnung von innen anzuschauen. Hoppla, war da nicht was mit den Grundrechten? Na klar, in Artikel 13 des Grundgesetzes geht es um die »Unverletzlichkeit der Wohnung«. Deshalb besteht auch keine Pflicht, den Prüfdienst in die Wohnung zu lassen; freiwillig geht natürlich immer. Der Prüfdienst schaut sich dann besonders die Aufteilung der Räume an, also ob getrennte Zimmer mit eigenem Bett und Kleiderschrank vorhanden sind, oder wie – der Klassiker! – der Kühlschrank aufgeteilt ist (also ob jeder seine Einkäufe selbst zahlt und getrennt aufbewahrt) und vieles mehr. Daraus wird dann vom Jobcenter abgeleitet, wie eng zwei Menschen zusammenleben.

Zu welcher Lösung sind Sie bei den beiden Beispielen weiter oben gekommen? Im ersteren Fall liegt klassisch eine Bedarfsgemeinschaft im Sinne einer nichtehelichen Lebensgemeinschaft vor mit der Folge, dass das Einkommen von Etienne bei der Berechnung berücksichtigt wird. Im zweiten Fall wird man nicht von einer Bedarfsgemeinschaft ausgehen, weil die ehemaligen Studenten – bis auf das Teilen der Miete – keine Gemeinsamkeiten haben und gerade nicht füreinander Verantwortung übernehmen möchten. Jeder wirtschaftet vielmehr für sich und hat sein eigenes Zimmer in der Wohnung. Und natürlich hat auch jeder sein eigenes Fach im Kühlschrank!

Eine Besonderheit gibt es in diesem Zusammenhang: In § 7 Absatz 3a SGB II ist nämlich eine sogenannte *Vermutungsregelung* enthalten. Damit soll die Behörde von ihrer Amtsermittlungspflicht (die ja nicht ganz ohne Tücken ist) weitestgehend entbunden werden. Nach der Vermutungsregelung wird der wechselseitige Wille, füreinander einstehen zu wollen, angenommen, wenn Partner

- länger als ein Jahr zusammenleben,
- mit einem gemeinsamen Kind zusammenleben,
- Kinder oder Angehörige im Haushalt versorgen oder
- befugt sind, über Einkommen und Vermögen des anderen zu verfügen.

Die Vermutung kann durch den Leistungsempfänger widerlegt werden. Dazu muss in irgendeiner Weise der Beweis erbracht werden, dass die Bewohner nicht füreinander sorgen wollen.

Natürlich zählen übrigens auch Kinder zur Bedarfsgemeinschaft und daran schließt sich die nachfolgende Frage an:

Ab wann können eigentlich Kinder aus dem elterlichen Haushalt ausziehen? Die leichtere Antwort vorweg: Wenn sie über ausreichendes eigenes Einkommen/Vermögen verfügen, um für sich selbst zu sorgen: jederzeit! Schwieriger wird es, wenn das volljährige Kind selbst auf Bürgergeld angewiesen ist. Dann sollten sie bis zum 25. Lebensjahr die Füße unter dem elterlichen Tisch lassen, da sie bei einem Auszug ansonsten mit Einschränkungen beim Regelbedarf und den Unterkunftskosten rechnen müssen. Hier lohnt es sich, vorher mit dem Jobcenter die Gründe für den Auszug zu klären. Ab dem 25. Lebensjahr können die volljährigen Kinder eigenen Wohnraum beziehen und haben bei Hilfebedürftigkeit Anspruch auf Bürgergeld.

Stichwort *temporäre Bedarfsgemeinschaft*: Auch so etwas gibt es, und es berücksichtigt, dass sich heute getrennt lebende Eltern im Rahmen eines paritätischen Wechselmodells hälftig die Betreuung ihrer minderjährigen Kinder teilen. Auch für diese Fälle kann für die Zeit der Anwesenheit des Kindes bei einem hilfebedürftigen Elternteil das (anteilige) Bürgergeld für das oder die Kinder regelmäßig beantragt werden. Das gilt natürlich auch, wenn lediglich über das Wochenende Umgang gewährt wird, immer vorausgesetzt natürlich, die Elternteil-Kind-Bedarfsgemeinschaft ist hilfebedürftig.

Zuletzt noch ein Schmankerl, bevor wir uns den Leistungskürzungen widmen: An wie viele Anträge an das Jobcenter würden Sie spontan denken, wenn ein Beziehender von Bürgergeld in eine neue Wohnung umzieht? Hierzu folgende Fallgestaltung:

BEISPIEL

Adrian hält es mit seinen 26 Jahren nicht länger zu Hause bei seinen Eltern aus und möchte ausziehen. Teile seines Jugendzimmers mag er zwar mitnehmen, vieles will sich Adrian aber erst noch anschaffen. Da er derzeit nur ein geringes Erwerbseinkommen hat und keine Ersparnisse, überlegt er, wie er das alles finanziell stemmen soll. Können Sie ihm weiterhelfen?

Adrian könnte – neben seiner laufenden Bürgergeldbewilligung – Folgendes veranlassen:

- Antrag auf *Zusicherung zum Umzug* – dann klappt es auch mit der Übernahme der neuen Umzugskosten durch das Jobcenter. Wichtig, der Antrag muss bereits vor Abschluss des Mietvertrages gestellt werden (§ 22 Absatz 4 SGB II)!

- ✔ Antrag auf *Übernahme der Umzugskosten* (§ 22 Absatz 6 SGB II) für den Transport seiner Sachen in die neue Wohnung
- ✔ Antrag auf *Übernahme der Kaution oder der Genossenschaftsanteile* für die neue Wohnung (§ 22 Absatz 6 SGB II)
- ✔ Antrag auf *Wohnungserstausstattung* (§ 24 Absatz 3 Nr. 1 SGB II)
- ✔ Antrag auf *Übernahme der neuen Unterkunftskosten*

Aber Achtung: Ein kleines Wirrwarr besteht dahingehend, bei welchem Jobcenter welcher Antrag zu stellen ist (altes oder neues Jobcenter?) – daher lohnt es sich, § 22 SGB II in Ruhe zu lesen. Zudem muss die Miete der neuen Bleibe innerhalb der – regionalen – Angemessenheitswerte liegen, dann klappt's auch mit dem Umzug!

Leistungsminderung: Pflichtverletzungen und Versäumnisse

In dieser Frage gibt es gewöhnlich in der Bevölkerung keinen Konsens: Die einen halten *Leistungsminderungen* (früher »Sanktionen« genannt) für ungerecht, weil das Existenzminimum in diesem Fall nicht gewährleistet sei. Die anderen finden Leistungsminderungen zwingend notwendig, um jemanden aktiv in Arbeit oder in Maßnahmen der Eingliederung zu bringen.

Die Gründe, die zu einer Minderung des Bürgergeldes führen können, sind in § 31 SGB II (*Pflichtverletzungen*) und in § 32 SGB II (*Meldeversäumnisse*) geregelt.

BEISPIEL

Benjamin hat die Arbeit nicht gerade erfunden und lebt gern entspannt in den Tag hinein. Macht ja auch nichts, denn mit dem Regelbedarf vom Jobcenter kommt er ganz passabel über die Runden. Die Post vom Jobcenter öffnet er schon gar nicht mehr; jetzt im Sommer will er sowieso nicht arbeiten gehen. Einige Monate später wundert sich Benjamin, als er weniger Geld vom Jobcenter erhält als sonst. Was ist passiert?

Tja, hätte Benjamin mal seine Post geöffnet. Dort war nämlich ein Angebot für die Aufnahme eines Jobs enthalten, für das er sich bewerben sollte. Da er untätig blieb, hat Benjamin eine *Pflichtverletzung* nach § 31 SGB II begangen. Die Begründung: Er hat sich mit seinem Verhalten anscheinend geweigert, eine ihm zumutbare Arbeit aufzunehmen, oder hat deren Anbahnung verhindert. Wenn das die erste Pflichtverletzung für Benjamin war, wird er hierfür die geringste Kürzung seines Regelbedarfs um 10 Prozent erhalten. Wenn er allerdings weiterhin Jobangebote ignoriert, beläuft sich die Kürzung schnell auf 30 Prozent des Regelbedarfs.

Eine ähnliche Kürzung des Regelbedarfs – allerdings jeweils um 10 Prozent – kommt bei *Meldeversäumnissen* nach § 32 SGB II in Betracht. Es stellt ein gewisses Druckmittel der Behörde dar, damit Leistungsbeziehende Melde- oder Untersuchungstermine wahrnehmen.

Leistungsminderungen werden übrigens durch das Jobcenter mit einer Anhörung eingeleitet. Das bietet Gelegenheit zu prüfen, ob es vielleicht Gründe gab, warum jemand einen Job nicht angenommen hat, oder warum er/sie nicht zum Meldetermin erschienen ist. Wenn ja, einfach im Rahmen einer Stellungnahme die Gründe mitteilen und dem Jobcenter nachweisen. Akzeptiert das Jobcenter die Gründe, gibt es keine Leistungsminderung – Glück gehabt!

Hierzu das folgende Beispiel:

BEISPIEL

Jessica ist ausgebildete Friseurin. Diesen Beruf hat sie allerdings aufgrund von verschiedenen Allergien nur kurzfristig ausüben können. Die Allergien sind mittlerweile auch als Berufskrankheit von der Berufsgenossenschaft anerkannt worden, aber das geht bei Arbeitsvermittler Joachim leider unter. Er schickt Jessica diverse Angebote für freie Stellen in Salons mit der Bitte, sich zu bewerben und ihm Nachweise hierüber zu übersenden. Als Jessica sich nicht bei ihm meldet, veranlasst er eine Leistungsminderung. Zu Recht?

Hier lohnt sich eine Lektüre des § 31 Absatz 1 Satz 2 SGB II. Danach tritt eine Leistungsminderung nicht ein, wenn ein *wichtiger Grund* für das Verhalten dargelegt und nachgewiesen werden kann. Jessica sollte also *Widerspruch* einlegen und Unterlagen der Berufsgenossenschaft beilegen, wonach sie aus gesundheitlichen Gründen nicht mehr als Friseurin arbeiten kann, damit das Jobcenter die Leistungsminderung zurücknehmen kann.

IN DIESEM KAPITEL

Typische Leistungen

Einkommen und Vermögen

Pflegeheimkosten der Eltern

Kapitel 14
Die Sozialhilfe nach dem SGB XII

Ähnlich wie die Grundsicherung für Arbeitssuchende nach dem SGB II (siehe Kapitel 13) soll auch die *Sozialhilfe* nach dem SGB XII das Führen eines menschenwürdigen Lebens ermöglichen, und auch hier wird niemand mit den finanziellen Leistungen große Sprünge machen können, das ist ja klar. Aber gerade wenn die Erwerbs- oder Altersrente der Höhe nach zu wünschen übrig lässt, kann die Sozialhilfe eine wichtige ergänzende Leistung sein, um den Lebensunterhalt einer Person sicherzustellen. Die Grundsicherung im Alter und bei Erwerbsminderung nach dem 4. Kapitel des SGB XII bildet daher einen typischen Praxisschwerpunkt. Daneben gibt es aber weitere wichtige Leistungen, die all diejenigen zu schätzen wissen, die ihren Lebensabend in einem Pflegeheim verbringen, dessen Kosten immer höher und höher werden. »Hilfe zur Pflege« ist hier das Stichwort für eine finanzielle Unterstützung durch das Sozialamt.

Und wenn wir schon beim Thema »Pflegeheim« sind, mache ich in diesem Kapitel auch einen kurzen (und durchaus praxisrelevanten) Ausflug in das Familienrecht. Müssen Kinder eigentlich bei den Pflegeheimkosten ihren Eltern finanziell unter die Arme greifen? Das klären wir gleich.

Abgrenzung zwischen dem SGB II und dem SGB XII

Vielleicht hört sich die Überschrift bereits kurios an, denn wie soll die eine Sozialhilfeleistung von der anderen abgegrenzt werden? Natürlich sind der Regelbedarf und die Anforderungen an die Übernahme der Unterkunftskosten weitgehend der Höhe nach in beiden Gesetzen ähnlich, aber auch die Mehrbedarfe? Sehen wir uns daher also einige Unterschiede der beiden Unterstützungsformen an.

Unterschied 1: Wer leistungsberechtigt ist

Einen wichtigen Unterschied zwischen dem Bürgergeld nach dem SGB II und der Sozialhilfe nach dem SGB XII gibt es in der Person der *Leistungsbeziehenden.* Beim Bürgergeld sollen die Menschen wieder absehbar einem Job nachgehen oder in Jobs gebracht werden, um alle ihre Möglichkeiten der Beendigung/Verringerung ihrer Hilfebedürftigkeit auszuschöpfen (§ 2 SGB II). Jeder von uns mag auf den Geldregen aus einer Erbschaft oder dem Lottogewinn hoffen, aber üblicherweise führt eine Erwerbstätigkeit eher zu einer Verringerung der Hilfebedürftigkeit, notfalls mit einem Zweitjob. Die Erwerbstätigkeit oder jedenfalls die Möglichkeit, aus gesundheitlichen Gründen erwerbstätig sein zu können, steht also im Mittelpunkt des SGB II.

Nicht so in der Sozialhilfe nach dem SGB XII. Hier gibt es keinen Grundsatz des Forderns; der *Status quo* ist hier vielmehr Realität. So gilt das SGB XII für all diejenigen unter uns, die nicht in der Lage sind, aus eigenen Kräften ihren Lebensunterhalt zu bestreiten oder in besonderen Lebenslagen sich selbst zu helfen und die auch von keinem anderen eine ausreichende Hilfe erhalten (§ 9 SGB I). Mit anderen Worten: Beziehende von SGB XII müssen keiner Erwerbstätigkeit (mehr) nachgehen. *Anspruchsberechtigt* sind daher insbesondere Altersrentner und dauerhaft voll Erwerbsgeminderte. Und damit kommen wir auch zu einem wichtigen Unterscheidungsmerkmal der beiden Leistungssysteme:

Die Abgrenzung des SGB XII im Vergleich zum SGB II erfolgt über den Kreis der leistungsberechtigten Personen, wobei unstreitig ist, dass beide Personengruppen auf Sozialleistungen angewiesen sind, um ein menschenwürdiges Dasein zu führen.

In Kapitel 13 habe ich bereits erklärt, dass das SGB II ausdrücklich Erwerbsfähige mit ihren Leistungen ansprechen will. Das ist im SGB XII allerdings anders: Hier ergibt sich bereits aus der Überschrift des 4. Kapitels, dass *Altersrentner* und *Erwerbsgeminderte* Leistungen nach dem SGB XII beantragen können. Das kann aus unterschiedlichen Gründen erfolgen, meist weil die Rente nicht ausreicht, um den Lebensunterhalt auf einem einfachen Level zu finanzieren. Vereinzelt gibt es auch Fälle, dass jemand seine versicherungsrechtlichen Voraussetzungen nach dem SGB VI nicht erfüllt hat, aber der Rententräger trotzdem das Vorliegen der Erwerbsminderung bestätigt hat. Dann bekommt die erwerbsgeminderte Person zwar keine Rente, kann aber vollumfänglich SGB XII-Leistungen nach dem 4. Kapitel beantragen.

Und dann gibt es noch folgenden Praxisfall, der selbst die Köpfe von Behördenmitarbeiter mitunter zum Glühen bringen kann:

BEISPIEL

Die 55-jährige Oma Renate bezieht Bürgergeld. Aus unglücklichen Familienumständen heraus nimmt sie ihre vierjährige Enkeltochter Josy in ihren Haushalt auf und versorgt sie allein. Schnell informiert die Oma das Jobcenter über den Einzug der Enkelin. Erstaunt hält Renate etwas später den Bescheid in den Händen, dass zwar für die Enkelin keine Kosten übernommen werden, aber Renate künftig nur noch die Hälfte der Miete vom Jobcenter anerkannt bekommt. Pragmatisch, wie Renate nun einmal ist, stellt sie umgehend noch einen Antrag für die Enkelin beim Sozialamt. Entsetzt muss sie einige Tage später lesen, dass auch das Sozialamt für Josy Leistungen ablehnt. Kann das denn jetzt alles richtig sein?

Lösung: Aus dem Bauch heraus denken wahrscheinlich viele von Ihnen, dass das Jobcenter den Fehler gemacht hat – aber dann hätte ich dieses Beispiel bereits in Kapitel 13 gebracht ... Gleich vorab: Das Jobcenter hat sich fast korrekt verhalten: Josy bildet nämlich mit ihrer Oma keine *Bedarfsgemeinschaft* nach § 7 Absatz 3 SGB II. Das wird Sie verwundern, aber das Gesetz stellt nur auf die Kinder einer erwerbsfähigen Person ab, nicht auf die Enkelkinder.

Nach dem im Sozialhilferecht herrschenden *Kopfteilprinzip* sind damit der Oma auch nur die Hälfte der Unterkunftskosten vom Jobcenter anzuerkennen. Vergessen wurde allerdings bei Oma Renate aus unserem letzten Beispiel der *Mehrbedarf für Alleinerziehende*, den es auch für einen Großelternteil gibt, der das Enkelkind allein erzieht und pflegt. Aber was ist nun mit Josy? Aus § 7 Absatz 1 SGB II ergibt sich, dass nur derjenige Bürgergeld erhält, der das 15. Lebensjahr vollendet hat, und da bleibt Josy mit ihren vier Jahren noch ein bisschen Zeit. Da Josy auch kein Pflegekind ist, erhält Oma Renate auch keine Leistungen nach dem SGB VIII. Damit ist klar, dass kein vorrangiger Sozialleistungsträger für den Lebensunterhalt der kleinen Josy aufkommt (§ 2 SGB XII – Nachrang der Sozialhilfe) und der Weg zur Hilfe zum Lebensunterhalt nach dem 3. Kapitel des SGB XII ist damit eröffnet. Das bedeutet übersetzt, dass Josy betragsmäßig die gleichen Leistungen erhält, als wenn sie Bürgergeld oder Grundsicherung nach dem 4. Kapitel des SGB XII bezieht. Denn klar ist auch: Es darf keine Ungleichbehandlung geben. Josy hat also Anspruch auf den Regelbedarf einer Vierjährigen nebst den hälftigen Unterkunftskosten gegenüber dem Sozialamt. Geschafft, Oma Renate ist glücklich!

Unterschied 2: Mehrbedarf bei Gehbehinderung (Merkzeichen G)

Einen weiteren kleinen Unterschied zum SGB II finden Sie in folgender Fallgestaltung:

BEISPIEL

Nachbarschaftsunterhaltung über den Zaun zwischen dem 30-jährigen Andreas und Rentner Bruno: Beide haben vom Versorgungsamt das Merkzeichen G (*Gehbehinderung*) anerkannt bekommen. Rentner Bruno fällt dabei auf, dass er zwar einen Mehrbedarf von seinem Sozialamt für das Merkzeichen bekommt, aber Andreas, der neben seinem Job noch aufstockend Bürgergeld vom Jobcenter bekommt, nicht. Ist das nicht eine Ungleichbehandlung?

In der Tat ist es so, dass hilfebedürftige Personen, die voll erwerbsgemindert oder Altersrentner sind und das *Merkzeichen G* vom Versorgungsamt zuerkannt bekommen haben, einen Mehrbedarf in Höhe von 17 Prozent des maßgeblichen Regelbedarfs erhalten (§ 30 Absatz 1 SGB XII). Eine vergleichbare Norm fehlt jedoch dem SGB II. Aber ist Mensch nicht gleich Mensch, egal ob der eine Bürgergeld und der andere Sozialhilfe bezieht? Selbstredend gilt der Grundsatz der Gleichbehandlung, aber nicht immer ist die Lage der Betroffenen vergleichbar (Äpfel sind eben keine Birnen). So verhält es sich hier: Bruno ist bereits Altersrentner und Andreas weder voll erwerbsgemindert noch Altersrentner. Diese Ausgangslage ist folglich bei den beiden unterschiedlich. Das Bundessozialgericht hat daher in mehreren Entscheidungen (unter anderem Urteil vom 21.12.2009, Aktenzeichen B 14 AS 42/08 R) klargestellt, dass diese unterschiedliche Betrachtungsweise nicht zu beanstanden ist. Allerdings darf entsprechend für voll Erwerbsgeminderte im SGB II keine Ungleichbehandlung zum SGB XII bestehen, wie das nachfolgende Beispiel zeigt:

BEISPIEL

Ehefrau Lotti, eine quirlige Mittfünfzigerin, beantragt für sich und ihren Ehemann Peter erstmals Bürgergeld beim Jobcenter, nachdem er endlich die Bestätigung seiner vollen Erwerbsminderungsrente von seinem Rententräger erhalten hat. Seine Rente fällt jedoch deutlich geringer aus als gedacht, und zusammen mit dem Gehalt von Lotti reicht es hinten und vorn nicht. Da Peter schwer gehbehindert ist (also Merkzeichen G hat), beantragt Lotti deshalb beim Jobcenter auch einen *Mehrbedarf* für ihn. Was macht nun das Jobcenter?

Für die Lösung müssen wir hier etwas weiter ausholen, denn es gibt eine Besonderheit hinsichtlich eines Leistungsausschlusses für Bezieher einer vollen Erwerbsminderungsrente: Auch wenn Peter voll erwerbsgemindert ist, bildet er doch mit seiner erwerbsfähigen Lotti eine *Bedarfsgemeinschaft* nach § 7 Absatz 3 SGB II. Er muss für seinen Mehrbedarf aufgrund des Merkzeichens G jetzt nicht auf § 30 SGB XII zurückgreifen, sondern kann diesen direkt aus § 23 Nr. 4 SGB II ableiten: Danach erhalten voll Erwerbsgeminderte, die mit einer erwerbsfähigen Person eine Bedarfsgemeinschaft bilden, gleichfalls den Mehrbedarf in Höhe von 17 Prozent. In einem derartigen Fall nur auf das Merkmal »volle Erwerbsminderung« abzustellen, wäre wie Äpfel mit Äpfeln zu vergleichen – hier darf es keine Ungleichbehandlung geben. Andernfalls würde ja Peter benachteiligt werden, nur weil er mit der agilen Lotti eine Bedarfsgemeinschaft nach dem SGB II bildet.

Typische Leistungen der Sozialhilfe

Nachdem wir uns kurz mit der Abgrenzung der Sozialhilfe von Bürgergeld befasst haben, kommen wir nun zum eigentlichen Thema dieses Kapitels: Zusammenfassend kann gesagt werden, dass es Sozialhilfe insbesondere gibt, wenn jemand

- ✔ aus gesundheitlichen Gründen nicht mehr arbeitet (voll erwerbsgemindert) oder Altersrentner ist und
- ✔ nicht schon andere Sozialleistungen oder Unterhalt erhält, mit denen das Existenzminimum sichergestellt ist (Nachrang der Sozialhilfe).

Falls Sie sich nun fragen, was das genau bedeutet, hilft unkompliziert ein Blick in § 8 SGB XII weiter, der eine detaillierte Aufstellung der Leistungen nach dem SGB XII enthält:

- ✔ Hilfe zum Lebensunterhalt (§§ 27 bis 40 SGB XII)
- ✔ Grundsicherung im Alter und bei Erwerbsminderung (§§ 41 bis 46b SGB XII)
- ✔ Hilfen zur Gesundheit (§§ 47 bis 52 SGB XII)
- ✔ Hilfe zur Pflege (§§ 61 bis 66a SGB XII)
- ✔ Hilfe zur Überwindung besonderer sozialer Schwierigkeiten (§§ 67 bis 69 SGB XII)
- ✔ Hilfe in anderen Lebenslagen (§§ 70 bis 74 SGB XII)

Wir können uns nicht alle Leistungen der Sozialhilfe genauer anschauen, aber eine kleine Auswahl mit Praxisrelevanz folgt dennoch.

Wer zahlt denn die Bestattungskosten?

Fangen wir untypischerweise mal mit dem letzten Punkt auf der Liste, den *Hilfen in anderen Lebenslagen* an. Hierzu gehört neben der Alten- und Blindenhilfe auch die Übernahme von *Bestattungskosten*, die in § 74 SGB XII geregelt ist.

Die Kosten einer Bestattung werden vom Sozialamt übernommen, soweit es den hierzu Verpflichteten nicht zugemutet werden kann, diese zu tragen (zumal es ja auch eine *Bestattungspflicht* gibt). Durch die Kostentragung soll eine schlichte, aber würdevolle Beerdigung ermöglicht werden.

Aber gerade bei der Frage, wer die Kosten der Bestattung zu tragen hat, können erhebliche Familienstreitigkeiten entbrennen, wie das nachfolgende Beispiel zeigt.

Der von Anneliese getrennt lebende Ehemann verstirbt; Sohn und Tochter sind genauso geschockt wie Anneliese. Da ihr Ehemann schon immer über seine Verhältnisse gelebt hat, schlagen sowohl Anneliese als auch die Tochter die Erbschaft aus, um nicht nur Schulden zu erben. Der Sohn nimmt das Erbe trotz aller Bedenken an. Anneliese, selbst auf Sozialhilfe angewiesen, sieht es als Ehefrau als ihre moralische Verpflichtung an, sich um die Beerdigung zu kümmern. Als die Rechnung vom Bestattungsunternehmen eingeht, stellt sie beim Sozialamt einen Antrag auf Übernahme der Beerdigungskosten. Überraschend lehnt das Sozialamt mit der Begründung ab, Anneliese könne sich zivilrechtlich an den Sohn als Alleinerben zwecks Übernahme der Kosten hinwenden. Zu Recht?

Dieser praxisnahe Fall lässt uns einen Ausflug in die *Bestattungsgesetze der Länder* sowie in das *Erbrecht* machen, welches im Bürgerlichen Gesetzbuch (BGB) geregelt ist. Nach dem landesrechtlichen Bestattungsgesetz (und aufgrund der gesetzlichen Rangfolge, wer die Beerdigung einer ihm nahestehenden Person regeln muss) war tatsächlich Anneliese als Ehefrau verpflichtet, sich um die Beerdigung des getrennt lebenden Ehemannes zu kümmern. Aber muss nicht letztendlich der Erbe die Kosten tragen? Das Bundessozialgericht hat sich in der Entscheidung vom 12.12.2023 (Aktenzeichen B 8 SO 20/22 R) sehr ausführlich mit dieser Fragestellung auseinandergesetzt und in dem zugrunde liegenden Fall darauf hingewiesen, dass die Anspruchsberechtigung der Ehefrau nicht durch die Erbenstellung des Sohnes ausgeschlossen ist. Anneliese kann daher auf eine Kostenübernahme durch das Sozialamt hoffen, insbesondere weil ihr die Übernahme der Bestattungskosten durch den Bezug von Sozialhilfe nicht zugemutet werden kann.

»Erbrecht meets Sozialhilfe«: Im Bürgerlichen Gesetzbuch (§ 1968 BGB) ist geregelt, dass die Erben die Kosten der Beerdigung des Verstorbenen (Erblasser) tragen. In den landesrechtlichen Bestattungsgesetzen gibt es allerdings eine Regelung, wer sich in welcher Reihenfolge um die Bestattung des Verstorbenen zu kümmern hat: vorrangig ein Ehegatte, gefolgt von den volljährigen Kindern. Derjenige erhält dann dem Erben gegenüber einen Anspruch auf Erstattung der Beerdigungskosten. Ein solcher Erstattungsanspruch führt aber nicht zum Wegfall der Anspruchsberechtigung nach § 74 SGB XII. Der nach Landesrecht zur Beerdigung Verpflichtete darf daher nicht mit Verweis auf einen Erben von Leistungen nach § 74 SGB XII ausgeschlossen werden, denn oftmals steht die Erbfolge bei einer Beerdigung noch gar nicht fest.

Der Regelbedarf und mehr

Bei der *Hilfe zum Lebensunterhalt* geht es genau wie im SGB II um die Deckung des notwendigen Lebensunterhaltes, was Ernährung, Unterkunft, Kleidung, Körperpflege, Hausrat und Ähnliches umfasst (§ 27a SGB XII). Gleiches ist auch für die Aufgabe der *Grundsicherung im Alter und bei Erwerbsminderung.* Nicht wundern: Es hat sich sprachlich eingebürgert, bei diesen Leistungen allgemein von den *Leistungen nach dem 4. Kapitel* zu sprechen. Der Lebensunterhalt wird wie im SGB II durch einheitliche *Regelbedarfe* sichergestellt. Neben dem Regelbedarf kann auch ein Anspruch auf diverse *Mehrbedarfe* (§ 30 SGB XII) bestehen, so

- **bei Vorliegen des Merkzeichens G** bei Altersrentnern oder voll Erwerbsgeminderten,
- **für werdende Mütter** nach der zwölften Schwangerschaftswoche bis zum Ende des Entbindungsmonats,
- **für Alleinerziehende,**
- **für besondere Ernährung aus medizinischen Gründen,**

um nur einige zu nennen.

Na klar, wer das vorherige Kapitel aufmerksam gelesen hat, kennt diese Mehrbedarfe schon aus dem SGB II. Das Sozialrecht kann manchmal wirklich einfach sein.

Auch *einmalige Bedarfe* gibt es, geregelt in § 31 SGB XII. Und auch diese sind Ihnen schon bekannt, nämlich

- **Erstausstattung für Wohnung** einschließlich Haushaltsgeräten,
- **Erstausstattung für Bekleidung** und **Erstausstattung bei Schwangerschaft und Geburt** sowie
- **Anschaffung und Reparaturen von orthopädischen Schuhen** etc.

Ein Sonderfall: Die Direktzahlung

Haben Sie schon einmal von der *Direktzahlung* in der Sozialhilfe gehört? Hier ein typisches Beispiel, welches auch im SGB II zur Anwendung kommt:

BEISPIEL

Wir alle kennen die Warnung der Lotteriewerbung: »Glücksspiel kann süchtig machen.« Für viele Menschen mit Glücksspielsucht oder einem problematischen Glücksspielverhalten ist das Realität, so auch bei Altersrentner Harald, der aufstockend Sozialhilfe erhält. Fieberhaft sehnt Harald das Ende des Monats herbei, wenn endlich die Rente und die Sozialhilfe auf seinem Konto eingehen. Sie ahnen das Problem: Am 30. des Monats wird alles in der Hoffnung auf den großen Gewinn auf eine Karte gesetzt – und weg ist das Geld. Harald kann seine laufende Miete nicht mehr zahlen und hat auch schon mehrfach Zwangsräumungen nebst Obdachlosigkeit erlebt.

Für diese Fälle, in denen also die pünktliche Zahlung der Miete durch eine freie Verwendung der Geldleistung auf dem Konto des Hilfebeziehers nicht sichergestellt ist, kann mit einer *Direktzahlung* (§ 42a i.V.m. § 35a Absatz 3 SGB XII) reagiert werden, entweder auf Antrag von Harald oder im Rahmen des behördlichen Ermessens zur Vermeidung von Obdachlosigkeit. Dann erhält Harald künftig nur seinen Regelbedarf zur freien Verwendung auf sein Konto; die Miete überweist das Sozialamt dann pünktlich direkt an den Vermieter.

Wenn Hilfe zur Pflege erforderlich wird

Diese Unterstützungsleistung ist in den §§ 61 ff. SGB XII geregelt. Sie kommt in Betracht, wenn jemand *pflegebedürftig* nach § 61a SGB XII ist, aber nicht das Einkommen oder das Vermögen hat, um die für seine Pflege benötigten Finanzmittel selbst zu stemmen. Der oder die aufmerksame Leser*in wird jetzt sicher denken: »Aber gab es hierfür nicht die Leistungen der gesetzlichen Pflegeversicherung nach dem SGB XI, wie in Kapitel 12 erwähnt?« Na klar, aber manchmal muss auch auf das SGB XII zurückgegriffen werden, so insbesondere wenn die Voraussetzungen der Pflegeversicherung nicht vorliegen.

In Kapitel 12 zur gesetzlichen Pflegeversicherung (SGB XI) haben Sie bereits kennenlernen können, dass manchmal die Vorversicherungszeit (sogenannte 2/10-Belegung) nicht erfüllt ist oder der für die (Pflegeprognose-)Entscheidung wichtige 6-Monats-Zeitraum nicht vorliegt. Für diese Fälle greift das SGB XII ein – der Staat muss helfen!

Eine *Hilfe zur Pflege* kann demnach in Betracht kommen, wenn jemand aus den oben angeführten Gründen gar keine Pflegeleistungen nach dem SGB XI erhält oder die hohen Pflegeheimkosten nicht anderweitig abgedeckt werden können. Übrigens, damit es zwischen den beiden Leistungssystemen – SGB XI und XII – zu keiner Ungleichbehandlung kommt, sind die Leistungen (§ 63 SGB XII) und die Einteilung in Pflegegrade (§ 61b SGB XII) mit denen des SGB XI identisch. Es gibt also auch hier

- ✔ Pflegegeld,
- ✔ Verhinderungs-/Kurzzeitpflege,
- ✔ Pflegehilfsmittel,
- ✔ Entlastungsbetrag,
- ✔ wohnumfeldverbessernde Maßnahmen,

um nur einiges zu nennen. Die Pflege kann sowohl zu Hause als auch teilstationär oder stationär erfolgen. Häufig begegnet uns die Hilfe zur Pflege auch in folgender Konstellation:

BEISPIEL

Gritta von Barnheim, Witwe mit einem kleinen Vermögen und stolze 95 Jahre jung, möchte in ein Pflegeheim umziehen. Sie erhält den Pflegegrad 2, aber trotz ihrer Witwenrente von rund 2.000 Euro macht sie sich Sorgen, wie sie den Heimplatz bezahlen soll, wenn sie noch pflegebedürftiger wird und irgendwann ihr Konto leer ist.

Lösung: Wenn weder Gritta noch ein Angehöriger die erforderlichen Kosten rund um den Heimaufenthalt bezahlen kann und auch die Leistungen nach dem SGB XI nicht ausreichen, kann Gritta bei ihrem Sozialamt einen Antrag auf Hilfe zur Pflege stellen. In den dazugehörigen Vordrucken wird Gritta vor allem nach ihrem Einkommen und Vermögen gefragt und weist ihre Angaben durch Belege wie Kontoauszüge, Rentenbescheide und Ähnliches nach. Was uns gleich zur nächsten Frage bringt!

Einkommen und Vermögen bei Sozialhilfe?

Kommen wir zu einem spannenden Praxisthema, nämlich ob Sie noch ein gewisses Einkommen oder sogar auch Vermögen in der Sozialhilfe haben dürfen?

Was als Einkommen zählt

Sie haben sicherlich schon bemerkt, dass ich ab und zu bereits die *Aufstockung* mit Sozialhilfe erwähnt habe: Leistungen nach dem SGB XII werden also auch trotz eines gewissen Einkommens erbracht. Es kommt eben nur auf die konkrete Höhe des Einkommens an, das heißt, ob jemand mit seinem Einkommen seinen Bedarf selbst decken kann, und auch das ist wieder eine Parallele zum SGB II.

Lediglich wenn kein oder kein ausreichendes *Einkommen* vorhanden ist, kann es Sozialhilfe geben. Typisches Einkommen im SGB XII ist die Rente, sei es wegen voller Erwerbsminderung oder wegen Alters. Was alles nicht als Einkommen zählt, wird in § 82 SGB XII aufgelistet und ist weitestgehend identisch mit dem Einkommensbegriff im SGB II. Auch das (Renten-)Einkommen (brutto) wird um bestimmte Beträge gekürzt – Einkommensbereinigung genannt –, so um die Pflichtbeiträge zur Sozialversicherung oder Beiträge zur Hausratversicherung, um zwei Beispiele zu nennen.

Anders als im SGB II gibt es im SGB XII keine Freibeträge für Erwerbstätige.

Hintergrund ist, dass jemand zwar als Bezieher von Sozialhilfe nach dem SGB XII arbeiten kann, aber nicht muss. Deshalb hat der Gesetzgeber keine Veranlassung gesehen, die Erwerbstätigkeit mit einem *Freibetrag* analog dem Bürgergeld zu honorieren. Allerdings kann es für diejenigen, die die Grundrentenzeiten von 33 Jahren erfüllen, folgenden Freibetrag nach § 82a SGB XII geben:

Beziehende von Hilfe zum Lebensunterhalt oder Grundsicherung im Alter und bei Erwerbsminderung können einen Betrag von 100 Euro monatlich von der gesetzlichen Rente zuzüglich 30 Prozent des diesen Betrag übersteigenden Einkommens abgesetzt erhalten, aber nicht mehr als die Hälfte des aktuellen Regelbedarfs für Alleinlebende/-erziehende.

Für diese Regelung gibt es einen Grund: Es wäre sonst ungerecht, wenn jemand für seine Lebensarbeitsleistung einen Zuschlag für mindestens 33 Jahre Grundrentenzeiten erhält und das Sozialamt als »lachender Dritter« die Rente in voller Höhe auf den Sozialhilfebedarf anrechnet!

Wie das Vermögen in die Berechnung einfließt

Auch hier gilt, dass das gesamte verwertbare *Vermögen* eingesetzt werden muss, bevor das Sozialamt einspringt. Aber ein paar Ausnahmen gibt es schon, wie § 90 Absatz 2 SGB XII zu entnehmen ist. So darf die Sozialhilfe nicht vom Einsatz oder der Verwertung von Gegenständen wie

- ✔ einen angemessenen **Hausrat**,
- ✔ **Familien- und Erbstücken**, deren Veräußerung für die nachfragende Person oder ihre Familie eine besondere Härte bedeuten würde,
- ✔ eines angemessenen **Hausgrundstücks**, welches selbst oder von nahen Angehörigen wie Ehegatten bewohnt wird,
- ✔ eines angemessenen **Kraftfahrzeuges**

abhängig gemacht werden, um nur einiges aufzuzählen.

Im Gegensatz zum SGB II wird in der Sozialhilfe hier allerdings nur auf **ein** Kraftfahrzeug abgestellt.

Nach § 12 Absatz 1 SGB II kann beim Bürgergeld jede in der Bedarfsgemeinschaft lebende erwerbsfähige Person ein eigenes Fahrzeug haben, sofern das angemessen ist. Je mehr Familienangehörige zur Bedarfsgemeinschaft gehören, je größer kann also der Fuhrpark im SGB II sein.

Aber wie sieht es nun mit Geldbeträgen, also dem *Barvermögen* aus? Was darf man in der Sozialhilfe auf der »hohen Kante« oder unter der Matratze haben? Das Gesetz spricht insoweit in § 90 Absatz 2 Nr. 9 SGB XII etwas kryptisch von »kleineren Barbeträgen oder sonstigen Geldwerten«. Fragen Sie sich einmal selbst: Was ist in Ihrer Vorstellung ein kleinerer Geldbetrag? Das Gesetz (oder besser, der Verordnungsgeber) stapelt hier tief, was den ein oder anderen von uns etwas in die Irre führen könnte.

Nach der *Verordnung zur Durchführung des § 90 Absatz 2 Nr. 9 SGB XII* ist unter einem »kleineren« Geldbetrag derzeit ein fünfstelliger Betrag (10.000 Euro) zu verstehen ist. Nun ja, was »klein« bedeutet, ist halt relativ …

Kommen wir noch einmal auf Gritta von Barnheim aus unserem Beispiel weiter vorn zurück: Bis auf das nach § 90 Absatz 2 SGB XII geschonte Vermögen muss Gritta alles aufgebraucht haben. Wenn dann auch ihr Renteneinkommen nicht zum Bestreiten der Heimkosten ausreicht, stellt sie einen Antrag auf Hilfe zur Pflege und das Sozialamt unterstützt sie finanziell.

Müssen Kinder für das Pflegeheim der Eltern aufkommen?

Kommen wir zum Abschluss zu dem sowohl rechtlich als auch familiär oft brisanten Thema, ob Kinder ihre Eltern finanziell unterstützen müssen, wenn diese die *Pflegeheimkosten* nicht selbst aufbringen können.

Verkäuferin Saskia hat Post vom Sozialamt erhalten. Kann ja wohl nur ein »Fake-Schreiben« sein, denkt sie, denn in diesem Schreiben ist ein Männername erwähnt, der ihr überhaupt nichts sagt! Sie soll diesem Sozialamt gegenüber Auskunft über ihre Finanzen geben, weil dieser Mann einen Antrag auf Hilfe zur Pflege gestellt hat. Bei einer Familienfeier gibt sie diese merkwürdige Story des Unbekannten zum Besten und bemerkt plötzlich, wie ihre Mutter erblasst. Tja, damit hatte Saskia wirklich nicht gerechnet: Ihre Mutter beichtet, dass es sich bei der Person um ihren leiblichen Vater handelt. Sie versteht die Welt nicht mehr, warum soll sie vielleicht für einen Mann finanziell aufkommen, den sie überhaupt nicht kennt und der auch selbst nie Kindesunterhalt für sie gezahlt hat?

Lösung: Die Reaktion von Saskia ist menschlich vollkommen nachvollziehbar, doch rechtlich sieht es anders aus: Sie müsste eigentlich zahlen. Warum das so ist und warum sie letztendlich doch nicht zahlen muss, erkläre ich gleich.

Machen wir an dieser Stelle aber erst einen kleinen Abstecher in das Familienrecht nach dem Bürgerlichen Gesetzbuch (BGB): In § 1601 BGB ist geregelt, dass Verwandte in gerader Linie verpflichtet sind, einander Unterhalt zu gewähren, was nicht nur hinsichtlich der Eltern den minderjährigen Kindern gegenüber, sondern auch umgekehrt gilt – der *Elternunterhalt.* Im Grunde wäre also Saskia ihrem Vater gegenüber zum Unterhalt verpflichtet, unabhängig davon, ob sie ihn kennt oder nicht. Allerdings ist jemand nur dann einem anderen Familienangehörigen zum Unterhalt verpflichtet, wenn er selbst dazu finanziell in der Lage ist.

Und an dieser Stelle hat nun das *Angehörigenentlastungsgesetz* seinen großen Auftritt: Auf das Einkommen des Sohnes oder der Tochter wird nämlich bei der Hilfe zur Pflege erst zurückgegriffen, wenn das (volljährige) Kind ein Jahresbruttoeinkommen von derzeit mehr als 100.000 Euro hat. Saskia kann durchatmen: Ein Einkommen in dieser Höhe hat sie als Verkäuferin nun wirklich nicht, und entsprechend kurz ist dann auch ihre Antwort an das Sozialamt.

Das Sozialamt kann sich bei der Hilfe zur Pflege **nur** an die Kinder, nicht aber an Enkelkinder, Geschwister der Eltern, Onkel oder Tanten hinsichtlich etwaiger Unterhaltsansprüche wenden. Gleiches gilt für den Partner des Kindes, dessen Einkommen bleibt unberücksichtigt.

IN DIESEM KAPITEL

Jugend- und Erziehungshilfe

Eingliederungshilfe

Hilfen für junge Volljährige

Kapitel 15
Die Kinder- und Jugendhilfe nach dem SGB VIII

Eigentlich ist es ja erstaunlich, aber das SGB VIII gibt es tatsächlich erst seit Anfang der 1990er-Jahre. Mit diesem Gesetz werden die Leistungen für Kinder, Jugendliche, junge Erwachsene und deren Eltern und Personensorgeberechtigte geregelt, damit Kinder zu selbstbestimmten, eigenverantwortlichen und gemeinschaftsfähigen Persönlichkeiten heranwachsen können. § 1 Absatz 2 SGB VIII stellt in diesem Zusammenhang klar, dass es nicht Aufgabe des Staates ist, Kinder zu erziehen; die Eltern müssen das schon selbst machen. Das sollten sich Eltern bei der ein oder anderen Diskussion gelegentlich vor Augen halten, wenn sie gegenüber den Schulen – neben einem klaren Bildungsauftrag – auch einen Erziehungsauftrag für ihre Sprösslinge einfordern, weil sie den selbst nicht leisten wollen oder können.

Der Staat nimmt über das SGB VIII hinsichtlich der Pflege und Erziehung eines Kindes eine klare *Wächterfunktion* ein. Da wir alle – erst recht Eltern – nicht unfehlbar sind, führt nicht jede kleinere Verfehlung von Eltern zu einem Einschreiten des Jugendamtes als zuständigem Träger. Aber klar, in schweren Fällen (die ich Ihnen später vorstellen werde), kann es auch zu einer Inobhutnahme eines Kindes kommen, um das Kind beispielsweise vor den eigenen Eltern zu schützen. Im Vordergrund der täglichen Arbeit der Mitarbeitenden des Jugendamtes stehen aber nicht derartig schwerwiegende Maßnahmen, sondern vielfältige Angebote der Unterstützung. Nachfolgend stelle ich einige Möglichkeiten der Jugendhilfe vor.

Leistungen der Jugendhilfe

Die Leistungen der *Jugendhilfe* sind in § 2 Absatz 2 SGB VIII aufgeführt, zum Beispiel:

- ✔ Angebote der Jugend-, der Jugendsozial-, der Schulsozialarbeit und des erzieherischen Kinder- und Jugendschutzes

- Angebote zur Förderung der Erziehung in der Familie
- Hilfen zur Erziehung und ergänzende Leistungen
- Hilfen für seelisch behinderte Kinder und Jugendliche und ergänzende Leistungen

Die *Jugendarbeit* richtet sich an junge Menschen zur Förderung der gesellschaftlichen Teilhabe durch eine Vielzahl von Angeboten von Verbänden, Gruppen und Initiativen der Jugend und Ähnliches. Ein Blick in das Internet lohnt sich hier immer, um Jugendliche für bestimmte Angebote in ihrer Umgebung zu begeistern.

Hilfen zur Erziehung

In der Praxis kommen die *Hilfen zur Erziehung* häufig vor, sodass ich diese genauer vorstellen möchte. Sie sind in den §§ 27 bis 35, 36, 37, 39 und 40 SGB VIII geregelt, wer sie dort noch einmal in Ruhe nachlesen möchte.

Manchmal klappt es eben nicht so recht mit der Erziehung der Kinder durch die Eltern. Die Gründe hierfür können vielfältig sein: Ein überzogener Anspruch an sich selbst in der Elternrolle, Trennung, eigene schlimme Erlebnisse in der Kindheit oder ein Gefühl der Überforderung in der heutigen Zeit. Mit den Hilfen sollen daher Familien unterstützt werden, in denen die Erziehung nicht funktioniert oder die an ihr zu scheitern drohen.

Hilfen zur Erziehung kommen immer dann in Betracht, wenn eine dem Wohl des Kindes oder des Jugendlichen entsprechende Erziehung nicht gewährleistet und die Hilfe für seine Entwicklung geeignet und notwendig ist. Sie muss sich dabei immer im Einzelfall am erzieherischen Bedarf des Kindes oder Jugendlichen orientieren.

Hinsichtlich der konkreten Hilfe holt der Gesetzgeber nicht gleich zum großen Schlag gegen die Eltern aus. Schauen Sie sich einfach mal die Reihenfolge der Hilfen in den §§ 28 bis 35 SGB VIII an: Das Gesetz startet zunächst mit Angeboten der *Erziehungsberatung* (§ 28 SGB VIII), der sozialen Gruppenarbeit und etwa der sozialpädagogischen Familienhilfe, dann folgen die Erziehung in einer Tagesgruppe (§ 32 SGB VIII), die Vollzeitpflege (§ 33 SGB VIII) und schließlich die Heimerziehung / sonstige betreute Wohnform (§ 34 SGB VIII). Ihnen fällt schnell auf: Der Gesetzgeber hat ganz bewusst eine »Sprossenleiter« hinsichtlich der Hilfen vor Augen. Vielleicht helfen den betroffenen Familien ja bereits Gespräche bei *Erziehungs- und Familienberatungsstellen (EFB)*, um eine Lösung zu Erziehungsfragen zu finden. Manchmal hilft auch die Teilnahme des Kindes an *sozialer Gruppenarbeit*, wie das folgende Beispiel zeigt:

BEISPIEL

»Eine große Klappe zu haben und zuzuschlagen, kommt immer gut an«, denkt sich der 14-jährige Paul. Durch das Verhalten von Paul nehmen die Konflikte in der Schule zu. Seine Eltern sind mit ihrem Erziehungslatein am Ende. Sein Lehrer schaltet daher in Abstimmung mit den Eltern das Jugendamt ein. Im Rahmen eines Hilfeplanes wird als Unterstützungsleistung beschlossen, dass Paul einmal wöchentlich eine Gruppe besucht, um zu lernen, wie man anderen Menschen respektvoll und ohne Gewalt begegnet.

Falls diese milderen Mittel keine Besserung zeigen, sieht das SGB VIII weitere Maßnahmen vor, die immer mehr die Erziehung der Eltern einschränken und bis hin zur Vollzeitpflege und *Heimerziehung* reichen (also einer institutionellen Erziehung). Aber auch die Heimerziehung oder auch das Leben in einer betreuten Wohnform (§ 34 SGB VIII) soll ein konkretes Ziel verfolgen, wie

- ✔ eine **Rückkehr** des Kindes in die Familie versuchen zu erreichen,
- ✔ es auf die **Erziehung in einer anderen Familie** vorzubereiten oder
- ✔ dem Kind/Jugendlichen eine auf längere Zeit angelegte Lebensform zu bieten und es/ihn auf ein **selbständiges Leben** vorzubereiten.

Das Gesetz unterscheidet bei den Hilfen zwischen ambulanten, teil- und vollstationären Leistungen, um die Situation und Entwicklung des Kindes oder Jugendlichen zu verbessern.

Die Inobhutnahme

Ich hatte ja am Anfang des Kapitels angekündigt, hierauf zurückzukommen. Eine ohne Zweifel einschneidende Maßnahme – besonders für das Kind – ist die staatliche *Inobhutnahme* (geregelt in § 42 SGB VIII). Sie dient dazu, Kinder oder Jugendliche schnell von ihren Eltern zu trennen, wenn beispielsweise eine dringende Gefahr für das Wohl des Minderjährigen dies erfordert. Plausible Beispiele sind:

- ✔ Gewalt gegen das Kind
- ✔ Hinweise auf sexuellen Missbrauch
- ✔ Vernachlässigung
- ✔ schwere Straftaten, sowohl der Eltern als auch der Kinder

Hier kommt das *Wächteramt* des Staates, über das Wohl der Kinder zu wachen, in seiner stärksten Form zum Ausdruck. In diesem Fall beschützt das Jugendamt das Kind vor allem vor den Eltern durch die Herausnahme aus der Familie. Besteht eine solche Gefahr für das Kind, kann das Jugendamt – meist in Zusammenarbeit mit der Polizei – sofort handeln. Es bedarf hierfür zunächst keiner familiengerichtlichen Entscheidung. Widersprechen die Eltern der Inobhutnahme, findet zeitnah eine Klärung über das Familiengericht statt. Übrigens kann eine Inobhutnahme auch stattfinden, wenn das Kind oder der Jugendliche selbst darum bittet. Oftmals wissen die Kinder am besten, was zu Hause los ist.

Die Kindeswohlgefährdung

Aus der Sicht der Mitarbeitenden des *Jugendamtes* ist es häufig schwer einzuschätzen, wie konkret gefährdet die Lage eines Kindes tatsächlich ist. Zwar hat das Amt – wie in § 8a SGB VIII ersichtlich – bei einer *Kindeswohlgefährdung* einen Schutzauftrag, aber Begriffe wie Kindeswohl und Gefahr sind unbestimmte Rechtsbegriffe und werden nicht näher im Gesetz erläutert. Aus diesem Grund mag die ein oder andere Aktion des Jugendamtes vielleicht aus der Sicht der Eltern als überzogen angesehen werden. Aber halten wir uns vor Augen: Die Zahl der Kindeswohlgefährdungen und Inobhutnahmen nimmt zu. Daher lieber einmal zu viel, als einmal zu wenig Aktionismus vom Jugendamt!

Die Eingliederungshilfe nach § 35a SGB VIII

Sie werden gleich in Kapitel 16 die *Eingliederungshilfe* (*EGH*) nach dem SGB IX kennenlernen. Hier nun eine Besonderheit: Auch im SGB VIII gibt es sie, nämlich als *Eingliederungshilfe* für Kinder und Jugendliche mit (drohender) seelischer Behinderung (§ 35a SGB VIII). Finden Sie diese Trennung auch komisch? Ich jedenfalls ja. Aber eine Lösung soll absehbar in Sicht sein: Das *Kinder- und Jugendstärkungsgesetz* (*KJSG*) sieht derzeit ab 2028 eine einheitliche Zuständigkeit der Jugendämter für die Eingliederungshilfe aller Kinder und Jugendlichen mit einer körperlichen, geistigen und/oder seelischen Behinderung vor. Damit sind dann hoffentlich häufige Abgrenzungs- und Zuständigkeitsprobleme in der Praxis gelöst. Bis dahin verbleibt es bei der jetzigen Regelung, wonach das Jugendamt für die Eingliederungshilfe für Kinder und Jugendliche mit einer (drohenden) seelischen Behinderung zuständig ist. Alle anderen – auch Erwachsene – beantragen die Eingliederungshilfe hingegen beim Träger nach SGB IX.

(Drohende) Seelische Behinderung

Was ist eine (drohende) *seelische Behinderung*? Hiervon wird ausgegangen, wenn zwei Voraussetzungen vorliegen, nämlich

- ✔ dass die seelische Gesundheit mit hoher Wahrscheinlichkeit länger als sechs Monate von dem für das Lebensalter des Kindes/Jugendlichen typischen Zustand abweicht und
- ✔ daher die Teilhabe am Leben in der Gesellschaft wie beispielsweise in Familie, Schule und Freizeit beeinträchtigt oder eine solche Beeinträchtigung zu erwarten ist.

Als *seelische Behinderungen* gelten etwa Zwangs-, Angst- oder Essstörungen, Autismus-Spektrum-Störungen, Teilleistungsstörungen (wie Legasthenie, Dyskalkulie), Depressionen und Manien oder Suchterkrankungen, um nur einige zu nennen.

Hilfe bei Teilleistungsstörungen

Manche Begrifflichkeiten können sich wohl nur Juristen ausdenken – die *Teilleistungsstörungen* gehören für mich definitiv in die Kategorie der kreativen Wortschöpfungen. Bei ihnen besteht die Besonderheit, dass sie medizinisch der seelischen Gesundheit zugeordnet sind, rechtlich aber eher als geistige Beeinträchtigung gelten. Für die Eingliederungshilfe nach § 35a SGB VIII wird sich dabei eines Tricks bedient: Neben die Teilleistungsstörung muss noch eine *sekundäre Neurotisierung* hinzutreten, sodass es dadurch zu seelischen Problemen bei dem Kind oder Jugendlichen kommt.

Marvin hat eine *Lese-Rechtschreibstörung,* die auch seine Mitschüler schnell erkennen und ausnutzen. Obwohl Marvin trotz seiner Einschränkungen ein guter Schüler ist, wird er wegen der Lese-Rechtschreibstörung in seiner Klasse zunehmend gehänselt und gemobbt. Das geht so weit, dass Marvin nun schwere Ängste entwickelt hat und sich weigert, in die Schule zu gehen.

Anhaltspunkte für eine sekundäre Neurotisierung können also über das übliche Maß hinausgehende Schulängste, Anpassungsstörungen oder Depressionen sein. Bei dem zunehmenden Thema *ADHS* bei Kindern und Jugendlichen gibt es nach meiner Beobachtung noch keine einheitliche Regelung: Einige Jugendämter verlangen neben der medizinischen ADHS-Diagnose oftmals auch noch zusätzlich eine sekundäre Neurotisierung. Betroffene Eltern sollten sich daher am besten vor einem EGH-Antrag bei ihrem konkreten Jugendamt informieren.

Unterstützungen nach § 35a Absatz 2 SGB VIII

Die Hilfen richten sich allgemein am Bedarf des Kindes im Einzelfall aus und können vielfältig sein, so

- ✔ in ambulanter Form (wie Therapien),
- ✔ in Tageseinrichtungen für Kinder oder in anderen teilstationären Einrichtungen,
- ✔ durch geeignete Pflegepersonen und
- ✔ in Einrichtungen über Tag und Nacht sowie sonstige Wohnformen.

Auch eine *Teilhabeassistenz/Schulbegleitung* kann eine typische EGH-Leistung nach § 35a SGB VIII sein.

Verfahrenslotsen

Eine neue Form der Unterstützung ist im Jahr 2024 mit der Einführung des § 10b SGB VIII in Kraft getreten: der *Verfahrenslotse.* Dieses Angebot richtet sich an junge Menschen, ihre Mütter/Väter sowie sonstige Personensorge- und Erziehungsberechtigte, sich bei der Antragstellung, Verfolgung und Wahrnehmung der Leistungen der Eingliederungshilfe durch diese kundige Person auf Wunsch unterstützen zu lassen. Die Verfahrenslotsen sollen als unabhängige fachkundige Personen mit Rat und Tat zur Seite stehen, damit sich jede(r) während eines Verfahrens nach § 35a SGB VIII gut informiert und verstanden fühlt. Der Verfahrenslotse agiert dabei auch als Bindeglied zum Jugendamt (§ 10b Absatz 2 SGB VIII).

Hilfen für junge Volljährige

Vermutlich glauben die meisten Menschen, dass die Kinder- und Jugendhilfen mit der Volljährigkeit des Kindes enden – nein, das tun sie bei Weitem nicht. Auch über das 18. Lebensjahr hinaus kann es Unterstützung durch das Jugendamt geben, wie ein Blick in die §§ 41 und 41a SGB VIII verrät. Junge Volljährige können auch weiterhin Hilfen erhalten, wenn und solange es für ihre Persönlichkeitsentwicklung erforderlich ist, und zwar regelmäßig bis zu ihrem 21. Lebensjahr oder (in Ausnahmefällen) auch darüber hinaus bis zum 27. Lebensjahr. Haben Sie in diesem Zusammenhang schon einmal etwas vom »*Careleaver*« gehört? Der aus dem Englischen stammende Begriff bedeutet wörtlich übersetzt: Fürsorge- (care) Verlasser (leaver). Die Bezeichnung trifft es auf den Punkt: Kinder/Jugendliche verbringen häufig einen großen Teil ihres Lebens in einer Pflegefamilie oder in einer (stationären) Einrichtung der Jugendhilfe. Bei einigen wäre es fatal, sie prompt mit Erreichen der Volljährigkeit aus dem Hilfesystem des SGB VIII zu entlassen. So können sie noch eine Weile für den Übergang in ihr selbständiges Leben durch Fachkräfte begleitet werden.

Auch hier können die Leistungen vielfältig sein, wie ein Blick in § 41 Absatz 2 SGB VIII zeigt:

- ✔ Wird ein Kind oder eine Jugendliche während ihres Aufenthalts in einer Einrichtung oder Pflegefamilie selbst Mutter eines Kindes, so umfasst die Hilfe zur Erziehung auch die Unterstützung bei der Pflege und Erziehung dieses Kindes (§ 27 Absatz 4 SGB VIII).
- ✔ Angebot der *Erziehungsberatung* bei der Lösung von Erziehungsfragen sowie bei Trennung und Scheidung (§ 28 SGB VIII)
- ✔ Intensive sozialpädagogische Einzelbetreuung (35 SGB VIII), auch *ISE-Betreuung* genannt. Hierunter können Hilfestellungen bei der Bewältigung des Alltags wie zum Beispiel Wohnungssuche verstanden werden, aber auch eine beratende Unterstützung bei Alkohol- und/oder Drogenkonsum, Sexualität und Partnerschaft.

IN DIESEM KAPITEL

Bundesteilhabegesetz

Leistungen und Zuständigkeiten

Eingliederungshilfe

Grad der Behinderung und Merkzeichen

Kapitel 16
Rehabilitation und Teilhabe für Menschen mit Behinderung nach dem SGB IX

In diesem Kapitel stelle ich Ihnen vor, welche Möglichkeiten es für Menschen mit einem Handicap gibt, um gleichberechtigt am Leben in der Gemeinschaft teilzuhaben. Davon sind wir als Gesellschaft leider noch weit entfernt, wie jeder mit einem kritischen Blick auf eine oft fehlende Barrierefreiheit von Bahnhöfen, Straßenbahnen oder Geschäften feststellen kann. Barrieren behindern nicht nur Rollstuhlfahrer, sondern auch ältere Menschen mit Rollatoren, Eltern mit Kinderwagen oder Menschen, die nach einem Unfall kurzzeitig auf Gehhilfen angewiesen sind. Nur: Für Menschen mit einer Behinderung sind die Barrieren der Alltag und oftmals gibt es für sie keinen »Plan B«, wie man eine Barriere bewältigen kann, wenn der Fahrstuhl mal wieder streikt.

Umso wichtiger ist es, für das Thema zu sensibilisieren und Möglichkeiten der Unterstützung vorzustellen, und hier wird die Eingliederungshilfe vor allem ihren großen Auftritt haben. Zuletzt gehe ich auch auf das Verfahren zur Anerkennung eines Grades der Behinderung ein, denn auch das ist eine Realität, die alle von uns betreffen kann: Die Zahl der schwerbehinderten Menschen nimmt zu. Im Jahr 2023 waren das nach dem Statistischen Bundesamt immerhin 9,3 Prozent der Bevölkerung in Deutschland.

Das Bundesteilhabegesetz kurz vorgestellt

Lassen Sie uns zunächst einen historischen Ausflug in die Anerkennung der *UN-Behindertenrechtskonvention* machen, deren Ziel »der volle und gleichberechtigte Genuss aller Menschenrechte und Grundfreiheiten für alle Menschen mit Behinderungen«

ist (Veröffentlichung Deutsches Institut für Menschenrechte). Mit der Ratifizierung im Jahr 2009 hat sich Deutschland verpflichtet, das Recht für Menschen mit einer Behinderung in diesem Sinne umzusetzen. Dann passierte erst einmal ein paar Jahre lang nichts, und erst 2016 wurde endlich das *Bundesteilhabegesetz* (*BTHG*) verkündet. Es trat ab Januar 2017 in verschiedenen Phasen in Kraft und hat insbesondere das SGB IX neu gestaltet und erweitert. Mit der Aufnahme der Eingliederungshilfe in das SGB IX weist es nun drei (statt zuvor zwei) Teile auf, und zugleich wurde der Zugang zu Leistungen der Eingliederungshilfe durch bessere Regelungen hinsichtlich Einkommen und Vermögen erweitert.

Mit dem Bundesteilhabegesetz wurden aber auch neue Möglichkeiten der Teilhabe am Arbeitsleben geschaffen. So wurden beispielsweise das *Budget für Arbeit* (§ 61 SGB IX) und das *Budget für Ausbildung* (§ 61a SGB IX) eingeführt, die Werkstattbeschäftigten echte Chancen für eine Tätigkeit auf dem allgemeinen Arbeitsmarkt ermöglichen sollen. Auch wurde über § 8 SGB IX das *Wunsch- und Wahlrecht* gestärkt, um nur einige der wichtigsten Punkte des BTHG anzuführen.

Die ergänzende unabhängige Teilhabeberatung (EUTB)

Haben Sie schon einmal etwas von der EUTB gehört? Irgendwie denkt man bei den ersten beiden Buchstaben spontan an etwas Europäisches, aber weit gefehlt. Über § 32 SGB IX wurde hier ein besonderes Beratungsangebot für Menschen mit einer (drohenden) Behinderung geschaffen: die *ergänzende unabhängige Teilhabeberatung* (*EUTB*). Diese kostenlose und niedrigschwellige Beratung erfolgt regelmäßig von Betroffenen für Betroffene auf Augenhöhe (Peer Counseling). Hintergrund ist, dass Menschen mit einem Handicap und deren Angehörige am besten wissen, welche Unterstützung benötigt wird. Sie können zudem auf eigene Erfahrungen zurückgreifen und diese weitergeben sowie gemeinsam Beratungslösungen finden. Im Idealfall findet die Beratung bereits im Vorfeld der Beantragung von Sozialleistungen statt.

Die Beratungsstellen der EUTB gibt es bundesweit, ihr Angebot kann aber auch wohnortnah in Anspruch genommen werden (abzurufen unter `www.teilhabeberatung.de`).

Der neue Behinderungsbegriff

Die Umsetzung des BTHG ging mit der *Neudefinition des Behinderungsbegriffs* in § 2 SGB IX einher. Behinderung ist danach nicht mehr die Eigenschaft und das Defizit einer Person; vielmehr wird nun – in Anlehnung an das der ICF zugrunde liegende *bio-psycho-soziale Modell* von Behinderung – die Funktionsfähigkeit des Menschen als Interaktion zwischen Gesundheitsproblem (Diagnose) und (umwelt- oder personenbezogenen) Kontextfaktoren verstanden. Das hat zur Folge, dass auch die Wechselwirkung von einstellungs- und umweltbedingten Barrieren zu berücksichtigen sind. Der neue Behinderungsbegriff in § 2 Absatz 1 SGB IX lautet jetzt wie folgt:

Menschen mit Behinderungen sind Menschen, die körperliche, seelische, geistige oder Sinnesbeeinträchtigungen haben, die sie in Wechselwirkung mit einstellungs- und umweltbedingten Barrieren an der gleichberechtigten Teilhabe an der Gesellschaft mit hoher Wahrscheinlichkeit länger als sechs Monate hindern können.

Eine meiner Seminarteilnehmerinnen hat es mal präzise auf den Punkt gebracht: »Nicht die gesundheitliche Beeinträchtigung macht einen Menschen zu einem Menschen mit einer Behinderung, sondern es sind die Barrieren, auf die genau dieser Mensch stößt.« Gut formuliert, denn diese halten Behinderte von der gleichberechtigten Teilhabe ab und führen ihnen vor Augen, dass sie eine Beeinträchtigung haben. Solange es Barrieren gibt – seien es einstellungsbedingte Barrieren in unser aller Köpfen durch Vorurteile und Ängste oder umweltbedingte Barrieren (Treppen oder hohe Bürgersteige) –, ist die gleichberechtigte Teilhabe nicht erreicht und staatliche Unterstützungsleistungen sind erforderlich. Bei der Forderung nach Barrierefreiheit denken Sie vielleicht auch zuerst an die Gestaltung des allgemeinen Lebensumfeldes für Gehbehinderte wie den Zugang zu Gebäuden, Wohnungen oder Verkehrsmitteln, aber auch barrierefreie Informations- und Kommunikationsmöglichkeiten (zum Beispiel in leichter Sprache) und die digitale Barrierefreiheit im Internet spielen hier eine wichtige Rolle.

BEISPIEL

Der blinde Tom arbeitet als Physiotherapeut. Wie jeden Morgen möchte er mit der Tram zur Praxis fahren, er wundert sich allerdings, warum es diesmal ungewöhnlich ruhig an der Haltestelle ist. Nach einer längeren Wartezeit fragt er einen zufällig vorbeieilenden Passanten, warum denn die Tram nicht kommt, und erhält zur Antwort, dass ein großes Schild an der Haltestelle darauf hinweise, dass ein Schienenersatzverkehr mit Bussen etwas entfernt eingerichtet wurde. Barrierefreiheit sieht anders aus – entsprechende Apps des ÖPNV haben darauf reagiert und versuchen, rechtzeitig Hinweise an sehbehinderte Nutzer*innen zu geben.

Schwerbehinderte und gleichgestellte Menschen

Es lohnt sich übrigens, den § 2 SGB IX bis zum Ende zu lesen. In Absatz 2 wird nämlich erläutert, wann ein Mensch als *schwerbehindert* gilt: ab einem Grad der Behinderung von wenigstens 50 Prozent.

Neben schwerbehinderten Menschen gibt es auch *gleichgestellte Menschen*. Diese Gleichstellung muss beantragt werden, und zwar bei der Bundesagentur für Arbeit. Voraussetzung ist, dass eine Person einen Grad der Behinderung von wenigstens 30, aber unter 50 hat und sie infolge ihrer Behinderung ohne die Gleichstellung keinen geeigneten Arbeitsplatz im Sinne § 156 SGB IX erlangen oder behalten kann (§ 2 Absatz 3 SGB IX). Wie der Grad der Behinderung konkret ermittelt wird, erfahren Sie im letzten Teil dieses Kapitels.

Leistungen für Menschen mit Behinderung

Räumen wir zunächst mit einem Vorurteil auf: Für Leistungen nach Teil 1 (Allgemeines Reha-/Teilhaberecht) und Teil 2 (Eingliederungshilfe) des SGB IX wird kein konkreter Grad der Behinderung benötigt. Es reicht neben dem Vorliegen einer Behinderung auch aus, dass jemand von einer Behinderung bedroht und deshalb auf Leistungen nach dem SGB IX angewiesen ist.

Zudem ist es gerade für Neulinge in diesem Bereich (und auch manch einen Profi) oft nur schwer durchschaubar, bei welcher Behörde welcher Antrag nach dem SGB IX zu stellen ist. Sie denken, Sie haben den Antrag bei der richtigen Behörde eingereicht, aber mitunter flattert ein paar Wochen später ein Bescheid von einer anderen Behörde ins Haus, auf den Sie sich keinen Reim machen können, wie das nachfolgende Beispiel zeigt:

BEISPIEL

Severin erlitt kurz vor Abschluss seiner Maler- und Lackiererlehre einen Hörsturz, der mit Schwindel einherging; mit Ach und Krach schaffte er noch so eben die Prüfung. Der Gesellenbrief war jedoch für ihn nutzlos, da er aus gesundheitlichen Gründen nicht im erlernten Beruf arbeiten konnte. Mithilfe eines Jobcoachs entwarf er die Idee der Umschulung zum Bürokaufmann und stimmte mit seinem Arbeitsvermittler die Beantragung von *Leistungen zur Teilhabe am Arbeitsleben* bei der Agentur für Arbeit ab. Gesagt, getan. Der Arbeitsvermittler wunderte sich in der Folgezeit, warum er den Antrag nicht endlich auf den Tisch bekam und zweifelte, ob Severin den Antrag wirklich gestellt hatte. Nach einem Dreivierteljahr erhält Severin plötzlich Post von seinem Rententräger, der seinen Antrag ablehnt. Severin ist verwirrt – warum das, wie kann das sein?

Lösung: Hier liegt ein typisches Problem mit der *Zuständigkeit* vor! Um diese Frage beantworten zu können, müssen wir uns zunächst die zentralen Vorschriften hinsichtlich der Leistungsgruppen und -träger in Teil 1 des SGB IX (§§ 5 und 6 SGB IX) genauer ansehen.

Die Leistungsgruppen

Wer bereits die Kapitel insbesondere zu den Leistungen der Kranken-, Renten- und Unfallversicherung gelesen hat, kennt einige der Leistungen bereits in einem anderen Kontext. Die *Leistungsgruppen* nach dem SGB IX sind:

- ✔ Leistungen zur **medizinischen Rehabilitation**
- ✔ Leistungen zur **Teilhabe am Arbeitsleben**
- ✔ **unterhaltssichernde** und andere ergänzende Leistungen
- ✔ Leistungen zur **Teilhabe an Bildung**
- ✔ Leistungen der **Sozialen Teilhabe**

Kapitel 4 dieses Buches enthält eine umfassende Darstellung der einzelnen Leistungsgruppen. Beim Thema Eingliederungshilfe nach Teil 2 des SGB IX greife ich aber noch einmal auf die Leistungen der Sozialen Teilhabe zurück.

Wer für welche Leistung zuständig ist

Es ist immer wieder ein Thema, das bei allen Betroffenen für Verwirrung sorgt: Welche Reha-Träger sind für welche *Leistungsgruppe* konkret zuständig? Tabelle 16.1 gibt einen Überblick.

Träger	Medizinische Rehabilitation	Teilhabe am Arbeitsleben	Unterhaltssichernde und andere ergänzende Leistungen	Teilhabe an Bildung	Soziale Teilhabe
Krankenversicherung	X		X		
Unfallversicherung	X	X	X	X	X
Bundesagentur für Arbeit		X	X		
Rentenversicherung	X	X	X		
Träger der Sozialen Entschädigung	X	X	X	X	X
Träger der öffentlichen Jugendhilfe	X	X		X	X
Träger der Eingliederungshilfe	X	X		X	X

Tabelle 16.1: Leistungsgruppen und -träger nach dem SGB IX

Übrigens: Das *Integrationsamt* ist ausweislich § 6 SGB IX zwar kein Reha-Träger, es gelten aber insofern Besonderheiten, als es einen Antrag auf Leistungen zur Teilhabe am Arbeitsleben für schwerbehinderte Menschen (Teil 3 des SGB IX) selbst bearbeiten oder weiterleiten kann (geregelt in § 185 SGB IX).

Zurück zu unserem Fall von Severin weiter vorn: Eine Umschulung ist eine typische Leistung zur Teilhabe am Arbeitsleben, für die die Agentur für Arbeit auch ein zuständiger Träger ist; Severin hat also mit seinem Antrag bei der Agentur nichts falsch gemacht. Aber warum erhält er dann von seinem Rententräger einen Bescheid und nicht von der Agentur?

Die Zuständigkeitsklärung nach § 14 SGB IX

Hier kommen wir zu einer Besonderheit des SGB IX: die *Zuständigkeitsklärung nach § 14 SGB IX*, die jeder Praktiker wahrscheinlich verflucht, weil sie für einen erheblichen Arbeitsaufwand sorgt. Wie Sie anhand der Tabelle gesehen haben, können für ein und dieselbe Leistungsgruppe verschiedene Reha-Träger zuständig sein. Und wenn Sie gerade denken, mit Ihrem wohlüberlegten Antrag bei Behörde X alles richtig gemacht zu haben, kommt § 14 SGB IX ins Spiel. Aber was hat es mit dem Paragrafen konkret auf sich? Er regelt die *Weiterleitung*.

Wenn Sie Leistungen zur Teilhabe beantragen, stellt der Reha-Träger innerhalb von zwei Wochen nach Antragseingang fest, ob er nach dem für ihn geltenden Leistungsgesetz für die Leistung zuständig ist. Falls er sich für nicht zuständig hält, leitet er den Antrag unverzüglich dem nach seiner Auffassung zuständigen Träger weiter und informiert die antragstellende Person.

Wenn der Reha-Träger den Antrag allerdings nicht weiterleitet, muss er diesen selbst umgehend bearbeiten.

Diese Regelung bedeutet schlicht Stress für den Reha-Träger, bei dem der Antrag zuerst eingegangen ist, denn als *erstangegangener Träger* muss er nun innerhalb von zwei Wochen seine eigene Zuständigkeit prüfen. Verbleibt der Antrag bei der Behörde, muss sie über den Reha-Antrag entscheiden. Das muss sie übrigens auch, wenn sie eigentlich für die Leistungsgruppe nicht zuständig gewesen wäre.

Weiterleitung des Antrags

Falls sich der erste Reha-Träger nicht zuständig hält oder es tatsächlich auch nicht ist, muss er den Antrag an den *zweitangegangenen Träger* weiterleiten. Genau das ist in dem Beispielsfall von Severin passiert: Obwohl die Agentur für LTA-Leistungen allgemein zuständig ist, hat sie seinen Antrag innerhalb der Frist weitergeleitet und sich gedacht: Soll doch eine andere Behörde arbeiten und über den Antrag entscheiden. Der Ball lag also nun zutreffend im Wege der Weiterleitung beim Rententräger, der plötzlich über Severins Antrag entscheiden musste.

Die Turboklärung

Es ist nicht ungewöhnlich, dass sich eine Behörde als zweitangegangener Träger denkt: »Warum sollen eigentlich wir über den Antrag entscheiden? Gibt es da nicht noch eine andere Möglichkeit?« Hierzu eine Abwandlung des Beispiels von Severin weiter vorn:

BEISPIEL

Abwandlung: Nachdem der Antrag von Severin auf LTA-Leistungen bei der Agentur für Arbeit eingegangen ist, wird der Antrag sofort an die Krankenkasse weitergeleitet, und diese wundert sich doch sehr. Das SGB V kennt keine derartigen Leistungen, sondern nur die medizinische Rehabilitation. Kann die Krankenkasse ihrerseits den Antrag nochmals weiterleiten?

Ganz klar, das kann sie machen, denn § 14 Absatz 3 SGB IX enthält tatsächlich eine zusätzliche Weiterleitungsmöglichkeit.

Falls der Reha-Träger, an den als zweitangegangener Träger weitergeleitet wurde, nach den für ihn geltenden Leistungsgesetzen für die Leistung insgesamt nicht zuständig ist, kann er den Antrag im Einvernehmen mit dem nach seiner Auffassung dafür zuständigen – dritten – Reha-Träger weiterleiten. Und das nennt sich dann *Turboklärung*!

Hierbei gilt es Folgendes zu beachten: Im Rahmen der Weiterleitung zwischen dem ersten und dem zweiten Träger innerhalb der Zweiwochenfrist bedarf es keinerlei Kommunikation zwischen den beiden Behörden; der Antrag wird also einfach in die Hauspost für die nächste Behörde gegeben. Im Falle der Turboklärung muss allerdings eine Verständigung im Sinne eines *Einvernehmens* hergestellt werden: Der zweite Träger **muss** konkret nachfragen, ob die dritte Behörde bereit ist, den Antrag von Severin zu bearbeiten. Erst wenn dies bestätigt wird, liegt ein Einvernehmen vor und der Antrag kann nun an einen dritten Träger weitergeleitet werden. Tja, »einfach« oder »turbo« sieht irgendwie anders aus, oder?

Warum ist die Klärung der Zuständigkeit nach dem SGB IX so kompliziert? Dahinter stehen natürlich Kostengründe, denn der leistende Träger ist immer auch der Kostenträger. Klar kann es auch mal Fälle geben, bei denen beispielsweise die versicherungsrechtlichen

Voraussetzungen für einen LTA-Antrag beim Rententräger überhaupt nicht vorliegen, dann macht die Weiterleitung auf jeden Fall Sinn. Aber häufig verwirren die Weiterleitungsvorschriften einfach, und das vor allem die Antragstellenden, die sich mit dieser Materie gar nicht auskennen.

Erstattungsansprüche der Träger untereinander

Alltägliches Gerangel um die Zuständigkeit ist also vorprogrammiert, und da hilft § 16 SGB IX weiter, der die *Erstattungsansprüche* zwischen den Reha-Trägern regelt. Wenn ein leistender Reha-Träger nach § 14 Absatz 2 Satz 4 SGB IX Leistungen erbracht hat, für die ein anderer Träger zuständig ist, kann er von diesem die Erstattung seiner Aufwendungen verlangen (Absatz 1) und sich über diese Norm seine Aufwendungen im Falle einer Leistungsbewilligung wieder zurückholen. Sehr nett! Manchmal beschleunigt es die Bewilligung übrigens erheblich, wenn Sie den behördlichen Mitarbeitern den Tipp geben, mal in § 16 SGB IX nachzuschlagen.

Die Eingliederungshilfe

Die *Eingliederungshilfe* (*EGH*) kommt insbesondere im Zusammenhang mit Leistungen der Sozialen Teilhabe in Betracht, sodass ich Ihnen gerne diese Unterstützungsform für einen besonderen Personenkreis näher vorstellen möchte. Der Begriff kommt vielen doch etwas kryptisch vor, und so werde ich oft gefragt, was sich dahinter genau verbirgt. Ein Blick in das Gesetz gibt Aufschluss:

> Aufgabe der *Eingliederungshilfe* ist es, Leistungsberechtigten eine individuelle Lebensführung zu ermöglichen, die der Würde des Menschen entspricht und die volle, wirksame und gleichberechtigte Teilhabe am Leben in der Gesellschaft fördert. Die Leistung der Eingliederungshilfe soll sie befähigen, ihre Lebensplanung und -führung möglichst selbstbestimmt und eigenverantwortlich wahrnehmen zu können (§ 90 Absatz 1 und 2 SGB IX).

Das BTHG hatte für die Eingliederungshilfe große Auswirkungen, da es seit 2020 nicht mehr Bestandteil des SGB XII ist und damit die Nische der Sozialhilfeleistung verlassen hat. Die Eingliederungshilfe befindet sich seitdem in Teil 2 des SGB IX, beginnend mit §§ 90 ff. und hat für den leistungsberechtigten Personenkreis damit einhergehend den großen Vorteil, dass sie Leistungen auch trotz eines durchaus nennenswerten Vermögens erhalten. Zudem findet seit dieser Zeit eine strikte Trennung zwischen Fachleistung der Eingliederungshilfe und der Grundsicherungsleistung nach dem SGB XII / SGB II statt, was mit zwei gesonderten Anträgen einhergehen kann. Verbringen wir nun einige Zeit im Recht der Eingliederungshilfe.

Der leistungsberechtigte Personenkreis

Zunächst müssen wir uns anschauen, ob die Leistungen der Eingliederungshilfe jeden Menschen mit einem Handicap offenstehen oder ob nur ein ganz konkreter Personenkreis diese Leistungen beanspruchen kann.

Um vorab mit einem häufigen Missverständnis aufzuräumen: Es bedarf keines konkreten Grades der Behinderung, und die antragstellende Person muss auch nicht zwingend als schwerbehindert gelten.

Ich sehe jetzt förmlich Ihre gerunzelte Stirn beim Nachdenken, wer denn nun Leistungen beantragen kann. Zur Bestimmung des *leistungsberechtigten Personenkreises* hilft ein erster Blick in das Gesetz weiter, konkret § 99 Absatz 1 und 2 SGB IX:

Leistungen der *Eingliederungshilfe* erhalten Menschen mit einer Behinderung im Sinne von § 2 Absatz 1 Satz 1 und 2 SGB IX, die wesentlich in der gleichberechtigten Teilhabe an der Gesellschaft eingeschränkt sind (*wesentliche Behinderung*) oder von einer solchen wesentlichen Behinderung bedroht sind.

Das nächste Stirnrunzeln bei Ihnen ist schon vorprogrammiert: »Wann ist denn eine Behinderung wesentlich?«, werden Sie jetzt vielleicht denken. All diejenigen, die mit der Eingliederungshilfe bis Ende 2019 bereits vertraut waren, kennen die Antwort: Die Erklärung finden wir in der bis dahin geltenden Fassung der *Eingliederungshilfeverordnung* (*EinglhV*), nämlich in den §§ 1 bis 3. Danach wird unterschieden zwischen:

- **Körperlich wesentliche Behinderung** (§ 1 EinglhV)

  Hierunter fallen zum Beispiel Personen, deren Bewegungsfähigkeit durch eine Beeinträchtigung des Stütz- oder Bewegungssystems in erheblichem Umfang eingeschränkt ist.

- **Geistig wesentliche Behinderung** (§ 2 EinglhV)

  Eigentlich ist klar, was sich hinter diesem Begriff verbirgt: »... eine erhebliche Einschränkung der Fähigkeit zur Teilhabe am Leben in der Gesellschaft infolge einer Schwäche der geistigen Kräfte«. In der Praxis wird diese Art der Behinderung regelmäßig bei einem Intelligenzquotienten (IQ) von unter 50 angenommen. Beispiele sind etwa ein Leben mit dem Down-Syndrom, fetales Alkoholsyndrom oder Einschränkungen wegen Sauerstoffmangels im Gehirn während der Geburt.

- **Seelisch wesentliche Behinderung** (§ 3 EinglhV)

  Hiervon wird bei Vorliegen einer (körperlich nicht begründbaren) Psychose ausgegangen, aber auch bei seelischen Störungen als Folge von Krankheiten oder Verletzungen des Gehirns, von Anfallsleiden (Epilepsie) oder Suchtkrankheiten, Neurosen oder Persönlichkeitsstörungen, um nur einiges zu nennen.

Sobald eine gesundheitliche Beeinträchtigung vorliegt, die als wesentliche Behinderung einzuordnen ist, können Leistungen der Eingliederungshilfe beantragt werden. Der zuständige Träger der Eingliederungshilfe prüft dann die Leistungsgewährung.

Die Eingliederungshilfeverordnung scheint mit Formulierungen wie »körperliche Gebrechen« oder »abstoßend wirkende Entstellung« (§ 1 EinglhV) und der daraus resultierenden Defizitorientierung doch mittlerweile reichlich aus der Zeit gefallen zu sein. Der Gesetzgeber wollte daher auch im Zusammenhang mit dem BTHG den leistungsberechtigten Personenkreis neu definieren, jedoch sind die Reformpläne auf unbestimmte Zeit auf Eis gelegt.

Bedarfsermittlung und Bedarfsfeststellung

Was jetzt an dieser Stelle der Träger der Eingliederungshilfe genau macht, kann nicht allgemeinverbindlich beschrieben werden. Hintergrund ist nämlich, dass zwar nach § 118 SGB IX die Behörde die EGH-Leistungen unter Berücksichtigung der Wünsche des Antragstellers festzustellen hat. Für die Ermittlung des individuellen Bedarfs der antragstellenden Person muss sich jedoch die Behörde eines Instruments – auch *Bedarfsermittlungsinstrument* genannt – bedienen, das sich an der Internationalen Klassifikation der Funktionsfähigkeit, Behinderung und Gesundheit (kurz: *ICF-Kriterien*) orientiert. Das hat den Vorteil, dass die Ermittlung des Bedarfs nach einheitlichen Kriterien erfolgt, um Willkür und Ungleichbehandlung zu vermeiden.

Nun kommt eine Besonderheit: Jedes Bundesland hat sein eigenes Bedarfsermittlungsinstrument. Damit kocht jeder sein eigenes Süppchen, um den Bedarf einer antragstellenden Person an Leistungen der Eingliederungshilfe zu ermitteln.

Die Abkürzungen der einzelnen Bedarfsermittlungsinstrumente sind teilweise recht kreativ gewählt und verraten nicht auf den ersten Blick, was sich dahinter verbirgt, so zum Beispiel *BENI* für das **B**edarfs**e**rmittlungsinstrument für **Ni**edersachen oder *ELSA* für Sachsen-Anhalt (**E**ingliederungshilfe **L**and **S**achsen-**A**nhalt). Was allen gemein ist: dass ihr jeweiliges Instrument die Beschreibung einer nicht nur vorübergehenden Beeinträchtigung der Aktivität und Teilhabe in den folgenden neun Lebensbereichen (§ 118 Absatz 1 SGB IX) vorsieht:

- ✔ Lernen und Wissensanwendung
- ✔ allgemeine Aufgaben und Anforderungen
- ✔ Kommunikation
- ✔ Mobilität
- ✔ Selbstversorgung
- ✔ häusliches Leben
- ✔ interpersonelle Interaktionen und Beziehungen
- ✔ bedeutende Lebensbereiche
- ✔ Gemeinschafts-, soziales und staatsbürgerliches Leben

Die Träger schauen sich diese Lebensbereiche genau an in dem Sinne, was gut geht und wo es hapert, um auf dieser Grundlage zu klären, welche Unterstützung/Assistenz der Antragsteller individuell benötigt. Für diese Feststellung quälen sich Antragstellende und behördliche Mitarbeiter durch seitenweise Fragebogen, führen Gespräche, werten Befundberichte aus oder veranlassen ab und an auch eine sozialmedizinische Begutachtung. Die Ergebnisse der individuell ermittelten Bedarfe werden dann in einem *Gesamtplan* (§ 117 SGB IX) zusammengetragen.

Vom Träger der Eingliederungshilfe wird ein Gesamtplan erstellt, der der Ermittlung des individuellen Bedarfs unter Beteiligung der antragstellenden Person einschließlich der Dokumentation seiner Wünsche und Vorstellungen dient.

Einkommen und Vermögen in der EGH (§§ 135 ff. SGB IX)

Der Personenkreis der Eingliederungshilfe darf übrigens (losgelöst von den sozialhilferechtlichen Maßstäben) mehr *Einkommen und Vermögen* als nach dem SGB II oder SGB XII haben – eine Folge des BTHG. Die Höhe des Vermögens (§ 139 SGB IX) orientiert sich hierbei an der Bezugsgröße nach § 18 Absatz 1 SGB IV, die sich regelmäßig jährlich ändert. So liegt im Jahr 2025 das geschonte Vermögen bei 67.410 Euro, um Ihnen einen Anhaltspunkt zu geben.

Die Bestimmung, wie viel vom Einkommen eines Berechtigten für die EGH-Leistung vielleicht aufzubringen ist, ist deutlich komplizierter. Maßgeblich ist zunächst das Bruttoeinkommen des Vorvorjahres (§ 135 SGB IX). Dann wird auch hier die jährliche Bezugsgröße in der Sozialversicherung nach dem SGB IV relevant, auf die sich – je nach Einkommensart und der Anzahl seiner Familienangehörigen – gewisse Freibeträge berechnen lassen.

Bei der Berechnung des Freibetrages wird Einkommen aus einer sozialversicherungspflichtigen oder selbständigen Tätigkeit am höchsten privilegiert, nämlich mit 85 Prozent der jährlichen Bezugsgröße. Renteneinkünfte hingegen beispielsweise nur mit 60 Prozent, wie Sie § 136 Absatz 2 SGB IX entnehmen können.

Wenn dann das Einkommen letztlich die aus § 136 Absatz 2 bis 5 SGB IX ermittelten Werte übersteigt, ist ein monatlicher Beitrag von 2 Prozent als *Eigenanteil* – gerundet auf volle 10 Euro – aufzubringen (§ 137 SGB IX). Hört sich alles schrecklich kompliziert an, aber zum Glück gibt es Onlinerechner, die allgemein einen Eigenanteil in Windeseile berechnen.

Aber Achtung: Es lohnt sich immer einen Blick in § 138 SGB IX zu werfen, der nämlich auflistet, für welche Leistungen der EGH kein Eigenanteil aufzubringen ist: so für heilpädagogische Leistungen, LTA oder Leistungen zur Teilhabe an Bildung, um nur einige zu nennen.

Leistungen der EGH

Die *Leistungen der Eingliederungshilfe* sind vielfältig und orientieren sich immer am individuell ermittelten und festgestellten Bedarf der leistungsberechtigten Person, darunter:

- ✔ **Leistungen zur medizinischen Rehabilitation** (§ 109 SGB IX)

  Hierzu zählen insbesondere die in § 42 Absatz 2 und 3 SGB IX und § 64 Absatz 1 Nr. 3 bis 6 SGB IX genannten Leistungen wie ärztliche Behandlung, Heil- und Hilfsmittelversorgung, Hilfen zur Unterstützung bei der Krankheitsverarbeitung und zur Aktivierung von Selbsthilfepotenzialen und vieles mehr.

- ✔ **Leistungen zur Teilhabe am Arbeitsleben** (§ 111 SGB IX)

  Damit ist primär die Beschäftigung im Arbeitsbereich einer anerkannten Werkstatt für behinderte Menschen gemeint, aber auch die Beschäftigung bei anderen

Leistungsanbietern nach §§ 60 und 62 SGB IX sowie die Budgets für Arbeit (§ 61 SGB IX) und für Ausbildung (§ 61a SGB IX).

✔ **Leistungen zur Teilhabe an Bildung** (§ 112 SGB IX)

Hierunter fällt alles rund um die Hilfen zu einer Schulbildung, zur schulischen oder hochschulischen Aus- oder Weiterbildung für einen Beruf oder zur Teilnahme am Fernunterricht. »Hilfen« bedeutet in diesem Zusammenhang jedoch nicht die Finanzierung des Lebensunterhalts während der (Aus-)Bildungszeit, sondern zum Beispiel *Schulbegleiter*, Studienassistenz, Gebärdensprachdolmetscher, Kommunikationshilfen wie Talker (Sprachcomputer) und vieles mehr.

✔ **Leistungen zur Sozialen Teilhabe** (§§ 113 bis 116 SGB IX)

Hiermit ist eine ganze Reihe von Leistungen gemeint, die eine gleichberechtigte Teilhabe am Leben in der Gemeinschaft ermöglichen oder erleichtern, unter anderem:

- Leistungen für Wohnraum
- heilpädagogische Leistungen
- Leistungen zur Förderung der Verständigung
- Leistungen zur Mobilität
- Assistenzleistungen

Assistenzleistungen

Diese Leistungsart kommt in der Praxis sehr häufig vor, sodass ich sie an dieser Stelle vertiefend vorstellen möchte. Eine gute Erläuterung, was *Assistenzleistungen* sind, können Sie dem § 78 SGB IX entnehmen: Danach werden sie zur selbstbestimmten und eigenständigen Bewältigung des Alltags einschließlich der Tagesstrukturierung erbracht. Was bedeutet das konkret? Gemeint sind damit Leistungen wie zum Beispiel:

✔ Haushaltsführung

✔ Gestaltung sozialer Beziehungen

✔ persönliche Lebensplanung

✔ Teilhabe am gemeinschaftlichen und kulturellen Leben

✔ Freizeitgestaltung einschließlich sportlicher Aktivitäten

Der blinde Benjamin geht einer Beschäftigung in einem Callcenter nach. In seiner Freizeit besucht er gerne Konzerte und hat neuerdings sein Interesse für Museen entdeckt. Hierfür benötigt er eine Freizeitassistenz, die ihn begleitet und gerne auch die Gemälde in den Ausstellungen wortgewandt erklärt. In dem Kunststudenten Franz hat er die perfekte Assistenzkraft gefunden.

Allgemein können Assistenzleistungen also als Hilfen für den Alltag umschrieben werden. Unterschieden wird dabei zwischen der *einfachen* und der *qualifizierten* Assistenz, wie das nachfolgende Beispiel zeigt:

BEISPIEL

Aufgrund eines Wasserschadens in seiner Mietwohnung wird sichtbar, dass Thomas mit dem Messie-Syndrom lebt. Er kann sich einfach nicht von Dingen trennen und hortet alles in seiner Wohnung. Mit viel Zureden entschließt er sich, Eingliederungshilfe in Form von Assistenzleistungen zu beantragen. Er geht davon aus, dass ihm zunächst die *einfache Assistenz* reicht. Diese kommt nun regelmäßig und versucht, seine Wohnung zu reinigen und Ordnung zu schaffen. Aber schon beim nächsten Besuch sieht die Wohnung wieder wie vorher aus. Ihm wird daher die Beantragung einer *qualifizierten* Unterstützung empfohlen. Was wird diese nun anders machen?

Bei der *einfachen Assistenz* geht es darum, dass Handlungen zur Alltagsbewältigung, wie eben das Aufräumen, ganz oder teilweise durch die Assistenzkraft *übernommen* werden (§ 78 Absatz 2 Satz 2 Nr. 1 SGB IX). Dadurch war zwar die Wohnung von Thomas für einige Stunden oder Tage sauber, aber Thomas ließ nicht vom Horten der Sachen ab, sodass die einfache Assistenz – sehen wir vielleicht von ein paar Stunden saubere Wohnung ab – ein wenig ihr Ziel der Unterstützung verfehlte.

Hier nun kommt die *qualifizierte Assistenz* ins Spiel, die bei der Befähigung von Thomas zu einer eigenständigen Alltagsbewältigung ansetzt (§ 78 Absatz 2 Satz 2 Nr. 2 SGB IX). Die Assistenzkraft verfolgt hierbei einen *pädagogischen Ansatz*, um Thomas in seiner Entscheidungsfindung, von welchen Dingen er sich aus der Wohnung trennen kann, zu stärken und zu unterstützen. Es geht also nicht um die bloße Übernahme der konkreten Handlung, sondern um die *Anleitung zur Befähigung*. Aus diesem Grunde können die Leistungen der qualifizierten Assistenz nur von Fachkräften erbracht werden.

Elternassistenz

Übrigens können auch Väter und Mütter mit einer Behinderung eine entsprechende *Elternassistenz* (§ 78 Absatz 3 SGB IX) für die Versorgung und Betreuung ihres Kindes in Anspruch nehmen.

BEISPIEL

Die alleinstehende Mutter Luisa ist auf einen Rollstuhl angewiesen und möchte gerne, dass ihre Tochter Radfahren und Schwimmen erlernt. Hierzu benötigt Luisa eine Unterstützung durch eine Elternassistenz, und die wird sie auch bekommen.

Bei der Elternassistenz geht es gewöhnlich um die Übernahme einzelner Tätigkeiten wie das Wickeln oder Baden eines Babys, das Dolmetschen in Gebärdensprache bei Elternabenden und dergleichen, um die Eltern oder den Elternteil mit einer Behinderung im Alltag mit ihrem Kind zu unterstützen. Die Erziehung des Kindes verbleibt weiterhin bei den Eltern. Haben die Eltern beispielsweise eine Lernbeeinträchtigung und Schwierigkeiten beim Umgang mit Geld, kann in diesem Fall eine *qualifizierte Elternassistenz* infrage kommen.

Ehrenamt

Übrigens kann auch für die Ausübung eines *Ehrenamtes* eine Assistenz erforderlich sein, wie das nachfolgende Beispiel zeigt:

Der fußballbegeisterte und gehörlose Karl ist ehrenamtlich als Schiedsrichter tätig und bedarf hierbei ab und an eines Gebärdensprachdolmetschers. Nahestehende Personen wie Familie, Freunde, Nachbarn können ihn hierbei nicht unterstützen, sodass ihm das LSG Berlin-Brandenburg in seiner Entscheidung vom 12.3.2020 (Aktenzeichen L 15 SO 33/18) diese Dolmetscherkosten für das Ehrenamt im Rahmen der Eingliederungshilfe zugesprochen hat. Augenzwinkernd: Zur Begründung führt das Gericht den hohen Stellenwert des Fußballs in der Gesellschaft an. Aber was wäre, wenn es sich um eine Sportart wie Bogenschießen oder Polo gehandelt hätte? Das ließ das Gericht leider offen.

Urlaubsbegleitung

Hier noch eine neuere praxisrelevante Entscheidung des Bundessozialgerichts zur *Urlaubsbegleitung*:

Der Kläger ist auf einen Rollstuhl angewiesen und beschäftigt zu seiner Pflege rund um die Uhr drei Assistenten. Aber warum nicht mal Urlaub vom Alltag machen? – er bucht eine siebentägige Kreuzfahrt mit zwei Landausflügen. Zur Sicherstellung seiner Pflege nimmt er einen der Assistenten mit, was natürlich mit Kosten verbunden ist. Der Kläger beantragte daher die Übernahme der auf den Assistenten als Begleitperson entfallenden Reisekosten als Leistung der Eingliederungshilfe. Das BSG bestätigte seinen Anspruch; es handelt sich hier um Mehrkosten, die dem Kläger allein aufgrund seines behinderungsbedingten Bedarfs entstehen. Das Gericht wies zudem darauf hin, dass Urlaubsreisen als Form der Freizeitgestaltung ein legitimes soziales Teilhabebedürfnis darstellen (BSG, Urteil vom 19.5.2022, Aktenzeichen B 8 SO 13/20R).

Das Persönliche Budget

An dieser Stelle widmen wir uns dem *Persönlichen Budget*, da es häufig im Zusammenhang mit Assistenzleistungen bewilligt wird. Die zentrale Norm ist der § 29 SGB IX. Ich empfehle gerne die Lektüre der Norm in einer ruhigen Minute. Sie enthält alles, was Sie zu dem Thema wissen sollten!

Das Persönliche Budget durchbricht das traditionelle Sach- oder Dienstleistungsprinzip, indem Antragsteller regelmäßig auf der Basis einer abgeschlossenen Zielvereinbarung vom Sozialträger – das kann jede in § 6 SGB IX genannte Behörde einschließlich Sozialamt sein – eine bestimmte, regelmäßig monatliche Geldleistung für die Inanspruchnahme von Teilhabeleistungen erhalten. Dazu zählen auch die Leistungen der Eingliederungshilfe. Das Budget hat dabei zum Ziel, dass der Budgetnehmer in eigener Verantwortung im Sinne eines selbstbestimmten Lebens entscheidet, durch welche Personen oder Einrichtungen er Unterstützung in Anspruch nehmen möchte. Es durchbricht damit das sonst üblich *sozialrechtliche Dreiecksverhältnis*, in dem allein die Behörde entscheidet, welche Leistung von wem dem Berechtigten gegenüber erbracht wird. Das Budget schafft damit also für einen Menschen mit einer Behinderung Autonomie und Eigenverantwortung in der Gestaltung seines eigenen Lebens.

Das Persönliche Budget dient nicht der Finanzierung des eigenen Lebensunterhaltes, sondern muss zweckgebunden für Teilhabeleistungen eingesetzt werden.

Das Arbeitgebermodell

Haben Sie im Zusammenhang mit dem Persönlichen Budget schon einmal etwas vom *Arbeitgebermodell* gehört? Mit diesem Modell nimmt die leistungsberechtigte Person (also der Budgetnehmer) die rechtliche Rolle eines Arbeitgebers ein und trifft damit seine eigenen Entscheidungen, welchen Assistenten er auf der Basis eines Arbeitsvertrages in Voll-, Teilzeit oder auf Minijob-Basis anstellt. Er führt die Bewerbungsgespräche, schließt Arbeitsverträge ab, zahlt Gehalt, kündigt Mitarbeitenden, fertigt Urlaubspläne und vieles mehr.

Rollifahrer Tom ist begeisterter Online-Soccer-Fan und spielt meist die Nacht durch. Dumm nur, dass sich immer gegen 9 Uhr morgens über einen Leistungserbringer ein Assistent für die Haushaltsführung und Tagesstrukturierung bei ihm ankündigt. Tom möchte aber gerne vormittags ausschlafen und erst am Nachmittag die Unterstützung in Anspruch nehmen, was seitens des Leistungserbringers mit Verweis auf die Arbeitszeit bis 16 Uhr abgelehnt wird. Tom entschließt sich daher, auf das Persönliche Budget im Arbeitgebermodell umzustellen, was ihm der Träger gewährt. So kann er mit seinem Assistenten in Ruhe einen Arbeitsbeginn ab 15 Uhr vereinbaren.

Das Ziel ist eine Vereinbarung

Um ein Persönliches Budget zu erhalten, muss regelmäßig vorher eine *Zielvereinbarung* abgeschlossen werden. Sie wird in § 29 Absatz 4 SGB IX näher erläutert.

Bei der Zielvereinbarung handelt es sich um eine Vereinbarung zwischen der Behörde als Budgetgeber (wie Krankenkasse, Träger der Eingliederungshilfe etc.) und der antragstellenden Person als Budgetnehmer mit der Konkretisierung, welche Teilhabeziele mit welchen Leistungen und welchem Umfang verfolgt werden sollen, also Unterstützung bei der Ausübung eines Ehrenamtes, bei der Tagesstrukturierung, bei Behördengängen, um nur einiges zu nennen.

Zum Inhalt der Zielvereinbarung gehört auch regelmäßig, welche *Qualitätsanforderungen* die hierfür erforderlichen Fachkräfte/Assistenten aufweisen sollen und vor allem wie der *Nachweis der Verwendung der Budgetmittel* zu erfolgen hat. Das ist ein häufiger Streitpunkt in der Praxis. Muss der Budgetnehmer – ähnlich einem Buchhalter – alle seine Ausgaben akribisch nachweisen oder reicht die Vorlage von Gehaltsabrechnungen seiner Assistenzkräfte nebst Kontoauszügen? Auch ich habe hierfür keine allgemeinverbindliche Lösung parat. Hier kann nur auf eine absehbare Klarstellung durch das BSG gehofft werden. Empfehlenswert ist es auf jeden Fall, den Umfang der vorzulegenden Nachweise auf das absolut Notwendige zu beschränken und dies konkret in die Zielvereinbarung mit aufzunehmen.

Ist die Zielvereinbarung abgeschlossen worden, bestimmt diese anschließend den Umfang der vom Träger zu bewilligenden Leistung. Die Budgetnehmer erhalten also einen Bescheid vom Träger über die Höhe der mittels Persönlichem Budget bewilligten Leistung. Bei einer erforderlichen Rund-um-die-Uhr-Betreuung an sieben Tagen die Woche in der Häuslichkeit mit mehreren Assistenten können da schnell mal monatliche Beträge im oberen fünfstelligen Bereich zusammenkommen.

Übrigens kann eine Zielvereinbarung jederzeit von beiden Seiten aus wichtigem Grund mit sofortiger Wirkung gekündigt werden. Ein solcher Grund wird angenommen, wenn die Fortsetzung der Vereinbarung nicht mehr zumutbar ist, etwa durch eine Veränderung der persönlichen Lebensumstände des Budgetnehmers. Warum dann nämlich noch am Budget festhalten? Die Kündigung hat zur Folge, dass der Bewilligungsbescheid natürlich auch aufgehoben werden muss. Andernfalls versiegt der behördliche Geldhahn nicht und es wird Monat für Monat nicht mehr benötigtes Budgetgeld ausgezahlt, welches dann selbstredend zurückzuzahlen ist.

Budgetassistenten helfen!

Abschließend sei der Hinweis gestattet, dass trotz des großen Vorteils der Selbstbestimmung eine Budgetverwaltung auch immer Arbeit bedeutet, zeitintensiv ist und Kenntnisse aus unterschiedlichen Rechtsgebieten wie insbesondere dem Arbeitsrecht erfordert. Manch einer ist hier verständlicherweise schnell überfordert. Eine Lösung können *Budgetassistenten* sein, die sich auf die Unterstützung der Budgetnehmer spezialisiert haben. Die Budgetassistenten erbringen natürlich nicht kostenlos ihre Unterstützung, sodass es ratsam ist, diese Kosten in die Kalkulation des Budgets mit aufzunehmen und sich diese Ausgaben vom Träger im Rahmen der Zielvereinbarung anerkennen zu lassen. Gerade Menschen mit einer geistigen und/ oder seelischen Beeinträchtigung können dadurch erheblich entlastet werden.

Grad der Behinderung und Merkzeichen

Kommen wir nun zum Teil 3 des SGB IX und damit zum Verfahren auf Feststellung eines *Grades der Behinderung* und den Nachteilsausgleichen. Auch hier haben wir es wieder mit einem Paragrafen (§ 152 SGB IX) zu tun, der so schön selbsterklärend ist. Seien Sie gespannt, wie jemand einen Grad der Behinderung anerkannt bekommt und welche Merkzeichen es gibt.

Das Feststellungsverfahren

Ein *Feststellungsverfahren* beginnt, wie so oft, mit einem Antrag an den zuständigen Träger, das *Versorgungsamt*. Im Antrag wird angegeben, welche gesundheitlichen und Teilhabebeeinträchtigungen jemand hat sowie bei welchen Ärzten er deshalb in Behandlung ist. Anschließend fordert das Amt im Rahmen seiner Amtsermittlungspflicht aktuelle Befundberichte bei den Ärzten an. Sobald diese vorliegen – was manchmal Monate dauern kann, denn Ärzte sind häufig überlastet und schieben die Schreibtischarbeiten gern nach hinten –, prüft die Behörde, ob und in welcher Höhe ein Grad der Behinderung (GdB) festgestellt wird. Das alles ist meistens kein Hexenwerk, denn in der *Versorgungsmedizin-Verordnung*

(*VersMedV*) finden Sie Anhaltspunkte für die Höhe eines GdB für einzelne Krankheitsbilder, gestaffelt nach den tatsächlichen Einschränkungen und für die Anerkennung von *Merkzeichen*. Hierzu das folgende Beispiel:

BEISPIEL

John, begeisterter Hobbyhandwerker, ist leider nicht immer hinreichend auf seine Sicherheit bedacht. Mit der Begeisterung für die neue Kettensäge (wer liest schon die Warnhinweise in der Bedienungsanleitung?) hat er es übertrieben, und nun fehlen ihm vier Finger einschließlich des Daumens an der linken Hand. Auf Anraten eines Freundes beantragt John beim Versorgungsamt die Anerkennung eines Grades der Behinderung. Da ihm auch der Daumen bei der Aktion verlustig gegangen ist, gewährt ihm das Amt einen GdB von 50, weil damit die Greiffunktion der Hand erheblich in Mitleidenschaft gezogen ist.

Das Versorgungsamt bewertet die Leiden/Funktionsstörungen nach den Auswirkungen auf die Teilhabe am Leben in der Gesellschaft als Grad der Behinderung nach Zehnergraden und vergibt hierzu regelmäßig Einzel-GdBs. Eine Besonderheit gibt es jedoch, wie das nachfolgende Beispiel zeigt:

BEISPIEL

Abwandlung: John hatte bei seinem Tatendrang mit der Kettensäge Glück im Unglück und »nur« den Daumen hat es erwischt. Zwar rät ihm sein Freund vom GdB-Antrag ab, aber er versucht es trotzdem. Ein paar Wochen später erhält er Post vom Versorgungsamt, wonach ihm ein GdB von 25 anerkannt wird. Er glaubt an einen Fehler – werden hier nicht nur Zehnergrade vergeben?

Wer die VersMedV ganz gründlich liest, wird feststellen, dass es auch »krumme« GdBs gibt, so beim Verlust eines Daumens: Da beträgt der GdB tatsächlich 25. Das Versorgungsamt hat also richtig entschieden.

Damit ein Antrag erfolgreich ist, muss das Versorgungsamt einen Grad der Behinderung von wenigstens 20 feststellen, mehr geht natürlich immer.

BEISPIEL

Klara, die Ehefrau von John, möchte nun auch einen Grad der Behinderung beantragen, denn sie hat Diabetes mellitus Typ 2 und Bluthochdruck (beides ist gut eingestellt). Als sie den Bescheid des Versorgungsamtes in den Händen hält, versteht sie die Welt nicht: Ihr wurden zwar jeweils Einzelgrade der Behinderung von 10 anerkannt, aber dennoch meint die Behörde, es läge kein GdB von 20 vor. Kann das Versorgungsamt nicht rechnen? 10 plus 10 ist doch schließlich 20, denkt sich Klara. Was meinen Sie?

Wenn mehrere Funktionsbeeinträchtigungen vorliegen, werden nicht einfach alle Einzelgrade zu einem *Gesamtgrad der Behinderung* addiert! Vielmehr wird der GdB »nach den Auswirkungen der Beeinträchtigung in ihrer Gesamtheit unter Berücksichtigung ihrer wechselseitigen Beziehungen festgestellt« (§ 152 Absatz 3 SGB IX). »Alles klar«, werden Sie jetzt denken, »hab ich nicht verstanden.« So ganz klar ist das wirklich nicht, denn in der Tat gibt es für diese Ermittlung des Gesamt-GdB keine eindeutige Anweisung. So wird zwar eine Gesamtbetrachtung vorgenommen, aber deren Ergebnis erscheint letztlich nicht immer komplett nachvollziehbar.

Als Faustformel gilt: Es kommt auf alle Auswirkungen der einzelnen Funktionsbeeinträchtigungen in ihrer Gesamtheit an, wobei berücksichtigt werden muss, ob und wie sie sich gegenseitig beeinflussen. Das bedarf regelmäßig einer medizinischen, häufig gutachterlichen Bewertung.

Klara ist gut medikamentös eingestellt. Die zwei Leiden nerven zwar, beeinflussen sich aber nicht gegenseitig: So wird der Bluthochdruck nicht schlimmer, wenn der Diabetes außer Rand und Band gerät, und umgekehrt. Es bleibt also dabei, dass Klara den für eine Feststellung erforderlichen Mindest-GdB von 20 nicht erreicht hat und die Ablehnung ist zutreffend. Der Rahmen für eine (positive) Feststellung eines GdB liegt übrigens bei mindestens 20 und höchstens 100.

Wie Sie am Anfang des Kapitels gelesen haben, gilt eine Person ab einem GdB von 50 als schwerbehindert und hat damit Anspruch auf die Ausstellung eines *Schwerbehindertenausweises* nach § 152 Absatz 5 SGB IX (gerne auch »*Schwer-in-Ordnung-Ausweis*« genannt). Hierfür müssen Sie ein Foto des eigenen Konterfeis ans Amt schicken.

Sollte später einmal der GdB auf unter 50 sinken, weil etwa eine gesundheitliche Verbesserung eingetreten oder die Heilungsbewährung abgelaufen ist, muss der Ausweis gemäß § 199 Absatz 1 SGB IX erst ab dem Ende des dritten Monats nach Bestandskraft des Bescheides an das Amt zurückgegeben werden.

Was die Merkzeichen bedeuten

Neben dem GdB trifft das Versorgungsamt auch Feststellungen über das Vorliegen von *Merkzeichen*. Aber Achtung: Dies erfolgt nicht von Amts wegen, sondern die Merkzeichen müssen ausdrücklich beantragt werden! Meist erfolgt dies durch Ankreuzen infrage kommender Merkzeichen im Antragsformular. Merkzeichen geben Auskunft über die Art der Behinderung und die damit verbundenen Leistungen und Vergünstigungen. Auch diese sind in der VersMedV erläutert. Die häufigsten sind:

- ✔ **Merkzeichen G** – erhebliche Gehbehinderung,
- ✔ **Merkzeichen aG** – außergewöhnliche Gehbehinderung,
- ✔ **Merkzeichen B** – Begleitung erforderlich,
- ✔ **Merkzeichen H** – hilflos,

um nur einige zu nennen. Jedes Merkzeichen für sich genommen muss bestimmte Voraussetzungen erfüllen. Wann dieses Merkzeichen vergeben wird, erkläre ich am *Merkzeichen aG* in folgendem Beispiel:

BEISPIEL

Tobias wurden nach einem Verkehrsunfall beide Oberschenkel amputiert. Er ist seitdem zur Fortbewegung auf einen Rollstuhl angewiesen und beantragt deshalb die Anerkennung des Merkzeichens aG.

Für die Anerkennung des *Merkzeichens aG* ist allgemein Voraussetzung, dass die Fortbewegung auf Dauer nur mit fremder Hilfe oder unter großer Anstrengung möglich ist. Davon ist auszugehen, wenn eine »erheblich mobilitätsbezogene Teilhabebeeinträchtigung« vorliegt, die mindestens einem GdB von 80 entspricht. Das ist bei Tobias der Fall, da er auch für kurze Strecken zur Fortbewegung auf einen Rollstuhl angewiesen ist.

Im Zusammenhang mit dem BTHG hat das Merkzeichen aG insoweit eine Klarstellung erhalten, als dass es auch bei neuromuskulären oder mentalen Störungen, bei Parkinson oder Multipler Sklerose oder Erkrankungen innerer Organe wie schweren Herz- und Lungenerkrankungen in Betracht kommen kann.

Der Nachteilsausgleich bei Behinderungsgraden

Jetzt fragen Sie sich vielleicht, was die Anerkennung eines Grades der Behinderung, von Merkzeichen und insbesondere konkret des Merkzeichens aG bringt? Die Antwort lautet: *Nachteilsausgleiche.* So sind mit der Feststellung eines GdB von mindestens 20 bereits Steuererleichterungen verbunden, die sich mit zunehmendem GdB erhöhen. Ab einem GdB von 50 gilt jemand zudem als schwerbehindert und kann sich so im Arbeitsleben auf den *besonderen Kündigungsschutz* berufen.

Schwerbehinderte Arbeitnehmer sind übrigens nicht gänzlich unkündbar. Der Arbeitgeber hat mit einer solchen geplanten Kündigung – sei es ordentlich oder außerordentlich – aber mehr Aufwand, da er **vor** der Kündigung zunächst die Zustimmung des *Integrationsamtes* einholen muss (§ 168 SGB IX). Ist eine *Schwerbehindertenvertretung* an der Arbeitsstätte vorhanden, hat der Arbeitgeber auch diese vor Ausspruch der Kündigung zu beteiligen (§ 178 Absatz 2 SGB IX).

Zudem haben Menschen mit einer Schwerbehinderung im Arbeitsleben Anspruch auf fünf zusätzliche Urlaubstage und können früher in die Altersrente starten.

Hinzu kommen Ermäßigungen bei Eintrittsgeldern, Kurtaxen oder Ähnliches. Mit dem Merkzeichen aG können somit auch eine kostenlose Beförderung im ÖPNV nach Erwerb einer Wertmarke oder Parkerleichterungen (*blauer Ausweis*) verbunden sein oder auch die Kostenübernahme für Fahrdienste durch die Krankenkasse. Da jeder GdB und jedes Merkzeichen jeweils Nachteilsausgleiche nach sich zieht, kann aufgrund der Fülle hier nicht weiter darauf eingegangen werden kann.

Ablauf der Heilungsbewährung

Manche Genesung braucht einfach seine Zeit, vielleicht auch, um sich mental wieder zu stärken. Dies kalkuliert das Versorgungsamt bereits bei der Vergabe eines GdB ein und wartet – meist fünf Jahre – die *Heilungsbewährung* ab. Typische Beispiele sind Transplantationen innerer Organe oder Krebs-/Tumorerkrankungen. Der Zeitraum der Heilungsbewährung ist im Bescheid angegeben. Nach Ablauf der Heilungsbewährung prüft die Behörde, ob mittlerweile eine wesentliche Verbesserung der gesundheitlichen Situation eingetreten ist, denn wie heißt es so schön: Zeit heilt Wunden. Die Idee des Amtes: Der GdB könnte doch jetzt geringer sein.

Und nun kommt wieder unsere geliebte Verwaltungsvorschrift zum Einsatz: Um nach Ablauf der Heilungsbewährung die Herabsetzung des GdB zu prüfen, verschickt die Behörde ein *Anhörungsschreiben* nach § 24 SGB X. Darin wird der Betroffene darüber informiert, dass die Behörde nun plant, den GdB herabzusetzen – meistens auf unter 50. Das würde auch die Anerkennung als schwerbehinderter Mensch entfallen lassen, sodass Betroffene selten »amused« sind. Was tun? Betroffenen ist zunächst anzuraten, die eigene gesundheitliche Situation zu überdenken. So gibt es häufig nach derartig schweren Erkrankungen noch zusätzliche Folgeerkrankungen, die das Amt gar nicht kennt. Auch können in der Zwischenzeit neue gesundheitliche Einschränkungen hinzugekommen oder bestehende sich verschlechtert haben. In diesem Fall setzen Sie ein Schreiben an das Versorgungsamt auf – **keinen Widerspruch**! –, schildern die persönliche Situation und legen Befund- und Krankenhausentlassungsberichte bei. Das Versorgungsamt wird dann das Vorbringen zum Anlass nehmen, nochmals neue Befundberichte von den Ärzten abzufordern. Nach deren Prüfung verschickt dann das Versorgungsamt einen Bescheid, in dem regelmäßig ein neuer GdB festgestellt wird.

Wer mit dem Ergebnis nicht einverstanden ist, hat dann die Möglichkeit, *Widerspruch* einzulegen.

IN DIESEM KAPITEL

Zuständiger Träger

Der neue Gewaltbegriff

Berechtigte der Sozialen Entschädigung

Leistungen nach dem SGB XIV

Kapitel 17
Das Soziale Entschädigungsrecht nach SGB XIV

Kommen wir nun zu einem ernsten Thema, dem *Sozialen Entschädigungsrecht.* Ernst ist das Thema vor allem, weil sich jemand vielleicht einfach zur falschen Zeit am falschen Ort aufhielt und deshalb Opfer einer Gewalttat geworden ist, oder weil ein vermeintlich harmloser Pieks für eine Schutzimpfung dann doch gesundheitlich negative Auswirkungen hatte. Das SGB XIV kennt viele Anlässe, aus denen sich ein Entschädigungsanspruch ergeben kann.

In diesem Kapitel kann ich natürlich nicht alle Anlässe vorstellen, sodass nachfolgend der Schwerpunkt auf der Entschädigung von Gewaltopfern unter Beachtung des neuen Gewaltbegriffs liegt. Zuvor müssen wir uns aber mit der grundsätzlichen Frage beschäftigen, warum hier das SGB XIV zuständig ist.

Wieso heißt es SGB XIV und nicht SGB XIII?

Eine berechtigte Frage! Wenn Sie sich die Liste der Sozialgesetzbücher ansehen, merken Sie schnell, dass da eine kleine Lücke klafft: Auf die Sozialhilfe (SGB XII) folgt nicht – wie es ja logisch wäre – das SGB XIII, sondern es geht mit SGB XIV weiter. Kann der Gesetzgeber etwa nicht richtig zählen? Mitnichten.

Warum das Soziale Entschädigungsrecht nicht den Platz des SGB XIII bekam, hat einen einfachen Hintergrund: der Aberglaube. In einigen Kulturkreisen galt die Zahl Zwölf als heilig (denken Sie nur an die zwölf Monate oder die zwölf Tierkreiszeichen) und die folgende Zahl als Dreizehn als negativ besetzt, so auch im Christentum (denken Sie an Judas als den dreizehnten Jünger beim Abendmahl). Das steckt noch immer tief im Gedankengut vieler Menschen, die bei dieser Zahl aufkommendes Unglück wittern. Manche Fluggesellschaften bieten keine Sitze in Reihe 13 an, und Hotels verzichten meistens auf die Ausschilderung einer dreizehnten Etage, da diese erfahrungsgemäß ungern gebucht wird. Daher wollte der Gesetzgeber gerade Betroffenen für Entschädigungsleistungen mit einem Gesetz der numerischen Ordnung folgend kein ungutes Gefühl vermitteln. Die mathematische Nummerierung wurde also kurzzeitig mal ausgesetzt, und daher lernen Sie nun das SGB XIV kennen.

Der Anlass, warum der Gesetzgeber ein neues Entschädigungsrecht konzipieren musste, war der Terroranschlag auf den Berliner Weihnachtsmarkt an der Gedächtniskirche im Jahr 2016, bei dem ein Sattelzug bewusst in die Menschenmenge gelenkt wurde. Dieses terroristisch motivierte Attentat mit insgesamt dreizehn Toten und über hundert Verletzten führte dem Gesetzgeber auf fatale Weise vor Augen, dass es dringend einer Neugestaltung des Entschädigungsrechts bedurfte. Nach dem damals noch geltenden *Opferentschädigungsgesetz* (*OEG*) waren Ansprüche aus einem tätlichen Angriff mit einem Kfz oder Anhänger ausgeschlossen, und diese eklatante Lücke wurde mit dem SGB XIV geschlossen.

Zuständiger Träger der Sozialen Entschädigung

Klären wir zunächst, welche Behörde überhaupt für die Bearbeitung der Anträge nach dem SGB XIV zuständig ist, bevor wir vertiefend in das SGB XIV einsteigen. § 111 SGB XIV hilft uns nur bedingt weiter, denn dort heißt es mehr allgemein als konkret:

Träger der Sozialen Entschädigung sind die Länder.

Jedes Bundesland legt daher für sich die genaue Bezeichnung des Trägers fest. Hier drei Beispiele:

- Berlin: Landesamt für Gesundheit und Soziales (LaGeSo)
- Nordrhein-Westfalen: Landschaftsverbände Rheinland (LVR) und Westfalen-Lippe (LWL)
- Bayern: Zentrum Bayern Familie und Soziales

Ein gewisses Durcheinander für Betroffene, aber nicht verzagen, denn dank des Internets kann jeder für sein Bundesland die richtige Bezeichnung des zuständigen Trägers für die Soziale Entschädigung finden.

Welche Schädigungen das Gesetz umfasst

Was das betrifft, beginnen wir hier gleich mit dem Wortlaut des Gesetzestextes:

> Aufgabe des neu geschaffenen SGB XIV ist es, Menschen, die durch ein schädigendes Ereignis, für das die staatliche Gemeinschaft eine besondere Verantwortung trägt, eine gesundheitliche Schädigung erlitten haben, bei den dadurch erlittenen Folgen zu unterstützen (§ 1 Absatz 1 SGB XIV).

Trotz der juristentypisch umständlichen Sprache erschließt sich gleich, was hiermit gemeint ist. Zu den *schädigenden Ereignissen* zählen gemäß § 1 Absatz 2 SGB XIV vor allem

- ✔ **Gewalttaten** (auch die vorsätzliche Vergiftung),
- ✔ **Kriegsauswirkungen** beider Weltkriege,
- ✔ Ereignisse im Zusammenhang mit der **Ableistung des Zivildienstes**,
- ✔ **Schutzimpfungen** oder andere Maßnahmen der spezifischen **Prophylaxe** wie eine Gabe von Antikörpern (passive Immunprophylaxe) oder eine Gabe von Medikamenten (Chemoprophylaxe), sofern diese eine gesundheitliche Schädigung verursacht haben.

Erforderlicher Zusammenhang

Es bedarf also auch hier – ähnlich dem Unfallversicherungsrecht – einer (doppelten) *Kausalität*: So muss das schädigende Ereignis kausal für die gesundheitliche Schädigung und diese kausal für den Eintritt der Schädigungsfolgen sein (§ 4 SGB XIV). Tja, was bedeutet das im Alltagsgeschehen fernab von Kriegsgeschehen und terroristischen Anschlägen? Dazu ein Beispiel:

> BEISPIEL
>
> Der Ehemann schnitt seiner Frau, einer Musikerin, im Zusammenhang mit einer eskalierten häuslichen Gewalt mehrere Finger der rechten Hand ab, sodass die Ehefrau kein Instrument mehr spielen konnte und sie ihren Beruf als Musikerin aufgeben musste. Durch die Berufsaufgabe ist ihr ein erheblicher wirtschaftlicher Nachteil entstanden, den sie nun nach dem SGB XIV geltend macht.

Es spielt dabei übrigens keine Rolle, ob das schädigende Ereignis ein zeitlich begrenztes, einmaliges Ereignis war oder wiederkehrend oder über einen längeren Zeitraum stattfand. So kann zum Beispiel eine an sich gefahrlose Tagesdosis eines Medikaments gerade durch die wiederholte und/oder erhöhte Gabe über einen längeren Zeitraum zu einer gesundheitlichen Beeinträchtigung führen, nach dem Motto: Der stete Tropfen höhlt den Stein.

Der neue Gewaltbegriff

Durch das SGB XIV hat der *Gewaltbegriff* eine Erweiterung erfahren: Nach § 13 SGB XIV können nicht nur diejenigen Leistungen erhalten, die Opfer einer vorsätzlichen rechtswidrigen *körperlichen* (physischen) Gewalttat geworden sind, sondern auch *psychische Gewalt* ist nun anerkannt.

Voraussetzung für das Vorliegen einer *psychischen Gewalt* ist ein gegen die freie Willensentscheidung einer Person gerichtetes schwerwiegendes Verhalten.

Hier sehen Sie wieder, dass der Gesetzgeber auch im SGB XIV gerne Rechtsbegriffe mit Interpretationsspielraum verwendet. Was als »schwerwiegend« angesehen wird, betrachtet jeder von uns wahrscheinlich unterschiedlich. In § 13 Absatz 2 SGB XIV schiebt der Gesetzgeber aber gleich eine Erläuterung hinterher:

Ein *schwerwiegendes Verhalten* im Sinne des § 13 Absatz 1 Nr. 2 SGB XIV liegt regelmäßig vor, wenn es den Tatbestand des sexuellen Missbrauchs, des sexuellen Übergriffs, der sexuellen Nötigung, der Vergewaltigung, des Menschenhandels, der Nachstellung, der Geiselnahme oder der räuberischen Erpressung erfüllt oder von mindestens vergleichbarer Schwere ist.

Was aber ist eine »vergleichbare Schwere«? Um diesen Begriff zu erklären, nimmt der Gesetzgeber in § 14 Absatz 1 SGB XIV *Gleichstellungen* vor, wie etwa das vorsätzliche Verabreichen von Gift oder die *erhebliche Vernachlässigung* von Kindern.

Nicht jede Vernachlässigung von Kindern ist gleich als erheblich einzustufen. Eine unzureichende Ernährung oder die Verhinderung der notwendigen medizinischen Hilfe werden hier häufig als Beispiele für eine erhebliche Vernachlässigung genannt.

Aber auch Personen, die infolge des Miterlebens einer Tat oder des Auffindens des Opfers – als *Schockschadenopfer* – eine gesundheitliche Schädigung davongetragen haben, stehen Opfern von Gewalttaten gleich. Die Besonderheit: Gegen sie richtete sich die Gewalt nicht unmittelbar, aber dennoch wurden sie durch das Miterleben/Auffinden in ihrer Gesundheit beeinträchtigt, sodass ihnen Schutz zu gewähren ist. Gleiches gilt übrigens auch für Personen, die als Überbringer einer Nachricht vom Tode oder der schwerwiegenden Verletzung des Opfers eine gesundheitliche Schädigung erlitten haben, wenn zu dem Opfer eine enge emotionale Beziehung besteht.

Berechtigte und Leistungen der Sozialen Entschädigung

Die Frage ist natürlich bei einem (vor allem neuen) Gesetz immer: Wer kann eigentlich Ansprüche stellen? Zur Beantwortung schauen wir uns einfach den § 2 SGB XIV genauer an:

Berechtigt zur Antragstellung nach dem SGB XIV sind Geschädigte sowie deren Angehörige, Hinterbliebene und Nahestehende.

Was der Gesetzgeber hierunter konkret versteht, erläutert er sogleich in den Absätzen 2 bis 5 des § 2 SGB XIV: Als *Geschädigter* gilt, wer durch ein schädigendes Ereignis unmittelbar eine gesundheitliche Schädigung erlitten hat. *Angehörige* können beispielsweise Ehegatten oder Kinder sein, wobei als Kinder auch im Haushalt des Geschädigten aufgenommene Stief- und Pflegekinder gelten. Unter die *Hinterbliebenen* fallen:

- **Witwen/Witwer und Waisen,**
- **Eltern,**
- **Betreuungsunterhaltsberechtigte**

einer an den Folgen einer Schädigung verstorbenen Person. Haben Sie schon mal etwas von *Betreuungsunterhaltsberechtigte* gehört? Wenn nein, machen wir nun einen kleinen Ausflug in das Unterhaltsrecht nach dem Zivilrecht, konkret zu § 1615 l BGB:

BEISPIEL

Tom und Jenny leben zusammen, sind aber nicht verheiratet. Das gemeinsame Kind ist zwei Jahre alt und wird von Jenny betreut, die dafür ihre Erwerbstätigkeit aufgegeben hat. Geschockt erhält Jenny eines Abends die Nachricht, dass Tom Opfer einer tödlichen Gewalttat geworden ist. Wie soll es jetzt finanziell für Jenny weitergehen?

Lösung: Da Tom und Jenny nicht verheiratet werden, scheidet eine Versorgung als hinterbliebene Witwe aus. Allerdings gilt sie nach § 1615 l BGB als *Betreuungsunterhaltsberechtigte,* da sie für die Pflege und Erziehung des gemeinsamen Kindes ihre Erwerbstätigkeit aufgegeben hat. Sie gilt damit als Hinterbliebene nach § 2 Absatz 4 Nr. 3 SGB XIV.

Was *Nahestehende* im Sinne des Gesetzes sind, ist letztlich in § 2 Absatz 5 SGB XIV erklärt. Dazu zählen Geschwister sowie Personen, die mit dem/der Geschädigten eine Lebensgemeinschaft führen, die der Ehe ähnlich ist.

Die eheähnliche Gemeinschaft haben Sie schon im Zusammenhang mit der Bedarfsgemeinschaft nach § 7 Absatz 3 Nr. 3c i.V.m. § 7 Absatz 3a SGB II in Kapitel 13 kennengelernt.

Einen kleinen Exkurs in mögliche Leistungen

Den Personenkreis (Berechtigte), der Soziale Entschädigung einfordern kann, kennen Sie nun bereits, was uns zum nächsten wichtigen Thema führt: welche Leistungen es für Berechtigte der Sozialen Entschädigung gibt.

§ 3 SGB XIV enthält einen derzeit zwölf Punkte umfassenden Katalog an Leistungen, von denen ich nur einige erwähne, wie

- Leistungen des Fallmanagements und in einer Traumaambulanz als »Schnelle Hilfe«,
- Leistungen der Krankenbehandlung,
- Leistungen bei Pflegebedürftigkeit und Blindheit,
- Entschädigungszahlungen,

- Berufsschadenausgleich,
- den Ausgleich in Härtefällen.

Die meisten Punkte dieser Liste erklären sich von selbst, aber auf die Schnelle Hilfe gehe ich nun etwas detaillierter ein.

Die Leistungen der »Schnellen Hilfen«

Bei Schnellen Hilfen muss ich – sehen Sie mir mein Alter nach! – immer an die Fernsehserie »Die schnelle Gerdi« mit Senta Berger aus den 1980er-/1990er-Jahren denken. Auch da war der Name Programm nach der Devise: Je eher, desto besser. Und das gilt auch hier!

Die Leistungen der *Schnellen Hilfe* (§§ 29 ff. SGB XIV) umfassen Leistungen des Fallmanagements und in einer Traumaambulanz.

Das Fallmanagement

So sollen *Fallmanager* aktivierend und koordinierend Berechtigte sogleich durch das Antrags- und Leistungsverfahren begleiten, insbesondere wenn sie Opfer einer Straftat gegen das Leben oder die sexuelle Selbstbestimmung geworden sind.

Die Traumaambulanz

Hierbei handelt es sich um Gesundheitseinrichtungen, die mit dem Träger der Sozialen Entschädigung eine Vereinbarung nach § 37 SGB XIV geschlossen haben. Die Anzahl der Traumaambulanzen ist noch ausbaufähig, um ohne lange Wartezeiten den Bedarf an Versorgung decken zu können.

Sie kommen für eine *psychotherapeutische Frühintervention* (§ 32 SGB XIV) in Betracht, um Geschädigte im Idealfall **vor** dem Eintritt einer psychischen Gesundheitsstörung oder deren Chronifizierung zu bewahren. Die erste Sitzung muss in diesem Fall innerhalb von zwölf Monaten nach dem Schadensereignis oder nach Kenntnisnahme hiervon erfolgen. Auch Angehörige, Hinterbliebene und Nahestehende können hiervon Gebrauch machen.

Möglich ist auch eine *psychotherapeutische Intervention in anderen Fällen* (§ 33 SGB XIV). Sie kommt immer dann in Betracht, wenn bei einem mehr als zwölf Monate zurückliegenden Schadensereignis eine akute psychische Belastung vorliegt, die auf das Ereignis zurückzuführen ist. Hier muss die erste Sitzung innerhalb von zwölf Monaten nach Auftreten der akuten Belastung erfolgen.

Auf den Punkt gebracht: Bei § 32 SGB XIV bedarf es noch **keiner** akuten Belastung des psychischen Wohlbefindens, bei § 33 SGB XIV allerdings **zwingend**.

Der Personenkreis der Geschädigten, Angehörigen, Hinterbliebenen und Nahestehenden hat allgemein einen Anspruch auf bis zu 15 Sitzungen, Kinder und Jugendliche sogar bis zu 18 Sitzungen (§ 34 SGB XIV). Zur Aufgabe der Traumaambulanz gehört es, die Notwendigkeit von weiteren Sitzungen zeitnah festzustellen.

Die Leistungen der Traumaambulanz können übrigens auch schon in Anspruch genommen, wenn noch keine Entscheidung im *Erleichterten Verfahren* nach § 115 SGB XIV vorliegt. Wenn Sie erst lange auf die behördliche Entscheidung warten müssten, wäre es andernfalls keine »schnelle« Hilfe mehr.

Das Erleichterte Verfahren (§ 115 SGB XIV)

Leistungen der Schnellen Hilfen werden regelmäßig im *Erleichterten Verfahren* erbracht. So gelten geringere Beweisanforderungen, denn gemäß § 115 Absatz 2 SGB XIV genügt es, wenn eine summarische Prüfung ergibt, dass die antragstellende Person anspruchsberechtigt sein kann. Davon ist auszugehen, wenn keine offensichtlichen Unrichtigkeiten vorliegen, sodass der dargestellte Sachverhalt als wahr unterstellt werden kann. Auf den Konjunktiv ist hier Wert zu legen!

Weitere Leistungen

Die weiteren Leistungen wie die der Krankenbehandlung, bei Pflegebedürftigkeit und die Entschädigungszahlungen an Hinterbliebene führen sozusagen die Leistungen aus der beitragsfinanzierten Sozialversicherung einschließlich dem SGB IX zusammen. So können Geschädigte Anspruch auch auf Krankengeld oder Pflegeleistungen haben.

Hervorzuheben ist an dieser Stelle der Anspruch von Geschädigten auf eine monatliche *Entschädigungszahlung* (§ 83 SGB XIV). Die Zahlung soll einerseits eine Genugtuungsfunktion durch die Anerkennung der gesundheitlichen Schädigung haben und andererseits dadurch entstandene Belastungen ausgleichen. Die Höhe der monatlichen Entschädigungszahlung richtet sich nach dem Grad der Schädigungsfolgen (GdS).

Um den *Grad der Schädigungsfolgen* (*GdS*) zu ermitteln, wird sich – wie beim Grad der Behinderung – einfach der VersMedV bedient.

Beträgt der GdS 30 und 40, erhalten Geschädigte aktuell im Jahr 2025 eine Zahlung in Höhe von 418 Euro. Je höher der GdS, desto höher also die Zahlung. Bei einem GdS von 100 beträgt die monatliche Entschädigungszahlung 2.091 Euro (Wert für das Jahr 2025). Dieser Betrag kann sich bei schwersten Schädigungen (etwa den Verlust beider Arme im Oberarm und beider Beine im Oberschenkel, um nur ein Beispiel aus § 83 Absatz 3 SGB XIV zu nennen) noch um 20 Prozent erhöhen.

Alternativ zur Entschädigungszahlung können Geschädigte einen *Antrag auf Abfindung* (§ 84 SGB XIV) stellen.

Ein *Antrag auf Abfindung* muss innerhalb eines Jahres nach Bewilligung der Entschädigungszahlung beim Träger der Sozialen Entschädigung gestellt werden.

Die Zahlung erfolgt jeweils für fünf Jahre und beträgt das 60-Fache der monatlichen Entschädigungszahlung. Bereits erhaltene Entschädigungszahlungen müssen dabei natürlich in Abzug gebracht werden.

IN DIESEM KAPITEL

Kindergeld

Unterhaltsvorschuss

Wohngeld

Kapitel 18
Weitere Sozialleistungen

Dieses Buch soll (und kann) ja vom Umfang her nicht ausufern, aber ein Thema liegt mir doch noch am Herzen, und daher kommen wir in diesem Kapitel noch kurz auf *weitere Leistungen* zu sprechen, die wir häufig mit dem Sozialrecht in Verbindung bringen. Es muss sich – wie beim Kindergeld – dabei nicht zwingend um eine Sozialleistung im echten Sinne handeln, wie Sie gleich sehen werden. Es kann zudem manchmal auch Lebenssituationen geben, in denen ein Elternteil – egal ob Mutter oder Vater – keinen Kindesunterhalt zahlt und der andere Elternteil die Kindesbetreuung weitestgehend allein meistert. In diesen Fällen wäre es ja ungerecht, wenn der betreuende Elternteil dann auch noch finanziell für den Lebensunterhalt des Kindes aufkommen soll – hier kann es Abhilfe mit dem Unterhaltsvorschuss geben. Und dann kann es ab und zu vorkommen, dass jemand mit seinem Einkommen knapp an den Sozialleistungen nach dem SGB II oder SGB XII vorbeischrammt – schön, dass es das Wohngeld gibt!

Das Kindergeld (auch für volljährige behinderte Kinder)

Rechtlich gesehen ist das *Kindergeld* ein Zwitter und könnte auch als »Mogelpackung« bezeichnet werden. Was ich damit meine? Die meisten Menschen denken vermutlich, das Kindergeld sei eine Sozialleistung, dabei finden sich die wichtigsten Regelungen im Einkommenssteuergesetz (§ 31 ff. und §§ 62 ff. EStG). Und klar, auch im *Bundeskindergeldgesetz.* »Steuerrecht meets Sozialrecht« sozusagen …

Kindergeld kann sowohl für leibliche als auch für angenommene und Pflege-, Stief- und Enkelkinder bezogen werden. Voraussetzung dafür ist, dass das Kind im Haushalt der antragstellenden Person oder der Großeltern aufgenommen wurde und dort lebt. Kurzfristige Besuche bei Oma und Opa reichen also nicht.

Die Dauer des Kindergeldes

Kindergeld wird nicht nur bis zur Vollendung des 18. Lebensjahres des Kindes gezahlt, sondern allgemein auch darüber hinaus, wenn zum Beispiel folgende Voraussetzungen vorliegen:

- ✔ Das Kind hat noch nicht das 25. Lebensjahr vollendet,
- ✔ es befindet sich in der Schul-/Berufsausbildung oder im Studium oder
- ✔ es absolviert gerade noch keine Ausbildung, muss aber eine *Übergangszeit* von höchstens vier Monaten überbrücken (zum Beispiel zwischen zwei Ausbildungsabschnitten, feste Einstellungstermine der Ausbildungsbetriebe).

Wichtig ist hierbei, dass sich das volljährige Kind in der Übergangszeit um eine Ausbildung bemüht und tatsächlich auch begonnen hat (vergleiche BFH, Urteil vom 7.7.2021, Aktenzeichen III R 40/19). Nur zu behaupten, was man alles so in Zukunft vorhat, reicht hier eben nicht!

Zur *Übergangszeit* zwischen Abitur und Studium folgende Praxisbeispiele:

BEISPIEL

Frieda, gerade 18 geworden, legt im Mai die Abiturprüfung ab (offizielles Schuljahresende). Sie möchte im Oktober ein Studium beginnen, bewirbt sich daher im Juli um einen Studienplatz und wird zum Studium angenommen. Was bedeutet das für ihr Kindergeld?

Lösung: Vom Ende der Schule im Mai bis zum Beginn des Studiums im Oktober kann Frieda für die Übergangszeit von vier Monaten Kindergeld beziehen.

BEISPIEL

Olafs volljähriger Sohn ist 19 (also zwischen dem 18. und 25. Lebensjahr) und noch immer ohne Ausbildungsplatz. Er kann aber nachweisen, dass er sich ernsthaft um den Beginn oder die Fortsetzung einer Ausbildung bemüht, zum Beispiel durch Vorlage von Bewerbungen. Dann kann das Kindergeld auch noch nach einer viermonatigen Übergangszeit gewährt werden.

In dem zweiten Beispiel ist dem volljährigen Kind zu empfehlen, sich bei der Agentur für Arbeit als *arbeits-/ausbildungs(platz)suchend* zu melden. Das gilt dann ebenfalls als Nachweis.

Kindergeldberechtigung

Eine Besonderheit besteht bei der *Kindergeldberechtigung.* Nicht das Kind beantragt die Leistungen, sondern sein Elternteil. Leben Eltern zusammen in einem Haushalt, müssen sie sich einigen, wer das Kindergeld von beiden beziehen soll, und im Falle der Trennung der Eltern bekommt derjenige Elternteil das Kindergeld ausgezahlt, bei dem das Kind die meiste Zeit lebt. Betreut und versorgt ein Großelternteil das Kind, kann auch dieser kindergeldberechtigt sein. Es wird also regelmäßig auf den Lebensmittelpunkt des Kindes abgestellt.

Es kann allerdings auch die *Abzweigung* des Kindergeldes beantragt werden. In diesem Fall wird das Kindergeld direkt an das volljährige Kind ausgezahlt.

Besonderheiten bei volljährigen Kindern mit Behinderung

Die Besonderheit vorab: Für volljährige Kinder mit einer Behinderung kann auch ohne Einhaltung einer *Altersgrenze* Kindergeld bezogen werden. Voraussetzung hierfür ist, dass das (volljährige) Kind

- ✔ außerstande ist, sich selbst finanziell zu unterhalten, und
- ✔ die Behinderung vor Vollendung des 25. Lebensjahres eingetreten ist.

Lernen Sie nicht doppelt: Identische Voraussetzungen gibt es auch für die Familienversicherung nach § 10 Absatz 2 Nr. 4 SGB V im Krankenversicherungsrecht. Stichwort »Familienversicherung für volljährige Kinder mit Behinderung ohne Altersgrenze« – in Kapitel 7 am Ende vorgestellt.

Dennoch hier kurz der Hinweis auf die Voraussetzungen: Das (volljährige) Kind darf also nicht genug Einkommen haben, um seinen Lebensunterhalt selbst zu bestreiten.

BEISPIEL

Während ihrer Ausbildungszeit hat Linda mit 19 Jahren einen privaten Verkehrsunfall erlitten und ist seitdem auf einen Rollstuhl angewiesen. Nun, mit 26, hat sie einen Minijob angeboten bekommen, der zwar nicht alle ihre Kosten (Miete etc.) deckt, aber einen wichtigen Schritt in die Berufswelt darstellt. Linda kann daher Kindergeld beantragen, da der Minijob nicht bedarfsdeckend ist.

Weiterhin muss eine Behinderung im Sinne von § 2 Absatz 1 SGB IX vorliegen und diese muss vor Erreichen des 25. Lebensjahres eingetreten sein.

Eine Behinderung ist eine körperliche, seelische, geistige oder Sinnesbeeinträchtigung, die den Menschen mit einer Behinderung in Wechselwirkung mit einstellungs- und umweltbedingten Barrieren an der gleichberechtigten Teilhabe an der Gesellschaft mit hoher Wahrscheinlichkeit länger als sechs Monate hindern kann (§ 2 Absatz 1 SGB IX). Wenn diese Voraussetzungen vorliegen, gibt es Kindergeld also auch in höherem Alter.

Höhe des Kindergeldes und zuständige Behörde

Das Kindergeld wird regelmäßig, meistens jährlich, erhöht. Es können daher hier keine verbindlichen Werte für die kommenden Jahre vorgestellt werden. Um einen Eindruck von der Höhe der Leistung zu erhalten: Im Jahr 2025 beträgt das Kindergeld 255 Euro pro Kind. Für aktuelle Zahlen sollten Sie einfach mal im Internet recherchieren!

Das Kindergeld ist bei der *Familienkasse* der Bundesagentur für Arbeit zu beantragen. Falls Sie mit der behördlichen Entscheidung nicht einverstanden sind, holt uns hier das Steuerrecht ein: Es muss nämlich **Einspruch** – und kein Widerspruch! – eingelegt werden. Aber keine Sorge: Verwenden Sie versehentlich nicht die richtige Bezeichnung, ist dies unschädlich. Im Zweifel muss die Behörde auslegen, was der Einspruchsführer will.

Der Kinder(geld)zuschlag

Thematisch passt es, im Anschluss an das Kindergeld sogleich einen Ausflug in das Recht des Kindergeldzuschlages zu machen, umgangssprachlich *Kinderzuschlag* (*KIZ*) genannt. Wir bleiben zudem bei der Familienkasse als zuständigen Träger, und die Rechtsgrundlage findet sich in § 6a Bundeskindergeldgesetz. Anders als das Kindergeld, welches bekanntlich unabhängig vom Einkommen der Eltern / des Elternteils gewährt wird, handelt es sich beim Kinderzuschlag um eine ergänzende Leistung, wenn das Einkommen nicht für die gesamte Familie ausreicht.

Der Antrag auf Kinderzuschlag muss gesondert bei der *Familienkasse* gestellt werden, ist also nicht vom Kindergeldantrag umfasst!

Für den Kinderzuschlag müssen folgende *Voraussetzungen* gegeben sein:

- ✔ Ein Kind unter 25 Jahre lebt im Haushalt der Eltern / des Elternteils und ist selbst nicht verheiratet.
- ✔ Es wird Kindergeld für das Kind bezogen.
- ✔ Das Bruttoeinkommen der Familie beträgt mindestens 900 Euro (für Paare) oder 600 Euro (für Alleinerziehende).
- ✔ Die Familie hätte genug zum Bestreiten ihres Lebensunterhaltes, wenn sie zusätzlich zum Einkommen einen Kinderzuschlag und eventuell Wohngeld erhalten würde.

Hier lohnt es sich, einfach mal auf die KIZ-Rechner im Internet zurückzugreifen, um einen ersten Anhaltspunkt zu erhalten, ob sich ein Antrag lohnt.

Der Kinderzuschlag wird für jedes Kind einzeln berechnet. Da es sich hier um eine dynamische, regelmäßig jährlich angepasste Leistung handelt, kann ich keine verbindlichen Werte zur Höhe der Leistung benennen. Die Auszahlung erfolgt dann zeitgleich mit dem Kindergeld.

Der Unterhaltsvorschuss

Kinder von alleinerziehenden Müttern oder Vätern haben immer dann Anspruch auf einen *Unterhaltsvorschuss*, wenn der zum Barunterhalt verpflichtete Elternteil nicht oder nicht ausreichend seiner Zahlungsverpflichtung nachkommt.

Kleiner Exkurs ins Familienrecht: Wenn Kinder getrennt lebender Eltern überwiegend von einem Elternteil im Monat betreut werden, erfüllt dieser Elternteil dem Kind gegenüber seine Betreuungspflicht. Im Gegensatz dazu muss dann der andere Elternteil (ohne überwiegende Betreuung) seine Verpflichtung, sich um das Kind zu kümmern, durch die Zahlung eines Geldbetrages (Barunterhalt) erfüllen (Betreuungsunterhalt versus Barunterhalt).

Alle weiteren wichtigen Informationen zum Unterhaltsvorschuss finden Sie im *Unterhaltsvorschussgesetz* (*UhVorschG*) geregelt. Damit nimmt der Staat über die Unterhaltsvorschussstelle die Rolle des zahlenden Elternteils ein, um den Lebensunterhalt für das oder die Kinder zu gewährleisten. Andernfalls wäre es ja auch fatal, dass der alleinerziehende Elternteil neben der Betreuung des Kindes auch noch die Barunterhaltspflicht selbst stemmen müsste. Betragsmäßig ist allerdings der Unterhaltsvorschuss geringer als der Betrag, der als Barunterhalt nach der Düsseldorfer Tabelle regelmäßig vom anderen Elternteil geschuldet wird.

Der Anspruch auf Unterhaltsvorschuss besteht grundsätzlich bis zum zwölften Lebensjahr des Kindes und kann sich bis zum 18. Lebensjahr verlängern, wenn das Kind kein Bürgergeld nach dem SGB II erhält oder der Elternteil, bei dem das Kind lebt, ohne Kindergeld derzeit mindestens 600 Euro Einkommen monatlich hat (§ 1 UhVorschG).

Die Höhe des Unterhaltsvorschusses ist nach dem Alter des Kindes gestaffelt. Auch diese Werte werden regelmäßig staatlich angepasst, sodass ich diese hier nicht verbindlich angegeben kann.

Der Elternteil, der keinen Unterhalt zahlt, kann sich nun allerdings nicht sanft zur Seite wegdrehen und sich denken: »Soll doch der Staat für mein Kind finanziell aufkommen.« Vielmehr wird er von der zuständigen Behörde zum *Regress* herangezogen und muss dann die gezahlten Beträge erstatten.

Das Wohngeld

Das *Wohngeld* bezeichne ich gerne als einen Rettungsanker, wenn nämlich andere Sozialleistungen nicht (mehr) klappen, kann manchmal das Wohngeld die Rettung sein. Zuständig ist die Wohngeldstelle am Wohnort. Näheres zum Wohngeld ist im *Wohngeldgesetz* (*WoGG*) geregelt. Es dient als staatliche Leistung der wirtschaftlichen Sicherung angemessenen und familiengerechten Wohnens. Es wird als *Mietzuschuss* an Mieter oder als *Lastenzuschuss* für Eigentümer eines Eigenheims oder einer Eigentumswohnung gezahlt. Es kommt also nicht darauf an, ob jemand zur Miete wohnt oder Wohneigentum besitzt.

Wohngeld kommt regelmäßig dann in Betracht, wenn jemand mit seinem (geringen) Einkommen knapp den Bezug von Bürgergeld/Sozialhilfe verfehlt. Aber aufgepasst: Zusammen mit Leistungen wie etwa dem Bürgergeld oder der Sozialhilfe gibt es das Wohngeld nicht. Es gilt hier vielmehr das Entweder-oder-Prinzip, und (dem Internet sei Dank) Interessierte sollten sich vor der Antragstellung genau ausrechnen lassen, wie viel sie über das Bürgergeld oder das Wohngeld erhalten und welche Variante für sie vorteilhafter ist.

Anspruchsberechtigter Personenkreis für das Wohngeld

Und wer kann nun Wohngeld beantragen? Folgende Personenkreise sind im Allgemeinen anspruchsberechtigt:

- **Rentner*innen** mit geringer Rente
- **erwerbstätige Familien** (Alleinerziehende oder Paare) mit niedrigem Einkommen
- **Arbeitnehmer*innen** im Niedriglohnbereich
- selten: **Studierende**, wenn dem Grunde nach kein BAföG-Anspruch besteht (§ 20 Absatz 2 Wohngeldgesetz)
- **Bewohner*innen von Pflegeheimen**

Das Deutsche Studentenwerk empfiehlt Studierenden, die ausnahmsweise Wohngeld beantragen möchten, zuvor einen BAföG-Antrag zu stellen. Hintergrund ist, dass nur das BAföG-Amt am Studienort feststellen kann, ob dem Grunde nach ein Anspruch auf diese Leistung besteht oder nicht. Den ablehnenden Bescheid können Sie dann einfach der Wohngeldstelle vorlegen.

Höhe des Wohngeldes

Die konkrete Höhe des Wohngeldes ist von vielen Faktoren abhängig, insbesondere von der Anzahl der Haushaltsmitglieder, der konkreten Miethöhe und dem Einkommen. Es bedarf daher immer einer Berechnung im Einzelfall, sodass hier keine verbindlichen Werte vorgestellt werden können. Die aktuellen Werte im Internet nachzusehen, lohnt sich allemal!

Teil VI

Der Top-Ten-Teil

Der Top-Ten-Teil

web Extras

Besuchen Sie uns auf `www.facebook.com/fuer-dummies`!

IN DIESEM TEIL …

Nachdem wir uns mit den mal mehr, mal weniger interessanten Details des Sozialrechts beschäftigt haben, kommt nun etwas Entspannung für Sie zum Schluss:

- ✔ Hier finden Sie eine kleine Sammlung der lustigsten und manchmal auch ernsten Urteile in diesem Arbeitsgebiet und
- ✔ eine Zusammenstellung nützlicher Internetseiten, die Ihnen beim Nachlesen und bei eigenen weiteren Recherchen behilflich sein können.

IN DIESEM KAPITEL

Ein Sammelsurium lustiger Fälle

Zum Nachdenken: Wie das Gericht im Einzelfall entscheidet

Kapitel 19
Zehn (plus drei) »schmunzelige« Entscheidungen im Sozialrecht

Sozialgerichtliche Klagen sind ohne Zweifel immer ein ernstes Thema, denn es geht häufig um gesundheitliche Beeinträchtigung wie etwa bei der Beurteilung des Grads einer Behinderung, der Erwerbsminderungsrente oder der brisanten Frage, ob es sich um einen Arbeitsunfall handelte oder nicht.

Es überrascht daher nicht, dass die Definition eines Arbeits- und Wegeunfalls (der zu fatalen Verdienstausfällen führen kann) schon immer die Gerichte beschäftigte: Wäre der Arbeitnehmer an diesem Tag nicht zur Arbeit gefahren, wäre er vom Unfall verschont geblieben. Ich bin mir der Ernsthaftigkeit dieses Rechtsgebietes voll bewusst, aber dennoch gibt es gerade hier skurrile Vorfälle und Entscheidungen, die zum Schmunzeln anregen. Das liegt oftmals auch einfach an der konkreten Schilderung des Ablaufs der Betroffenen – und ein wenig Galgenhumor sei daher an dieser Stelle erlaubt.

Arbeitsunfall beim Küssen?

Göttingen hat eine wirklich nette Tradition: Wer seinen Doktorhut erhält, der muss einem alten akademischen Brauch folgend das Gänseliesel küssen. Diese vermutlich meistgeküsste Dame Göttingens in Bronze befindet sich auf einem Brunnen vor dem Alten Rathaus, und die frischgebackenen Doktor*innen müssen für dieses symbolische Event einen steilen Aufstieg in Kauf nehmen. Hierzu werden diese üblicherweise in einem Doktorwagen von der Uni zum Brunnen durch die Stadt gezogen, und so auch unsere Klägerin. Nach dem obligaten Kuss der Bronzedame ging es irgendwann mit dem institutseigenen Wagen zurück. Die Klägerin half tatkräftig beim Schieben mit. Plötzlich verspürte sie ein Unwohlsein, sackte zusammen und stürzte rücklings auf den Bürgersteig, wobei sie sich verletzte.

In zweiter Instanz hatte das Landessozialgericht zu klären, ob der Unfall als Arbeitsunfall (Stichwort »Betriebsfeier«) zu werten ist. Klares Nein, meinten die Richter: Für Promotionsumzüge besteht kein Unfallversicherungsschutz. Die Veranstaltung habe keinen betrieblichen Charakter gehabt, sondern »sei Ausdruck der persönlichen Freude in einem besonderen Rahmen und diene dem Erhalt einer langen studentischen Tradition«. Auf die Nutzung des institutseigenen Doktorwagens kam es dann nicht mehr an (LSG Niedersachsen-Bremen, Entscheidung vom 2.7.2020, Aktenzeichen L 6 U 30/18).

Noch eine kleine Bemerkung am Rande: Da diese Feierlichkeiten schon immer mit dem Konsum alkoholischer Getränke und einer erheblichen Lärmbelästigung der Anwohner einhergingen, kam es 1926 zu einem »Kuss-Prozess«, der das Küssen der Gänseliesel unter Strafe stellte. Dieses Verbot wurde – wen wundert's? – elegant von der Studentenschaft in den Folgejahren ignoriert. Erst 2001 wurde das Kussverbot offiziell zum 100-jährigen Jubiläum der Gänseliesel aufgehoben.

Fensterln auf Schulungen? Aber sicher …!

Ein 17-jähriger Lehrling nahm mit vielen jungen (und vermutlich attraktiven) Frauen an einer mehrtägigen Schulung in einer Jugendherberge teil. Er fühlte sich wohl als »Hahn im Korb« und verbrachte den Abend zunächst im angrenzenden Zimmer der Mädels. Die Nachtruhe wurde von einem Betreuer gegen 23 Uhr eingeläutet, sodass sich unser Lehrling schweren Herzens von den Mädels verabschiedete, jedoch mit dem Hinweis, er komme wieder, und zwar über das Dach. Die Angesprochenen nahmen dies nicht allzu ernst. Nach der allgemeinen Bettkontrolle machte sich der mittlerweile (leicht?) alkoholisierte Lehrling auf den Weg zu den Objekten seiner Begierde und kletterte tatsächlich zu diesem Zwecke aus seinem Zimmerfenster auf das Dach.

Es kam dann, wie es kommen musste: Der junge Mann stürzte acht Meter in die Tiefe und zog sich schwere Verletzungen zu. Wie reagierte der Träger der Unfallversicherung wohl? Na klar, er lehnte die Anerkennung als Arbeitsunfall mit der Begründung ab, der Sturz sei schließlich im privaten Kontext passiert. Unser Lehrling ließ nicht locker und war letztlich vor Gericht erfolgreich. Die Begründung des Landessozialgerichts: Der Sturz sei »aufgrund einer altersbedingten Unreife erfolgt. Personen, die im Alter des Klägers sind, handeln normalerweise ›jugendtypisch‹ im Rahmen sozialer Dynamiken innerhalb einer Gruppe Gleichaltriger. Letztendlich fühlte sich der Kläger unter Druck gesetzt, da er ja seine Rückkehr in das Zimmer der Mädchen zuvor angekündigt hatte« (LSG Baden-Württemberg, Entscheidung vom 14.12.2021, Aktenzeichen L 9 U 180/20).

Falls Sie also jemals Schulungen organisieren sollten, bringen Sie Teilnehmer unter 18 Jahren lieber im Erdgeschoss unter – dann klappt's auch mit dem unfallfreien Fensterln!

Brustimplantate im Rechtsstreit: Notwendig oder nicht?

Attraktiv zu sein oder zu bleiben, kann ja einige Zugeständnisse an die Befindlichkeit verursachen, aber es kann auch mal richtig schiefgehen. Nachdem eines ihrer Brustimplantate gerissen war, ließ sich eine Frau die alten Implantate entnehmen und durch neue ersetzen. Die Kosten von 6.400 Euro trug zunächst ihre Krankenkasse, forderte aber von der Frau eine Beteiligung in Höhe von 1.300 Euro mit der Begründung ein, das Gesetz sehe bei Folgeerkrankungen nach ästhetischen Operationen zwingend eine Kostenbeteiligung vor. Darüber war die 46-jährige Frau nicht gerade begeistert und argumentierte, dass Brustimplantate völlig normal und üblich seien und dass »... es ein gesellschaftlich etablierter ästhetischer Standard sei, sich hübsch, sexy und begehrenswert zu präsentieren. Abweichungen würden als Makel und psychische Beeinträchtigung empfunden.«

Dieser Auffassung schloss sich das Landessozialgericht nicht an: Ob solche schönheitschirurgischen Eingriffe mittlerweile normal seien oder nicht, spiele nach Ansicht des Gerichts keine Rolle. Entscheidend sei vielmehr, dass die Behandlung medizinisch nicht notwendig war; die Kostenbeteiligung war daher angemessen (LSG Niedersachsen-Bremen, Entscheidung vom 28.1.2019, Aktenzeichen L 16 KR 324/18).

Tja, wer schön sein will, muss leiden, und das oft auch finanziell ...

Sind Tätowierer Künstler?

Jahrelang galten Tätowierer nicht als Künstler, sodass ihnen der Zugang zur Künstlersozialkasse (KSK) verwehrt blieb. Eine diplomierte Designerin, die als Zeichnerin, Illustratorin und eben auch als Tätowiererin arbeitete, unternahm einen neuen Versuch, sich die Anerkennung als Künstlerin vor dem Bundessozialgericht zu erstreiten. Ihr Ziel: Als selbständige Künstlerin würde sie der Versicherungspflicht in der Künstlersozialversicherung unterliegen.

Als Künstler gilt jemand, der Musik, darstellende oder bildende Kunst schafft, ausübt oder lehrt. Bislang galt Tätowieren jedoch nicht als Kunst, sondern als handwerkliche Tätigkeit. Das ist es nach der Entscheidung des Bundessozialgerichts auch weiterhin, wenn der Schwerpunkt dieser Tätigkeit hauptsächlich in der technischen Umsetzung von Motiven auf die Haut liegt. Eine kreative Umsetzung sieht das Gericht als gegeben an, wenn der Entwurf des individuellen Motivs und dessen Umsetzung ein Gesamtkunstwerk bilden und eine künstlerische Ausbildung oder Anerkennung erforderlich ist. Das Tattoo wird dann als einzigartiges Kunstwerk gesehen, das aus der kreativen und eigenschöpferischen Tätigkeit des Tätowierers entsteht. Die Tattoos der Klägerin waren zudem Unikate (BSG, Urteil vom 27.6.2024, Aktenzeichen B 3 KS 1/23R), was diese Ansicht des Gerichtes bestärkte.

Fragen Sie also lieber vor einer Tätowierung nach, was da genau auf Ihren Körper gestanzt wird. Wenn Sie Ihr gewähltes Motiv später am Körper nicht mehr wiedererkennen, könnte das an der künstlerischen Freiheit des Tätowierers liegen.

Psychisch erkrankt durch vermurkste Tätowierung?

Die Klägerin hatte bereits auf ihrem rechten Schulterblatt eine Tätowierung mit asiatischen Schriftzeichen (hoffentlich den richtigen, denn da soll es laut Internet oft zu lustigen Schreibfehlern kommen). Nun sollte zur Verschönerung ein Kirschblütenmotiv hinzukommen. Die Klägerin war vom Ergebnis so enttäuscht, dass sie sich bereits vier Tage später einer Laserbehandlung zur Entfernung der Tätowierung unterzog. Nach zehn Tagen musste sie zudem bei depressiver Symptomatik sieben probatorische Sitzungen bei einem Facharzt für Psychotherapie beginnen. Es folgte noch eine Behandlung mit Antidepressiva für etwa ein halbes Jahr – alles wegen der verpatzten Tätowierung. Von der verklagten Krankenkasse begehrte die Klägerin die Übernahme der Kosten der Laserbehandlung für die Entfernung der Tätowierung auf dem Schulterblatt.

Das Sozialgericht ließ sich nicht beeindrucken und blieb hart: Die Entfernung der Tätowierung führe nur zu einem anderen Aussehen, habe aber keinerlei Auswirkungen auf die Körperfunktion. Die Tätowierung sei auch nicht entstellend und im Alltag sei sie leicht zu verdecken. Psychische Beeinträchtigungen rechtfertigen lediglich einen Anspruch auf psychotherapeutische oder psychiatrische Behandlung, aber keine Eingriffe in den gesunden Körper (SG Stuttgart, Entscheidung vom 1.3.2018, Aktenzeichen S 27 KR 916/16).

Wenn Sie sich nicht sicher sind, ob Sie Ihr Tattoo gleich wieder entfernen lassen möchten, wählen Sie lieber eine exponierte Stelle wie das Gesicht oder das Dekolleté. Dann klappt's vielleicht auch mit der Kostenübernahme durch die Krankenkasse.

Handfester Fensterstreit unter Kollegen

Männer können sich tatsächlich auch handfest über den »Mief« in einem Fahrzeug streiten, wie der folgende Fall zeigt: Mit dem Firmentransporter und zwei weiteren Kollegen an Bord ging es von einer Baustelle zurück nach Hause. Schon während der Fahrt geriet der Kläger mit einem Kollegen verbal in Streit. Es ging um den üblen Geruch im Auto und ob nun deshalb das Fenster geöffnet worden sei oder ob der Kollege mit dem Fenster nur Spielchen trieb. Also echt ernste Themen unter Kollegen. Als der Kläger den Kollegen zu Hause absetzte, flammte dieses wichtige Streitthema erneut auf, diesmal begleitet mit einem Faustschlag und einem Fußtritt gegen den Kopf des Klägers. Die Verletzungen beim Kläger waren nicht ohne.

Im Ergebnis stufte das Gericht die Verletzungen des Klägers als Wegeunfall ein, da das Zurücklegen des Weges die maßgebliche Ursache für die Einwirkung des Kollegen war. Der Streit war nicht privater Natur, sondern hatte seine Ursache in der versicherten Tätigkeit des Klägers als Fahrer des Transporters. Der vorangegangene Fensterstreit im Auto wirkte noch beim Absetzen des Kollegen nach und führte zu der Schlägerei – es lag somit ein konkreter Bezug zur versicherten Tätigkeit vor (LSG Baden-Württemberg, Entscheidung vom 22.11.2017, Aktenzeichen L 1 U 1277/17).

Die Schlägerei wegen einer zugeparkten Einfahrt

Ein Bauleiter musste mit dem Auto zu einem wichtigen Termin auf das Betriebsgelände seines Arbeitgebers fahren. Dumm nur, dass ein Lkw gerade die Einfahrt blockierte; und auch höfliche Aufforderungen an den Lkw-Fahrer zum Wegfahren halfen nicht. Dem Bauleiter blieb also nichts anderes übrig, als das Auto stehen zu lassen und seinen Weg zu Fuß fortzusetzen. Dabei begegnete man sich erneut, wobei sich Bauleiter und der Lkw-Fahrer heftig (und mit massiven verbalen Entgleisungen) stritten. Dem Lkw-Fahrer reichte es jetzt und er wollte die Sache endgültig klären. Wenn Worte nicht helfen, dann vielleicht Fäuste. Fazit: Der Bauleiter erlitt bei der folgenden Schlägerei eine Mittelgesichtsfraktur, die operiert werden musste.

Arbeitsunfall? Nein, so urteilten die Richter, diese Schlägerei habe mit der Arbeit des Bauleiters nichts zu tun und sei dem privaten Lebensbereich zuzurechnen (SG Berlin, Entscheidung vom 16.2.2023, Aktenzeichen S 98 U 50/21).

Gute Regel in allen Lebenslagen: Auch wenn es wirklich unangenehme Zeitgenossen gibt, bleiben Sie besser cool, anstatt zuzuschlagen!

Heimweg – Katze weg – Arbeitsunfall?

Stellen Sie sich folgende Situation vor: Sie kommen mit dem Auto nach Hause, parken Ihr Fahrzeug im Carport, nehmen aber nicht wie immer den gepflasterten Gehweg, um in Ihr Haus zu gelangen. Heute sind Sie nämlich auf der Suche nach Ihrer Katze und gehen einen kleinen Schlenker über den Rasen, um Ihren Liebling zu rufen. Just dabei rutschen Sie aus und verletzten sich an der Schulter. Kämen Sie dabei auf den Gedanken, Ansprüche wegen eines Arbeitsunfalls bei der Berufsgenossenschaft geltend zu machen? Der Kläger hat's gemacht.

Dumm nur, dass sich das Sozialgericht nicht vom Arbeitsunfall überzeugen ließ. Seine Begründung: Der Weg auf den Rasen stellt einen Umweg im Verhältnis zum direkten Heimweg über den gepflasterten Weg zur Haustür dar (SG Landshut, Entscheidung vom 27.2.2017, Aktenzeichen S 13 U 243/16).

Was lernen wir aus dieser Entscheidung? Gewöhnen Sie Ihre Haustiere daran, immer schön auf dem gepflasterten Gehweg vor dem Haus zu bleiben. Dann klappt es bei einem Sturz auch mit dem Arbeitsunfall.

Weiberfastnacht: Wohnzimmerdeko als Arbeitsunfall?

Ein ehrenamtlicher Ortsbürgermeister dekorierte sein häusliches Wohnzimmer anlässlich des »Weibersturms« an Weiberfastnacht. Zur Begründung, warum er in Erwartung dieses Events, bei dem Frauen ihm traditionell die Krawatte abschneiden wollen, sein Wohnzimmer dekoriert habe, gibt er an, über kein Dienstzimmer zu verfügen. Es kam, wie es kommen musste: Er stürzte beim Dekorieren von der Leiter und verletzte sich.

Die Unfallkasse lehnte die Anerkennung als Unfall ab. Zu Recht, wie das zuständige Sozialgericht im karnevalwütigen Rheinland-Pfalz entschied. Zwar sei der »Weibersturm« und das Abschneiden der Krawatte an Weiberdonnerstag ein anerkanntes Brauchtum, und die Mitwirkung eines Ortsbürgermeisters sei als Brauchtumspflege seinen Repräsentationspflichten zuzurechnen. Aber: Der Unfall habe sich nicht anlässlich des Sturms ereignet, sondern bereits zuvor beim Schmücken des Wohnzimmers. Diese Vorbereitungshandlung des Bürgermeisters stehe nicht unter dem Schutz der gesetzlichen Versicherung (SG Trier, Entscheidung vom 18.3.2021, Aktenzeichen S 1 U 95/19).

Und das Fazit? Wenn Sie auf Leitern nicht trittsicher sind, warten Sie mit dem Sturz beim Dekorieren besser bis zum »Weibersturm«. Zudem werden Sie auch bestimmt sofort pfleglich umsorgt …

Einfach zu busy – der telefonierende Skifahrer

Ein Versicherungsvertreter – rund um die Uhr für seine Kunden da – hatte sich für seine Skifahrt perfekt ausgerüstet: In seinem Skihelm war ein Headset integriert, damit er automatisch eingehende Anrufe jederzeit annehmen konnte. So befuhr er gerade eine schwarze Piste, als ihn ein Kundenanruf erreichte. Beim Versuch, die Lautstärke am Helm besser zu regulieren, nahm er sich für einen Augenblick selbst die Sicht. Das reichte, um schwer zu stürzen (er zog sich unter anderem eine Beckenfraktur zu), da er einen quer zur Piste verlaufenen Ziehweg übersah. Der Kläger war freiwillig unfallversichert nach dem SGB VII und begehrte nun die Anerkennung als Arbeitsunfall.

Dem Bayerischen Landessozialgericht kann aufgrund der Nähe zu den Alpen sicherlich eine gewisse Sachkunde beim Thema »Skifahren« unterstellt werden; einen Arbeitsunfall lehnten sie aber ab. Nach ihrer Auffassung geht mit dem Skifahren naturgemäß – auch ohne dabei zu telefonieren – die erhöhte Gefahr eines (schweren) Sturzes einher, erst recht, wenn eine bekanntermaßen anspruchsvolle schwarze Piste befahren wird. Zudem konnte der Kläger den Anrufer wegen seiner eigenen Fahrgeräusche nicht hören und seine dicke Kleidung nahm ihm dann auch noch die Sicht. Das Kundentelefonat ist jedenfalls durch die privat motivierte Skiabfahrt so weit in den Hintergrund gedrängt, dass es nicht mehr in den Schutzbereich des SGB VII fällt. Also kein Arbeitsunfall (Bayerisches LSG, Entscheidung vom 26.3.2015, Aktenzeichen L 17 U 409/14).

Anfängerhügel sind für alle riskanten dienstlichen Manöver definitiv sicherer. Oder: Beim Sport sollten Sie lieber nicht arbeiten. Ist auch gesünder!

Richterinnen als Befangenheitsgrund?

Dem Kläger hatte seine Ehefrau privat offensichtlich übel mitgespielt; er sei von ihr betrogen worden (Doppelehe und unrichtige Identität), so gab er an. In einem Rechtsstreit wegen der Gewährung einer orthopädischen Versorgung sah sich der Kläger im Berufungsverfahren dem Senat – bestehend unter anderem aus zwei Richterinnen – gegenüber. Noch unter dem privat erlittenen Trauma stehend, beantragte er, »... die beiden Richterinnen wegen Befangenheit abzulehnen und zwei weitere männliche Kollegen mit der Entscheidung zu betrauen.« Zur Begründung gab er an, ihm fehle das Vertrauen an der Objektivität der weiblichen Richter.

Was meinen Sie, wie das Gericht entschieden hat? Na klar: Antrag abgelehnt! Bei keiner der Frauen handele es sich schließlich um seine Ehefrau. Die Richterinnen wiesen keine Befangenheit im Sinne einer unsachlichen inneren Einstellung zu dem Verfahrensbeteiligten oder zum Verfahrensgegenstand auf. Das Geschlecht des Richters / der Richterin stellt keinen Ablehnungsgrund dar (Hessisches LSG, Entscheidung vom 27.11.2002, Aktenzeichen L 5 V 1038/01).

Kostenübernahme für Bordellbesuche und Pornofilme?

Noch zum alten Sozialhilferecht vor dem Verwaltungsgericht klagte im Jahr 2004 ein Empfänger von laufender Hilfe zum Lebensunterhalt nach dem SGB XII auf Gewährung von Beihilfen für Bordellbesuche sowie für das Ausleihen entsprechend pornografischer Filme und anderem (?).

Nix da, sagte das Verwaltungsgericht. Bei den geltend gemachten Bedarfen handelte es sich um Kosten der allgemeinen Lebensführung, die durch den Regelbedarf abgegolten sind. Auch das Argument des Klägers, schließlich sei gerade seine Frau außer Landes, ließ das Gericht nicht gelten (VG Ansbach, Entscheidung vom 5.3.2004, Aktenzeichen AN 4 K 04.00052).

Nicht jeder Notstand rechtfertigt automatisch eine Kostenübernahme durch öffentliche Kassen!

Während der Rückfahrt von einem Arbeitstermin vom eigenen Sohn ermordet

Zugegeben, dieses Beispiel ist tatsächlich schon sehr speziell. Eine Witwe, offizielle Inhaberin von zwei Pizzerien, begehrte Hinterbliebenenrente vom Träger der Unfallversicherung, da der bei ihr als Koch angestellte Ehemann auf einer Rückfahrt vom Steuerberater vom eigenen Sohn ermordet wurde. Passiert war Folgendes: Der Sohn hatte den Pkw mit dem Vater an Bord in ein Industriegebiet gelenkt. Unter einem Vorwand hielt er dort plötzlich an und schlug unvermittelt mit einem Zimmermannshammer mehrfach auf den Kopf des Vaters ein. Als der Vater versuchte zu fliehen, übergoss der Sohn ihn mit einem im Kofferraum befindlichen Kanister Benzin und zündete den Vater an. Dieser erlag später seinen schwersten Verbrennungen. Die Argumentation der Witwe: Hätte es den Termin beim Steuerberater nicht gegeben, wäre ihr Mann noch unter den Lebenden.

Das Landessozialgericht sah es anders. Nach ihrer Ansicht sei es reiner Zufall gewesen, dass der Sohn gerade die Fahrt vom Steuerberater dazu genutzt habe, seinen Vater umzubringen. Der Sohn hatte zudem seinen Tatentschluss schon vor dem Geschäftstermin gefasst und Hammer sowie Benzin im Auto deponiert. Damit liegt kein Arbeitsunfall vor. Im Übrigen hatte das Gericht auch Zweifel am Versicherungsschutz des Ehemannes, da er der heimliche Chef über die Familienpizzerien war (LSG Baden-Württemberg, Entscheidung vom 22.11.2011, Aktenzeichen L 2 U 5633/10).

Nicht nur Mitarbeiter, sondern auch Verwandte kann man sich nicht sorgfältig genug aussuchen.

Kapitel 20

Zehn praxistaugliche Internetadressen

An der Stelle können sicherlich für das Sozialrecht ganz viele wichtige und interessante Internetadressen angeführt werden, aber manchmal muss einfach eine Auswahl getroffen werden. Meine Auswahl ist natürlich subjektiv gefärbt, da ich diese Internetseiten häufig nutze und Ihnen als Empfehlung mit auf den Weg geben möchte. Vielleicht geht es Ihnen in Zukunft ähnlich.

www.bar-frankfurt.de

Nein, hier finden Sie leider keine Empfehlung für eine tolle Cocktailbar in Frankfurt, sondern die Bundesarbeitsgemeinschaft Rehabilitation. Der Internetauftritt enthält alles rund um das SGB IX. Unter der Rubrik »Service« – »Publikationen« sind zahlreiche Arbeitshilfen aufgeführt, die Sie entweder als Broschüre bestellen oder downloaden können. Unter `www.bar-frankfurt.de/service/datenbanken-verzeichnisse.html` finden Sie wertvolle Zugänge zu diversen Datenbanken und Verzeichnisse wie das *Reha-Einrichtungsverzeichnis*, die *Hospitationsbörse* und das *Ansprechstellenverzeichnis*.

www.reha-fristenrechner.de

Benötigen Sie Hilfe bei der Fristenberechnung im Rehaprozess nach dem SGB IX? Dann füttern Sie mal den Rechner mit Ihren Daten.

www.aok.de/pk/gesundheitsnavigator/

Wer auf der leidigen Suche nach Krankenhäusern, Ärzten, Therapeuten oder Hebammen ist, kann den (bundesweiten) *Gesundheitsnavigator* der AOK nutzen. Dazu müssen Sie nicht Mitglied dieser Krankenkasse sein! Ähnlich funktioniert der *Pflegenavigator* der AOK (`www.aok.de/pk/pflegenavigator/`). Hier geht es um die bundesweite Suche nach Pflegeheimen, aber auch Pflegedienste und vieles mehr ist hier zu finden. Manch eine Pflege der auswärtigen Eltern lässt sich dadurch gut am Computer organisieren.

www.teilhabeberatung.de

Auf diesen Internetseiten finden Sie alles rund um die bundesweit tätigen kostenlosen EUTB-Beratungsstellen, die Sie unter dem Stichpunkt »Beratungsangebote« auch direkt aufrufen können. Wird beispielsweise eine Videoberatung und/oder eine Beratung in deutscher Gebärdensprache gewünscht, einfach in der Suchmaske anklicken.

www.betanet.de/nachteilsausgleiche-bei-behinderung.html

Hier finden Sie als PDF-Download wichtige Aufstellungen zu den merkzeichenabhängigen und den GdB-abhängigen Nachteilsausgleichen. Die Aufstellungen werden regelmäßig jährlich aktualisiert und bilden eine unerlässliche Arbeitsgrundlage über die konkreten Nachteilsausgleiche, je nach GdB und Merkzeichen. Der Internetauftritt von Betanet liefert auch ansonsten wertvolle psychosoziale und sozialrechtliche Informationen und bietet Begriffserläuterungen.

www.rehadat.de

Die Seiten von Rehadat halten ebenfalls wertvolle Informationen zur beruflichen Teilhabe und Inklusion von Menschen mit Behinderung bereit, so auch viel zum Thema Hilfsmittel und Arbeitshilfen.

www.sozialgerichtsbarkeit.de

Sind Sie auf der Suche nach einer gerichtlichen Entscheidung, sei es vom BSG, LSG oder SG? Dann einfach mal diese Internetseite nutzen. Hier finden Sie auch so gut wie alle in diesem Buch angegebenen Gerichtsentscheidungen und viele mehr.

www.nitsa-ev.de/service/eigenbeitragsrechner-gem-sgb-ix/

Sie rechnen nicht so gerne selbst? Dann sind Sie auf dieser Website richtig, die schnell und unkompliziert den Eigenanteil an Leistungen der *Eingliederungshilfe* ausrechnet.

https://weisser-ring.de/expertisen/recht/sozialrecht

Hier steht die Opferhilfe im Mittelpunkt. Hinter dieser Adresse verbirgt sich der Internetauftritt des *Weißen Rings* mit wertvollen Informationen für Opfer einer Gewalttat, nicht nur, aber auch rund um das Thema Soziales Entschädigungsrecht (SGB XIV). Auch für Angehörige ist es eine wichtige Internetadresse, um sich umfassend informieren und beraten zu lassen. Der Weiße Ring stellt zudem Broschüren oder Faltblätter zum kostenlosen Download bereit, und das auch mehrsprachig!

https://www.bmas.de/DE/Soziales/soziales.html

Hier informiert das zuständige Bundesministerium für Arbeit und Soziales (BMAS) über wichtige Themenbereiche des Sozialrechts. Gerade für Berufsanfänger oder wenn Angehörige auf der Suche nach Informationen zu einzelnen Sozialrechtsgebieten sind, sind die Ausführungen des BMAS empfehlenswert. So finden sich auch ausführliche Erläuterungen zum neuen Sozialen Entschädigungsrecht oder Hinweise zu Härtefallfonds.

Abkürzungsverzeichnis

Abkürzung	Volltext
AHB	Anschlussheilbehandlung
Alg	Arbeitslosengeld
AV	Ausführungsvorschrift
Az	Aktenzeichen
Azubi-BAB	Berufsausbildungsbeihilfe für Auszubildende
BAB	Berufsausbildungsbeihilfe
BAföG	Bundesausbildungsförderungsgesetz
BAG	Bundesarbeitsgericht
BAR	Bundesarbeitsgemeinschaft für Rehabilitation
BBiG	Berufsbildungsgesetz
BENI	Bedarfsermittlungsinstrument Niedersachsen
BG	Berufsgenossenschaft
BGB	Bürgerliches Gesetzbuch
BG-Klinik	Berufsgenossenschaftsklinik
BIZ	Berufsinformationszentrum
BMAS	Bundesministerium für Arbeit und Soziales
BSG	Bundessozialgericht
BTHG	Bundesteilhabegesetz
BvB-BAB	Berufsausbildungsbeihilfe während einer berufsvorbereitenden Bildungsmaßnahme
BVerfG	Bundesverfassungsgericht
D-Arzt	Durchgangsarzt
DiGA-Verzeichnis	Verzeichnis der digitalen Gesundheitsanwendungen
DRV	Deutsche Rentenversicherung
eAU	Elektronische Arbeitsunfähigkeitsbescheinigung
EFA	Europäisches Fürsorgeabkommen
EGH	Eingliederungshilfe
EinglHV	Eingliederungshilfe-Verordnung
ELSA	Eingliederungshilfe Land Sachsen-Anhalt
EM-Rente	Rente wegen verminderter Erwerbsfähigkeit
EntgFG	Entgeltfortzahlungsgesetz
EStG	Einkommenssteuergesetz
EU	Europäische Union

Abkürzung	Volltext
EU-Bürger	Bürger*in eines Mitgliedsstaates der Europäischen Union
EuGH	Europäischer Gerichtshof
EU-Rente	Veralteter Begriff für Erwerbsunfähigkeitsrente, jetzt: Rente wegen verminderter Erwerbsfähigkeit
EUTB	Ergänzende unabhängige Teilhabeberatung
EUV	Vertrag über die Europäische Union
ff.	fortfolgend
FreizügG/EU	Gesetz über die allgemeine Freizügigkeit von Unionsbürgern
G-BA	Gemeinsamer Bundesausschuss
GdB	Grad der Behinderung
GdS	Grad der Schädigung
GG	Grundgesetz
i.S.G.	im Sinne des Gesetzes
i.V.m.	in Verbindung mit
ICF	International Classification of Functioning, Disability and Health (Internationale Klassifizierung von Funktionsfähigkeit, Behinderung und Gesundheit)
IGeL	Individuelle Gesundheitsleistung
IRENA	Intensivierte Rehabilitationsnachsorge
ISE-Betreuung	Intensive sozialpädagogische Einzelbetreuung
JAG	Jahresarbeitsentgeltgrenze
JC	Jobcenter
KdUH	Kosten für Unterkunft und Heizung
Kfz	Kraftfahrzeug
KiZ	Kinderzuschlag
KJSG	Kinder- und Jugendstärkungsgesetz
KSK	Künstlersozialkasse
KSV	Kommunaler Sozialverband Sachsen
LaGeSo	Landesamt für Gesundheit und Soziales
LSG	Landessozialgericht
LTA	Leistungen zur Teilhabe am Arbeitsleben
LVR	Landschaftsverband Rheinland
LWL	Landschaftsverband Westfalen-Lippe
MdE	Minderung der Erwerbsfähigkeit
Merkzeichen aG	Außergewöhnliche Gehbehinderung
Merkzeichen B	Begleitperson
Merkzeichen G	Erhebliche Gehbehinderung
Merkzeichen H	Hilflosigkeit

Abkürzung	Volltext
OEG	Opferentschädigungsgesetz
ÖPNV	Öffentlicher Personennahverkehr
PKH	Prozesskostenhilfe
Psy-RENA	Psychosomatische Rehabilitationsnachsorge
PTBS	Posttraumatische Belastungsstörung
PZU	Postzustellungsurkunde
Reha	Rehabilitation
Reha-Träger	Rehabilitationsträger
SG	Sozialgericht
SGB	Sozialgesetzbuch
SGB I	Sozialgesetzbuch I: Allgemeiner Teil
SGB II	Sozialgesetzbuch II: Grundsicherung für Arbeitssuchende
SGB III	Sozialgesetzbuch III: Arbeitsförderung
SGB IV	Sozialgesetzbuch IV: Gemeinsame Vorschriften für die Sozialversicherung
SGB V	Sozialgesetzbuch V: Gesetzliche Krankenversicherung
SGB VI	Sozialgesetzbuch VI: Gesetzliche Rentenversicherung
SGB VII	Sozialgesetzbuch VII: Gesetzliche Unfallversicherung
SGB VIII	Sozialgesetzbuch VIII: Kinder und Jugendhilfe
SGB IX	Sozialgesetzbuch IX: Rehabilitation und Teilhabe von Menschen mit Behinderungen
SGB X	Sozialgesetzbuch X: Sozialverwaltungsverfahren und Sozialdatenschutz
SGB XI	Sozialgesetzbuch XI: Soziale Pflegeversicherung
SGB XII	Sozialgesetzbuch XII: Sozialhilfe
SGB XIV	Sozialgesetzbuch XIV: Soziale Entschädigung
SGG	Sozialgerichtsgesetz
STIKO	Ständige Impfkommission
SV	Sozialversicherung
SV-Beitrag	Sozialversicherungsbeitrag
T-RENA	Trainingstherapeutische Rehabilitationsnachsorge
UhVorschG	Unterhaltsvorschussgesetz
UN-BRK	UN-Behindertenrechtskonvention
VersMedV	Versorgungsmedizin-Verordnung
vgl.	vergleiche
WfbM	Werkstatt für behinderte Menschen
WohngeldG	Wohngeldgesetz

Stichwortverzeichnis

V

W

Z

www.ingramcontent.com/pod-product-compliance
Lightning Source LLC
LaVergne TN
LVHW082030051026
849532LV00011B/3312
* 9 7 8 3 5 2 7 7 2 1 3 5 1 *